위기의 한국경제
그 기회를 말하다

아직 끝나지 않은 세계금융위기, 끝은 어디인가!?

이용희 지음

위기의
한국경제
그 기회를 말하다

초판 1쇄 발행	2016년 7월 5일
지은이	이용희
펴낸이	정진이
펴낸곳	한국리더스포럼
책임편집	박경민
주소	(05330) 서울시 강동구 구천면로 262-6
전화번호	02-486-0031
팩스	02-486-0038
출판등록	2009년 8월 12일 제 25100-2009-24호
홈페이지	www.kleaders.com
인쇄·제본	도담프린팅
ISBN	979-11-87126-10-2

이 책의 저작권은 한국리더스포럼에 있으며 저작권법에 따라 보호를 받는 저작물이므로 무단전재와 복제를 금지합니다.
또한 이 책 내용의 전부 또는 일부를 사용하려면 반드시 한국리더스포럼의 동의를 받아야 합니다.

독자의 의견을 기다립니다.
보내실 곳 kleaders@kleaders.com

값 25,000원

※ 한국리더스포럼은 독자 여러분의 의견을 환영합니다. 좋은 의견 이메일로 많이 보내주세요.

위기의
한국경제
그 기회를 말하다

추천사

"공직자에게 중요한 덕목 중 하나는 Fact Finding 습관이야." 경제기획원 신입 사무관이던 나에게 당시 장관 비서관이었던 이 책의 저자 이용희 교수께서 누차 강조했던 말이다. 수십 년이 지난 지금도 그 말이 내 귓가에 맴돌고 있는 것은 경제 정책을 수립하는 공직자들이 세월이 흘러도 변함없이 매 순간 견지해야 하는 태도를 잘 표현한, 나에게는 아포리즘과도 같은 말이기 때문일 것이다.

오래 전에 들은 공직 선배의 말이 지금 더욱 또렷하게 떠오르는 것은 최근 우리나라가 매우 중요한 기로에 놓여 있기 때문이다. 우리가 처한 상황의 중요성과 그 크기만큼 우리에게 객관적이고 냉철한 판단이 절실해졌다. 1인당 국민소득 3만 달러의 문 앞에서 그 문을 활짝 열어젖히지 못하고 번번이 되돌아 내려와야 했던 우리 경제는 이제 이대로 주저앉을 것인가, 아니면 다시 비상(飛上)할 것인가의 갈림길에 서 있다.

우리나라는 한 세대 만에 산업화와 민주화를 동시에 이룬 지구상의 유일한 나라다. 원조를 받던 나라가 원조를 주는 나라가 된 것도 유례가 없다. '한강의 기적', '문화 한류', '해외건설 강국' 등 세계 여러 나라들이 부러워하는 수많은 성공 신화를 써왔다. 그러나 우리는 지금 기존의 방식으로는 돌파(Breakthrough)할 수 없는 새로운 상황을 맞닥뜨리고 있다. 과거 중요한 시기들을 몸소 겪어온 선배들의 경험에서 나오는 지식의 공유가 절실한 시점이다.

저자의 다양한 경험과 전문 지식이 오롯이 반영된 이 책은 최근 우리 경제의 화두와 질문들에 대해 유효한 대안과 시사점을 던져주고 있다. 저자는 30년을 경제관료로 일했고, 다시 민간 기업에서 10년, 학계에서 3년을 보냈다. 자신이 속한 집단의 '입장'과 '관행적인 사고의 틀'을 벗어나지 않으면 더 큰 지혜를 발휘할 수 없다는 점에서 그의 경력은 특정 '입장'에서 벗어나 '통섭적 경제관'을 책에 담아낼 수 있는 기반이 되었을 것이다.

저자는 경제기획원에서 공직생활을 시작하여 줄곧 예산 수립, 경제 정책 조정, 안정적인 물가관리 등 거시 경제정책 업무의 최일선에 서 있었다. 그리고 한반도에너지개발기구(KEDO), 경제협력개발기구(OECD) 근무 경력에서 알 수 있듯이 우리나라 최고의 국제경제 전문가이기도 하다. 이 책은 저자의 화려하고 전문적인 경력이 녹아든 산물이다.

특히, 저자는 모든 장에서 본인의 주장을 펼치기에 앞서, 기획재정부·행정자치부 등 국가기관, IMF·OECD 등 국제기구뿐만 아니라 국내외 민간단체에서 발표하는 각종 통계들을 적절하게 제시하고 있다. 이를 기반으로 도출되는 설명은 강력한 설득력을 가진다.

이 책이 지닌 또 하나의 장점은 저자의 다양한 국제 업무 경험에서 나오는 세계경제 상황에 대한 진단과 전망이다. 내가 1984년 경제 기획원에 입부하였을 때, 저자는 유엔산업개발기구(UNIDO)에 근무하고 계셨다. UNIDO 근무와 경제기획원 대외경제조정실 근무 이후에는 국제경제 전문가로 인정을 받아 이후 OECD 대표부 공사 직을 맡기도 했다. 단순히 국제 업무 경험이 많은 것이 아니라, 개도국 공업화 촉진, 남북협력, 국제기구에서의 외교 업무 등 다채로운 직무를 수행해온 것이다. 이 같은 경험에서 우러나오는 깊이 있는 고민이 이 책에 담겨있다.

책 후반부에 집중되어 있는 미국·중국·유럽의 현 경제상황 분석과 미래예측은 단순히 지표에 대한 평가가 아니라 각국의 경제사와 제도에 대한 오랜 기간 연구와 이해(예를 들어, 유로존 국가별 중앙은행 통화정책에 대한 분석과 각국 통화정책이 향후 유럽경제에 미칠 영향 분석)에서 도출된 것이라 더욱 가치가 있다.

이 책을 읽고 한 동안, 젊은 시절 저자와 함께 과천청사에서 밤을 지새우며 정책에 대해 토론하고 예산편성 방향에 대해 함께 고민했던 옛 기억이 되살아났다. 업무적으로는 항상 냉철한 경제 관료였지만, 많은 업무에 지칠 때면 힘을 북돋아 주던 자상한 격려도 기억에 남는다. 지금도 밤늦은 시간까지 학계에서 또는 직장에서, 젊은 시절의 우리처럼 고민하고 있는 현재의 젊은이들에게 이 책이 값진 경험을 전수해주는 훌륭한 지침이 되어줄 것이라고 생각한다.

영국의 역사학자 토마스 칼라일(Thomas Carlyle)은 "경험은 최고의 교사이다. 다만 수업료가 지나치게 비쌀 뿐"이라는 말로 현장에서의 경험은 살아있는 지식의 기반이 될 수 있다는 점을 강조했다. 이 책은 국내외 민·관·학계를 넘나들며 다양한 분야에서 활동한 저자의 소중한 경험들이 녹아 있다. 그의 값진 수십 년 경험을 이 책 한 권으로 배울 수 있기에 감히 일독을 권한다.

2016. 6 국토교통부 장관 강호인

추천사

이용희 교수는 내가 금융위원장 재직 시 증권거래소, 코스닥거래소, 선물거래소가 통합되어 새로이 출범한 한국거래소의 초대 감사로 선임되어 통합된 한국거래소의 안정적인 성장기반 마련을 위해 혼신을 다해 뛰어다니는 모습을 보고 깊은 감명을 받았었다.

감사 임기가 많이 남아있는데도 불구하고 민간기업의 CEO로 초대되어 한국신용정보의 대표이사로 선임이 되면서 한국거래소 감사를 사퇴하였다. 임기가 보장되어있는 공공기관 감사자리를 박차고 정글이나 다름없는 민간 금융기관의 CEO로 새로운 도전을 시작한 이용희 사장에게 많은 박수를 보냈었다.

그 당시 한국신용정보㈜는 새로운 대주주를 맞아 심각한 노사 갈등을 겪으면서 회사의 Reputation이 바닥에 떨어졌고, 신용평가사로서의 시장의 평가도 꼴찌를 하고 있던 심각한 상황이었다. 이용희 사장은 한신정의 대표이사로 취임하면서 자신의 퇴직금을 반납하면서 노사협의를 성공적으로 마무리하였고, 연공서열에 의한 나누어 갖기식 기업문화에 젖어있던 기업문화를 실적에 입각한 인센티브제도로 바꾸면서 열심히 일한 직원이 보상받는 메리트 시스템을 정착시켰다.

또한 투명하고 객관적인 신용평가 시스템을 도입하면서 시장에서의 한국신용정보의 평판을 1위로 끌어올렸다. 그 후 나이스신용평가 대표이사를 3연임 하면서 한신정을 명실상부한 한국의 대표 신용전문회사로 성장시켰다. 회사 CI를 NICE로 바꾸었고 매출 3천억 원에 불과하던 NICE Group을 매출 2조원의 중견기업으로 성장시켰다.

지금은 서울대학교에서 후배들을 위하여 한국경제정책 강의를 맡고 있는 이용희 교수가 한국경제정책 사례연구 책자를 낸다는 소식을 접하고 진작에 이런 책이 출간되었어야 하는데 때맞추어 잘 출간한다고 생각을 하였다.

특히 오랜기간 동안 KEDO, OECD 등 국제기구 근무경험을 통해 몸에 밴 글로벌감각, 예산 등 재정정책, 경제개발계획, 대회협력, 복지정책 등의 다양한 정책결정과정에서 익힌 정무감각, 그리고 민간부문에서의 실전비즈니스를 통해 터득한 생존철학을 바탕으로 한국경제가 현재 당면하고 있는 다양한 문제점들을 명쾌하게 분석하고 그 해결방안을 모색하는 데 역점을 두고 있다. 한국경제의 미래를 책임질 한국의 모든 젊은 세대들에게 큰 도움이 될 수 있는 책이라고 생각한다.

2016. 6 전 재경부장관 윤증현

추천사

재정경제부에서 함께 일을 했고 현재는 서울대학교 공과대학에서 강의하고 있는 이용희 교수가 지난 3년 간의 강의 내용을 종합해서 이번에 책으로 발간한다고 하니 우선 반갑고 진심으로 축하합니다.

내가 이 교수를 만난 것은 1998년 4월경으로 소위 IMF외환위기가 최고조에 달해 있을 때였습니다. 마침 미국 뉴욕에서 KEDO 근무를 마치고 귀국한 이 교수는 국민생활국장을 맡아 서민생활 안정의 책임을 떠안게 되었습니다. 당시 정부로서는 경제가 마이너스 성장을 기록하면서도 물가가 급등하는 가운데 금융·기업·공공부문의 구조조정을 동시에 추진하지 않으면 안 되는 처지에 놓여 있었습니다. 이런 절박한 상황에서 서민생활의 안정이 정부의 가장 큰 걱정거리의 하나일 수밖에 없었습니다. 외환위기의 여파로 환율이 급등하면서 유가를 비롯한 모든 수입물가의 상승으로 인플레이션 위험이 커지면서 물가안정의 중요성이 그 어느 때보다도 높아졌습니다. 또한 농·수·축산물의 수급불안으로 도시서민들의 생활이 위협받고 있어 이의 수급대책도 긴요하였습니다. 이 국장은 비축물량을 동원하고 또 긴급할당관세 등을 통해 수입물량도 적절히 조절하는 등 적기에 대책을 시행하였습니다. 이 국장의 이러한 선제적인 물가안정 노력은 우리가 외환위기를 극복하는 과정에서 큰 힘을 보탰다고 할 수 있습니다.

이어서 2000년 6월에 청와대 국민경제자문회의 기획조정실장으로 자리를 옮기고, 그 후에도 약 3년 동안 OECD 공사를 비롯한 여러 공직을 수행하면서 모범적인 공직자의 자세를 보여주었습니다.

2006년 5월에는 30여 년에 걸친 공직생활을 마치고 바로 민간기업인 한국신용정보㈜의 CEO로 변신하여 회사의 구조조정과 신사업재편전략을 성공적으로 추진하였습니다. 6년 가까운 기간 동안 CEO로서 항상 창의적으로 새로운 일을 찾아 도전하는 자세를 견지하였고 또 모든 일에 최선을 다하였으며 언제나 본인의 희생을 바탕으로 조직의 화합을 이루어내는 리더십을 발휘하였습니다. 오늘날 한국신용정보㈜가 30여개의 자회사를 거느린 중견기업 나이스그룹으로 변모할 수 있었던 데는 대표이사의 이와 같은 헌신적 노력이 초석이 되었다고 봅니다.

나이스신용평가 대표이사 시절에는 한국의 신용평가사가 한국금융사상 처음으로 세계각국의 정부를 대상으로 정부신용평가사업을 시작하였습니다. Moody's, S&P, Fitch 등 세계 유수의 신용평가사가 과점하고 있는 세계신용평가시장에서 당당히 경쟁자로 참여하게 된것입니다.

이용희 교수는 2012년 3월부터 서울대학교 공과대학에서 후진들을 위해 강의를 하고 있는데, 그는 특히 30여 년의 공직 경험과 그 후 민간부문 현장 일선에서 축적된 통찰력과 분석력을 바탕으로 한국경제가 현재 당면하고 있는 다양한 문제점들을 분석하고 그 해결방안을 모색하는 데 역점을 두고 있습니다. 이번에 이러한 강의 내용을 엮어서 책으로 펴냅니다. 대학에서 공부하는 학생, 취업준비생을 포함하여 비즈니스 현장에서 일하고 있는 기업인들에게도 큰 도움이 될 수 있을 것으로 생각합니다.

2016. 6 코람코자산신탁 회사발전 협의회장 이규성

추천사

한국이 97년도 외환위기에서 점차 벗어나면서 외환위기 후유증으로 수많은 서민들이 직장과 집을 잃고 고통받고 있던 시기에 나는 재경부장관을 하고 있었다. 사회 안전망(Social Safety Network)이 구축되어있지 않았던 시기였고, 연금제도도 도입된 지 일천하여 연금 혜택을 받는 수혜자도 없던 시기였기에, 일반 서민들의 생계안정대책은 정부의 가장 큰 과제중의 하나였다.

그 당시 국민생활국장을 하고 있던 저자를 만난 것은 나에게는 큰 행운이었다. 실타래처럼 엉켜있는 사회복지 시스템을 정비하고 재정부담이 가중될 수 있다는 이유로 많은 반대여론이 있었음에도 불구하고, 국민기초생활보장법을 제정하여 국회 의결을 받기까지 모든 과정의 중심에 이용희 국장이 있었기에 동 법이 시행될 수 있었고 그로 인해 기초생활보장이 안되어 고통을 받던 수많은 서민들이 국가의 보호 하에 안정된 생활을 유지할 수 있는 터전을 마련할 수 있었고 이러한 서민생활 안정 하에서 외환위기를 조기에 극복할 수 있었다.

뿐만 아니라 의료보험제도 도입 이후 끊임없이 문제가 제기되어 왔던 의약분업을 저자의 주도면밀한 사전준비와 여론주도층에 대한 적극적인 설득으로 성공적으로 정착시킬 수 있었던 것도 저자의 헌신과 노력의 결과였다.

국민건강증진을 위한 의약품오남용방지와 의료보험재정의 건전성 확보를 위하여 필수 개혁과제였던 의약분업은 관계부처의 반대, 의사회 약사회 등의 반발, 국회 및 언론의 반대로 시작도 하기 전에 침몰위기였으나, 저자특유의 리더십과 끊질긴 인내력과 친화력을 바탕으로 모든 반대세력들을 설득하여 찬성하게 만들어 오는날 의약분업의 토대를 만든 장본인이 바로 저자이다.

그 후에도 저자는 청와대 근무와 OECD 공사직을 수행하면서 한국경제의 글로벌화에 앞장섰다. 공직을 은퇴한 이후에는 민간기업인 한국신용정보㈜의 CEO로 변신하여 오늘날 자회사 30여개를 가진 중견기업 NICE Group으로 성장시키는 터전을 마련하였다. 나이스 신용평가 대표이사 시절 한국의 신용평가사가 세계각국 정부의 신용을 평가하기 시작함으로써, Moody's, S&P, Pitch 등 세계 신평사와 더불어 세계신용평가시장에서 경쟁을 시작하는 개가를 이루었다.

NICE 퇴임 후 지난 3년 동안 서울대학교에서 강의한 내용을 책으로 출간한다는 소식에 누구보다도 반가움을 금할 수 없었다.

저자의 다양한 경험과 전문지식이 우러나온 이 책은 최근 우리 경제가 소득 3만불을 눈앞에 두고 이대로 붕괴할 것인가, 아니면 다시 비약하여 선진국에 안착할 수 있을 것인가에 대한 실천가능한 대안과 시사점을 던져주고 있다. 저자의 30여년 관료 경험, 민간기업 CEO 경험, 그리고 교수 경험이 특정 집단의 편견에서 벗어나 한국경제가 당면한 모든 문제점에 대하여 객관적이고도 실천가능한 해결 방안을 제시하고 있다.

특히 후반부의 미국, 중국, 일본, 유럽의 경제상황 분석을 통하여 아직도 끝나지 않는 금융위기의 현실을 숨김없이 분석하고 미래의 청사진까지 제시한 것이 더욱 돋보인다.

기업 현장에서, 학교에서, 정부에서 한국경제의 앞날을 걱정하는 모든 분께 일독을 권한다.

2016. 6   전 경제부총리 이헌재   *이헌재*

머리말

서울대학교 공과대학의 기술경영경제정책 연구과정에 객원교수로 2012년 3월부터 초빙되어 대학원생과 박사과정 학생들에게 한국의 경제정책사례연구 강의를 한지 3년이 지나고 나니, 주변에서 그 동안 강의한 내용을 종합해서 책으로 출간해 보는 것이 어떠냐는 제의를 받게 되었다.

급격한 고령화 사회를 맞이한 한국사회에서 노년까지 일하면서 건강하게 살아가야 하는 것이 새로운 인생목표가 되고 있는 현 시점에서, 전공이 자연과학이든, 사회과학이든 어느 한 분야에 대한 전문지식을 갖고 평생을 살아간다는 것이 불가능해졌고, 학문연구 분야에도 통합·융합 과정이 새로운 과정으로 자리매김을 한지 오래되고 있다. 스티브 잡스가 스마트폰을 처음 세상에 발표할 때에 Time지 표지에 liberal art와 ICT가 융합되어 스마트폰이 만들어졌다는 내용이 실린 것을 보면서 이미 통합의 시대로 들어섰음을 실감할 수 있었을 것이다.

학업을 마치고 연구를 계속하든, 민간 기업에 취직을 하든, 공공기관에 종사하든, 아니면 창업을 하든 간에 한국경제의 압축성장과정을 이해하고, 선진국의 문턱에서 추락위기에 있는 한국경제의 제반 문제점을 분석하고 이해하는 것은 꼭 필요한 과제라는 생각이 들었다. 우리 한국경제의 현실에 대한 이해 없이는 어느 누구도 이 시대를 성공적으로 살아갈 수 없을 정도로 우리는 통합·융합되고 있는 시대에 살고 있는 것이다.

그러나 말로 강의를 하는 것과 활자화해서 정제된 표현으로 책을 내는 것은 별개의 문제이고, 무엇보다도 이 분야에 평생을 연구하며 집필을 해 온 선배·동료 교수님들께 결례가 되지 않을까? 혹시라도 표현이 잘못되어 의도한 바와 다른 뜻으로 해석이 되어 불필요한 오해를 야기하지는 않을까? 하는 우려가 있었다.

그 동안 공직에서의 30여 년의 경험, 그리고 그 이후 민간 기업에서의 10여 년의 경험을 바탕으로 무조건 정부의 정책에 비판을 하는 비판론자가 되는 것도 바람직하지 않다고 생각되었고, 기업의 입장만을 대변하는 친 기업자가 되는 것도 바람직하지 않다는 생각이 들었기에, 집필을 망설일 수밖에 없었다. 그러나 역사는 기록에 의해 완성되고 보완되는 것이라는 믿음에 따라 미흡하고 미완성단계지만 그 동안의 강의 내용을 기록으로 남길 수 있다면 그것 자체가 후배들에게 조금이나마 도움이 되지 않을까 하는 마음으로 원고를 쓰기 시작했다.

70년대 중반 공직을 처음 시작할 때가 한국경제가 성장발판을 마련하고 중화학 공업을 추진하는 시기였다. 예산국에 발령을 받아 POSCO의 확장 사업과, 그 당시는 만성적인 전력부족상태였을 SOC의 기본인 전원개발계획, 울산공업단지개발, 여천공업단지 등 각종 중화학공업 추진의 예산지원을 담당하면서 고도성장시절 항상 부족했던 정부의 재원을 효율적으로 이들 중점사업에 배분해야 하는 일을 담당하면서, 정부예산배분의 정치철학을 이해하게 되었다. 90년대 들어서면서 개방화 시대를 맞아 대외조정실에 근무하게 되면서 포도주, 담배, 소고기, 돼지고기, 쌀 등 각종 농축산물 시장의 개방 협상을 담당하게 되었고 개방의 피해가 예상되는 농민들이 과천청사에 난입하여 주차장에 주차된 차량들을 불태우고 부총리실에 진입하는 과정에서 막으려는 공무원과 농민들이 충돌하여 부상당하는 동료들을 보면서, 정부의 정책집행과정에서 설득하는 과정, 특히 이익집단(Interest Group)과의 소통 과정의 중요성을 인식하는 계기가 되었었다. 김일성 사후 남북대화가 경색되고 북한이 영변핵발전소에서 나오는 플루토늄을 핵 개발에 이용할 수 있다는 의혹이 증폭되면서 Geneva 합의에 의해 KEDO(Korea Energy Development Organization)가 미국 뉴욕에 국제기구로 설립이 되었다. 정부 재정을 이해하고 대외협상경험이 많다는 이유로 내가 초대 KEDO 재정 국장으로 부임하게 되었다. 북한 정권은 김일성 사후 조문사절을 보내지 않았다는 이유로 김영삼 정부와 일체의 대화를 중단하고, 휴전선에서의 무력충돌 위험이 증가하고 있을 때, 그 당시로는 유일한 대북대화채널인 KEDO의 여권을 소지하고 수많은 대북협상과 대북현지출장 등을 통해 북한체제의 경직성과 북한을 우리 식으로 이해하면 안 된다는 점[1]을 인식하는 계기가 되었었다.

---

[1] 김일성 사후 김정일이 주석 승계를 안 하는 것을 두고 서방세계에서는 아직 김정일이 권력기반이 취약해서 국방위원장에 머물러 있다는 분석 등을 하고 있을 때, 필자가 북한 현지 출장 시 현지 고위관계자를 면담한 결과, 북한 체제에서는 주석은 오직 한 사람뿐이라고 하면서, 김정일은 국방위원장으로 북한을 통치할 것이라 하였고, 결국 사망 시까지 국방위원장으로 북한을 통치하였었다. 북한체제를 서방의 시각으로 보려고 하는 데서 생겨난 오해가 아니었나 생각된다.

뉴욕에 근무하는 동안 한국이 외환위기를 맞아 IMF 구제금융으로 부도위기를 벗어나는 숨막히는 외채협상과 한국의 뉴욕 현지금융기관들이 유동성 확보를 위해 매일 전쟁을 치르는 것을 세계금융 중심지인 뉴욕 현지에서 지켜보면서 한 국가의 경제의 안정성을 확보하는 것이 얼마나 중요한가를 실감할 수 있었다. 외환위기 이후 뉴욕에서 귀국하여 국민생활 국장(구 재경원의 물가정책국장)을 맡아, 과거 통제경제하의 관행화되어 왔던 수많은 정부통제가격을 시장기능에 맡기고 자율화하는 데 선봉장 역할을 시작하였다. 교육부장관이 결정하던 대학등록금을 대학자율에 맡겼고, 정보통신장관이 결정하던 휴대폰 요금 등 통신요금을 시장자율에 맡겼고, 국토부장관이 결정하던 신축아파트 분양 가격도 자율화 시켰으며, 산자부장관이 결정하던 휘발유 등 유류가격을 시장자율에 맡기는 등의 과감한 조치를 해냈다. 시장기능에 의한 가격결정으로 우리경제는 시장경제가 한층 더 성숙되는 과정을 거치게 되었고, 자유화 초기에 우려하는 혼란과 염려는 시장에 의해 자율 조정되어감을 보면서 자본주의의 시장기능을 다시 한 번 확인하는 계기가 되었다.

외환위기 이후 어려워진 서민층의 생계를 돕기 위해 국민기초생활보장법을 제정하여, 기초생계비가 모자라는 서민층의 기초생계비를 정부예산에서 직접 지원할 수 있는 근거를 마련함으로써 선진국형 복지정책의 기틀을 마련하게 되었고 보건당국의 고질과제였던 의약분업을 의료수가의 합리적인 조정을 통하여 성공리에 구축함으로써 의약품 남용을 줄여 국민건강을 증진하는 데 일조를 하였다.

그 후 청와대에 근무하면서는 헌법상의 기구임에도 불구하고 그 기능이 유명무실했던 국민경제자문회의를 활성화하여 명실상부한 대통령의 경제자문기구로 입지를 확고히 하였고, 형식적인 대통령 자문역할에서 벗어나 실효성 있는 자문역할을 할 수 있도록 민간 부의장제도를 만들고, 대통령이 매번 직접 회의에 참석하게 함으로써 헌법상의 대통령 자문 기능을 회복시켜 지금까지도 그 기능을 잘 수행하고 있으며, 수도권 인구집중을 막아 주택문제와 교육문제를 해결하고, 불균형된 지역간 균형발전을 도모하기 위한 강력한 지역균형발전계획을 최초로 수립, 시행하였고 외환위기 이후 추락한 국가경쟁력 강화를 위하여 각종 구조개혁과 규제개혁을 추진하였다.

그 후 파리 OECD 공사를 역임하면서, 선진국의 경제클럽인 OECD의 본질을 한층 더 깊이 이해할 수 있는 계기가 되었다. OECD의 한국경제위원회를 비롯한 수많은 산하위원회에서는 소위 peer pressure를 통하여, 회원국의 각종 보고의무와 개방의무 등을 점검하는데, 이 peer pressure가 그 어떤 강제성 있는 국제규약보다도 OECD의 규율을 잘 유지하고 선진국간의 경제클럽으로서의 위상을 지켜주고 있다는 것을 실감하게 되었다. OECD 각종 회의에서는 공용어인 영어, 불어, 러시아어 등이 사용되는데 모국어가 영어가 아닌 한국의 정부대표단이 OECD 회의에 참석하게 되면 영어 구사에 항상 어려움이 따랐었다. 그러나 이제 중진국에 들어선 한국으로서 한국어로 발표도 하고 토론도 하고, 대신 통역비용은 한국정부가 부담할 때가 되었다고 판단하여 OECD 각종 위원회 회의 시 한국어 통역사용을 공식화 하였다. 이를 계기로 한국어, 영어, 불어를 통역할 수 있는 많은 전문요원의 국제기구진출을 촉진하는 계기가 이루어졌고, 국제기구에서 한국어 사용을 함으로써 한국어의 국제화에도 초석을 다질 수 있는 계기가 되었다[2].

2004년 OECD 공사를 마치고 귀국하니 후배들을 위해 용퇴를 해야 하는 분위기로 변해있었다. 30여 년의 공직을 마감하고 사표를 낼 때는 서운한 마음이 들었으나, 지금 생각하면 그 당시 공직을 그만두고 새로운 세상에서 새로운 도전을 시작할 수 있었다는 것이 다행이고 감사하다는 생각이 든다. 드디어 자유인으로서의 생활이 시작되었다. 항상 절제된 생활을 해야 했던 공직에서 벗어나 자유인으로서의 생활을 만끽하다가 증권거래소, 선물거래소, 코스닥거래소 등이 통합되어 민간기구로 새롭게 출범한 한국거래소(Korea Exchange)의 상임감사로 부임하게 되었다. 감사로 한국거래소에 재직하는 동안 미국, 일본, 유럽 등 선진거래소와의 협력을 강화하여 한국거래소의 선진화를 앞당겼고, 시장감시기능을 강화하여 신뢰받는 거래소로서의 명성을 구축하였고, 한국거래소가 명실상부한 자본시장의 중심역할을 자리매김할 수 있게 하였다. 그리고 한 지인의 소개로 그 당시 한국신용정보㈜[3](지금은 NICE GROUP으로 전환)를 인수한 대주주로부터 한국신용정보㈜(이하 한신정)의

---

[2] 일본은 90년대 초부터 국제기구에서 일본어와 일본어 동시통역을 공식적으로 사용하면서 일본어의 국제화에 기여하여 왔다.
[3] 그 당시 한국신용정보는 주인이 없는 공기업 형태의 회사에서 새로운 대주주가 기업을 인수하면서, 그 당시 경영진과 새로운 주주와의 경영권 분쟁과 경영권 공백을 틈탄 강성 노조의 이익 챙기기로 노사분쟁이 격화되어 회사의 Reputation이 바닥으로 떨어져있는 위기상황이었다.

대표이사를 맡아달라는 제의를 받고 고민 끝에 민간신용평가회사의 CEO로 변신을 하게 되었다.

국민의 대표인 국회가 정해주는 법과 예산의 범위 내에서 가장 합리적이고 효율적인 정책대안을 찾아 집행함으로써 다수의 국민들에게 많은 편익이 돌아가도록 중점이 주어지는 공직에서, 무에서 유를 창조하고 효율성과 합리성보다는 기업의 이익창출이 최우선으로 평가 받고 국민의 편익증진보다는 주주의 이익이 우선되고 경쟁에서 지면 시장에서 퇴출되는 무한경쟁의 사회인 민간기업의 CEO가 된 것이다. 한신정 사장으로 취임하고 보니 앞이 캄캄했다. 2년 가까이 계속되던 경영권 분쟁으로 회사의 경쟁력은 바닥에 떨어졌고, 그 동안 누적된 노사갈등은 회사로서의 기능을 상실하고 있었다. 필자가 부임하기 전까지 한신정은 주인 없는 사실상 공기업 형태로 운영되어 왔었다. 1986년 창사부터 금융기관 공동출자로 설립되어 공기업은 아니었지만 지배주주가 없어 주인의식이 없는 지배구조를 가지고 있었고, 간접적으로 정부의 입김으로 새로운 CEO가 임명되어오든 관행과, 강성노조의 CEO 임명 반대와 출근저지투쟁 등 전형적인 공기업의 방만경영과 무사안일이 누적되어 오던 회사였다. 이런 상황에서 지배주주가 나타나니 기존의 경영진과 노동조합이 새로운 주주의 경영권 인수를 방해하면서 경영권 갈등과 노사갈등이 지속되어 왔던 것이다. 새로운 주주 입장에서는 대대적인 회사의 개혁을 원했고, CEO인 내가 전권을 가지고 한신정의 개혁을 추진해서 회사의 경쟁력을 살리고 노사문화를 개혁해야 하는 임무를 맡게 된 것이다.

제일 먼저 추진한 일이 퇴직금누진제 폐지였다. 그 당시 한신정 퇴직금제도는 일반직원은 1년에 2개월 분, 임원은 3~5개월 분, 사장은 6개월 분의 월급이 퇴직금으로 누적되는 제도로 정착이 된 시기였다. 노조가 악덕기업주의 앞잡이가 새로운 CEO가 되어 직원들 퇴직금을 없애려 한다고 나를 공격하기 시작하였고, 노사협의는 극심한 저항과 반발로 한 걸음 앞을 나가지 못했다. 내 자신이 6개월 퇴직금을 1개월로 줄이는 시범을 보이고, 임원도 퇴직금을 1개월 분으로 줄이며 나머지 퇴직금은 모두 회사에 자진 반납을 하면서 노사협상을 지속하였지만 전혀 진전이 없었다. 이와 함께, 연봉제에 Incentive System을 도입하는 협상도 동시에 진행이 되었다. 감독당국과 사정기관 등에 CEO와 경영진을 모함하는 수많은 투서가 전달되었고, 개혁저항세력들의 저항과 반대가 지속되었던 가장 힘든 시기였다고 생각된다. 그럴수록 노사협의는 진전이 없었고, 노조창립기념일에는 민주노총 지도부가 총출동하여 노조를 격려하는 모습을 보여주었다.

노조위원장의 임기가 만료되고, 새로운 노조위원장으로 교체가 되면서 새로운 협상분위기가 마련되었고, 결국 직원의 20%정도가 희망퇴직으로 회사를 떠나면서 2년여에 걸친 지루하고 길었든 노사협의가 타결되었다. 취임초기 2년 동안 모든 임직원의 자기희생 하에 개혁작업이 원만하게 추진될 수 있었고, 이를 바탕으로 한신정은 그 후 승승장구하면서 총 매출 3천억에 불과하던 기업이 6년 후에는 매출 1조원이 넘는 중견기업으로 성장하였고, 지금은 계열사 30여 개를 거느린 NICE Group으로 변신하게 되었다. 그 후 한신정은 회사를 분사하여, NICE 신용평가회사를 독립시켰고, 경쟁사였던 KIS신용정보를 인수하고 독과점기업이 될 수도 있다는 공정위의 심사를 통과하여, 신용정보업계의 중심으로 떠오르게 되었다. NICE 신용평가는 필자가 대표이사로 있는 동안 신평시장에서 Market Share와 Reputation 모두 만년 꼴찌에서 1등으로 급성장하게 되었고, 그 동안 한국정부가 외국신용평가사로부터 평가만 받아왔는데 한국의 신용평가사인 NICE 신용평가사가 외국정부를 상대로 국가신용평가사업을 시작하여 S&P, Moody's, Pitch 등과 더불어 세계 신용평가시장에서 경쟁을 시작하게 되었다[4].

이러한 기업문화개혁작업이 완료되고, 분사와 경쟁사인수 등 지배구조 확충작업도 순조롭게 마무리되고, 국가신용평가사업도 새로이 시작하면서 NICE Group의 미래가 탄탄대로에 들어섰다고 생각되는 2012년 초, 개혁주도자로서의 나의 역할이 끝나고 있음을 느끼면서, 앞으로 나의 역할은 무엇인가 고민하기 시작하였다. 공직을 그만둘 때에도 어느 날 갑자기 다가왔었고, 그 동안 내가 잘나서가 아니고, 국가가 필요해서 국가의 부름으로 공직에 봉사한 만큼, 언제라도 후진을 위해서 떠나야 한다는 마음을 가지고 있었기에 미련 없이 과천청사를 떠날 수 있었다. 위기의 민간기업의 CEO를 맡아 혼신의 노력으로 기업을 회생시키고, 이제는 자생력을 갖추어 시장에서 기업가치가 날로 성장하는 시점이 되자 나의 역할이

---

[4] 한국의 신평사가 국가신용평가사업을 시작한 것은 한국금융사의 이정표가 될만한 획기적인 일로 한국금융선진화를 앞당기는 계기가 되었다고 당시 언론들이 평가하였다.

끝나고 있음을 깨닫게 되면서 NICE 대표이사를 사임하게 되었다. NICE 부회장을 그만두고 서울대학교에서 강의를 맡은 지도 벌써 3년째에 이르렀고 지금은 그 동안의 강의과정을 어떤 형태로든 후세에 남겨놓는 작업에 열중하고 있다.

내가 이 책에서 전달하고자 하는 바는 그 동안 한국경제를 성공으로 이끈 많은 경제정책과제에 대하여 어떤 이론적인 분석의 틀로 제공하기보다는, 우리의 경제정책을 보다 더 쉽게 이해하고, 편히 접근할 수 있는 방법을 제시하고자 하였다. 그 동안 한국경제에 문제시되었던 다양한 주제에 대하여 그러한 정책의 추진배경, 성과, 의사결정과정, 그리고 문제점과 향후 우리의 대응방안 등을 분석하고자 노력하였다. 가능하면 인용되는 자료를 최신으로 업데이트하려는 노력을 했고, 정책과제별로 찬·반 의견이 있는 부분은 중립적인 입장에서 모두 그 주장을 담아보려는 노력을 하였다. 그리고 강의를 하는 지난 3년간 우리 학생들이 특별한 관심을 갖고 있는 분야는 좀 더 많은 지면을 할애하려고 노력했다. 정책토론과제 시간에 학생들과의 토론을 거치면서 우리 젊은 세대가 느끼는 여러 가지 문제점, 평가, 희망사항 등을 가미하려고 노력했다. 기업현장 방문을 통해서 좀 더 실감나는 기업의 소리를 들음으로써 현장에서의 애로, 기업가 입장에서 본 경제정책의 방향 등도 본 책자에 가미시키려는 노력이 있었다.

여러 가지로 부족하고 미흡한 점이 많이 있을 것이지만 사회 진출을 준비하는 많은 학생들에게 장래진로를 결정하고 미래를 준비하는 데 일조가 되었으면 하는 바람이다. 이 책을 집필하는 과정에 많은 자료와 데이터를 제공해준 기획재정부, 금융위원회, 공정거래위원회 등 정부 관계자들의 진심 어린 협조에 깊은 감사를 드린다. 그리고 집필과정에서 마지막까지 원고를 정리하고 방대한 자료를 업데이트하는 데 심혈을 기울여준 NICE 신용평가의 김정동 실장, 송기종 실장, 윤재성 연구위원과 서울대학교 기술경영경제정책과정의 변현석 조교에게 감사한다. 이분들의 도움이 없었다면 아마도 이 책이 세상에 나오기 어려웠을 것이다. 그리고 서울공대에서 기술경영경제정책과정을 창설하여 많은 연구와 후배를 양성하신 김태유 교수님의 권유와 충고가 이 책을 쓰는 데 결정적인 동기를 부여하였음을 밝힌다. 이 기회에 김 교수님께 깊은 감사를 드린다.

그리고 40여 년간의 공직과 민간기업 CEO를 하는 동안 말없이 항상 내 옆에서 나를 지켜보면서 내 편이 되어주고, 나를 믿고 응원해준 아내에게 깊은 감사의 말을 전한다.

무엇보다도 출판제의를 기꺼이 수락하고 많은 도표와 그림 등 까다로운 편집을 성실하게 맡아주신 한국리더스포럼 정진이 대표와 직원 여러분께 고마운 마음을 전한다.

마지막으로 이 책이 나오기까지 모든 집필 과정을 인도해주시고 컴퓨터 앞에서의 원고작업을 힘든 줄 모르고 전념할 수 있게 해주신 주님께 모든 은혜를 돌린다.

2016년 6월
서울대학교 관악캠퍼스 연구실에서

추천사
국토교통부 장관 강호인_ 06
전 재경부장관 윤증현 _ 08
코람코자산신탁 회사발전 협의회장 이규성_ 10
전 경제부총리 이헌재_ 12

머리말_ 15

1부 한국경제 무엇이 문제인가?

제1장
1인당 국민소득 3만불 시대 도래.
한국경제의 압축성장의 배경과 동력은? _ 35

제2장
저성장의 늪에 빠진 한국경제,
이대로 추락할 것인가? _ 49

제3장
한국정부 재정은 과연 건전한가? _ 63

제4장
낙하산 인사는 지속되는데,
공공기관개혁 무엇이 문제인가? _ 90

제5장
말로만 하는 규제개혁: 근본적인 해결책은? _ 104

제6장
행정부 견제 기능을 넘어선 국회우위시대:
이대로 지속될 것인가? _ 123

2부 제4차 산업혁명에 대비한 생존전략

제7장
FTA 추진을 통한 한국경제 성장효과는?_ 137

제8장
자본시장의 경쟁력강화를 위한 국제화 전략_ 155

제9장
세계금융시장의 Hub를 위한
금융산업의 재편전략_ 183

제10장
신규 순환출자 금지제도 도입과
한국 재벌정책의 미래_ 211

제11장
한국 반도체산업의 영광은 지속될 것인가?_ 235

제12장
선제적 신용평가를 통한
신용평가시장의 신뢰도 확보방안_ 258

3부 아직도 끝나지 않은 세계금융위기

제13장
미국경제의 문제점과 미래:
세계경제의 중심 역할을 계속할 것인가?_ 279

제14장
중국경제의 문제점과 미래:
고도성장의 후유증에 빠진 중국,
다시 도약할 수 있을까?_ 325

제15장
유럽경제의 문제점과 미래:
EU 경제통합은 붕괴할 것인가?_ 363

제16장
일본경제의 문제점과 미래:
잃어버린 20년 과연 회생할 것인가?_401

참고문헌_ 440

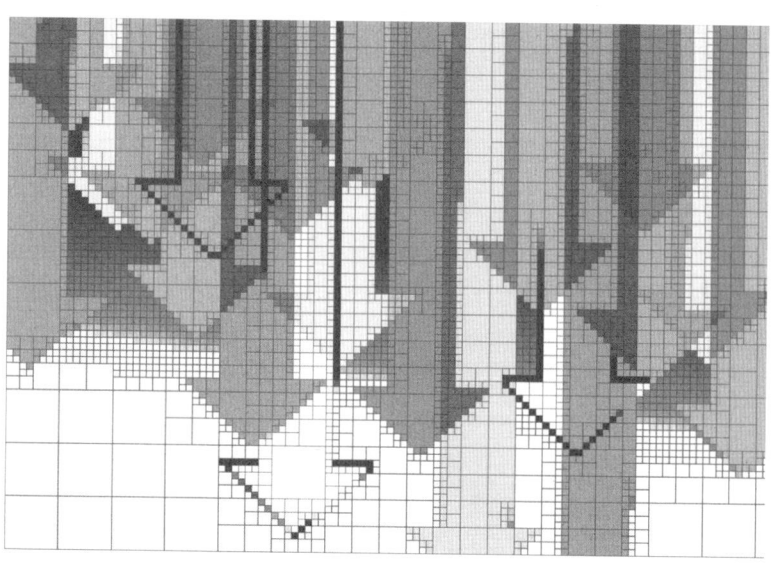

1부

한국경제
무엇이 문제인가?

제1장   1인당 국민소득 3만불 시대 도래, 한국경제의 압축성장의 배경과 동력은?
제2장   저성장의 늪에 빠진 한국경제, 이대로 추락할 것인가?
제3장   한국정부 재정은 과연 건전한가?
제4장   낙하산 인사는 지속되는데, 공공기관개혁 무엇이 문제인가?
제5장   말로만 하는 규제개혁: 근본적인 해결책은?
제6장   행정부 견제 기능을 넘어선 국회우위시대: 이대로 지속될 것인가?

60년대 초 100불도 안되던
일인당 국민소득이 3만불 시대를 눈앞에 두고 있다.
뿐만 아니라 많은 개도국들이
한국의 성공사례를 모델로 삼고 있고,
개도국의 많은 공무원과 경제인들이
한국의 경제발전 노하우를 배우고자 한국을 찾고 있다.

제1장

1인당 국민소득 3만불 시대 도래, 한국경제의 압축성장의 배경과 동력은?

60년대 초 100불도 안되던 1인당 국민소득이 3만불 시대를 눈앞에 두고 있다. 뿐만 아니라 많은 개도국들이 한국의 성공사례를 모델로 삼고 있고, 개도국의 많은 공무원과 경제인들이 한국의 경제발전 노하우를 배우고자 한국을 찾고 있다[5]. 전후 세계경제 발전사에서 한국경제는 모범 성공사례로 IMF, IBRD, OECD 등 국제기구에서 자주 회자되고 있고, 개발경제학을 연구하는 학자들도 한국경제의 성공사례를 으뜸으로 꼽고 있다.

한국전쟁 이후 전 국토가 폐허화되고, 모든 인프라시설도 파괴된 한국이 60년대부터 시작한 경제개발 5개년 계획을 성공적으로 완

---

[5] 한국정부는 그 동안의 한국경제발전 경험을 개도국에 전수하기 위한 프로그램으로 KSP(Knowledge sharing Programme)제도를 운영하고 있다. 동남아, 아프리카, 중남미, 중앙아시아 등의 많은 개도국들이 KSP 제도의 수혜를 받고 있으며, 해마다 더 많은 지원을 요청하는 국가들이 넘쳐서 재정당국이 고민하고 있다. 또한 한국정부는 EDCF(Economic Development Cooperation Fund)를 조성하여, 개발도상국과 한국과의 경제협력관계를 증진하기 위한 유상원조자금으로 활용하고 있다. 이와 함께 한국은 OECD의 DAC(Development Assistance Committee, 개발원조위원회)에 2009년 24번째 회원으로 가입하면서 명실상부한 선진공여국이 되었고, 세계경제발전사 중 처음으로 원조를 받던 나라가 원조를 해주는 나라가 되었다. 한국정부는 EDCF이외에 KOICA(Korea International Cooperation Agency: 한국국제협력단)을 통하여 개도국에 무상원조형태의 경제협력사업을 수행하고 있다.

수하면서 점차 중진국 대열에 들어서게 되었고, 70년대 이후 몇 차례의 석유파동과 고물가, 97년도 외환위기, 2008년도 미국 발 국제 금융위기를 겪으면서도 견고한 성장세를 이룩하며 전후 가장 빠른 경제성장과 번영을 이룩한 나라로 평가 받게 되었다.

〈그림1〉 해방 이후 성장률과 1인당 국민소득 (단위: 달러, %)

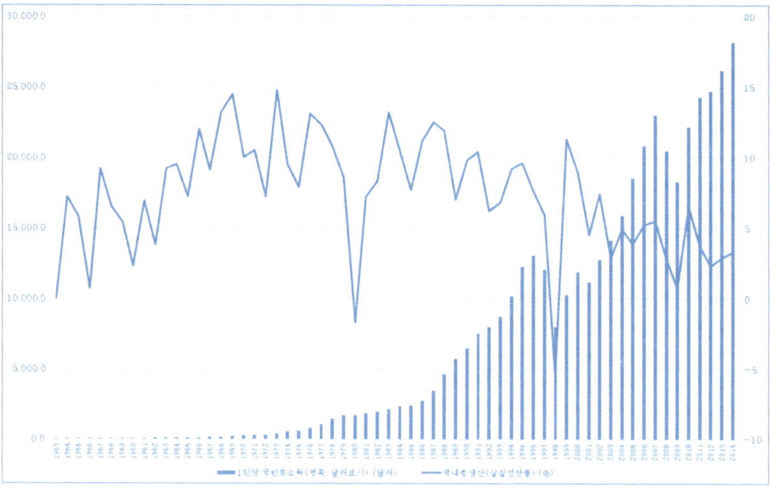

출처: KOSIS(국가통계포털)

〈표1〉 각 국의 GDP (단위: 십억 달러)

국가명	GDP	GDP 순위
미국	17,968	1
중국	11,385	2
일본	4,116	3
독일	3,371	4
영국	2,865	5
프랑스	2,423	6
인도	2,183	7
이탈리아	1,819	8
브라질	1,800	9
캐나다	1,573	10
대한민국	1,393	11
오스트레일리아	1,241	12

출처: IMF (2015.10)

〈표2〉 1인당 GNI 국가별 순위 (2013년 기준, 단위: 달러(경상가격))

순위	국가명	1인당 GNI
1	노르웨이	104,010
5	호주	65,480
9	미국	53,720
10	캐나다	52,570
16	독일	47,240
18	일본	46,330
20	프랑스	43,530
23	영국	42,050
25	이탈리아	35,370
29	한국	25,870

출처: World Bank (2016.2 발표)

또한 1970년도 8.3억 달러에 불과하던 수출액이 2014년에는 5,727억 달러가 되었고, 세계수출시장의 3.1%를 점하게 되었다. 수출과 더불어 수입도 1970년도 18.8억 달러에서 2014년 5,256억 달러로 증가되어 세계수입시장에서 2.8%를 점하고 있다.

수출입을 합한 무역금액은 1970년도 27.1억 달러에서 2014년 1조 987억 달러에 이르러 세계무역의 2.9%를 차지하고 있다.

〈표3〉 세계무역 중 한국의 위치

세계 수출액	한국 수출액	한국 비중(%)	순위
18,422,260	572,651	3.1	6
세계 수입액	한국 수입액	한국 비중(%)	순위
18,768,160	525,514	2.8	9
세계 무역액	한국 무역액	한국 비중(%)	순위
37,190,420	1,098,165	3.0	8

출처: 한국무역협회

산업구조를 살펴보면 60년대 농림어업이 39.0%에 이르고, 제조업은 12.1%, 그 중에서도 중공업의 비중은 제조업의 1/4 수준에 불과하여 전형적인 후진국형 산업구조였으나 2014년에 들어서는 농림어업의 비중이 2.3% 수준으로 크게 작아지고 제조업과 서비스업의 비중이 크게 확대되면서 선진국형의 산업구조로 변화되었다.

〈표4〉 우리나라의 산업구조 (명목 부가가치 기준)

	농림어업	광업·제조업	제조업	전기가스수도사업	건설업	서비스업
1953	48.2	8.9	7.8	0.4	2.2	40.3
1960	39.0	14.5	12.1	0.6	3.3	42.6
1970	28.9	20.4	18.8	1.4	5.0	44.3
1980	15.9	25.6	24.3	2.2	7.6	48.7
1990	8.4	28.0	27.3	2.2	9.5	51.9
2000	4.4	29.3	29.0	2.8	6.0	57.5
2010	2.5	28.3	27.9	2.3	8.9	57.6
2014	2.3	30.5	30.3	2.8	4.9	59.4

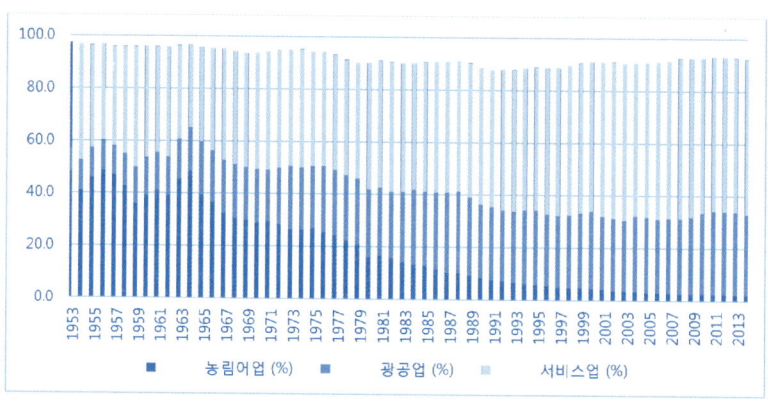

〈그림2〉 우리나라의 산업구조

출처: KOSIS(국가통계포털), 한국은행 국민계정

70년대 이후 고도성장을 이룩한 아시아의 4개국, 즉 한국, 대만, 싱가포르, 홍콩을 소위 NICS[6](Newly Industrializing Countries: 신

---

[6] 60~70년대 고도성장을 이룩한 한국, 홍콩, 싱가포르, 대만을 지칭하는 말로 생겨났으며, 선진국과 후진국의 중간에 해당하는 개발도상국가를 의미한다. 이들 4개국 이외에 중남미

홍공업국)로 지칭하여왔다. 이들 4개국이 아시아에 있었기에 아시아의 네 마리 용이라고도 지칭되곤 했으며, 이들 4개 국가의 빠른 경제성장배경에 관심이 집중되었고, 많은 연구가 진행되었다. 이 중 홍콩과 싱가포르는 도시국가 형태이고, 대만은 중국과의 특수관계로 고려한다면, 한국이 유일하게 전후 가장 빠르게 경제성장과 번영을 이룩한 나라로 평가 받고 있는 것이다.

〈표5〉 아시아 4개국의 경제성장률 (단위: 십억 달러, 달러, %)

	GDP	1인당 GDP	경제성장률				
			80~89	90~99	00~09	10~14	14'
한국	1,416.95	28,101	8.89	6.03	3.77	6.18	3.32
싱가포르	308.05	56,319	6.69	6.21	4.31	10.46	2.92
홍콩	289.628	39,871	6.32	3.19	3.39	6.81	2.32
대만	529.55	22,598	5.93	6.04	3.12	6.79	3.74

출처: KOTRA, IMF

1950년 북한의 남침으로 발발한 한국전쟁은 거의 전 국토를 폐허화시켰고, 모든 인프라 시설도 파괴되어 53년 휴전이 되었지만 어디서 어떻게 손을 쓸 수 없는 상태였다. 이승만 정권이 부패되면서 민생은 더욱 어려워졌었고 5·16 쿠데타로 집권한 박정희 대통령에 의해 한국 최초의 경제개발 5개년 계획이 시작되면서 비로소 산업화가 시작되었다고 볼 수 있겠다.

총체적인 저축률 부족으로 투자재원을 마련할 길이 없었고 그 당시 정부가 취할 수 있는 여러 가지 대안 중 선택한 것이 수출주도

의 멕시코, 브라질, 아시아의 중국, 인도, 말레이시아, 필리핀, 타이, 그리고 이스라엘, 터키, 남아프리카 공화국 등이 중진국으로 분류되고 있다.

형 시장전략이었다(Export Promotion Development Strategy). 60년대 소위 저개발국가들이 주로 수입대체산업 육성을 통한 성장전략(Import Substitution Development Strategy)을 채택하였지만, 그 당시 한국정부는 수출촉진을 통한 성장전략을 채택 추진하였다. 모든 가능한 자원은 모두 수출산업에 집중되었고, 각종 세제혜택 등을 동반하면서 수출 산업은 급성장을 이루게 되어 수출로 벌어들인 달러를 투자재원으로 재투입하면서 신성장의 기틀을 다져가기 시작했다.

그 당시 저개발의 악순환(vicious circle)의 큰 문제점은 「낮은 성장률 → 낮은 저축률 → 낮은 투자율 → 낮은 성장률」로의 빈곤의 악순환의 고리를 어떻게 끊느냐가 관건이었는데, 한국은 수출로 벌어들인 외화를 투자재원으로 활용하면서 차츰 빈곤에서 벗어나기 시작하였다. 자원도 없고, 축적된 자본도 없는 당시 상황하에서 경제개발의 전략을 어디에 두어야 할 것인가를 두고 한국정부는 많은 고심을 했었다. 가난하기에 시장수요가 작은 국내 시장을 상대로 수입대체산업, 즉 경공업제품 위주로 완만한 개발을 할 것인가, 아니면 세계의 무한한 시장을 대상으로 개발을 촉진할 것인가가 문제였다. 한국 정부의 선택은 양질의 인력을 바탕으로 새로운 기술을 빨리 습득하도록 하여, 생산성을 높이고 경쟁력 있는 분야를 개척하는 것이었다. 그 결과 세계시장에서 한국 상품을 인정받게 되었던 것이다.

그럼에도 불구하고 각종 도로·항만·전기·철강 등 사회간접자본 시설(Infrastructure) 확충에 필요한 투자재원 부족으로 외국으로부터의 차관이 정해지지 않으면 그 다음 년도 한국정부 예산도 편성하기가 어려웠던 시절이다.

그 당시 경제부총리의 최대 과제는 어떻게 선진외국으로부터 많은 외자를 얻어 오느냐였다. IECOK[7]가 설립이 되어 매년 주요선진국에서 IECOK 총회를 개최하면서 외국 정부에 한국의 경제가 건실하니 투자를 권유하는 일종의 road show를 개최하였던 것이다.

이렇게 들어온 외자를 통하여 국내 각종 인프라 시설을 완비하게 되고 경공업 위주의 수출 산업을 중화학 공업 위주로 개편할 수 있었고, 수출 구조가 경공업에서 중공업 위주로 고도화되는 시기를 앞당길 수 있었다.

[7) 외국으로부터 경제개발에 필요한 자금조달을 원활히 하기 위해서 장기영 부총리 시절 창설되어서, 우리경제개발의 견인차 역할을 충실히 하고 86년도에 그 막을 내리게 되는 대한국제경제협의체(International Economic Consultative Organization for Korea)는 1년에 한 차례 IBRD 주관으로 열리곤 했다.

한국경제개발정책이 제대로 가고 있는지를 점검하고, 향후 전망과 개발계획, 국가투자사업에 관하여 한국에 투자하고, 차관을 제공하고자 하는 국제기구와 외국정부 대표가 함께 만나서 설명을 듣고 토론을 하는 회의였다.

만성적인 자본부족국가였던 한국은 IECOK 총회에서 국제지구와 외국정부대표로부터 합격 점을 받아야 계속적인 차관도입이 가능했고, 이들 차관이 확정되어야 한국은 각종 투자계획과 개발계획을 확정할 수 있었기에, 그 당시 한국정부로부터는 어느 국제회의보다도 중요한 회의였고, 경제부총리가 수석대표가 되어 대표단을 파견하곤 했었고, 필자도 사무관시절 한국대표단의 일원으로 총회에 참석을 했었다. 당시 장기영 경제부총리는 "부채도 자산이다, 빚을 얻더라도 그걸로 돈을 벌어 빚을 갚으면 된다."라며 외자도입을 적극적으로 독려했고, 이 때에 외자도입관계법령이 제정 보완되었다. 독일, 일본, 미국 등으로부터의 대규모 차관과 외자를 통해서 공업화와 산업화를 급격히 촉진할 수 있었고, 동시에 외자도입에 따른 각종 부작용과 정경유착 의혹이 제기되던 시절이었다.

〈표6〉 우리나라의 경제개발계획

경제개발 계획의 역사		
차수	기간	내용
제1차	1962~1966년	전력·석탄 에너지원과 기간산업 확충, 사회간접자본 개발
제2차	1967~1971년	식량 자급화와 산림 녹화, 화학·철강·기계공업 육성
제3차	1972~1976년	중화학공업화 추진, 산업의 안정적 균형
제4차	1977~1981년	성장·형평·능률 추구, 자력 성장구조 확립, 기술 혁신
제5차	1982~1986년	안정·능률·균형 기조, 물가안정·개방화, 시장경쟁 활성화
제6차	1987~1991년	능률과 형평 토대의 경제선진화, 국민복지 증진
제7차	1992~1996년	기업 경쟁력 강화, 사회적 형평 제고와 균형 발전, 통일기반 조성

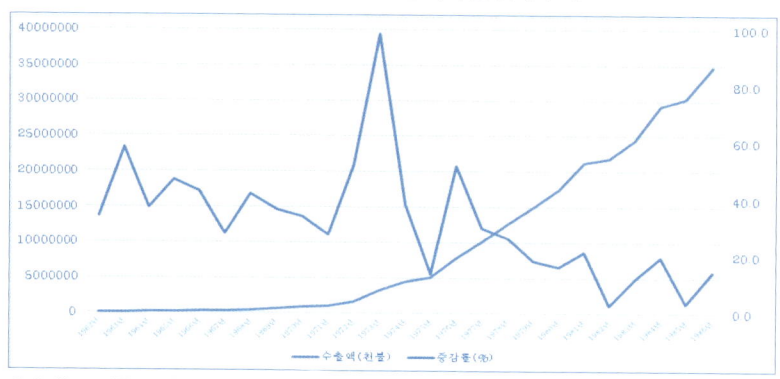

〈그림3〉 1960~1970년대 수출실적 추이

출처: 한국무역협회 수출입통계자료 데이터

 이 과정에서 많은 외채가 늘어나고 이 외자가 일부 대기업에 편중 지원되면서 당시에 외채 망국론[8]과 재벌 견제론이 등장하게 되었

---

[8] 1980년대로 박정희 대통령이 서거하고 국보위가 전략의 중심에 서 있을 때, 세계경제는 제2차 석유파동 이후 보호무역주의의 발호, 국제적인 고금리 현상 등으로 인플레이션 하에 저성장의 추세가 지속되고 있었고, Small and Open Economy 체제 속에서 수출로 경제성장을 이룩해오던 한국으로서는 국내 정치경제상황과 악화된 국제경제여건하에 외채망국론이 고개를 들기 시작한다. 즉 과도한 외채로 인하여 국내경제는 피폐화되고, 결국 중

고, 97년도 외환위기를 겪으면서 미증유의 내홍을 겪었지만 한국경제는 전후 최고로 빠른 중진국으로 성장한 모델로 자타가 공인하는 중진국이 되었다.

이와 같은 고도성장의 배경은 무엇인가? 전후 고도성장을 이룩한 한국경제의 성장원인을 찾기 위한 노력들이 계속되어 왔다. 그 중에서 가장 설득력이 있는 성장동인은 다음과 같이 요약할 수 있겠다.

1. 유교문화의 유산

한국사회는 아시아 유교문화권에 속한다. 소위 NICS로 대표되는 "네 마리 용"도 모두가 아시아 유교 문화권에 속하는 국가였다. 이에 따라 빠른 경제발전의 원천을 아시아의 유교문화에서 찾는 노력이 있었다. 「일본출신의 경제학자 모리시마 미치오 교수가 1980년대 일본경제의 빠른 발전의 원천이 일본의 유교문화에서 비롯되었다는 연구결과를 발표하면서 많은 경제학자들이 유교문화에 대한 관심을 불러

요한 기간산업은 외국 손으로 넘어가고, 한국경제는 남미와 같은 몰락으로 갈 수도 있다는 우려에서 외채망국론이 풍미를 하였다. 그러나 1986년 이후 소위 3저 현상-저금리, 저달러, 저유가-의 토대로 한국도 만성적인 국제수지 적자가 흑자로 전환되었고, 경제성장률도 10% 수준을 기록하게 된다. 당시 저금리는 불황에 빠진 세계경제를 부양시키려는 금리인하의 노력으로 금리가 내려가기 시작했고, 국제금리가 떨어지자 우리나라가 안고 있던 외채상환부담이 크게 줄어들었고, 미국이 1985년 플라자 합의 이후 달러화 평가절하를 시작하면서 엔고현상으로 한국제품의 가격경쟁력이 강화되어 수출증가, 흑자전환, 외채감소로 이어졌다. OPEC 회원국이 1985년 말부터 시장점유율 확대를 위한 경쟁을 시작하면서 저유가시대가 시작되었고, 한국경제에는 가뭄 끝에 단비가 찾아온 셈이 되었다.

일으켰다[9].」

「아시아적 가치를 일반화하면 그것은 유교사상에서 비롯된 헌신과 복종, 그리고 근면에서 찾을 수 있을 것이다. 유교문화권에서는 이기보다는 이타를, 헌신, 충성 효도 등 자기의 이익보다는 상대방을 생각하는 마음이 강한 문화권이라 할 수 있을 것이다[10].」

헌신, 복종, 충성, 근면 등의 유교문화의 유산이 아시아 신흥 개도국의 발전원동력으로 설명하려는 노력이 있었고, 한국의 개발연대 고도성장의 배경에는 이와 같은 유교문화의 유산이 긍정적으로 작용했던 것으로 보인다. 그러나 한국적 유교문화의 부정적인 면도 간과할 수 없었다. 의리와 도덕을 중요시하고, 물질문명보다는 정신세계를 중요시하는 문화는 사·농·공·상 계급구조를 탄생시켰었고, 공업과 상업을 경시하는 풍토는 전후 초기 경제개발을 어렵게 했던 요인으로 작용했었다.

2. 잘 교육되고 훈련된 풍부한 인적자원

전통적으로 한국사회 부모의 첫째 덕목은 밥을 굶더라도 자식들 교육을 잘 시켜야 빈곤에서 벗어날 수 있다는 확실한 신념이 있었다. 빈곤 속에서도 소 팔고, 땅 팔아서 자녀들 대학교육에 열정을 바쳤고, 소위 대학을 우골탑(소 팔아 소 뼈로 지은 탑)이라고 풍자하던 시절에 양성된 양질의 고급인력들이 개발연대 고도성장의 가장 큰

---

9) 이형구 (2008). 번영의 조건. 박영사. p161
10) 이형구 (2008). 번영의 조건. 박영사. p167

밑거름이었다. 공업화를 시작하면서 값싸고 질 좋은 노동력이 항상 공급 가능하였기에 경쟁력을 갖출 수 있었다. 역대 국제기능올림픽에서 1977년이후 한국이 거의 매년 우승을 차지하고 있고, OECD의 PISA결과를 보아도 한국인의 우수성은 증명이 되고 있다.

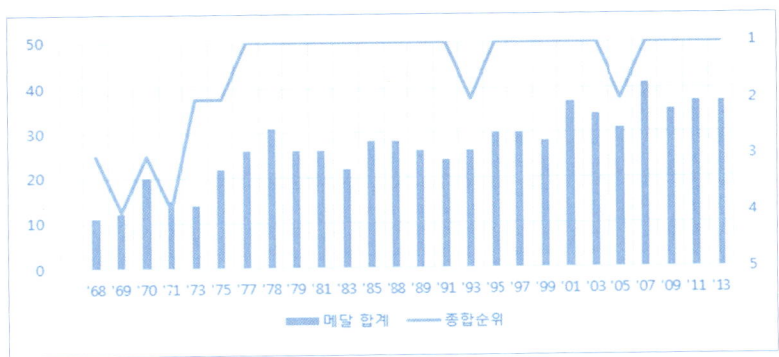

〈그림4〉 우리나라 국제기능올림픽 성적

출처: 국제기능올림픽 한국위원회, 역대 국제기능올림픽대회 참가 우리나라 입상 현황

〈표7〉 우리나라 국제기능올림픽 성적[11]

	읽기	수학	과학	문제해결력
2000	6	2	1	-
2003	2	3	4	1
2006	1	1	7	-
2009	2	3	4	-
2012	3	3	5	1

출처: e-나라지표, OECD PISA 2012 Results

---

11) PISA(Programme for International Student Assessment) 국가순위는 각 국가별로 평균 점수에 해당하는 등수를 제공하는 대신, 95% 신뢰수준에서 그 국가가 위치할 수 있는 최고 등수와 최하 등수를 추정함. 표의 데이터는 위치할 수 있는 최고 등수의 결과임

3. 장기집권과 권위주의 정부의 성장위주의 정책

박정희 대통령이 집권했던 60년대, 70년대 그리고 그 이후 지속된 한국경제는 미증유의 경제성장을 이룩하였다. 전두환, 노태우 대통령의 권위주의정부 시절에 가족을 위해서, 국가를 위해서 헌신, 충성해야 한다는 유교문화로 정신무장된 잘 교육되고 훈련된 값싼 풍부한 노동시장이 있었기에 이 같은 고도성장이 가능하였지만, 70년대 후부터 표출되기 시작한 노동운동이 점차 대형사업장의 대형노동조합으로 발전되면서 노·사 갈등이 심화되기 시작하였고, 농민들의 추곡수매가 인상 투쟁 등으로 우리 사회의 갈등 구조가 심화되기 시작하였다.

그러나 권위주의 정부하에서의 노동운동은 많은 제약을 받았고, 복지정책도 아직은 본격적으로 시작이 되지 않았었던 시기였기에, 60~70년대에 이어, 80년대, 90년대 중반까지 압축성장은 지속될 수 있었다.

97년 외환위기 후의 경기침체, 노·사 갈등 심화, 급속한 임금인상으로 인한 경쟁력 약화, 집단 이기주의의 표출과 저항, 지역이기주의 등이 급격히 확산되면서 고도성장은 제약을 받게 되었다.

4. 한정된 자원의 효율적 배분

경제성장 초기의 부족한 자본은 내·외자의 총동원 체계를 통하여 극복할 수 있었다. 국내 투자자금 동원을 위해 절약·저축 장려 운동을 전개하였고, 대외개방을 통한 외자도입을 적극 추진함으로써 부족한 자본을 확충할 수 있었다. 또한 조달된 내·외자를 보다 효율적으로 사용하기 위하여 정부가 자본 조달과 배분 과정을 주도하여 주요 기간사업을 육성하고 사회간접자본(SOC)을 대폭 확충하게 되었다. 자본조달배분 활성화를 위한 정책 금융기관을 육성하여 산업은행(1954), 대한증권거래소(1956), 중소기업은행(1961), 국민은행(1962), 한국외환은행(1967)이 설립되었고, 국가기간산업 육성을 위하여 울산공업단지(1962), 구로수출공단(1965), 여천공업단지(1966), 구미전자공단(1971) 등 공업단지를 조성하였다. 석유화학, 비료, 종합제철소, 조선소 등 자본집약적 기업 신설을 촉진하여 석유공사(1962), 호남비료(1963), 충주비료(1964), 인천제철(1964), 포항제철(1968), 울산미포조선(1974) 등이 설립되었다. 또한 도로·철도·전력시설 등을 확충하여 1961~1979년간 전력시설은 21.8배(36.7만→800만KW)하며 산업화를 뒷받침하게 되었다.

5. 선택과 집중의 정책결정

60년대로 경제개발개혁을 시작하면서 불균형성장률에 바탕을 둔 수출촉진전략을 통한 성장전략의 선택이 부존자원이 없고 인적자원이 풍부한 한국의 현실에 적합한 선택이었다. 수출 촉진을 위한 수출보조금, 조세감면, 수출금융 등을 수출기업에 집중 지원이 되었고, 수출을 위한 원자재 수입에 외화도 집중 지원이 되었다.

〈그림5〉 국내총생산 대비 수출 비율 추이

출처: 한국은행 경제통계시스템

또한 70년대 이후부터는 중화학공업을 전략적 수출산업으로 집중 육성하기 시작하였는바 철강, 비철금속, 전자, 화학, 일반기계, 조선 등 6개의 전략산업을 선정하여 이들 산업에 대하여는 정책금융(국민투자기금 설립을 통한 중화학공업 육성재원)이 집중되었고, 조세감면과 수입규제 등을 통한 지원이 집중되었다.

제 2 장

저성장의 늪에 빠진 한국경제, 이대로 추락할 것인가?

1인당 GDP 3만불 시대를 눈앞에 두고 있는 한국경제는 그 동안 압축성장 과정에서 누적되어온 구조적인 문제점이 가시화되면서 지속성장이 과연 가능할 것인가가 의문시되고 있다. 97년도 외환위기와 2008년도 미국 발 글로벌 금융위기를 겪으면서 그 동안의 고도성장추세가 점차 저성장추세로 접어들고 있어, 이대로 가다가는 선진국의 문턱에서 다시 좌절하게 되지 않을까 하는 우려가 높아지고 있다.

무엇보다도 90년대 이후 하락하기 시작한 잠재성장률이 계속하고 하락하고 있는 점이다. 연구결과[12]에 의하면 70년대 9.3%, 80년대 9.1%, 90년대 6.5%에 이르던 잠재성장률이 2000년대 이후 4.2% 수준으로 떨어졌고[13], 최근 3.3% 수준으로 추정하고 있다. BNP Paribas도 현재 한국의 잠재성장률이 3~3.25% 수준으로 정책적 노력이 없다면 향후 10년간 2% 수준으로 하락할 수 있다고 경고하

---

12) 김선재 & 이영화. (2011). 뉴 노멀 시대의 도래와 한국경제의 성장잠재력. 산업경제연구, 24(6), 3887~3903
13) 김석기. (2015). 금융 포커스: 최근 저성장의 추세성 여부 판단과 잠재성장률 추정. 주간 금융브리프, 24(19), 14~15

고 있다[14]. 이와 같이 잠재성장률이 급격하게 하락하고 있는 데는, 가계저축률의 하락으로 자본증가율이 하락하고, 노령화의 급격한 진행으로 노동증가율이 하락하는 데 직접적인 원인이 있다.

⟨표1⟩ 한국 실질성장률 및 잠재성장률 (단위: %)

연도	실질성장률	잠재성장률	연도	실질성장률	잠재성장률
1991	10.4	9.1	2004	4.9	4.4
1992	6.2	8.7	2005	3.9	4.2
1993	6.8	7.9	2006	5.2	4.1
1994	9.2	7.9	2007	5.5	4.1
1995	10.0	7.9	2008	2.8	3.9
1996	7.6	7.5	2009	0.7	3.6
1997	5.9	6.8	2010	6.5	3.7
1998	△5.5	5.3	2011	3.7	3.8
1999	11.3	5.2	2012	2.3	3.7
2000	8.9	5.6	2013	2.9	3.5
2001	4.5	5.1	2014	3.3	3.3
2002	7.4	4.9	2015	2.7	3.3
2003	2.9	4.5			

출처: OECD(2015.11, Economic Outlook)

20%가 넘던 가계 순 저축률이 최근 6% 수준까지 떨어지고 있으며, 고령화 사회[15]의 급속한 진행으로 생산가능인구가 급격히 줄면서, 노년인구는 급증하고 있다. 뿐만 아니라 출산율의 급속한 저하로

---

14) 이정화 & 이상원 (2014). 한국경제에 대한 해외 시각. 세계경제 2014
15) 한국은 2000년에 고령화사회(65세 이상 인구비율 7~14%)에 진입하였고; 7.2%,
  2018년에 고령사회(65세 이상 인구비율 14~20%)에 진입이 예상되며; 14.3%
  2016년에는 초고령사회(65세 이상 인구비율 20% 이상) 진입이 예상되고 있다; 20.8%.
  한국인 평균 기대수명 추이(세)

	2003	2010	2020	2030	2050
계	77.3	79.4	81.3	82.2	83.6
남자	73.9	76.2	78.2	79.2	80.7
여자	80.8	82.6	84.4	85.2	86.6

2013년 출산율이 1.19로 OECD 최저수준으로 떨어졌으며, 출산율 저하에 따른 저 출산으로 생산가능인구의 감소를 더욱 가속시키고 있다.

⟨표2⟩ 한국의 가계순저축률 추이[16]

	1987	1988	1997	1999	2000	2001	2002	2005	2008	2013	2014
가계순저축률	22.7	24.3	14.5	14.6	8.7	5.0	1.0	6.0	3.3	4.9	6.1

출처: e-나라지표 (한국은행 국민계정)

⟨표3⟩ 한국의 출산율 추이

	1997	1999	2001	2003	2005	2007	2009	2011	2012	2013
출산율	1.52	1.41	1.3	1.18	1.08	1.25	1.15	1.24	1.3	1.19

출처: e-나라지표 (통계청, 인구동향조사)

⟨그림1⟩ 성장과 고용의 관계

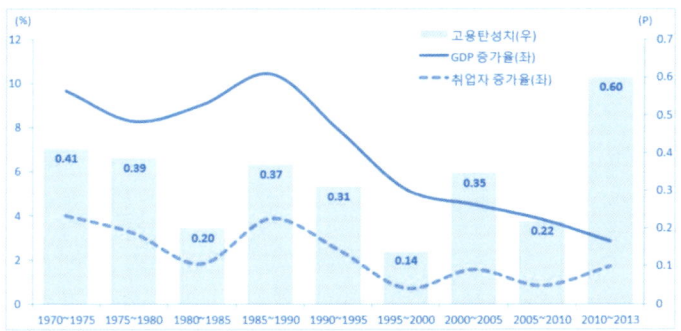

* 고용탄성치=취업자 증가율/GDP 증가율; 경제성장에 따른 고용흡수능력으로 경제가 1% 성장했을 때의 고용증가율로 표시한다.
출처: 현대경제연구원(2014). 새로운 경제시스템 창출을 위한 경제주평. 14-47(통권 618호)

---

16) 가계순저축률은 국민계정 개인부문에서 저축 성향과 재정상태를 가장 잘 반영하는 지표로서, 가계자산증감에 직접적인 영향을 미치는 지표이다. 저축률은 경기가 어려워지면 낮아지는데, 투자의 재원이 되므로 장기적으로 성장에 결정적 요인으로 작용한다.

1970년대부터 2000년대까지는 성장률 하락폭보다 고용하락폭이 더 높았으므로 1970년대 초반 고용탄성치(elasticity employment)가 0.41p를 기록한 이후 추세적으로 하락하였고, 2000년대 후반에 0.22p를 기록, 경제구조가 고용창출력이 떨어져 경제규모의 성장폭만큼 일자리가 창출되지 못하는 소위 고용 없는 성장추세를 보여주었다. 그러나 2010년대 들어와 성장률이 크게 하락했음에도 불구하고 고용이 오히려 확대되고 있어 고용탄성치는 통계작성이래 최고 수준인 0.60p로 급등하였다. 최근 2000년대 후반에서 2010년대로 진입하면서 경제 성장률이 하락했지만, 고용이 큰 폭으로 확대되고 고용탄성치가 큰 폭으로 상승하였다. 즉 투자, 소비 등 경제성장세가 위축되고 있지만 취업자는 증가하면서 고용성장세가 확대되고 있다. 저성장 추세가 확산되는 가운데 "고용 없는 성장"에서 "성장 없는 고용"으로 고용시장의 구조적인 변화가 지속되고 있는 것이 더 큰 문제로 부각되고 있다.

고령화 저출산으로 경제활동인구가 급감하면서 성장여력은 감소하고, 인구감소에 따른 자산가격은 하락하며, 복지수요증가는 중앙재정건전성을 악화시키고, 경제활동은 위축되면서 저성장이 심화되고 있는 악순환구조로의 정착이 심히 우려되고 있는 상황이다.

사회양극화가 지속되고 점차 심화되고 있는 것도 한국경제가 앓고 있는 심각한 문제이다. 최근 조사에 의하면 두 차례의 외환위기를 겪으면서 한국의 중산층이 붕괴되어 점차 감소되고 있음을 알 수 있다. 또한 IMF 외환위기 이후 기업구조조정이 본격화되면서 기업의 인력채용시장이 이원화되기 시작하였고, 점차 비정규직이 확대되고 있다.

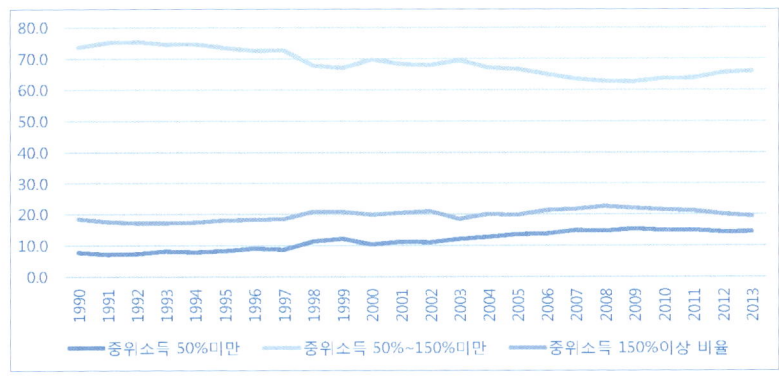

〈그림2〉 소득분배지표 변화율

출처: 통계청 KOSIS 소득분배지표

〈표4〉 정규직, 비정규직 분포 변화

		2001	2003	2005	2007	2009	2011	2013	2014
근로자수	임금근로자	13,540	14,149	14,968	15,882	16,479	17,510	18,240	18,776
	정규직	9,905	9,542	9,486	10,180	10,725	11,515	12,295	12,699
	비정규직	3,635	4,606	5,483	5,703	5,754	5,995	5,946	6,077
비율	임금근로자	100	100	100	100	100	100	100	100
	정규직	73.2	67.4	63.4	64.1	65.1	65.8	67.4	67.6
	비정규직	26.8	32.6	36.6	35.9	34.9	34.2	32.6	32.4

출처: e-나라지표, 통계청

노동의 불평등도를 나타내는 지니계수의 추이를 살펴보아도 2000년대 이후 점차 불평등도가 악화되었음을 보여주고 있다.

〈표5〉 한국의 지니계수 추이

연도	2003	2004	2005	2006	2007	2008	2009	2010	2011	2012	2013
지니계수	0.277	0.283	0.287	0.306	0.312	0.314	0.314	0.308	0.311	0.307	0.302

출처: e-나라지표 (통계청, 가계동향조사)

그러나 김낙년 동국대 교수의 분석에 의하면 "5700만원 이상 소득도가 과소파악 되어있고, 국세청 소득자료로 보정하면 2010년도의 지니계수는 0.308이 아닌 0.371에 달한다."며 불평등지수가 실질적으로 훨씬 더 악화되어 있음을 보여주고 있다 [17]. 김교수는 이러한 불평등지수는 OECD 국가 중 칠레, 멕시코, 터키, 미국에 이어 5번째로 불평등도가 높은 나라라고 지적하고 있다. 분위별 소득추이를 살펴보면 1분위와 5분위의 시장 소득 격차는 1990년도에 3.93배에서 2013년에는 5.70배로 그 격차가 더욱 확대되었음을 알 수 있다.

〈표6〉 분위별 시장소득 격차 추이

분배지표별	1990	1995	2000	2005	2010	2013
5분위배율 (단위:배)	3.93	3.85	4.40	5.17	6.02	5.70
1분위	206,546	424,303	456,384	550,568	599,981	722,578
2분위	321,742	670,380	777,840	1,051,009	1,283,924	1,500,169
3분위	406,113	850,797	1,007,055	1,405,234	1,719,847	2,034,712
4분위	513,364	1,071,874	1,297,028	1,825,697	2,258,030	2,638,764
5분위	811,814	1,633,693	2,007,823	2,848,809	3,610,484	4,115,611

출처: KOSIS 소득분배지표

특히 교육비 지출의 상위 20% 계층과 하위 20% 계층의 격차를 살펴보아도 2003년 4.91배에서 2014년 7.93배 수준으로 격차가 확대되고 있음을 알 수 있다.

---

17) 김낙년. (2013). 한국의 소득분배. Working Paper 2013-06.

〈표7〉 소득수준에 따른 교육비 지출 격차

	2003	2005	2007	2009	2011	2013	2014
하위 20%	65,041	76,230	79,243	85,230	85,098	76,617	66,766
상위 20%	319,420	382,293	404,168	535,368	516,989	504,298	529,380
배율	4.91	5.01	5.10	6.28	6.08	6.58	7.93

출처: KOSIS 소득5분위별 가구당 가계수지(전국, 2인 이상)

월급수준별 근로자분포를 보면 100만원 대와 100만원 미만 근로자가 전체 근로자의 50%를 차지하고 있다.

〈표8〉 월급 수준별 근로자 분포 (2014년 2월 기준)

	계	100만원 미만	100~200만원 미만	200~300만원 미만	300~400만원 미만	400~500만원 미만	500만원 이상
근로자 수 (천명)	18,945	2,372	7,013	4,758	2,473	1,111	1,219
비율 (%)	100	12.52	37.02	25.11	13.05	5.86	6.43

출처: 통계청 KOSIS, 전국 직업/임금수준별 임금근로자

양극화 현상은 30대 민간 기업 집단 중 4대 그룹 매출액 비중의 추이를 살펴보아도 점차 대기업 위주로 매출이 증가하고 있음을 보여준다.

〈그림3〉 4대 그룹 매출액 비중 (30대 민간기업집단 중 4대 그룹의 매출액 비중)

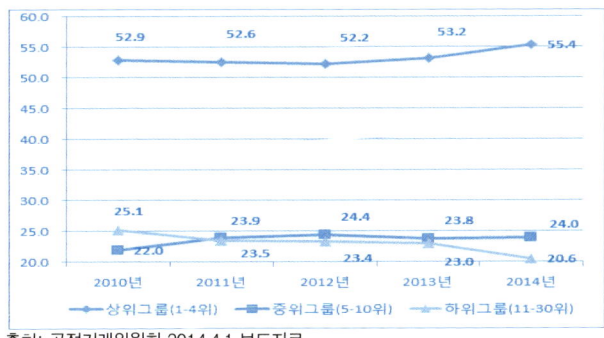

출처: 공정거래위원회 2014.4.1 보도자료

2014년도 주요 기업의 당기순이익 추세를 보면 삼성, 현대자동차가 전체 대기업집단의 당기순이익의 72.2% 이상을 점유하는 극단적인 현상을 보여주고 있다. 최근 5년간 대기업집단 그룹별 자산총액변동추이를 보아도, 상위 4위 그룹의 자산총액이 점차 증가하고 있음을 보여준다.

⟨그림4⟩ 대기업집단 그룹별 자산총액변동 (최근 5년간 자산총액 변동)

연도	상위그룹(1-4위)	중위그룹(5-10위)	하위그룹(11-30위)
2010년	45.5	27.9	26.6
2011년	46.8	26.9	26.2
2012년	49.1	26.0	24.8
2013년	50.8	25.1	24.1
2014년	52.0	25.2	22.7

출처: 공정거래위원회 2014.4.1 보도자료

성장잠재력의 약화와, 사회양극화의 심화는 결국 심각한 일자리부족과 청년실업률을 증가시키고 있다. 최근 청년실업률 현황을 보면 이미 청년실업률이 10%를 넘어 섰고, 사실상 구직을 포기한 청년까지 포함하면 청년 실업률은 훨씬 더 심각함을 알 수 있다. 특히 졸업 후 구직을 포기한 NEET[18](Not in Education, Employment or Training)족이 증가하고 있다.

---

18) NEET족이란 15~34세 인구 중 독신으로 실업자이면서 취업준비도 하지 않는 계층을 의미한다.

〈표9〉 청년실업률 현황 (청년 실업률 현황)

	2009	2010	2011	2012	2013	2014	2015 01월	2015 02월	2015 03월
청년실업률(%)	8.1	8	7.6	7.5	8	9	9.2	11.1	10.7

출처: e-나라지표 (통계청, 경제활동인구조사)

〈표10〉 취업준비자와 구직단념자 추이 (단위: 천 명)

	2003	2004	2005	2006	2007	2008	2009	2010	2011	2012	2013	2014
취업준비자	345	383	456	525	546	598	591	625	572	560	574	560
구직단념자	90	100	125	122	108	119	162	220	211	196	172	394

출처: e-나라지표 (통계청, 경제활동인구조사)

뿐만 아니라 그 동안 한국경제의 견인차역할을 해왔던 수출이 2015년부터 급격히 줄어들고 있다. 2015년도 수출액이 2014년 대비 8.0%나 감소하였다. 다행히 수입도 감소하고 있어 무역수지는 흑자를 보이고 있지만 전형적인 축소경제시장기조로 접어든 것으로 보여 앞으로의 추이를 주의 깊게 살펴보아야 할 것으로 보인다.

〈표11-1〉 2010~2015년 한국 수출입 통계자료 (무역협회)

연도	수출		수입	
	금액(백만불)	증감률(%)	금액(백만불)	증감률(%)
2016년 (1월~2월)	72,988	-15.7	60,427	-17.5
2015년	526,757	-8.0	436,499	-16.9
2014년	572,665	2.3	525,515	1.9
2013년	559,632	2.1	515,586	-0.8

2012년	547,870	-1.3	519,584	-0.9
2011년	555,214	19.0	524,413	23.3
2010년	466,384	28.3	425,212	31.6

출처: 한국무역협회

〈표11-2〉 2010~2015년 세계 수출입 통계자료 (IMF)

연도	수출		수입	
	금액(백만불)	증감률(%)	금액(백만불)	증감률(%)
2015년 (1월~8월)	10,830,450	-11.6	11,093,460	-11.1
2014년	18,411,400	0.9	18,767,400	1.0
2013년	18,255,200	2.0	18,587,200	1.2
2012년	17,895,100	0.4	18,367,700	0.5
2011년	17,826,600	19.3	18,267,300	19.1
2010년	14,937,400	20.9	15,331,600	20.6

출처: 한국무역협회

이와 같이 성장엔진이 멈춘 한국경제를 회생시킬 방안은 무엇인가?

첫째, 기업가정신의 부활을 통한 성장동력의 회복이다. 기업활동을 위축시키는 각종 규제완화를 통해 창업의욕을 고취시키고 기업가정신을 고취시키는 일이다. 2008년 미국발 금융위기 극복과정에서 신 자유주의의 폐해에 대한 감독당국의 감독이 강화되면서 한국도 금융건전성 강화라는 명목으로 각종 건전성 규제, 개인정보보호 강화, 소비자 주권 강화 등이 심화되면서 규제완화를 끊임없이 추진한다는 정부의 의지와는 반대로 정부의 감독 및 규제는 오히려 늘어나고 있다. 뿐만 아니라 각종 안전사고와 부정부패를 근절해야 한다는 여론 수렴과정에서 기업활동을 위축시키는 각종 규제가 양산되고 있다. 지금이야말로 과연 정부가 무엇을 꼭 해야 할지, 그리고 시장기능에 맡길 것이 무엇인지를 제로베이스에서 재검토하여 규제완화를 추진하여, 기업가정신을 고취시켜야 할 시점이다. 정부가 추진하고 있는 창조경제가 성공적으로 정착된다면 새로운 성장동력창출에 기여할 것으로 기대된다. 고용의 구조적 변화 속에서 고용의 양적인 성장을 위하며 일자리의 질적 하락은 막고 일자리 양극화 등과 같은 문제를 조속히 해결하여야 한다. 성장과 고용의 관계를 높이기 위한 대응책을 강구하여야 한다. 투자 위축 등 경제성장률이 하락함에도 불구하고, 고용이 확대되는 현상은 '성장 없는 고용의 함정'에 빠지게 만들 수 있음을 경계해야 한다. 즉, 일자리의 질이 하락하고, 양극화 및 소비부진의 문제를 야기할 수 있는 것이다. 창조경제 기조 하에 유망서비스업을 발굴하고, 고부가가치 산업을 바탕으로 고임금일자리를 창출할 필요가 있으며, 투자환경을 대폭 개선함으로써, 투자확대가 선행된 양질의 일자리 창출이 이루어질 수 있도록 해야 하겠다.

둘째로, 경제활동참가인구를 늘려야 한다. OECD 국가 중 가장 낮은 출산율을 획기적으로 높일 수 있는 출산장려대책을 추진해서 미래의 경제활동인구를 적극적으로 늘려가야 한다. 아직까지 남아있는 과거의 인구증가 억제시절 도입되었던 각종 출산억제책을 철폐하고, 다자녀를 키우는 가정에 좀 더 많은 인센티브가 부여될 수 있는 보육비지원, 교육비지원과 주택정책을 통한 다자녀가정 우대정책의 추진이 필요하다. 과거 프랑스가 출산율 증대를 위하여 시행했던 다자녀가정에 대한 지원시책을 참고로 해서 과감한 정책 전환이 요구되고 있다. 특히 육아의 어려움 해소를 위하여 일정 규모 이상의 사업장에 어린이 집을 의무적으로 운영토록 하여 부부가 경제활동에 참가하는 경우 육아의 어려움을 완화시켜줄 수 있을 것이다. 아울러서 과격한 이민정책의 전환으로 외국으로부터 유입되는 인력의 문호를 넓혀야 한다. 한국인의 단일민족이라는 전통문화는 더 이상 미덕이 될 수 없다. 부족한 산업인력을 과감히 이민으로 받아들여서 경제활동인구를 늘려가야 할 것이다. 또한 노동공급 부족 현상에 대해 선제적인 대책을 마련할 필요가 있겠다. 향후 생산가능 인구 축소에 따라 노동공급 부족 현상이 나타날 것이므로, 기업들이 이러한 구조적인 변화를 방관하지 않도록 가이드라인을 마련하고, 향후 노동력 부족현상을 완화하기 위해, 비경제활동인구를 적극적으로 노동시장으로 유인할 수단이 필요하다. 특히, 서비스 산업에 적합한 여성 고용을 적극적으로 확대하기 위해, 여성 노동 환경 개선, 차별적 관행 타파 등의 노력이 필요하며, 여성 비경제활동인구를 노동시장으로 유인하기 위해서는 일-가정 양립이 가능한 환경마련이 절대적임(유치원, 보육시설 등이 현저히 부족)을 명심하여야 하겠다. 여성뿐만 아니라 청년과 고령층을 노동시장으로 견인하고, 중장기적으로는 외국인근로자를 통한 인력 활용 및 출산율 제고도 필요하다.

셋째, 정치권의 무분별한 복지정책의 확대를 경계해야 한다. 그리스 등 유럽의 재정위기를 겪은 나라들의 공통점은 무분별한 복지정책의 남발로 인한 재정부담을 견디지 못해 국가 파산위기에 몰린 것이다. 대통령선거, 국회의원선거, 지방자치단체장선거 등으로 거의 매년 실시되는 각종선거의 후유증이 복지정책 확대 공약 남발이다. 재정부담능력을 감안하지 않고 유권자 표만 의식한 복지정책확대를 약속하는 정치인은 국민의 현명한 판단으로 퇴출시킬 수 있는 문화가 형성되어야 한다. 복지정책의 특징은 한 번 혜택을 주기 시작하면, 절대로 후퇴가 안 된다는 점이다. 앞으로 더 큰 혜택을 주기는 쉬워도, 주는 혜택을 빼앗기는 정권의 운명을 좌우할 정도로 힘들 것이다. 때문에 새로운 복지 정책이 도입될 때에는 철저한 미래 재정 부담을 고려하여 도입이 되게 하는 시스템을 구축 해야 할 것이다. 대통령 선거공약이라 할지라도, 철저한 미래편익분석을 통하여 재정부담능력이 가능한 범위 내에서만 복지혜택을 늘려나가도록 해야 한다.

넷째, 사회 양극화 현상을 축소해 나갈 수 있는 여건을 조성해야 한다. 무엇보다 중요한 것은 새로운 노사문화의 정착이다. 지금과 같은 정규직 노조의 과보호 상태가 지속되는 한, 기업은 정규직보다는 비정규직 근로자를 더욱 늘려 갈려는 유혹에서 벗어나기 힘들고, 비정규직에 대한 처우개선도 더욱 어려워질 것이다. 노조전임자에 대한 급여지급 금지 문제, 불법노동행위로 인한 손해배상 문제 등 이미 선진국들이 걸어온 길을 본보기로 삼아 비싼 레슨 비용 없이 신축적인 노사문화 조정이 급선무라 하겠다. 강성노조의 목소리가 커질수록, 규제가 많아질수록 기업은 생산시설을 기업하기 좋은 외국으로 이전 할 것이고, 외국인 투자기업은 한국에의 투자를 점차 줄이거나 한국에서 철수할 것이며 그 결과는 한국경제의 지속 성장 기반을 훼손하게 될 것이다. 또한 비정규직 근로자를 중심으로 한 근로조건 개선 및 근로안정성 확대 등을 통해 임금근로자의 정규직-비정규직 격차를 해소하도록 해야 하겠다. 임금뿐만 아니라, 사회보험(국민연금, 건강보험, 고용보험) 및 근로복지수혜 등의 근로조건에 있어서 정규직-비정규직의 격차 해소가 필요하며, 근로기준법을 위반하는 기업주에 대해 규제를 강화하여 노동시장의 이중구조화를 막는 노력을 하여야 할 것이다.

다섯째, 정치적인 리더십의 확보가 그 어느 때보다 절실한 시점이다. 대통령임기의 5년단임제로 인한 폐해가 심각하고, 선거가 끝나면 다시 다음 선거를 위한 정쟁이 지속되면서 사회갈등이 심화되고, 경제정책이 정치 환경에 영향을 받으면서 중심을 못 잡고 표류하고 있다. 무엇보다도 모든 국민이 한국경제의 미래를 위하여 책임 있는 정의를 구현할 수 있는 사람을 정치 지도자로 선출하고, 선출된 지도자는 모든 국민이 지원하여 진실한 한국경제의 회복을 다시 한 번 이루어야 하겠다.

제3장

한국정부 재정은 과연 건전한가?

1. 국가재정운용계획

정부는 1982년부터 재정적자 구조의 개선을 위하여 중기재정계획을 작성하였다. 당시 중기재정계획은 재정투자방향을 제시하고, 예산편성 시 재정당국의 내부 참고자료로만 활용되는 수준이었다. 그러나 2004년부터 국가재정운용계획을 최초로 수립하였고, 2007년부터 국가재정법을 제정하여, 기존의 예산회계법과 기금관리기본법을 통합하여 국가재정운용계획의 수립과 동 계획의 국회제출을 의무화하면서 국가재정운용계획의 제도화가 이루어졌다. 우리나라의 재정구조는 다음과 같이 구분해 볼 수 있다.

〈표1〉 우리나라의 재정구조

재정	예산	일반회계	국세 등 일반세입으로 경제개발, 복지, 교육, 국방 등을 위한 일반적 지출
		특별회계 (18개)	특정사업운영, 특정자금운영 등 특정한 세출에 충당하기 위한 회계(교통시설, 농어촌구조개선, 우편사업, 조달 등)
	기금	기금(64개)	사회보험료, 부담금 등 특정자금을 운용하여 특정목적달성을 위해 설치하는 것으로 예산에 비해 탄력적 운용이 가능(국민연금기금, 고용보험기금, 국민주택기금, 신용보증기금 등)

2. 2014~2018년 재정수입 및 지출전망

2015년도 정부의 국가재정운용계획에 의하면 예산과 기금을 포함한 재정수입은 2015~2019년 기간 중 평균 4.0% 증가할 전망이다.

〈표2〉 중기 재정수입 전망 (단위: 조원, %)

	2015년	2016년	2017년	2018년	2019년	연평균 증가율
■ 재정수입	382.4	391.5	406.8	426.6	446.6	4.0
(증가율)	(3.5)	(2.4)	(3.9)	(4.9)	(4.7)	
○ 국세수입	221.1	223.1	233.1	244.2	255.6	3.7
○ 세외수입	27.6	27.2	26.6	26.7	26.7	△0.8
○ 기금수입	133.6	141.2	147.0	155.8	164.3	5.3

출처: 기획재정부

조세부담률은 2015년 이후 상승하여 2019년에는 17.8%, 사회보장기여금을 포함한 국민부담률은 24.6%까지 증가할 전망이다.

〈표3〉 중기 조세부담률 전망 (단위: %)

	2013년	2014년	2015년	2016년	2017년	2018년	2019년
■ 조세부담률	17.9	18.0	17.5	18.0	18.0	17.9	17.8
■ 국민부담률[19]	24.3	24.8	23.9	24.9	24.9	24.7	24.6

* 2014년은 국회 확정예산 기준

출처: 기획재정부

국가재정운용계획에 따르면 재정지출은 2015~2019년 기간 동안 연평균 2.6% 수준에서 관리하도록 되어있다.

---

19) 국민부담률: 국민들이 1년간 낸 세금과 국민연금, 건강보험료, 고용보험료 등 각종사회기여금을 합한 총액이 GDP에서 차지하는 비율

<표4> 중기 재정지출 계획 (단위: 조원, %)

	2015년	2016년	2017년	2018년	2019년	연평균 증가율
■ 재정지출	375.4	386.7	396.7	406.2	416.0	2.6
① 예산.기금별 구분						
○ 예산지출	260.1	263.1	271.4	275.7	278.6	1.7
(비중)	(69.3)	(68.0)	(68.4)	(67.9)	(67.0)	
○ 기금지출	115.3	123.6	125.3	130.5	137.3	4.5
(비중)	(30.7)	(32.0)	(31.6)	(32.1)	(33.0)	
② 지출성격별 구분						
○ 의무지출	172.6	183.4	195.0	206.5	218.7	6.1
(비중)	(46.0)	(47.4)	(49.1)	(50.8)	(52.6)	
○ 재량지출	202.8	203.3	201.8	199.7	197.3	△0.7
(비중)	(54.0)	(52.6)	(50.9)	(49.2)	(47.4)	

출처: 기획재정부

총 재정지출 중 의무지출은 2015~2019년 기간 중에 연평균 6.1% 증가할 전망이다. 의무지출증가의 주요원인은 기초연금, 공적연금 등 복지분야 법정지출의 높은 증가세와 지방교부세, 지방교육재정교부금 등 지방이전재원의 증가가 크기 때문이다.

<표5> 의무지출 유형별 전망 (단위: 조원, %)

	2015년	2016년	2017년	2018년	2019년	연평균 증가율
■ 지방이전재원	74.3	77.4	82.8	88.3	92.5	5.6
■ 복지분야 법정지출	77.5	83.1	88.8	94.3	100.5	6.7
■ 이자지출	16.5	18.0	18.6	19.0	20.9	6.1
■ 기타 의무지출	4.3	4.7	4.7	4.7	4.8	2.7

출처: 기획재정부

주요의무지출전망을 살펴보면 다음과 같다. 첫째, 지방이전재원의 증가[20]이다. 지방교부세는 내국세 총액의 19.24%와 종합부동산세 전액, 지방교육재정교부금은 내국세 총액의 20.27%와 교육세 전액을 지방자치단체에 교부하고 있다.

〈표6〉 지방이전재원 전망 (단위: 조원,%)

	2015년	2016년	2017년	2018년	2019년	연평균
【합계】	74.3	77.4	82.8	88.3	92.5	5.6
• 지방교부세	34.9	36.2	38.5	41.3	43.2	5.5
• 지방교육재정교부금	39.4	41.3	44.3	47.0	49.3	5.8

출처: 기획재정부

둘째, 보건복지고용법정지출의 계속적인 증가이다.
① 국민기초생활보장급여(생계급여, 주거급여, 교육급여, 의료급여, 해산·장제급여, 자활사업)에 대한 국가부담액이 2015년 8.5조원에서 2019년 10.2조원으로 증가될 전망이다.

〈표7〉 국민기초생활보장급여 지출 전망 (단위: 억 원, %)

	2015년	2016년	2017년	2018년	2019년	연평균
【합계】	85,119	91,913	97,662	101,420	105,233	5.4
• 생계급여	26,988	32,728	36,728	38,728	40,728	10.8
• 의료급여	45,871	47,224	48,687	50,148	51,652	3.3
• 주거급여	11,231	10,289	10,598	10,916	11,243	0.0
• 교육.해산.장제급여	1,029	1,672	1,649	1,628	1,610	11.8

출처: 기획재정부

② 건강보험관련 의무지출사업은 2014년 7.0조원에서 2018년 9.1

---

[20] 현행 국가와 지방자치단체 간 재정조정제도에는 교부금(지방교부세, 지방교육재정교부금)과 국고보조금이 있는데, 지방이전재원은 지방교부세와 지방교육재정교부금을 의미한다. 중앙정부는 지방이전재원을 확충하기 위해 지방교부세율과 지방교육재정교부금률을 꾸준히 상향 조정해왔다. 지방교부세율은 1995년 13.27%에서 2006년 19.24%(내국세 대비비율)로, 지방교육재정교부금률은 1995년 11.8%에서 2010년 20.27%로 상향 조정되었다.

조원으로 증가할 전망이다.

③ 4대 공직연금 즉 국민연금, 공무원연금, 사학연금, 군인연금에 대한 의무지출이 2015년 32조원에서 2019년 49조원으로 연평균 11% 증가할 전망이다.

〈표8〉 4대 공적연금 의무지출 전망 (단위: 억 원, %)

	2015년	2016년	2017년	2018년	2019년	연평균
【합 계】	320,091	352,422	396,540	441,587	485,810	11.0
• 국민연금	165,875	185,488	207,574	232,184	259,617	11.9
• 공무원연금	132,448	142,009	153,647	162,614	173,326	7.0
• 사학연금	25,517	26,980	29,565	32,400	35,511	8.6
• 군인연금	28,582	29,861	31,952	34,188	36,582	6.4

출처: 기획재정부

④ 65세 이상 저소득 노인에게 지급하는 기초연금은 2014년 5.2조 원에서 2018년 9.1조원으로 연평균 15% 증가할 전망이고, 65세 이상 노인 또는 치매, 중풍 등 노인성 질환자에게 시설급여 또는 재가급여를 제공하는 장기 요양보험제도는 2014년 5,844억 원에서 2018년 6,668억 원으로 연평균 3.3% 증가할 전망이다.

셋째, 공공자금관리기금과 국민주택기금, 우체금예금특별회계의 지급이자 등이 2014년 16조 7천억 원에서 2018년 20조 2천억 원으로 연평균 4.8% 증가할 전망이다.

⟨표9⟩ 이자지출 전망 (단위: 억 원, %)

	2014년	2015년	2016년	2017년	2018년	연평균
【 합 계 】	167,824	179,664	185,318	193,202	202,616	4.8
▪ 공공자금관리기금	116,393	129,622	133,381	141,251	153,323	7.1
▪ 국민주택기금	15,926	15,570	17,118	17,236	14,014	△3.1
▪ 우체국예금특별회계	23,138	21,835	22,018	22,060	22,258	△1.0
▪ 기 타	12,367	12,637	12,801	12,655	13,021	1.3

출처: 기획재정부

넷째, 그 외에 쌀소득보전 직불금(쌀 생산 여부와 관계없이 논의 형성을 유지하는 경우 1Ha당 100만원을 지원해주는 제도로 수매제 등 가격지지정책과 달리 논의된다. 공익적 기능을 보전하기 위해 정부가 직접 개별농가에 소득을 지원하는 정책으로 WTO가 허용하는 정책이다.)과 유엔 PKO 예산분담금 등 기타 의무지출이 2014년 4조원에서 2018년 4조 8천억으로 연평균 4.7% 증가될 전망이다.

⟨표10⟩ 기타 의무지출 전망 (단위: 억 원, %)

	2014년	2015년	2016년	2017년	2018년	연평균
【 합 계 】	40,666	45,155	48,111	47,522	48,883	4.7
▪ 쌀소득보전 고정직불금	7,740	8,450	8,300	8,150	8,000	0.8
▪ 유엔PKO예산분담금	1,680	1,648	1,783	1,961	2,158	6.5
▪ 기 타	31,246	35,057	38,028	37,411	38,725	5.5

출처: 기획재정부

분야별 재원배분 방향

보건·복지·고용 분야, 교육 분야, 국방 분야, 일반·지방행정 분야 재정지출소요가 앞으로도 크게 증가될 분야이고, 산업, SOC, 농림수산 등은 점차 비중이 줄어들 전망이다.

<표11> 분야별 재원배분 계획 (단위: 조원, %)

구 분	2015	2016	2017	2018	2019	2015~2016 연평균
1. 보건.복지.고용	115.7 (30.6)	122.9 (31.6)	129.2 (32.5)	134.7 (32.9)	140.3 (33.3)	5.0
2. 교 육	52.9 (14.0)	53.2 (13.7)	54.5 (13.7)	56.9 (13.9)	59.0 (14.0)	2.8
3. 문화.체육.관광	6.1 (1.6)	6.6 (1.7)	7.2 (1.8)	7.9 (1.9)	8.1 (1.9)	7.3
4. R&D	18.9 (5.0)	18.9 (4.9)	19.3 (4.9)	19.7 (4.8)	20.2 (4.8)	1.7
5. 산업.중소기업.에너지	16.4 (4.3)	16.1 (4.1)	15.5 (3.9)	15.0 (3.7)	14.5 (3.4)	△3.0
6. SOC	24.8 (6.6)	23.3 (6.0)	21.1 (5.3)	19.7 (4.8)	18.7 (4.4)	△6.8
7. 농림.수산.식품	19.3 (5.1)	19.3 (5.0)	19.1 (4.8)	19.0 (4.6)	18.9 (4.5)	△0.5
8. 환 경	6.8 (1.8)	6.8 (1.7)	6.7 (1.7)	6.6 (1.6)	6.4 (1.5)	△1.5
9. 국 방 (일반회계)	37.5 (9.9)	39.0 (10.0)	39.9 (10.0)	40.9 (10.0)	41.9 (10.0)	2.8
10. 외교.통일	4.5 (1.2)	4.7 (1.2)	4.8 (1.2)	5.0 (1.2)	5.1 (1.2)	3.2
11. 공공질서.안전	16.9 (4.5)	17.5 (4.5)	18.1 (4.6)	18.8 (4.6)	19.4 (4.6)	3.5
12. 일반.지방행정	58.0 (15.4)	60.9 (15.6)	61.9 (15.6)	65.3 (15.9)	68.3 (16.2)	4.2
합계	377.8 (100)	389.2 (100)	397.3 (100)	409.5 (100)	420.8 (100)	2.7

출처: 기획재정부

일반정부지출 국제비교

우리나라의 경우 사회복지관련지출확대로 총 재정지출이 2004년 GDP 대비 26.8%에서 2008년 31.0%까지 지속 상승하였다. 2009년에는 기존 상승추세와 함께 확장적 재정지출의 결과 GDP 대비 33.5%까지 상승하였다.

그러나 유럽의 정부총지출 비율인 평균 49.8%와 OECD의 42.1%에 비해 한국은 아직까지 낮은 수준(2013년 33.1%)에 머물고 있다[21]. 이는 사회보장제도로 인한 재정지출부담이 아직 본격화되지 않은 한국의 특성이 반영된 것이라 할 수 있다. 사회복지지출을 비롯한 제반 지출부담 확대로 인하여 그 비중이 증가할 전망이다.

3. 재정수지

통합재정수지 추이

2000~2008년에 통합재정수지의 흑자가 지속되었다. 2000년 이후 경제회복을 통해 세입이 증가하고 국민연금 등 사회보장성기금 흑자가 증가한 것이 기인한다. 2009년에는 통합재정수지가 적자로 전환되었는데 이는 경기부양을 위한 재정지출확대로 인해 전년 대비 33.5조원 증가하였기 때문이다. 통합재정수지는 17.6조원 적자를 기록하였고 이는 GDP 대비 −1.5%에 달한다. 재정수지의 건전성 저하된 것이다.

2010년에 재정수지 건정성을 회복하였는데 경기 회복에 따른 조세수입 증가, 취업자 증가 및 가입자 기준 완화에 따른 가입자 확대로 인한 사회보장기금순유입 증가, 경기회복을 위한 확장적 재정지출 축소와 순융자 감소 등에 기인한다. 이로 인해 16.7조원의 통합재정수지 흑자를 기록하였다.

2011년 이후 통합재정수지 흑자를 유지하고 있다. 2011~2012년

---

21) 한국은행이 2014년 발표한 '2013년 공공부문 계정' 참고

의 경우 18조원 내외의 통합재정수지 흑자를 기록하였다. 2013년에는 세계경제 회복 지연, 저성장 기조 지속에 따른 세수 감소와 대규모 추경(17.3조원) 편성 등 적극적 재정운용으로 재정수지가 다소 악화되었다. 향후 경기 진작을 위한 확장적 재정정책이 예상되고 있어 재정수지 악화 추세 이어질 듯 것으로 전망된다. 2014년 통합재정수지는 8.5조 흑자로 지난 2013년의 14.2조보다 5.7조 감소하였다.

〈표12〉 통합재정수지와 관리재정수지 추이 (단위: 조원, %)

구분	2005	2006	2007	2008	2009	2010	2011	2012	2013	2014
수입	191.4	209.6	243.6	250.7	250.8	270.9	292.3	311.5	314.4	320.9
경상수입	190.2	208.1	241.7	248.8	248.3	268.5	289.8	307.8	311.1	318.2
자본수입	1.3	1.5	1.9	1.9	2.5	2.4	2.5	3.7	3.3	2.7
지출 및 순융자	186.6	203.6	206.6	234.9	268.4	254.2	273.7	293.0	300.2	312.4
경상지출	158.9	171.3	173.3	201.0	215.1	216.9	235.5	252.6	268.0	280.5
자본지출	24.6	26.5	26.2	28.4	35.2	34.2	34.3	34.3	34.0	31.0
순융자	3.0	5.7	7.1	5.5	18.0	3.1	3.9	6.1	−1.8	0.9
통합재정수지	4.9	6.0	37.0	15.8	−17.6	16.7	18.6	18.5	14.2	8.5
관리재정수지	−6.7	−8.4	6.8	−11.7	−43.3	−13.0	−13.5	−17.4	−21.1	−29.5
수입GDP대비	20.8	21.7	23.4	22.7	21.8	21.4	23.6	22.6	22.0	21.6
지출GDP대비	20.3	21.1	19.8	21.3	23.3	20.1	20.5	21.3	21.0	21.0
통합재정수지/GDP대비	0.5	0.6	3.6	1.4	−1.5	1.3	1.4	1.3	1.0	0.6
관리재정수지/GDP대비	−0.7	−0.9	0.7	−1.1	−3.8	−1.0	−1.0	−1.3	−1.5	−2.0

출처: 기획재정부

통합재정수지[22]와 관리대상수지[23]

정부의 재정건전성 여부를 명확히 판단하기 위해 사용되는 관리대상수지(통합재정수지-사회보장성기금)는 2002년, 2003년, 2007년을 제외하고는 1997년 이후 계속 적자상태를 유지하고 있다. 경기회복 위한 지출 증가로 2009년에는 그 적자폭이 크게 확대되었고, 2010년 이후 경기 회복에 따라 관리대상수지 적자폭이 다소 감소한 바 있으나, 2013년 GDP 대비 1.5%로 적자가 증가하였으며, 확장적 재정정책의 지속으로 2015년까지 악화 추세 지속될 것으로 전망되고 있다.

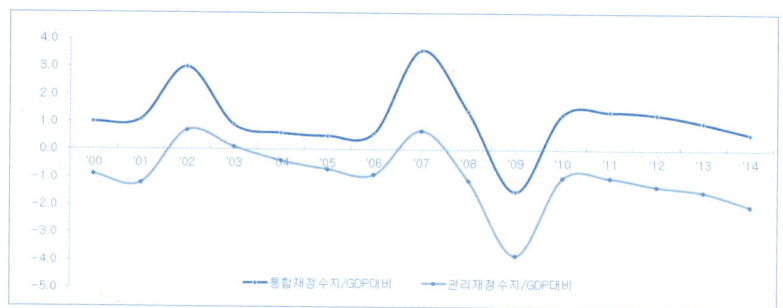

〈그림1〉 GDP 대비 통합재정수지 및 관리재정수지 비율

출처: 기획재정부

---

22) 당해 회계연도의 통합재정수입에서 통합재정지출을 차감하여 산출한다. 통합재정수입 및 통합재정지출은 예산, 기금 등 정부 재정수입.지출 규모에서 회계와 기금간 내부거래, 차입 및 채무 상환 등의 보전거래를 제외하여 계산한다.
23) 통합재정수지에서 사회보장성 기금 수지를 제외하여 산출한다. 사회보장성 기금수지 흑자는 장래의 연금.보험 등의 지급에 대비하여 적립되는 것으로 당해연도의 재정건전성 상황을 보다 명확히 파악하기 위하여 재정수지 산정 시 제외한다.
* 관리재정수지 = 통합재정수지 - 사회보장성 기금 수지
* 사회보장성 기금: 국민연금, 사학연금, 고용보험, 산재보험

국민연금의 경우, 장기적으로는 인구고령화와 국민연금제도 성숙으로 인해 통합재정수지 악화요인으로 작용할 가능성이 있다. 국민연금의 수지흑자가 2030년까지는 계속 확대될 것이나, 2044년에 수지적자 발생할 것으로 예상된다. 국민연금 제도가 2043년까지는 통합재정수지 악화요인보다는 흑자요인으로 작용할 것이나 2044년 이후에는 통합재정수지 악화요인으로 작용할 것으로 보이며, 장기적인 재정건전성 유지를 위하여는 국민연금을 포함한 사회보장성기금의 개혁이 필요할 것으로 전망된다.

〈표13〉 국민연금 재정수지 전망 (단위: 십억 원)

연도	적립기금	총수입	(보험료)	(투자수익)	총지출	(연금급여)	수지
2013	417,727	52,217	32,135	20,082	14,556	14,032	37,661
2015	514,130	69,574	37,383	32,191	18,448	17,849	51,126
2020	847,171	109,098	54,073	55,025	33,923	33,487	75,175
2025	1,260,709	144,640	73,224	71,416	56,327	55,735	88,313
2030	1,732,381	186,913	95,041	91,872	89,953	89,176	96,960
2035	2,184,180	225,068	117,173	107,895	138,809	137,826	86,259
2040	2,494,494	258,427	141,595	116,832	213,773	212,563	44,654
2043	2,561,489	277,586	156,765	120,822	267,328	265,963	10,258
2044	2,558,741	283,749	162,747	121,003	286,498	285,076	-2,749
2045	2,541,358	289,420	168,889	120,531	306,804	305,324	-17,384
2050	2,200,519	309,781	203,282	106,498	414,088	412,288	-104,307
2055	1,334,483	300,993	231,040	69,953	525,383	523,193	-224,390
2060	-280,716	263,375	263,375		657,820	655,155	-394,445
2065		307,180	307,180		806,934	803,692	-499,754
2070		358,101	358,101		948,255	944,311	-590,154
2075		414,588	414,588		1,089,567	1,084,768	-674,979
2080		477,892	477,892		1,263,650	1,257,811	-785,758
2083		518,944	518,944		1,388,539	1,381,971	-869,595

출처: 기획재정부

특별회계는 만성적으로 재정지출이 재정수입을 초과하여 특별회계 적자가 2013년 기준 23조원 수준에 해당한다. 특별회계[24]는 모두

---

[24] 기업특별회계는 철도사업, 통신사업, 양곡관리, 조달, 책임운영기관 특별회계 등이 있고 기타특별회계는 교통시설, 광역지방자치단체, 농어촌구조개선, 환경개선, 에너지 및 자원사업 특별회계 등이 있다.

18개이며 기업형태로 운영되는 기업특별회계 5개와 개별 법률에 근거하여 설치된 기타특별회계 13개로 구분될 수 있는데, 특별회계 중 규모가 큰 기타특별회계의 경우, 사회기반시설 구축, 국토 균형 발전 등 수혜자의 범위가 넓은 반면 수혜자를 특정하기 쉽지 않음에 따라 수익자부담에 의거한 세입확충이 용이하지 않은 공공서비스 영역으로 구성되며 이에 따라 구조적으로 적자 발생하고, 통합재정수지에 부정적 영향을 미치게 된다. 2014년 기준으로 일반회계는 64.7%, 기금수입은 30.3%, 기타(기타특별회계, 기업특별회계, 세입세출 외) 4.9%을 차지하고 있다.

〈표14〉 회계별 통합재정수지 (단위: 십억 원)

구분	2012			2013			2014		
	수지	수입	지출	수지	수입	지출	수지	수입	지출
통합재정수입	18,479	311,456	292,977	14,199	314,437	300,238	8,501	320,895	312,394
일반회계	27,717	206,019	178,302	13,633	205,264	191,631	10,376	207,755	197,379
기타특별회계	△23,426	13,815	37,241	△22,841	13,811	36,652	△22,847	13,436	36,283
기업특별회계	△1,234	2,660	3,894	△619	3,062	3,681	△1,084	2,329	3,414
세입세출 외	△2,135	112	2,247	△302	33	335	△132	48	181
기금	17,557	88,850	71,293	24,328	92,267	67,939	22,189	97,326	75,138

출처: 기획재정부

일반회계 수입의 내국세비중이 80%를 넘어서고 있으며, 관세의 비중은 수입자유화 등의 영향으로 점차 줄어들고 있다. 내국세 중에는 소득세와 부가가치세의 비중이 50% 이상을 차지하고 있으며, 신용카드 활성화 등에 따른 세원증가 등으로 2014년 부가가치세는 2014년까지 증가하였으나 소비심리위축으로 인해 2015년에는 소폭 감소하였다. 명목임금상승과 소득감면축소 등으로 소득세는 2014년 대비 2.0% 증가하였다. 법인세 비중은 2014년까지 점차 감소하다가 2015년에는 전년대비 같은 비중을 유지하였다.

<표15> 조세수입 구성 및 추이 (단위: 조원, %)

구 분	2012		2013		2014		2015	
	규모	비중	규모	비중	규모	비중	규모	비중
일반회계	196.2	100.0	195.4	100.0	199.3	100.0	210.8	100.0
내국세	166.8	85.0	165.9	84.9	171.3	85.9	182.0	86.3
소득세	45.8	23.3	47.8	24.5	53.3	26.8	60.7	28.8
법인세	45.9	23.4	43.9	22.4	42.7	21.4	45.0	21.4
부가가치세	55.7	28.4	56.0	28.6	57.1	28.7	54.2	25.7
기타	19.4	9.9	18.3	9.3	18.1	9.1	22.1	10.5
관세	9.8	5.0	10.6	5.4	8.7	4.4	8.5	4.0
교통세	13.8	7.0	13.2	6.8	13.4	6.7	14.1	6.7
교육세	4.6	2.4	4.5	2.3	4.6	2.3	4.9	2.3

출처: 기획재정부

국가재정관리계획에 의한 중기재정수지전망을 살펴보면 통합재정수지는 2019년에 30조원의 흑자를 기록하여 관리재정수지의 적자폭도 30조원 대에서 17조원 대로 대폭 개선될 것으로 전망되고 있다.

<표16> 중기 재정수지 전망 (단위 : 조원, %)

	2015	2016	2017	2018	2019
■ 관리재정수지	△33.4	△37.0	△33.1	△25.7	△17.7
(GDP대비, %)	(△2.1)	(△2.3)	(△2.0)	(△1.4)	(△0.9)
※ 통합재정수지	7.0	4.8	10.1	20.4	30.6
(GDP대비, %)	(0.4)	(0.3)	(0.6)	(1.1)	(1.6)

출처: 기획재정부

4. 국가채무

국가채무[25]의 범위

국가의 회계와 기금이 부담하는 금전채무로 국채, 차입금, 국고채무부담행위, 지방정부순채무 등을 포함하고 보증채무는 제외하고 있다. 그러나 공기업 등 공공기관의 부채와 공직연금의 미 적립부채 등에 대한 포함여부에 대하여는 논란이 계속되고 있다.

국가채무 추이

2007~2008년까지 국가채무의 절대규모는 증가하였으나, GDP 대비 비중은 낮아지는 추세를 띠었다. 2009년에는 경기부양을 위한 대규모 재정확대정책으로 인한 재정적자로 GDP대비 30.1%까지 상승하였다. 2010년에는 통합재정수지가 흑자로 전환되었고, 경기회복에 따른 국내총생산 규모 증가로 채무규모는 증가하였지만(27.7조원), GDP 대비 규모는 29.5%로 하락하였다.

2011년 이후 일반회계적자보전과 외환시장안정을 위한 국채 발행 증가로 2014년 말 국가채무는 503조원, GDP대비 35.1%에 달하고 있는 상황이다. 향후 경제침체에 따른 확장적인 재정정책이 예상되어 국가채무로 인한 국민경제적 부담의 확대가 우려되고 있다.

---

25) IMF 기준에 의하면 정부가 원리금 상환의무를 지는 확정채무인 국채, 차입금, 국고채무부담행위, 지방정부순채무는 포함하고 있으며 보증채무, 4대연금잠재부채(책임준비금 부족분), 공기업부채, 통화안정증권 등은 제외하고 있다.

〈표17〉 국가채무 추이 (단위: 조원)

구분	2007	2008	2009	2010	2011	2012	2013	2014
국가채무	289.1	297.9	346.1	373.8	402.8	425.1	464.0	503.1
(GDP대비)	29.7%	29.0%	30.1%	29.5%	30.2%	30.9%	32.5%	35.1%
〈유형별〉								
국채	280.4	289.4	337.6	367.1	397.1	420.0	459.5	498.1
국고채권	227.4	239.3	280.9	310.1	340.1	362.9	400.7	438.3
외국환평형기금채권	9.7	5.2	8.4	8.0	8.1	7.6	7.5	7.0
국민주택채권	43.3	44.9	48.3	49.0	48.9	49.5	51.3	52.8
차입금	5.8	5.3	5.5	3.6	2.5	2.4	1.8	2.6
국내차입금	2.2	1.5	2.8	1.7	1.3	1.8	1.7	2.5
해외차입금	3.6	3.8	2.7	1.9	1.2	0.6	0.1	0.1
국고채무부담행위	2.9	3.2	3.2	3.1	3.3	2.8	2.7	2.4

출처: 기획재정부

국가채무 구성

2014년 국가채무는 적자성채무 50.1%, 금융성채무 49.9%로 구성되어 있다. 적자성채무는 경기회복을 위한 재정지출확대, 부실금융기관 등에 대한 공적자금 투입에 기인하여 발생하며, 일반회계에서 발행하는 국고채권, 공적자금상환기금에서 발행하는 국고채권으로 분류할 수 있다. 적자성채무는 향후 재정수입을 통해 상환하여야 할 채무로 중앙정부의 원리금 상환부담이 존재한다.

금융성채무는 외환시장안정과 서민주거 안정지원 등의 원인으로 발생하며, 외국환평형기금에서 발행하는 국고채권과 국민주택채권이 대표적이다. 금융성채무의 경우 관련 대응자산 보유를 이유로 부채상환의 부담이 낮은 것으로 분류되나, 원화약세, 주택기금 차입자 상환능력 저하 시에는 대응자산을 활용한 차입금 상환능력이 낮아질 가능성이 있다.

<표18> 국가채무 성질별 구성 추이 (단위: 조원)

구분	2007	2008	2009	2010	2011	2012	2013	2014
국가채무	289.1	298.1	346.1	373.9	402.8	425.1	464.1	503.1
적자성채무	117.2	121.5	155.2	174.9	189.2	202.0	227.4	256.4
일반회계 적자보전	55.6	63.0	97.0	119.7	135.3	148.6	172.9	200.6
공적자금 국채전환	52.7	49.2	49.5	47.0	45.7	45.7	46.9	48.7
기타	8.9	9.3	8.7	8.2	8.2	7.7	7.6	7.1
금융성채무	171.9	176.6	190.9	199.0	213.6	223.1	236.7	246.8
외환시장 안정	89.7	94.0	104.9	120.6	136.7	153.0	171.0	185.2
서민주거 안정	43.6	45.2	48.5	49.3	48.9	49.6	51.3	52.8
기타	38.6	37.4	37.5	29.1	28.0	20.5	14.4	8.8

출처: 기획재정부

재정수지 및 정부채무의 국제비교

IMF 통계에 따르면 2013년 한국의 재정수지/GDP는 0.7%로 미국 −5.8%, 영국 −5.8%, 일본 −8.2%, 프랑스 −4.2% 보다 매우 양호한 것으로 보인다. 선진국 중 노르웨이를 제외하면 대부분 재정적자를 기록하고 있는 점을 감안하면, 한국의 재정수지의 건전성은 여타 국가 대비 양호한 수준으로 보인다.

IMF 통계에 따르면 2013년 한국의 정부채무/GDP도 33.9%로 미국 104.2%, 영국 90.6%, 일본 243.2%, 프랑스 91.8%보다 낮은 수준을 보여준다. 비교 대상국 중 노르웨이와 오스트레일리아 다음으로 정부채무 부담이 낮다.

여타 선진국의 경우 경직화된 사회보장관련 지출확대로 인해 정부채무부담이 확대되고 있는 반면, 한국의 경우 사회보장보험의 역사가 일천하여 보장성기금의 순유입이 증가하고 있어 재정적자가 크게 확대되고 있지 않은 상황이 지속되고 있다. 사회보장성기금의 순유출이 본격화되기 시작하면 장기적으로는 한국 정부의 채무부담도 확대가 우려되고 있다.

공기업 또는 공공기관이 부채에 제외되어 있다는 점, 제공서비스의 기능적 특성, 정부의 통제와 지원을 감안할 때 정부가 궁극적인 채무 상환의 부담에서 제외되기는 쉽지 않을 것으로 보인다.

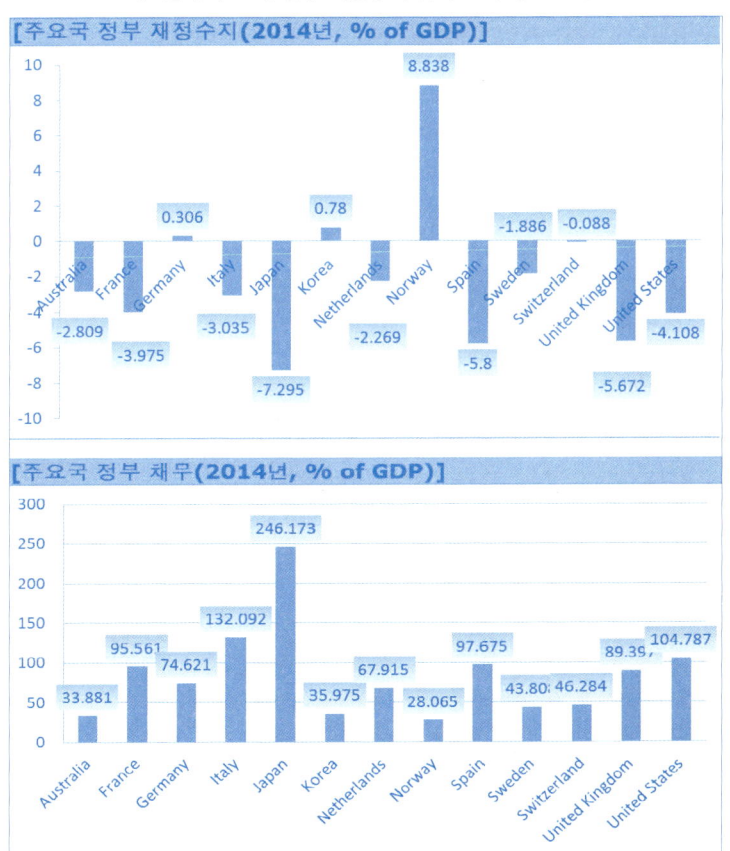

〈그림2〉 주요국 정부 재정수지 및 주요국 정부 채무

출처: IMF World Economic Outlook Database, 2015

공공기관[26] 부채

공공기관의운영에관한기본법률에 의해 2015년도에 공공기관으로 지정된 공공기관은 공기업, 준정부기관, 기타공공기관 등을 합쳐 316개에 달하고 있다. 2012년 말 기준으로 이들 공공기관의 총자산은 721조원에서 2014년 말 779조원으로 증가한 데 반해 총부채는 2012년 말 496조원에서 2014년 말 521조원으로 증가하였고, 순이익은 2012년 말 -1.7조에서 2014년 말 11조원으로 증가하였으나 규모에 비해 미미한 실정이다.

⟨표19⟩ 공공기관 재무현황 추이 (단위: 조원)

구분	자산			부채			순이익		
	2012	2013	2014	2012	2013	2014	2012	2013	2014
공기업	523.5	548.3	559.3	353.2	373.7	377.1	-3.4	-2.4	4.0
준정부기관	170.3	183.0	187.4	131.1	135.3	130.2	1.4	7.7	7.3
기타공공기관	27.8	29.5	32.8	11.9	12.0	13.2	0.3	-0.2	0.1
합계	721.6	760.8	779.5	496.2	521.0	520.5	-1.7	5.1	11.4

출처: 기획재정부

---

[26] 공공기관은 공공기관의운영에관한법률 제4조 1항에 의해 다음 조건을 하나 이상 충족하는 기관 중 기획재정부장관이 지정하는 기관에 해당한다.
 ① 법률에 따라 직접 설립되고, 정부가 출연한 기관
 ② 정부지원액이 총수입액의 1/2를 초과하는 기관
 ③ 정부(정부 출연기관 포함)가 50% 이상의 지분을 가지거나 30% 이상 지분을 가지고 영향력을 확보하고 있는 기관
또한 동법 제15조에 의한 공공기관은 다음과 같이 분류된다.
 공기업: 직원 정원이 50인 이상이고 자체수입액이 총수입액의 50% 이상인 기관이며, 그 중 시장형공기업은 자산이 2조원이상, 총수입액 중 차체수입이 85% 이상인 기관, 준시장형공기업은 시장형공기업이 아닌 공기업으로 분류
 준정부기관: 직원정원이 50인 이상 기관 중 자체수입액이 50% 미만으로서, 기금관리형 준정부기관과 기금관리형 준정부기관이 아닌 준정부기관인 위탁집행형 준정부기관으로 분류
 공기업과 준정부기관을 제외환 기관은 기타공공기관으로 분류

이들 공공기관의 부채비율은 2012년 220%를 정점으로 해서 공공기관 개혁을 통한 부채감축노력을 본격화하면서 2014년도에 202%로 전체 공공기관의 부채규모는 약간 개선이 되었으나, 2013년도와 같은 521조원으로 유지되고 있다. 재무사정이 가장 열악한 공공기관은 토지주택공사로서 아직도 부채비율이 400%를 넘고 있으며, 가스공사도 400%에 육박하고 있으며, 철도공사도 부채비율이 400%를 넘어섰다. 특히 토지주택공사는 부동산경기부진과 신도시 건설 등 많은 물가정책사업 추진에 따른 차입금 증가 등으로 재무안정성이 급격히 훼손 받고 있다.

〈표20〉 기관별, 연도별 부채 현황 (단위: 조원)

기관명	2010	2011	2012	2013	2014
313개 전체	398.8	460.5	496.2	521.0	520.5
(부채비율)	165%	196%	220%	217%	202%
재무관리계획 작성 39개 기관	376.3	436.3	474.0	498.8	497.6
(부채비율)	170%	206%	235%	233%	216%
지역난방공사	2.8	2.0	2.8	3.2	3.4
	200%	234%	200%	232%	221%
토지주택공사	121.5	130.6	138.1	142.3	137.9
	461%	468%	466%	458%	409%
한국전력	72.2	82.7	95.1	104.1	108.9
(한수원, 발전5사 포함)	126%	154%	186%	202%	199%
공무원연금공단	2.2	6.4	6.7	6.9	7.2
	23%	76%	77%	82%	84%
12개 기관	324.8	378.7	410.2	435.7	437.1
(부채비율)	221%	284%	332%	339%	322%
가스공사	22.3	28.0	32.3	34.7	37.0
	288%	348%	385%	389%	381%
도로공사	23.7	24.6	25.3	25.9	26.5
	98%	100%	97%	94%	92%
석유공사	15.9	20.8	18.0	18.5	18.5
	156%	193%	168%	180%	221%
철도공사	12.6	13.5	14.3	17.3	17.9
	150%	154%	244%	367%	411%

대한석탄	1.4	1.3	1.3	1.4	1.5
	자본잠식				
장학재단	4.3	6.8	7.6	9.0	11.0

출처: 기획재정부

2014년 9월 OECD는 'The size and sectoral distribution of SOEs in OECD and Partner countries'라는 책자를 통해 OECD 국가의 정부 보유 기업(State-owned Enterprises, 이하 SOE)의 수, 고용, 제공서비스, 시장가치 등에 대한 정보를 제시하고 있다. 주요국 공기업의 기업가치를 비교하면 대한민국의 경우 200.9십억 달러로 일본, 노르웨이, 이태리 다음으로 SOE의 기업가치가 높은 것으로 나타난다.

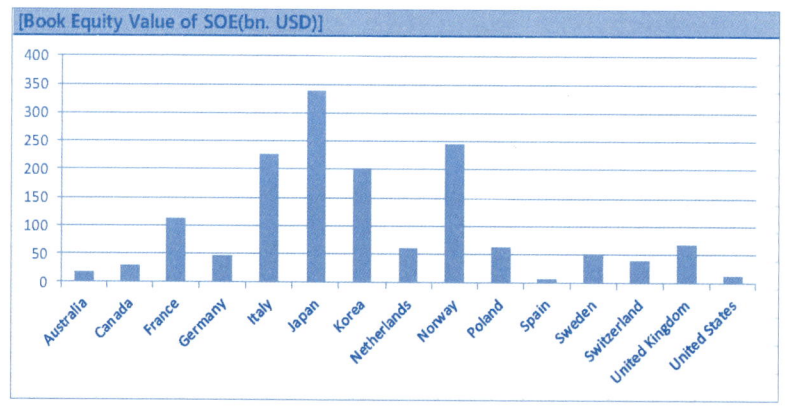

〈그림3〉 각 국의 공기업 비중 (단위: 십억 달러)

출처: OECD, 'The Size and Sectoral Distribution of SOEs in OECD and Partner Countries', 2014.9

공공기관 기업가치/GDP를 살펴보면 한국 외에 노르웨이, 폴란드, 스웨덴, 이탈리아 등이 높은 수준으로 나타나고 있다. 우리나라의 경우 과거 정부주도의 경제개발로 인하여 많은 공기업 민영화를 추진하고 있음에도 불구하고 Public Sector의 비중이 아직도 높은 상태로 유지되고 있어 미국, 영국, 독일, 프랑스 등 여타 OECD국가에 비해서는 그 비중이 상당히 높은 것으로 보인다. 대한민국의 정부채무를 논의함에 있어서 사실상의 정부기능을 대행하거나, 정부의 통제 및 지원가능성을 감안할 때 정부가 관련 채무로부터의 책임에서 자유로울 수 없는 공공기관의 채무부담을 포함해서 비교해야 할 필요성이 존재하는 이유이다.

〈그림4〉 각 국의 공기업 비중 (단위: %)

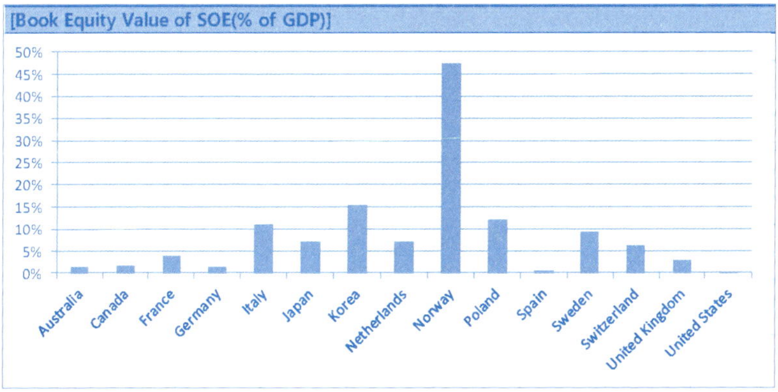

출처: OECD, 'The Size and Composition of the SOE Sector in OECD Countries', 2011

우리나라의 공공기관 부채/GDP는 2013년 기준 28% 수준으로 일본을 제외한 대부분의 국가에 비해서 높은 수준으로 대한민국 공공기관의 채무부담이 상대적으로 높은 수준을 의미한다. 대한민국은 정부 이외의 공공영역을 통한 공공서비스 제공의 국민경제적인 부담이 상대적으로 높기 때문에 통상 정부의 채무만을 한정해서 공공부문 채무를 논하는 것은 대한민국의 재정안정성을 판단하는 데 불충분할 수 있다.

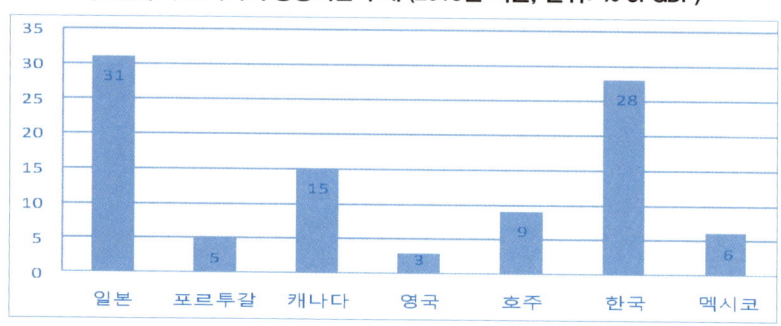

〈그림5〉 주요국가의 공공기관 부채 (2013년 기준, 단위: % of GDP)

출처: 기획재정부, 2014.12

우리나라의 공공부문채무(정부+공기업)/GDP는 68.0%로서 주요 국가 평균치(미국, 프랑스, 영국, 스웨덴, 캐나다, 일본, 뉴질랜드의 7개국 평균 109.2%, 일본 제외 6개국 평균 79.0%)를 하회한다. 이는 대한민국은 공공기관의 채무부담은 높은 수준이나, 정부 자체의 채무부담이 주요 국가에 비해서 낮음에 따라 공공부문 전체적인 채무부담은 낮은 수준임을 의미한다. 여타 선진국의 경우 사회보장관련 지출확대로 인해 Public Sector의 채무부담이 확대된 반면, 한국의 경우 보장성기금의 순유입에 따라 통합재정수지 흑자가 발생하고 있는 상황임을 고려해야 한다.

향후 노령화 진전으로 사회복지기금 적립금을 상회하는 지출이 발생할 가능성이 높으며, 복지관련 재정지출에 대한 수요가 급증할 것으로 예상된다. 이에 따라 Public Sector 전체적인 채무부담은 여타 선진국 수준으로 급속히 증가할 것으로 전망된다.

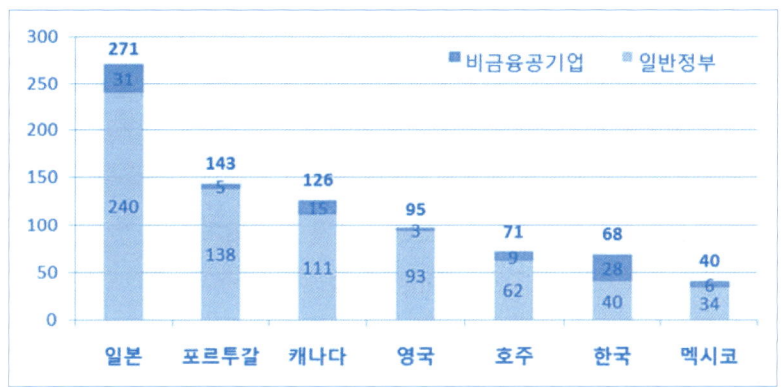

〈그림6〉 주요 국가의 공공부문 채무 (단위: % of GDP)

출처: 기획재정부, 2014.12

지방정부

2014년 지방자치단체 순계예산규모는 163.7조원으로, 2013년 당초예산 대비 4.3% 증가하였다. 지방채는 글로벌 금융위기 이후 지방 경기 진작을 위해 2010년에 5.1조원까지 증가하였다가 이후 지방재정건전성 강화차원에서 발행 규모가 3조원대로 감소하였다.

2014년 예산기준 지방자치단체의 재정자립도는 50.3%를 기록하였는데 1997년 전국평균 재정자립도 63.0%(순계기준)에서 지자체의 자체적인 수익기반이 점차 약화되면서 지속적으로 악화되는 추세이다.

〈표21〉 지방정부 순계예산 추이 (단위: 조원)

구분	2008	2009	2010	2011	2012	2013	2014
일반재원	97.7	107.4	105.0	106.7	115.1	118.6	106.7
지방세	43.5	47.1	47.9	49.7	53.8	53.7	54.5
세외수입	30.1	33.8	31.6	29.6	32.1	33.4	20.6
지방교부세	24.1	26.5	25.5	27.4	29.2	31.5	31.6
국고보조금	23.7	26.5	29.7	30.6	32.0	34.2	37.7
지방채	3.5	3.7	5.1	3.7	3.9	4.1	4.9
보전수입등및 내부거래							14.4
합계	124.9	137.6	139.8	141.0	151.0	156.9	163.7

자료: 안전행정부, 지방예산현황
주: 당초예산액 기준

2009년 글로벌 금융위기로 인한 재정집행 확대되면서 지방자치단체의 통합재정수지가 2008년 3.0조원 흑자에서 2009년 18.9조원 적자로 반전하였다. 이후 경기 회복에 따른 자체세입조달 개선, 전년도의 경기진작을 위한 재정지출 축소로 인하여 2010년에는 통합재정수지 적자폭이 2.7조원으로 감소하고, 2011년 이후에는 흑자로 전환되어 2014년에는 7.6조원의 흑자를 보였다.

지방자치단체의 재정수지 적자는 결국 중앙정부의 부담으로 귀결될 수밖에 없다. 자체적인 수익기반이 취약한 상태에서 지방자치단체의 재정소요의 상당 부분은 지방재정조정제도를 통해 보전되고 있으며, 이에 따라 중앙정부에 대한 재정적 의존도가 상당히 높은 편에 해당된다. 지방자치단체들의 자체적인 수익창출력은 미흡하나, 지방자치단체의 부실화 가능성은 높지 않은 반면, 지방자치단체들의 재정건전성 문제는 중앙정부의 재정적 부담으로 직접적으로 연계되어 있다.

〈표22〉 지방자치단체 통합재정 수지 추이 (단위: 조원)

구분	2006	2007	2008	2009	2010	2011	2012	2013	2014
수입	106.3	114.4	124.0	128.0	130.2	137.0	147.9	153.9	161.4
지출 및 순융자	98.5	106.4	121.1	146.9	132.9	135.0	143.8	149.9	153.8
통합재정수지	7.7	8.0	3.0	-18.9	-2.7	3.0	4.1	4.0	7.6

출처: 행정자치부

지방자치단체 산하 지방공공기관 중 지방공사 및 공단은 2014.10월 기준으로 143개(공사 62개, 공단 81개 기관으로 구성. 254개 지방직영기업은 제외)에 달하지만, 이 중 도시개발공사 및 지하철공사가 지방공사 및 공단의 자산의 90% 이상 차지하고 있다.

지하철 공사의 경우 공공적 목적에 따른 무임승차제공, 요금인상 제한으로 영업손실이 지속되고 있으며, 도시개발공사들도 부동산

경기침체로 영업실적이 저하된 가운데, 실제 자본화된 금융비용을 감안하는 경우 실질적인 영업실적이 계속 부진을 면치 못하고 있다. 도시개발공사 및 지하철공사의 부채규모는 지속적으로 증가하는 추세이다. 이는 도시개발공사들의 차입금증가와 선수금 증가 등에 기인하고 있다. 도시개발공사들의 경우 부동산경기침체 하에 택지개발, 산업단지개발, 임대주택사업 영위 등 공공의 영위사업들에 대한 자금 선투입이 확대되는 상황이 지속되고 있어 지방공공기관 부채의 대부분은 도시개발공사부채가 차지하고 있다.

〈표23〉 지방공공기관 재무현황 추이 (단위: 조원)

구분	자산				부채				순이익			
	2011	2012	2013	2014	2011	2012	2013	2014	2011	2012	2013	2014
도시철도	24.4	23.9	25.7	25.2	6.3	6.1	6.1	5.9	−0.9	−0.8	−0.77	−0.9
도시개발	55.1	58.0	58.8	58.7	40.8	43.5	43.2	41.8	0.77	−0.06	0.12	0.63
기타	5.8	6.8	6.8	6.9	2.3	2.8	2.9	3.1	−0.01	−0.03	−0.04	−0.14
합계	85.3	88.7	91.3	90.8	49.4	52.4	52.2	50.8	−0.14	−0.89	−0.69	−0.41

출처: 행정자치부, 지방공기업 경영정보

국가채무 전망

국가재정관리계획에 의하면 GDP 대비 국가채무 비율은 세수 여건 악화, 재정지출 확대 등으로 상승하여 2016년 이후 40% 수준을 유지할 것으로 보인다. GDP 대비 국가채무 비율 40%대는 다른 국가와 비교하면 아직 양호한 편이다. 그러나 공공기관채무를 포함할 때 이미 GDP의 70% 수준에 와 있어 낙관할 수만은 없는 상황이다. 더구나 우리나라는 외부충격에 취약한 소규모 개방경제로 국제경제의 위기에 그대로 영향을 받을 우려가 크고 저출산, 고령화 등에 따른 잠재성장력의 저하와 성장률 저하로 인한 재정수입의 감소가 예상되고, 사회복지수요 증가에 따른 복지지출의 급속한 증가와 통일비용 등 중장기 재정위험이 큰 것을 감안하여 국가채무를 안정적인 수준에서 지속적으로 관리해 나가야 할 것이다.

〈표24〉 중기 국가채무 전망 (단위: 조원, %)

	2015	2016	2017	2018	2019
■ 국가채무	595.1	645.2	692.9	731.7	761.0
(GDP대비, %)	(38.5)	(40.1)	(41.0)	(41.1)	(40.5)
○ 적자성 채무	333.0	373.1	409.9	442.4	469.0
○ 금융성 채무	262.1	272.1	283.0	289.3	292.0

출처: 기획재정부

결론적으로 대한민국 정부의 재정안전성은 현 수준에서는 비교적 양호하고, 안정적인 재무구조를 보유하고 있고, 부채수준도 관리 가능한 수준으로 판단되나, 중장기적인 폭발적인 재정수요의 증가가 예상되고 있는 반연에 경제성장 저하에 따른 재정수입의 취약성이 예상되고 있어 철저한 관리가 요구되고 있다. 대한민국 공공부문의 재정안정성 제고를 위해서는 세원확대, 공공서비스 가격 현실화 등을 통한 수익확대와 공공부문의 과감한 구조개혁을 통한 비용절감, 그리고 사회복지지출의 급격한 증가가 없도록 복지지출 수준에 대한 국민적 합의를 통한 적절한 복지수요관리가 필요하다 하겠다.

공공부문의 재정안정성을 너무 강조하면 단기적으로는 국민경제 성장에 부정적일 수 있으나, 국민경제의 위협요인에 대응하기 위해서는 공공부문 전반의 건전한 재정 확보가 필수불가결한 것이다. 우리가 97년 외환위기를 쉽게 극복할 수 있었던 것은 재정의 안정성이 확보될 수 있었기에 가능했던 것이다. 다행히 국민연금을 비롯한 사회복지기금으로 인한 자금유출이 본격화되기까지는 시간적인 여유가 있으므로 경기진작을 위한 확장적 재정정책의 실시와 장기적인 재정건전성 확립간의 효과적인 균형을 모색하면서 중장기적인 재정건전성을 확보하는 노력을 해야 할 것으로 판단된다.

제4장

낙하산인사는 지속되는데, 공공기관개혁 무엇이 문제인가?

1. 왜 공공기관개혁이 문제인가?

새 정부가 들어설 때마다 요란스럽게 공공기관개혁을 추진해왔지만, 아직도 공공기관개혁의 갈 길은 멀게만 느껴지고 있다. 과거 개발연대시대에는 민간자본축적이 거의 이루어져 있지 않았었기 때문에 SOC 관련 많은 사업부문에 정부가 직접자금을 투입하는 공기업 형태가 많은 비중을 차지하고 있었다. 뿐만 아니라 독점서비스를 제공하는 사업이나 특혜시비 등으로 민간에게 독점권을 부여하기 어려운 사업 등으로, 많은 사업부문이 공기업형태로 운영되어오고 있었다. 뿐만 아니라 국민연금기금과 같이 정부의 업무를 위탁 받아 운영되는 많은 기금 운용기관이 공공기관으로 운영되고 있고, 한국장학재단과 같이 정부의 업무를 위탁 받아 집행하는 위탁집행형 준정부기관이 많이 형성되었다.

민주화가 이루어지면서 공기업의 민영화도 꾸준히 추진되어왔지만, 아직도 많은 공기업이 과거 정부주도의 경제개발전략을 추진한 공기업형태로 유지되고 있기 때문에 한국의 공기업비중은 미국, 영국, 독일, 프랑스 등 여타 OECD 국가에 비해 상당히 높은 수준을 유지하고 있다(OECD, 2014).

<그림1> 각 국의 공기업 비중 (단위: 십억 달러)

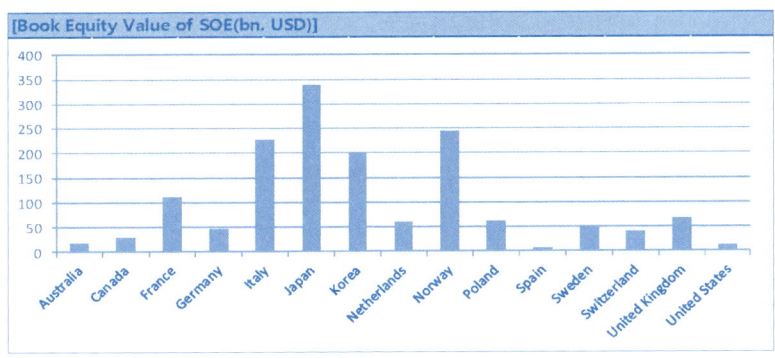

출처: OECD, 'The Size and Sectoral Distribution of SOEs in OECD and Partner Countries', 2014.9

공기업 개혁을 논할 때 첫 번째 이유가 공기업의 민영화 추진 여부이다. 어느 공기업이 언제 어떤 형태로 민영화할 것인가? 국민주형태로 민영화할 것인가? 아니면 새로운 민간 대주주에게 소유권을 이전할 것인가? 그리고 국민주 형태의 민영화 이후 CEO에 대한 인사권은 누가 행사할 것인가? 등이 이슈가 될 것이다. 두 번째 이슈는 현재 운영되고 있는 공기업의 방만한 경영환경을 개선할 수 있는 방안이 무엇이고, 어떻게 공기업개혁을 추진할 것인가? 이다. 세 번째 이슈는 정부가 바뀔 때마다 지속적으로 추진한 공기업개혁이 지지부진한 이유가 무엇인지, 근본적인 문제점은 무엇인지가 논의되어야 할 것이다.

2. 공기업 민영화 추진 실적과 향후 과제 및 문제점

참여정부를 제외하고 역대정부는 지속적으로 민영화를 추진해왔다. 박정희 정부시절 추진한 1차 민영화는 민간기업을 육성하고 시장경제를 활성화시키기 위한 조치로 비교적 성공적으로 평가 받았었다. 1차로 민영화된 공기업은 한국기계 등이 있다. 2차 민영화는 전두환 정부 시절에 금융자율화를 추진하고 민간주도 경제를 육성하기 위하여 대한재보험(1978), 대한석유(1980), 대한준설(1981), 한일은행(1981), 제일은행, 서울신탁은행(1982), 조흥은행(1983) 등을 민영화 하였으나 관치금융의 지속으로 금융자율화 목적 달성에는 한계가 있었다.

3차 민영화는 1987년도에 증권거래소를 민영화하였고, 한국전력과 포항제철의 정부지분을 국민주 형태로 매각하였다. 구체적으로 한국전력은 정부지분의 21%를 매각하였고, 포항제철은 정부와 산업은행의 지분 69.1% 중 34.1%를 매각하였다. 민영화를 통해 분배의 형평성을 도모하고자 하는 명분을 찾았으나 실질적인 민영화로는 평가되지 못했다.

1993~1997년에 걸쳐 4차 민영화가 전면적인 민영화 추진 계획과 목표 하에 추진되었다. 국민은행(1995), 주택은행(1997)이 민영화되었고, 대한중석과 자회사 등 7개가 매각되었고, 통신, 전력 등 기간사업을 제외하고 22개 기업이 매각되었다.

국민의 정부 들어서 5차 민영화가 1998년~2002년에 추진되었다. 국정교과서(1998), 종합기술금융(1999), 대한 송유관(2000), 포항제철(2000), 한국종합화학(2000), 한국중공업(2000), 한국통신(2002), 한국담배(2002) 등 8개 공기업이 민영화되었고, 67개 자회사가 매각되면서 기능, 조직, 인력의 대대적인 구조조정이 병행되었다. 외환위기 이후 공공부문 개혁의 일환으로 공공부문을 축소하고, 재정수입을 확충하기 위한 목적으로 전면적으로 추진된 것이다.

MB 정부 들어서도 외환위기 극복과정에서 국유화된 금융기관들을 민간에 이양하고, 공공부문의 개혁을 지속적으로 추진하기 위하여 공기업 민영화는 지속적으로 추진되었다. 이에 따라 한국투자신탁㈜, 한국자산신탁, 농지개량㈜, 안산도시개발㈜, 한국기업데이터㈜, 경북관광개발공사, 그랜드 코리아 레저, 인천종합에너지㈜ 등의 매각이 완료되었다.

MB정부에서 산업은행의 민영화를 추진하기 위한 예비단계로 산업은행법 개정과 한국정책금융공사법 제정을 통하여 산업은행의 정책금융기능을 정책금융공사에 이관하였으나, 박근혜 정부 들어서 다시 정책금융기능을 산업은행에 귀속시킴으로써 정부의 민영화의지가 정권이 바뀌면서 변화하는 모습으로 비추어지고 있다[27].

전반적으로 지금까지 추진되어온 민영화 촉진 실태를 살펴보면, 공공부문은 축소하고, 공공부문 개혁은 촉진함으로써 공공기관의 개혁을 추진하고 경영쇄신을 이룬 면도 있다. 그러나 아직까지 민영화의 대상이나 추진속도가 투명하지 못하고, 특히 정권이 바뀌면서 민영화대상이 변화하는 등 시장, 즉 투자자 입장에서는 예측가능성이 매우 낮은 편이다. 또한 정부의 지분은 매각하였으나 지배주주가 없는 국민기업형태의 포항제철, KT 같은 거대 기업의 CEO

---

27) 2009년 이명박 정부 시절에 한국정책금융공사법을 제정 및 공포하여 산업은행과 분리되었으나, 박근혜 정부 들어 한국산업은행법 개정안을 통해 2015년 다시 정책금융공사는 한국산업은행으로 재통합 되었다.

가 정권이 바뀔 때마다 새로운 잣대에 의한 불투명한 평가에 의해 임기이전에 퇴출되고 하는 등의 관행이 지속되고 있어, 이들과 같은 국민기업 형태에 대한 지배구조가 확립되어야 할 것이다. 정권이 바뀌어도 정치적인 보은에 의하지 않는 전문경영인이 투명한 선임과정을 통하여 CEO로 선임되고, 실적이 좋으면 언제든지 연임이 가능토록 지속적인 보완이 되어야 지속적인 기업의 발전을 약속 받을 수 있을 것이다.

가장 중요한 것은 이와 같이 불특정다수인에게 매각되어 절대주주가 없이 민영화된 POSCO, KT, KB 등과 같은 기업에 대한 정치권과 정부의 영향력이 배제되면서, 실력과 리더십을 겸비한 CEO를 선출할 수 있는 사회적 합의가 있어야 할 것이다. 또한 이렇게 해서 선출되고 나면, 중대한 과실이나 범법이 없고, 실적이 좋으면 언제든지 연임이 가능하게끔 새로운 관행이 정착되어야 할 것이다.

3. 공공기관 경영개선 추진

공공기관 경영개선과 관련 지어 우선 공공기관이 무엇인지, 어디까지를 공공기관으로 볼 것인지에 관하여 살펴보고자 한다.

공공기관의운영에관한법률 제4조 제1항에 의거 정부의 투자, 출자, 출연, 정부의 재정지원(독점수입 포함)으로 설립 운영되는 기관을 말하며[28], 동법 제5조에 의하여 기획재정부장관은 공공기관을 공기

---

28) 공공기관의운영에관한법률 제4조 1항
　　① 다른 법률에 따라 직접 설립되고 정부가 출연한 기관
　　② 정부지원액이 총 수입액의 2분의 1을 초과하는 기관

업, 준정부기관과 기타 공공기관으로 구분하여 지정하도록 하고 있으며[29], 기획재정부장관은 매년 1월 말까지 공공기관운영위원회 의결을 거쳐 공공기관지정 및 유형을 고시하도록 하고 있다. 2015년 말 316개의 공공기관이 지정되어 있다.

〈표1〉 공공기관 지정 현황 (2015년 기준 총 316개 기관)

구분	기관명
시장형 공기업	한국가스공사, 한국전력공사, 인천국제공항공사, 부산항만공사, 한국광물자원공사 등 총 14개 기관
준시장형 공기업	한국조폐공사, 한국관광공사, 한국마사회, 대한주택보증주식회사, 한국도로공사, 한국수자원공사 등 총 16개 기관
기금관리형 준정부기관	사립학교교직원연금공단, 공무원연금공단, 영화진흥위원회, 한국무역보험공사, 국민연금공단, 신용보증기금 등 총 17개 기관
위탁집행형 준정부기관	한국장학재단, 한국인터넷진흥원, 한국연구재단, 한국정보화진흥원, 한국콘텐츠진흥원, 에너지관리공단, 한국전력거래소, 한국산업인력공단, 교통안전공단, 한국소비자원, 도로교통공단 등 총 69개 기관
기타공공기관	한국수출입은행, 서울대학교병원, 한국과학기술원, 별정우체국 연금관리단, 한국국제협력단, 대한법률구조공단, 예술의전당, 대한적십자사, 국립중앙의료원, 주택관리공단㈜, 한국문화재단 등 200개 기관

출처: 기획재정부

---

③ 정부가 100분의 50 이상의 지분을 가지고 있거나 100분의 30 이상의 지분을 가지고 임원 임명권한 행사 등을 통하여 당해 기관의 정책결정에 사실상 지배력을 확보하고 있는 기관

29) 1) 공기업 : 자체수입이 50% 이상인 시장성이 높은 기관
　　가. 시장형 공기업 : 자산규모가 2조원 이상이고, 총 수입액 중 자체수입액이 대통령령이 정하는 기준 이상인 공기업
　　나. 준 시장형 공기업 : 시장형 공기업이 아닌 공기업
　2) 준정부기관 : 정부업무를 위탁·집행하는 기관
　　가. 기금관리형 준정부기관 : 「국가재정법」에 따라 기금을 관리하거나 기금의 관리를 위탁 받은 준정부기관
　　나. 위탁집행형 준정부기관 : 기금관리형 준정부기관이 아닌 준정부기관
　3) 기타공공기관 : 공기업이나 준정부기관으로 지정되지 않은 기관

2014년 말 기준으로 공공기관 부채는 520.5조원으로 부채비율은 201.6%에 이르고 있다.

<표2> 공공기관 부채현황 (단위: 조원, %)

구 분	2010년	2011년	2012년	2013년	2014년	전년비 증감
◇ 전체 공공기관 (은행제외)	398.8 (165.0)	460.5 (196.4)	496.2 (220.2)	521.0 (217.2)	520.5 (201.6)	△0.5 (△15.6)
▶ 중장기 재무관리계획 (39개)	376.3 (170.2)	436.3 (206.3)	474.0 (235.1)	498.8 (233.1)	497.6 (215.8)	△1.2 (△17.3)

출처: 기획재정부

부채규모는 2007년(공운법 제정) 이후 매년 평균 40조원 내외로 증가해오다, 공공기관 개혁을 본격적으로 추진한 2013년 이후 2014년에는 정체상태를 보이고 있어 앞으로 더 적극적인 부채감축노력이 필요한 것으로 보인다. 또한 2014년 말 주요공공기관의 금융부채는 362.4조원에 달하고 있다.

채권발행을 하거나 외부에서 차입한 자금으로 이자를 부담하는 부채인 금융부채는 공기업 부채 중 최우선적으로 축소되어야 하는 부채인데, 이 또한 2013년까지 매년 꾸준히 증가해오다 2014년 들어 정체상태를 보이고 있다.

〈표3〉 금융부채 변동 (단위: 조원)

구 분	2010년	2011년	2012년	2013년	2014년	전년비 증감
▶ 중장기 재무관리계획(39개)	284.1	321.9	352.8	373.4	362.4	△11.0
(LH) 신도시, 임대주택	91.6	97.8	103.9	105.7	98.5	△7.2
(예보) 파산 금융기관 지원	27.0	34.4	45.5	46.1	40.9	△5.2
(한전, 별도) 전력공급	27.7	31.2	35.4	36.4	33.7	△2.7

출처: 기획재정부

금융부채의 대부분은 LH공사, 예금보험공사, 한국전력 등이 차지하고 있어 이들 부채가 과연 공기업자체의 경영부실로 인한 것인지, 정부의 사업을 대행하면서 어쩔 수 없이 발행한 것인지에 대한 구분이 명확히 규명되어야 할 것이다.

공공기관의 과도한 부채와 관련하여서는 부채증가가 LH공사의 경우 세종시 개발 등 정부의 정책목표에 부응하다가 증가된 부채도 있을 수 있고, 한전의 경우 저 요금체제를 유지하다 보니 수익성이 약화된 면도 있을 수 있다. 또한 미래 성장동력확보를 위해 적극적인 선 투자를 하다 보니 일시적으로 부채가 늘어난 부문도 있을 것이기 때문에 이러한 제반 여건을 고려하여 부채감축노력이 추진되어야 할 것이다.

LH공사나 한전 등 과다부채 공기업은 영업이익으로 이자를 충당하지 못하는 상태이며[30], 대규모 부동산매각을 추진하고 있으나 한전 사옥 매각 등을 제외하면 만족스러운 수준이 못되고 있다. 이렇게 많은 부채에도 불구하고 SOC나 에너지관련 공공기관 경영진이 고

---

30) 이자보상배율: (한전, 철도) 손실 (LH) 0.3 (석유) 0.8 (수공) 0.8

액의 성과급을 받는 구조이며, 금융공공기관의 임원의 보수가 상대적으로 과도하다는 비판을 받고 있다.

〈표4〉 공공기관 임원 보수현황[31] (단위: 백만원)

	금융	SOC	에너지	국민생활	고용복지	산업진흥	중소형
기관장 (성과연봉 상한)	322 (200, 100%)[32]	258 (200%)	236 (200%)	151 (60%)	148 (60%)	145 (60%)	102 (60%)
감 사	216	138	121	123	117	110	104
상임이사	235	167	153	132	125	129	105
비상임이사	32	36	36	11	4	26	3

출처: 기획재정부

또한 일부 공공기관은 고용세습이나, 과다한 휴가 등 복리후생수준이 민간기업이라면 쉽지 않을 단체협약을 체결하는 등 주인의식이 없는 경영진의 모럴해저드와 맞물려 방만한 경영이 지속되고 있는 것이다. 그 동안 기관장은 파업에 따른 문책, 기관장 평가에서의 불이익 등을 고려하여, 복리후생과 관련한 단체협약을 소신 있게 추진하지 못해왔다는 비판이 있어왔다.

---

31) 2012년 평균연봉
32) 금융형 기타공공기관은 200%, 금융형 준정부기관은 100%에 해당함

<표5> 방만경영 중점관리 대상기관[33] (단위: 만원)

기관명	1인당 복리후생비	예산	사복기금
한국거래소	1,488.9	982.0	507.0
한국마사회	1,310.6	304.2	1,006.5
코스콤	1,213.1	846.1	367.0
수출입은행	1,105.0	555.2	549.9
강원랜드	995.0	603.9	391.0
인천국제공항공사	980.2	421.1	559.1
한국예탁결제원	968.0	508.4	459.6
한국가스기술공사	777.0	734.5	42.6
대한주택보증	744.9	234.6	510.3
한국조폐공사	744.6	565.9	178.6
부산항만공사	718.6	466.8	251.8
한국원자력안전기술원	707.9	707.9	-
한국전력기술	693.6	384.0	309.61
부산대학교병원	688.7	688.7	-
방송광고진흥공사	655.0	103.1	552.05
한국지역난방공사	605.6	318.4	287.2
한국투자공사	595.6	353.9	241.7
한국무역보험공사	591.3	531.6	59.5
농수산식품유통공사	585.1	407.9	177.2
그랜드코리아레져	571.9	357.1	214.8

출처: 기획재정부

---

[33] 2010~2012년 3개년 평균으로 작성하였으며, 12개 부채과다 중점관리 공공기관은 제외하였음. 대부항목을 제외한 예산상 복리후생비 사내근로복지기금의 합계로 하되, 사택임차비, 4대보험료, 특근매식비, 명절휴가비 당직수당은 제외함

박근혜 정부 들어 발표된 정부의 공공기관개혁 추진방안을 살펴보면 ① 공공기관의 부채증가와 방만한 복리후생 등 관련 모든 정보를 상세히 공개하여 공공기관 스스로 개선을 유도하도록 하며 ② 과다한 공공기관의 부채 관리를 강화하기 위하여 부채규모가 크고 부채증가율이 높은 12개 기관(LH, 수공, 철도, 도공, 철도시설, 한전, 가스, 석유, 광물, 석유, 예보, 장학재단)의 부채를 특별 관리하여 부채규모를 연차적으로 줄여 2017년까지는 부채비율을 200% 수준으로 관리하겠다고 하고 있다. 불요불급한 공사채 발행이 억제되도록 관리를 강화하고 중점관리 12개 기관은 기채시 주무부처의 승인을 받도록 하고, 매각대상에 포함된 자산을 적극적으로 매각하도록 하고, 기관상의 경영성과협약에 부채감축노력을 포함하여 평가하도록 하고 있다. 또한 ③ 방만경영을 개선하기 위하여 과도한 복리후생제도를 개선하고, 기관장의 경영성과 협약목표에 방만경영관리를 포함하여 경영평가를 강화하기로 하고 있다.

과도한 복리후생제도와 관련 일부 공공기관의 방만경영사례는 〈표 6〉에서 보는 바와 같다. 과거 수십 년간 새로운 CEO가 임명될 때마다 누적되어온 후생복지제도의 총집합이 현재 제도인 바[34], 새로운 경영진은 새로이 회사를 창업한다는 자세로 적극적인 노사협의를 통하여 방만경영의 대표적인 복리후생제도의 축소를 최고의 경영목표로 삼아야 할 것이다. 노조도 전향적인 자세로 지속 가능한 회사의 존립과 발전을 위하여 현행 복지제도의 축소개선에 적극 협

---

34) 정권이 바뀔 때마다 CEO의 임명이 정치적인 보은으로 이루어지는 경우가 많다 보니, 노조는 이런 기회를 활용하여 새로운 CEO에 대한 출근저지투쟁 등 임명반대운동과정을 통하여 새로운 CEO로부터 새로운 복지제도를 약속 받는 등의 관행이 있어온 것으로 알려져 있다.

력해야 할 것이다.

뿐만 아니라 공기업 CEO의 과도한 보수체계가 끊임없이 비판 받아왔고, 현 정부 들어서 공기업개혁 제1과제로 CEO 보수체계를 하향 조정하여 추진하고 있다. 아직도 적자기업의 임원들이 과도한 보수를 받는다는 비판이 있는 것도 부인할 수 없지만, 중요한 업무를 수행하는 공기업의 CEO에게 책임에 상응하는 보수를 지급하는 것이 오히려 공기업 경영개혁을 조기에 완수할 수 있을 것이라는 의견도 있으므로 보수를 무조건 삭감하여 형식적인 공기업개혁성과를 이룩하는 것 같은 전시효과를 거두는 데 최종목표를 두지 말고, 공기업의 서비스개선과 국제경쟁력확보를 위하여 CEO의 적정보수가 얼마가 되는 것이 최선인지를 놓고 판단하여야 할 것이다.

4. 공공기관개혁이 왜 잘 추진되지 않는가?

역대정부가 하나같이 공공기관 개혁을 주창했음에도 부채는 오히려 누적 증가되고, 과도한 복리후생제도유지 등 방만경영 실태는 개선되지 않고 있다는 평가가 많다. 이와 같이 공공기관 개혁이 어려운 이유는 무엇인가?

첫째, 대통령단임제로 인하여 공공기관장 임명이 정치권에 영향으로 자유롭지 못한 것이 큰 원인이라 하겠다. 제도상으로나 절차상으로나 기관장임명이 투명하고, 객관적으로 선임하게 되어 있지만, 실질적으로는 새로운 정부 탄생에 기여한 공과에 따라 기관장이 임명되는 사례가 빈번하고, 정부가 바뀌면 임기가 법적으로 보장되어 있는데도 불구하고 기관장이 바뀌는 사례가 빈번하다 보니, 공공기관의 성격과 사업환경에 맞는 전문경영인이 선정된다는 보장이 없는 것이다. 비전문가가 정치적인 보은으로 기관장에 임명되는 사례가 점차 줄어든다는 평가도 있지만, 아직은 그렇지 못한 경우가 많다 보니, 기관장이 새로 부임하면 임기 3년에 처음 1년은 업무를 파악하다 보내고, 2년째는 일을 하는 척 하다가, 3년째는 떠날 준비를 하다 보면 또 새로운 CEO가 오고 하니 공공기관의 장기비전에 따라 성장전략을 수립하고, 경영쇄신을 추진하고, 복리후생제도를 개선하는 노력을 하기에는 어려운 것이 현실이다.

둘째, 과도한 복리후생제도는 방만경영의 큰 문제로 지적이 되고 있다. 모든 후생복지제도는 노사간 단체협약에 의해 유지되고 있는데, 이미 주어졌던 후생복지를 줄여나가는 제도개선은 노사간 협의가 안되면 추진이 어려운 것이 현실이다. 과거 권위주의 정부시절부터 정권이 바뀌고, CEO가 바뀔 때마다 누적되어온 복지후생제도가 하루아침에 개선되기에는 많은 어려움이 있을 수밖에 없다. 우리나라 현행노동법은 단체협약에 의한 복지후생제도의 개선은 노사간 합의가 안되면 현행제도가 유지되는 것으로 해석되고 있기 때문에 3년단임의 CEO가 그 동안 누적되어온 복리후생제도를 개선하는 것은 쉽지 않은 것이다. 새로운 복리후생제도의 확립을 위한 노사분쟁(파업 등 과도한 분쟁 포함) 등에 대해서는 우리사회가 참고 기다려주는 인내심이 필요하다고 하겠다.

셋째, 책임경영과 성과중심경영을 강화하도록 현행 경영성과 협약제도를 현실성 있게 개선해야 할 것이다. 현재 공기업의 기관장이 새로 임명되면, 주무부처 장관과 경영성과협약을 체결하여 부채감축노력과 방만한 부실경영관리노력을 평가하여 실적 급을 지급하도록 하고 있다. 그러나 현실적으로 많은 경영목표[35]가 CEO의 의지와 능력과 관계 없이 정부의 정책방향에 따라 결정되고 있다. 또한 부채감축노력의 평가도 적극적으로 미래 성장동력확보를 위한 투자증대로 인한 부채증가와, 소극적인 경영으로 인한 부채증가의 감소를 구분하여 평가하는 평가보상제도가 확립되어야 할 것이다. 일부 공기업 CEO 출신들의 경험담을 들어보아도, 정부의 공기업 CEO 실적 평가 시스템이 객관성이 결여되어있어 수긍하기 어려운 점이 많다고 토로하고 있음을 감안할 때, 보다 더 객관적이고 신뢰 가는 경영성과보상시스템의 확립이 중요하다 하겠다.

넷째, 민영화된 주인 없는 과거 공기업에 대한 지배구조의 확립이다. POSCO, KT, KB 등 과거 공기업 민영화는 되었으나 절대 주주가 없는 주인 없는 기업형태로 유지되고 있는 경우, CEO의 선임과 관련하여 투명하고 객관성 있는 임명절차가 확립되어야 할 것이다. 전문경영인으로서 미래의 경영에 책임을 지고 일할 수 있는 CEO를 뽑을 수 있는 제도와 관행의 정책이 무엇보다도 시급한 실정이다.

다섯째, 공공기관의 기능에 대한 재점검을 통해서 당해 공공 서비스가 과연 계속 필요한지 여부, 당해 공공서비스의 적정성에 대한 판단, 공공기관간에 중복은 없는지에 대한 객관적이고 엄격한 점검이 이루어져야 할 것이다.

---

[35] 예를 들면 한전의 전력요금 결정은 정부의 물가안정의지와 서민 생계안정 및 산업용 전기료 인상이 기업 경쟁력에 미치는 영향 등이 종합적으로 고려되어 결정되고 있으므로, 한전의 수익구조개선이 한전 CEO의 경영능력으로 인한 것인지, 정부의 전기요금 인상 효과인지 구분하여 평가하기가 쉽지 않은 것이 현실이다.

제5장

말로만 하는 규제개혁:
근본적인 해결책은?

1. 규제개혁이란?

김대중 정부 이후 정권이 바뀔 때마다 수없이 규제개혁을 추진해왔는데도 불구하고, 오히려 규제는 줄지 않고 늘어나고 있다. 왜 이렇게 규제개혁은 어려운 것인가?

학창시절에 영국에서 시작된 럭비경기의 기원에 대해 들은 적이 있다. 축구(soccer)경기를 하던 중 한 팀의 선수가 축구공을 손에 잡고 골인을 시켰다고 한다. 경기규칙(rule)을 위반한 것이므로 당연히 노골로 판정은 했지만, 꼭 공을 발로만 차서 경기를 할 필요가 없지 않는가 하는 의문이 오늘날의 럭비경기를 탄생케 하였다고 한다. 물론 새로운 럭비경기의 규칙(rule)이 만들어지게 되었고, 지금은 축구와 더불어 유럽에서 인기 있는 스포츠경기가 되었다. 이와 같이 영원불멸의 규칙은 없는 것이다. 시대가 변하면서 새로운 필요에 의해 규칙은 변하고 새로이 제정되어 가는 것이다.

우리사회에 통용되고 있는 규범(rule)에 대하여, 과연 꼭 필요한 규범인지? 시대가 변하여 불필요한 rule은 아닌지? 반대로 새로운 상황변화에 따라 혹 규율되어야 할 규범이 없는 것은 아닌지? 그리고 그러한 규범이 모든 국민에게 평등하게 적용되고, 집행되는지? 있는 자에게는 약하고, 없는 자에게는 엄격히 적용되는 잣대는 아닌지? 법 집행담당자에 따라 해석이 달라지지는 않는지? 다시 한 번 생각해 볼 때가 되었다.

한국이 그 동안 고도경제성장을 추진해오는 과정에서 관과 했던 많은 분야에서 새로운 규제의 필요성이 증대되고 있다. 성장과정에서 우선순위가 뒤로 밀렸던 환경, 보건, 안전 등에 대한 각종 사회적 규제가 증가하게 되었고, 완전경쟁시장에서는 보이지 않는 손에 의해 자원이 효율적으로 배분되어 국민 복지가 최대화 되었지만, 시장이 실패한 불완전시장 하에서는 이를 보완하기 위한 각종 경제적 규제가 증가하게 된다. 2014년도 세월호 참사를 겪으면서 연안 여객선 안전과 관련해 많은 법적, 제도적인 보완사항이 지적되었는바, 이는 여객선 운영사업자 입장에서는 새로운 형태의 규제로 인식되게 되는 것이다. 또한 2015년 5월 전국민을 공포에 떨게 한 메르스 감염 사태를 겪으면서, 감염병의 전염을 막을 수 있는 보건, 의료분야의 안전장치가 결여되어 있음을 새로이 인식하게 되었다. 국민경제가 지속적으로 발전하고, 늘어나는 사회복지수요를 충족시키기 위하여 과연 정부가 해야 할 일은 무엇이고 시장기능에 맡기고, 시민의 자유의사에 맡겨야 할 부문이 무엇인지 재정립이 필요한 시기가 된 것이다.

한 번 만들어진 규범(rule)은 영구 불변한 것이 아니고, 경제사회 발전에 따라 신축적으로 조정되어야 할 것이다. 그렇지 않으면 성장하면서 신체 사이즈가 커졌는데도 어릴 때 신발 사이즈를 고집하는 격이 될 수도 있기 때문이다. 또한 사회경제여건의 변화에 따라 rule을 개정할 때는 투명하고 예측 가능한 절차에 따라 의견수렴을 거쳐야 할 것이다. 규제는 법령뿐 아니라 정치적인 영향력, 행정력에 근거하거나 기존의 관행에 의해 민간의 행위를 제한하는 모든 행위나 가이드라인이 모두 포함된다고 하겠다.

규제개혁이 본격적으로 논의된 1980년대만 하더라도 규제개혁은 불필요한 규정의 폐지나 개정 정도로 접근하였으나, 최근의 규제개혁은 규제와 관련된 제도, 절차, 관행, 문화적 속성까지 변화시키는 것을 염두에 두고 있다. 이러한 점에서 OECD는 규제개혁의 성과를 높이거나, 비용대비 효과를 향상시키거나, 규제의 기반이 되는 법규와 관련 정부기관의 공적 제도 개선을 통하여 규제의 질(regulatory quality)을 높이는 것으로 정의하고 있다[36].

규제개혁은 통상적인 의미의 규제완화, 규제결정과정의 투명화 및 효율화, 규제의 질적 개선을 통한 규제강화 등 세 가지로 나눌 수 있다. 규제완화는 기존의 규제를 완전히 폐지하여 자유화하거나, 규제조건을 완화하는 것을 의미하며, 일반적으로 시장의 진입을 완화하고 경쟁을 촉진하기 위하여 사용된다. 규제과정의 투명화 및 효율화는 규제 결정과정에 이해관계인(interest group)의 참여를 확대하여 의견수렴과정의 투명성과 대표성을 확보하여 규제의 시행력을 높이고, 새로운 규제를 신설하는 경우 규제영향평가분석을 의무화함으로써 규제과정을 효율화시킬 수 있을 것이다. 그리고 규제의 질적 개선을 통한 규제강화는 사회경제적인 발전과정에서 새로운 보건, 안전, 환경 등의 많은 분야에서 그 필요성이 증가되고 있다. 예를 들면 자동차의 배기가스 배출기준 강화, 환경오염발생 위험용기의 사용기준 강화, 각종 신종 전염병 예방조치 강화 등을

---

36) 최진욱 (2014), 행정부 규제개혁 추진의 과제, 규제연구 제23권 특집호 p46

들 수 있겠다.

2. 규제현황

규제개혁위원회에 따르면 2015년 9월 기준으로 행정규제기본법에 따라 규제개혁위원회에 공식적으로 등록된 규제 수는 14,608개이다[37]. 규제의 유형별로는 기준 설정, 금지, 허가의 순으로 등록규제가 많은 것으로 나타났다. 기준설정이 3,057개로 가장 많고, 다음으로 금지 1,199개, 허가 788개, 신고의무 716개, 행정질서벌 706개 등이다.

⟨표1⟩ 개수 기준 상위 10위 유형별 등록규제

번호	유형	2012년 말	2013.6.14	2013년 말	2014년 말	2015년 9월 말
1	기준설정	3105	3121	3197	3127	3057
2	금지	1181	1188	1221	1220	1199
3	허가	818	818	827	805	788
4	신고의무	735	742	749	728	716
5	행정질서벌	719	725	736	719	706
6	지정	624	640	660	664	639
7	승인	575	591	597	574	564

---

[37] 행정규제기본법에서는 중앙행정기관의 장은 국민의 권리를 제한하거나 의무를 부과하는 행정규제를 규제개혁위원회에 등록하도록 규정하고 있다.

8	명령	486	490	496	491	481
9	제출의무	443	443	446	432	411
10	등록의무	398	410	414	403	395

출처: 규제개혁위원회

부처별로는 국토교통부 등록규제가 2,303개로 부처 중 가장 많고 다음으로 구(舊) 국토해양부에서 분리된 해양수산부 등록규제가 1,476개, 보건복지부 1,181개 순으로 규제가 많은 것으로 나타났다. 다음으로 등록규제 수가 많은 부처는 산업통상자원부 1,064개, 금융위원회 1,057개 등이고, 등록규제 수가 가장 적은 부처는 국가인권위원회로 1개에 불과하였다.

〈표2〉 부처별 규제수

번호	부처명	규제수
1	국토교통부	2303
2	해양수산부	1476
3	보건복지부	1181
4	산업통상자원부	1064
5	금융위원회	1057
6	농림축산식품부	895
7	환경부	848
8	국민안전처	633
9	미래창조과학부	566
10	고용노동부	558
11	공정거래위원회	479
12	교육부	431
13	식품의약품안전처	421
14	산림청	376
15	문화체육관광부	367
16	행정자치부	285
17	법무부	225
18	기획재정부	208
19	여성가족부	164
20	경찰청	145

21	중소기업청	128
22	방송통신위원회	121
23	국가보훈처	104
24	문화재청	97
25	원자력안전위원회	96
26	특허청	84
27	통일부	48
28	금융감독원	41
29	인사혁신처	36
30	외교부	34
31	국방부	34
32	관세청	33
33	기상청	21
34	국무조정실	15
35	국세청	13
36	농촌진흥청	11
37	통계청	5
38	국민권익위원회	4
39	국가인권위원회	1

출처: 규제개혁위원회

규제의 성격별로는 행정적 규제 5,376개, 경제적 규제 4,751개, 사회적 규제 4,481개인 것으로 나타났다.

〈표3〉 성격별 규제 구성

성격별	계	2015년 9월 말 기준		
		세분류	개수	비중
경제적 규제	4751	진입	2008	0.42
		거래	1514	0.32
		품질	986	0.21
		가격	243	0.05
사회적 규제	4481	소비자안전	2191	0.49
		환경	1118	0.25
		사회적차별	702	0.16
		산업재해	470	0.10
행정적 규제	5376			

출처: 규제개혁위원회

경제적 규제는 진입규제 2,008개, 가격규제 243개, 거래규제 1,514개, 품질규제 986개 등으로 구성되어 있다. 또한 사회적 규제는 환경규제 1,118개, 산업재해 관련 규제 470개, 소비자 안전 관련 규제 2,191개, 사회적 차별 관련 규제 702개로 구성되어 있다. 반면 행정적 규제는 경제적 규제와 사회적 규제에 포함되지 않는 기타 규제로 행정적인 보고, 자료제출 의무, 고지의무 등 다양한 행정절차와 관련된 규제를 의미한다.

등록규제 증감추이를 살펴보면 규제 등록제도가 도입된 이후 규제 수는 지속적으로 증가해 온 것을 알 수 있다. 「행정규제기본법」이 시행된 이후 규제등록 수는 꾸준히 증가하여 1998년 10,185개였던 등록규제 수가 2013년 15,265개로 49.9% 증가하였다. 다만, 1998년 당시 규제등록 기준과 2013년 규제등록 기준이 달라 1998년과 2013년 등록규제 수의 수평적 비교는 통계적으로 의미가 없다.

「행정규제기본법」이 시행된 1998년 10,185개에서 1999년 7,128개로 30.0% 감소한 경우를 제외하면 의미 있게 규제가 감소한 시기는 없는 것을 알 수 있다.

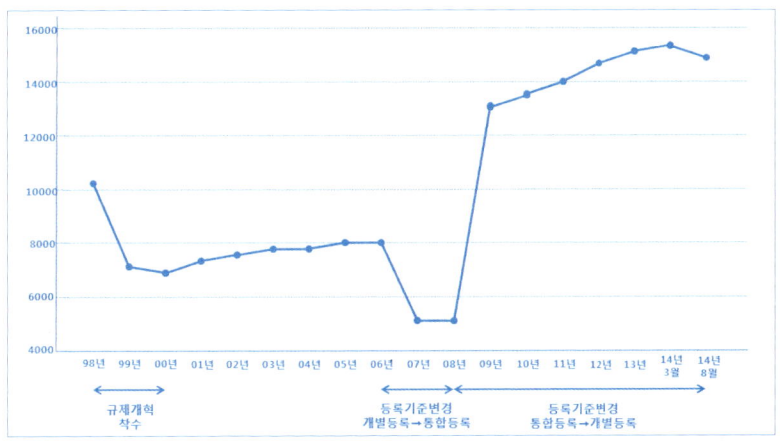

출처: 국무조정실 보도자료(2014.9.1, '8월 말 등록규제 수 141건 감소')

국민의 정부 출범초기인 1998년 10,185개였던 등록규제 수는 집권 5년 차인 2002년에 7,724개로 감소(1998년 대비 △24.1%)하였다. 특히 98년 말 10,185개였던 등록규제 수는 99년 7,128개로 3,057개(△30.0%)가 사라져 규제등록제도가 도입된 이후 최대폭으로 감소한 것에 해당한다. 규제가 크게 감소한 것은 당시 부처별로 일정비율 이상의 등록규제를 감축할 것을 할당한 것에서 그 근거를 찾을 수 있다. 하지만 집권 3년 차(2000년) 7,000개미만으로 감소했던 등록규제 수는 집권 4년 차(2001년)에 7,248로 증가하였고 집권 5년 차(2002년)에는 7,724개로 증가하였다.

참여정부(2003~2007년)에는 규제 수가 지속적으로 증가하였다. 정부 출범 1년 차(2003년) 7,855개로 국민의 정부 말보다 131개(1.7%) 증가하였고 집권 4년 차(2006년)에는 8,084개를 기록하였다. 집권 5년 차인 2007년에는 규제수가 5,116개로 감소했으나 이는 분류방식 변경에 따른 것으로 통계에 포함시키지 않는다.

이명박 정부(2008~2012년) 기간 중 규제수는 출범 초기 13,000개 수준에서 정부 말에는 145,000개 수준으로 대폭 증가하였다. 친기업·친시장 정부를 표방한 이명박 정부는 불필요한 규제를 개혁하기 위해 국가경쟁력강화위원회를 설치하는 등 규제개혁에 노력하였다. 이를 통해 출범초기 출자총액제한제도 폐지, 일부 수도권 규제 완화, 산업단지 관련 인허가 간소화 등 일부 규제완화의 성과를 거두기도 하였다. 그러나 등록규제 수 기준으로 보면 집권 2년 차(2009년) 등록규제 수는 12,878개였으나 집권 말인 2012년 말에는 14,874개로 15.5%(1,996개) 증가한 것을 알 수 있다.

〈표4〉 정부별 규제증감 추이

구 분	집권1년	집권2년	집권3년	집권4년	집권5년	연평균 증감률	정부 초/ 정부 말
김대중 정부 ('98~'02)	10,185	7,128	6,912	7,248	7,724	△6.7	△24.1
증감률	-	△30.0	△3.0	4.8	6.5		
노무현 정부 ('03~'07)	7,855	7,846	8,017	8,084	5,114	0.7	2.9
증감률	△1.7	△0.1	2.1	0.8	-		
이명박 정부 ('08~'12)	5,186	12,878	13,400	14,065	14,874	4.8	15.5
증감률	-	-	4.0	4.9	5.7		
박근혜 정부 ('13~'15.9말)	15,265	14,927	14,608 ('15.9말)			△0.6	△4.3
증감률	2.6	△2.2	△2.1				

출처: 규제개혁위원회

3. 규제개혁의 필요성

역대 정부의 지속적인 규제개혁추진에도 불구하고 2015년 3월 전경련에서 560개 기업을 상대로 실시한 "2015년 규제개혁인식조사"에 따르면 규제개혁성과에 만족하는 기업은 7.8%, 보통은 62.4%, 불만족은 29.8%인 것으로 나타났다. 규제개혁에 대한 불만족은 핵심규제개선미흡(34.5%), 보이지 않는 규제 강화(24.3%), 중복, 갈등 등 모순된 규정(21.6%)순으로 응답하였다. 규제개혁 기대감이 낮고(45.0%), 실현가능성도 낮다고(37.3%) 응답하였는데, 이와 같이 부정적으로 생각하는 것은 정부의 개혁의지와 능력에 대한 불신(73.9%)이 가장 큰 이유로 나타났다.

또한 OECD에서[38] 발표하는 제조업규제(Production Market Regulation, PMR) 지수를 살펴보면, 주요 OECD 회원국에 비해 한국의 PMR 지수가 개선되지 못하고 있으며, 특히 PMR 정부통제 지수를 보면 가격통제지표 이외에도 행정지도 및 통제규제수준도 OECD 평균 이상의 수준을 나타내고 있다.

〈표5〉 PMR 정부통계 지수 국제비교

	한국	미국(2008)	영국	일본	독일	프랑스	스웨덴	캐나다	호주	평균
경영개입성향	2.28	1.40	1.04	1.55	0.97	1.35	1.19	1.63	0.96	1.37
가격통제	3.09	0.59	0.97	2.34	0.84	0.34	0.75	1.95	0.84	1.30
행정지도 및 통제규제	1.47	2.21	1.11	0.76	1.11	2.35	1.63	1.30	1.08	1.45

---

38) 김현종 (2015). 글로벌 경쟁력과 규제개혁평가, 국가경영전략연구원 세미나 발표자료. pp9~10

또한 PMR의 기업가정신 제약(Barriers to entrepreneurship)[39] 지수는 주요선진국에 비해 열악한 수준으로 특히 규제절차의 복잡성, 창업 시 규제부담 및 기존 이해관계자에 대한 규제적 보복 항목에서 더욱 열악한 것으로 나타났다.

〈표6〉 PMR 기업가정신 제약(Barriers to entrepreneurship) 지수 비교

	한국	미국(2008)	영국	일본	독일	프랑스	스웨덴	캐나다	호주	평균
기업가정신 제약	1.88	1.23	1.48	1.67	1.51	1.66	1.71	1.34	1.61	1.57
규제절차의 복잡성	2.00	0.15	2.46	1.83	2.00	1.57	2.77	1.29	2.27	1.82
인허가 체계	4.00	0.00	4.67	2.67	2.67	2.00	4.67	2.00	4.00	2.96
규율과 절차의 의사소통 및 단순성	0.00	0.30	0.25	1.00	1.33	1.15	0.87	0.57	0.55	0.67
창업시 규제 부담	1.87	1.60	1.33	1.54	1.62	2.16	1.45	1.32	0.92	1.53
법인설립시 행정부담	1.80	0.75	0.80	1.20	1.00	2.00	1.40	0.00	0.80	1.08
개인기업의 행정부담	0.80	0.75	0.20	0.00	0.20	0.60	1.00	0.20	0.80	0.51
서비스분야에 대한 제약	3.01	3.29	2.99	3.41	3.65	3.89	1.94	3.75	1.15	3.01
기존 이해관계자에 대한 규제적 보호	1.76	1.95	0.64	1.65	0.91	1.25	0.92	1.43	1.64	1.35
진입규제	1.28	0.69	0.60	1.07	0.40	0.93	0.80	0.69	1.47	0.88
경쟁법 적용제외	0.53	2.17	0.35	0.53	0.00	0.00	0.00	0.65	0.71	0.55
네트워크 부문 진입규제	3.47	3.00	0.97	3.34	2.34	2.81	1.95	2.95	2.75	2.62

이와 같이 국내기업설문조사 결과 규제에 관한 국제비교를 해보더

---

39) 김현종 (2015), 전게서, p11

라도 한국의 규제 수준은 아직도 매우 높은 것으로 평가되고 있다. 더구나 최근 우리 경제상황이 소위 선진국형인 고용증가 없는 저성장 추세로 접어든 것이 아닌가 하는 우려가 큰 상황인데, 성장동력을 회복하여 고용을 늘리기 위하여는 그 어느 때보다도 기업가정신의 부활이 필요한 시기라 할 수 있겠다. 규제개혁 없이는 자본주의의 꽃인 기업가정신의 부활을 기대하기 어렵고, 외국인 투자 확대도 기대하기 어려울 것이다. 따라서 이제까지 추진한 규제개혁을 제로베이스에서 다시 한 번 점검하여, 과연 21세기 선진경제를 지향하는 현 시점에서 정부가 해야 할 일이 무엇이고, 시장기능에 맡기고 정부가 하지 말아야 할 일이 무엇인지에 관해 국민적 공감대를 형성한 이후, 과감한 규제개혁을 추진해야 할 것이다. 특히 규제설정시의 경제사회적 상황이 급격히 변화하고 국제화가 이루어지고 있기 때문에 새로운 경제사회발전상황에 맞추어 모든 규제를 재점검해야 할 것이다.

경제사회환경이 변화함에 따라 규제의 목적이 소멸되거나 변화한 경우에는 조속한 규제의 폐지와 완화가 요구된다. 계층간의 위화감을 완화하기 위해 설정되었던 특별소비세는 아직도 일부가 조세수입확보라는 목적으로 남아있으나 조속히 폐지해 나가도록 해야 할 것이다. 또한 정부의 직접가격규제 대상이었던 대학등록금, 핸드폰 요금 등의 결정이 대학과 업계 자율에 맡겨지고 있는 추세에 맞추어 점차 정부의 직접가격규제가 철폐되어 시장기능에 맡겨져야 할 것이다. 또한 규제설정 당시 고려하였던 환경이 변화하여 공익이나 국민복지를 증진시키지 못하거나 비효율화되는 경우 규제를 개선하거나 효율화해가야 한다. 도시인구집중에 따른 주택난 해결을 위해서는 그린벨트를 포함한 각종 토지규제 및 건축관련 규제가 재검토되고 완화되어야 한다. 세계경제가 글로벌화 되면서 이에 따른 국내 제도의 국제화를 위한 각종규제의 폐지나 완화가 촉진되어야 할 것이다. WTO 발족과 가입 이후 각종관세나 쿼터에 관한 규제는 폐지되거나 완화되어가고 있고, 각종 보조금도 일부 허용 보조금을 제외하고는 폐지되고 있다. 규제개혁은 이익만이 아니라 이에 따른 비용도 수반된다. 규제완화과정에서 경쟁이 촉진됨으로써 기업의 수익이 저하될 수도 있고, 실업이 발생할 수도 있다. 따라서 사회가 감당할 수 있는 능력이 범위 내에서 속도를 조절하여 추진해야 한다. 보건, 환경, 위생, 안전분야에 새로운 규제의 필요성이 증가일로에 있는바, 무조건 선진국의 규제를 답습하기보다는 국내 현실에 맞고, 규제가 지켜질 수 있는 규제를 강화해야 할 것이다. 아무도 지키지 못하는 명분만 좋은 규제를 만들어 놓고 모든 국민을 범법자로 만드는 우를 범하면 안될 것이다.

4. 지금까지 규제개혁 실패의 원인

가. 규제만능주의의 행정관행이 아직도 남아있다. 규제는 국민의 권리를 제한하는 행위를 예외적으로 필요한 경우 최소한으로 규정되어야 하나, 원칙적으로 금지해놓고 예외적으로 허용하는 식의 행정편의주의에서 벗어나지 못하고 있다. 대부분의 규제가 원칙적으로 금지해놓고, 예외적으로 행정부가 판단하여 허용해주는 Positive system으로 아직도 운영되고 있다. 기본적으로 허용해놓고, 예외적으로 열거해서 금지하는 Negative system으로의 전환이 시급할 것이다. 또한 법령 근거가 없는 소위 행정지도에 의한 구두지시, 고

시 등이 아직도 많이 운영되고 있다. 더구나 담당공무원의 소극적인 업무태도로 인한 보신주의의 만연, 즉 적극적인 행정행위로 인한 사후감사지적을 피하기 위한 복지부동 등으로 보이지 않는 규제가 더욱 심각한 것이다.

나. 서비스산업 규제 등 다수의 핵심규제개선과제가 기득권층의 집단적인 이해관계로 인한 반대와 이해집단간의 이해상충으로 추진이 지연되고 있다. 민선 지방자치단체장 도입 이후 이해집단간에 이해가 첨예하게 대립될 경우 주요결정을 선거 이후로 미루거나 포퓰리즘에 입각해 표에 도움이 되는 결정을 함으로써 오히려 규제개혁이 후퇴하는 경우도 빈번하게 일어나고 있는 것이 현실이다.

다. 사전규제심사를 받지 않는 의원입법의 증가로 규제개혁의 실효성확보가 어려워지고 있다. 정부가 법률 개정, 제정을 촉진하는 경우 부처간 합의 및 이해관계인 의견수렴, 규제심사 및 규제영향분석 등의 절차를 거쳐야 하므로 시간도 지연되고, 이해관계인의 반대로 규제개혁이 어려울 때도 많이 있어, 최근에 의원입법이 증가 추세인 바, 의원입법의 경우 사전 규제심사가 어렵게 되어 있어, 정부안에 비해 새로운 규제를 신설하거나 규제를 강화하는 성향이 더 큰 것으로 조사되었다. 최근 들어 정부제출법률안 대비 의원 발의·가결 입법안의 비율이 급증하는 것으로 나타났다[40]. 16대 국회 이후 의원발의 가결 법률안 수가 정부제출 가결 법률안 수보다 현격히 높아진 것으로 나타나고 있다. 15대 국회의 정부대비 의원법안

---
40) 김현종 (2015). 전게서. pp20~26

비율은 발의안이 1.4배, 가결안이 0.7배였으나, 18대의 경우 발의안이 7.2배, 가결안은 2.4배로 높아졌다. 또한 19대의 경우 발의안은 15.5배, 가결안은 6.7배로 더욱 상승하였다.

〈표7〉 의회·정부 법률안 가결 건수 비교

		11대	12대	13대	14대	15대	16대	17대	18대	19대
발의제출	의회안(A)	204	211	570	321	1144	1912	6387	12220	16518
	정부안(B)	287	168	368	581	807	595	1102	1693	1090
	비율(A/B)	0.7배	1.3배	1.5배	0.6배	1.4배	3.2배	5.8배	7.2배	15.15배
가결	의회안(A)	84	66	171	119	461	517	1352	1663	2085
	정부안(B)	257	156	321	537	659	431	563	690	312
	비율(A/B)	0.3배	0.4배	0.5배	0.2배	0.7배	1.2배	2.4배	2.4배	6.7배

의원 발의안 가결안의 경우 정부제출 법안에 비해 규제신설·강화 성향이 강한 반면, 규제완화·폐지 성향은 더 낮은 것으로 조사되었다. 표에서 보는 바와 같이 의원발의안 중 규제 신설·강화법안 비중(17.8%)이 정부발의안(9.4%)보다 더 높았으며, 의원 법안 발 가결건수 중 규제 신설·강화 법안비중(17.0%)은 정부 가결건수(7.4%)보다 높았다.

〈표8〉 18대 국회의원·정부 법률안 별 규제 신설·강화/완화·폐지 비중 비교

	규제포함				규제미포함		전체법안		규제 신설·강화 비중		규제 완화·폐지 비중	
	규제신설·강화		규제완화·폐지		의원	정부	의원 (E)	정부 (F)	의원 (A/E)	정부 (B/F)	의원 (C/E)	정부 (D/F)
	의원(A)	정부(B)	의원(C)	정부(D)								
발의안	1848	138	1075	211	7436	1117	10359	1466	17.8%	9.4%	10.4%	14.4%
가결안	219	47	162	85	906	500	1287	632	17.0%	7.4%	12.6%	13.4%

라. 부처이기주의 극복의 한계: 현재 규제개혁위원회 중심의 추진시스템에서는 규제에 관한 전문성과 정통성을 지닌 주무부처에 일차적인 규제개혁 책임을 지게 된다. 그러나 주무부처 입장에서는 규제완화로 인하여 문제가 발생할 경우 책임을 회피하기 위하여, 또는 자기관할내의 이해집단의 기득권을 보호하기 위하여 소극적이고 개혁의 필요성을 절실히 느끼지 못한다. 오히려 규제를 만들고 유지하는 데만 열중하게 되고 자체 개혁의지가 소홀해지는 결과가 야기되고 있다.

마. 규제개혁위원회의 전문성 부족[41]: 우리나라의 경우 규제개혁위원회에 규제정책의 심의와 조정 권한을 부여하고 있는데, 이는 규제감독 기능의 적절한 제도적 장비를 갖추었다고 평가된다. 그러나 법적인 권한에도 불구, 규제개혁위원회는 그 실효성을 두고 지속적으로 비판을 받아오고 있다. 현재 규제개혁위원회는 민간합동 자문위원회 성격의 구조적 형태와 비상시적인 운영방식으로 그 기능을 다하지 못하고 있다. 특히 전문성을 가진 인력이 부족하여 규제개혁위원회의 가장 핵심 과제인 신설 혹은 강화되는 규제와 기존의 규제를 심사하는 기능을 제대로 수행하고 있지 못한 것이다. 그리고 올바른 심사를 위해서는 과학적이고 객관적인 규제영향분석이 필요한데 우리나라 규제개혁위원회의 경우 전문인력도 부족하고, 전문성이 낮아서 규제영향분석서를 제대로 검토하기 어려운 상황으로 보여진다. 외국의 사례[42]를 보면 영국의 규제정책위원회 산

---

41) 최진욱 (2014). 행정부의 규제개혁 추진의 과제, 한국경제연구원 규제연구 제23권 특집호. pp56~59
42) 최병선&이혁우(2014). 한국 규제개혁 시스템의 혁신방안, 한국경제연구원 규제연구 제23권 특집호. pp11~15

하의 BRE(better Regulatory Executive, 미국의 OMB 산하 OIRA 의 경우를 보면 풍부한 인력과 자원을 가진 정부부처를 상대하기에 부족함이 없을 정도로 개혁에 정통하고 경험이 축적된 50여명의 박사급 전문분석가들이 포진해 있다.

바. 대통령의 규제개혁에 대한 의지와 관심[43]: 규제개혁을 성공적으로 추진하기 위하여는 대통령의 의지와 관심이 필수적이다. 그러나 5년제 단임제를 채택하고 있는 한국의 경우, 집권초기에는 대통령과 집권당의 관심이 규제개혁에 집중이 되지만, 집권 후반기로 갈수록 규제개혁에 대한 의지가 퇴색하면서 규제개혁의 성공가능성도 낮아지고 있다.

사. 민선지방자치단체장의 규제양산: 지방자치장 및 의원선거제 등 지방자치제 시행 이후 중앙정부의 규제개선조치를 미처 반영하지 못하거나, 법령의 위임범위를 넘어 근거 없는 규제가 상당히 늘어나고 있다.

5. 규제개혁 성공을 위한 향후 과제

가. 무엇보다도 공직자의 행태(Behavior)가 변화되어야 한다. 규제개혁을 추진하는데 있어서 가장 중요한 것이 규제를 담당하는 공직자의 태도이다. 규제담당 공직자의 행태(behavior)가 기업과 민원인 입장에서 어떻게든 문제를 해결하려고 하는 적극적인 태도로 전

---

43) 최진욱 (2014), 전게서, pp54~55

환이 필요하나, 현실은 추후에 감독, 감사에서 문제가 안 생기면 된다는 소극적인 면피의식이 팽배해 있다. 공무원이 근무하는 동안 추진한 업무에 대한 사후평가 및 및 사후감사시스템을 개혁해서, 일을 적극적으로 하려고 하다 발생할 수도 있는 사소한 실수에 대해서는 면책을 해주는 제도개선이 필요하다. 그 동안의 정부개혁이 주로 규제를 없애고, 조건을 완화하는 등의 하드웨어 개혁에 중점이 주어져 왔었기에, 앞으로는 인허가권을 갖고, 규제를 담당하고 있는 공직자가 어떻게 하면 적극적으로 수요자 중심에서 일할 수 있도록 공무원의 행태를 변화시킬 수 있을 것인가 하는 소프트웨어의 개혁에 중점을 두어야 할 것이다. 무엇보다도 공직자들이 5년마다 바뀌는 정치권력으로부터 영향을 받지 않고 정치적인 중립을 지킬 수 있도록 보장이 되어야 하겠다.

나. 필요한 규제는 오히려 적극적으로 강화시켜 나가야 하는 것을 국민에게 적극적으로 인식시켜야 한다. 규제개혁은 반드시 필요한 것이지만, 규제개혁에 너무 강한 정치적인 의지가 주어지면 자칫 일반 국민들이 무조건 규제는 나쁜 것이고 없어져야 한다는 잘못된 인식을 할 수 있다. 대다수의 국민들이 모든 규제가 나쁜 것이기 때문에 철폐되어야 한다고 생각하게 된다면 시장의 공평성과 효율성을 증진시키고, 환경을 보전하고 국민의안전과 건강을 증진하는 새로운 규제의 필요성을 부정하게 되어 정부의 기본적인 기능이 부정되는 결과를 낳을 수도 있기 때문이다. 불필요하고 과도한 규제를 개혁하는 것은 필요하지만 기존 규제개혁에 대한 엄밀한 평가를 통하여, 꼭 필요한 규제는 더 강화하고 그렇지 않은 규제는 과감하게 개혁하는 것이 규제개혁의 첫걸음이 되어야 한다는 것을 적극적인

홍보를 통하여 국민에게 인식하도록 해야 할 것이다.

다. 과거정부의 규제개혁성과를 평가하여 향후 규제개혁에 반영하도록 해야 한다. 전 정부에서 진행된 규제개혁이 경제성장과 국민복지증진에 실질적으로 효과가 있었는지 객관성 있는 평가가 선행되어야 한다. 단순한 정치적인 전시효과를 노린 규제건수 줄이기, 기업들의 민원 들어주기 방식의 규제개혁은 지양되어야 할 것이다.

라. 2008년도 미국 발 글로벌 금융위기는 지나친 규제완화와 정부의 시장감시 태만에서 비롯되었다는 비난이 일면서, 세계는 탈규제에서 재규제(Reregulation)로 방향이 바뀌고 있다. 97년도 한국의 외환위기, 2008년 글로벌금융위기 등은 과도한 규제완화에서 초래된 측면이 크고, 2015년 세월호사고도 정부와 기업의 안전에 대한 무방비에서 비롯되었다는 비판이 있음을 반성하고, 경제질서를 훼손하고 국민생명의 안전을 위협하는 규제는 오히려 강화되고 있는 것이 세계적인 추세인 것이다.

마. 규제개혁도 궁극적으로는 고용증진, 지속적인 경제성장을 이루어 국민복지증진을 이루는 것이므로 잠재성장률을 높이고 지속 가능한 경제성장을 위해서는 규제개혁도 필요하지만, 보다 근본적으로는 기업가정신이 부활되어 투자가 활성화되고 고용이 증진될 수 있도록 노사문화의 개혁이 선행되어 고용의 유연성도 확보되고 정규직보다도 비정규직이 증가하는 노동시장의 이중구조가 개선되어야 할 것이다. 그러나 노사개혁이야말로 정치권과 기업, 그리고 노동계의 대 타협 없이는 이루어낼 수 없는 중요한 과제인 것이다.

제 6 장

행정부 견제 기능을 넘어선 국회우위시대: 이대로 지속될 것인가?

1. 국회의 법적인 권한과 기능: 미국 의회 등 외국제도와 비교

대한민국 국회는 1948년 정부가 수립되면서, 1948년 제정된 헌법에 의해 민의원, 참의원의 양원으로 구성되어 출발하였다. 1962년 헌법 제 5차개정 이후 단원제로 채택되어 현재에 이르고 있다. 우리나라 국회의 경우 휴가기간을 빼고 매일 열리게 되는 미국, 영국 등의 의회와는 달리 정기회의와 임시회의로 회기가 구분하여 개최되고 있다.

국회는 행정부에 대한 통제기능을 수행하기 위한 수단의 하나로 매년 정부가 제출한 세입 세출 예산안을 심의하여 확정하는 권한을 가진다. 그리고 한 해 동안 정부가 제대로 국가의 살림을 꾸려왔는지를 국정감사기능을 통하여 검토하고 있다. 그 밖에 국회는 국가기관의 구성에 관하여 임명 동의권을 행사하거나 국정을 감시하고 통제할 수 있는 여러 가지 권한들을 가지고 있다. 대부분 고위 공무원은 법률이 정하는 바에 따라 대통령이 임명하지만 국무 총리, 감사원장, 대법원장, 대법관, 헌법 재판소장의 임명과 국무위원, 검찰총장, 경찰청장, 국세청장 등 임명 시에도 청문회 절차를 거쳐 국회의 동의가 있어야 한다.

국회는 매년 정기 국회 기간 동안 국정 전반에 걸쳐 정부가 제대로 정책을 수행하는지를 검사하는 국정 감사를 실시하는 한편, 국무 총리와 국무 위원 또는 정부 위원을 국회에 출석시켜 정부의 활동에 대해 질문을 함으로써 국정을 감시하고 통제한다. 국회는 대통령의 외국에 대한 전쟁을 선포, 일반 사면, 국군의 해외 파견이나 외국 군대의 국내에 받아들이는 조치 등에 관하여 동의권을 가지며, 긴급 재정 경제 처분 명령, 긴급 명령에 관해서는 승인권을 가진다. 또한 대통령을 비롯한 일정한 고위 공직자들이 헌법이나 법률을 위반하면서 직무를 집행하였을 경우, 직무를 그만두게 하는 탄핵소추권을 행사할 수 있다.

예산은 국민의 대표기관인 의회가 행정부를 통제하는 가장 강력한 수단 중의 하나이다. 예산안은 국회의 심의와 승인으로 법적 효력을 갖게 되며, 또한 국회는 행정부에 대한 통제 수단으로 예산 심의권을 활용하고 있다. 통상적으로 재정권한이 의회와 행정부간에 어떻게 분배되어 있으며, 의회가 어느 정도의 예산통제권을 행사하게 되느냐에 따라 의회 우월형, 내각 우월형, 행정부 중심형으로 구분하고 있다[44]. 미국은 의회 우월형에 해당하며 의회가 중심이 되어 예산안을 편성한다. 반면 영국의 경우 의원내각제를 채택하고 있는 내각 우월형에 해당하며 내각 내에서 실질적인 예산이 편성되고 있다. 행정부 중심형의 경우 대통령이 국가권력의 중심이 되고, 의회는 정부가 제출한 예산안에 대한 심의 의결권을 가진다.

---

44) 이만우 & 이미경 (2004). 예산편성권 및 심의·확정권 관련 정부와 국회의 역할분담에 관한 외국의 사례비교. 고려대학교 경제연구소. pp 3-50.

<표1> 재정권한 행사의 유형

재정권한의 유형	특징
의회 우월형	대통령제 엄격한 3권분립 의회가 중심이 되어 예산안 편성
내각 우월형	의원내각제 예산심의과정에서 의회의 수정은 거의 없음 사후적인 집행감사 및 결산에 중점
행정부 중심형	대통령제 성장위주의 국가목표로 의회의 예산통제권 약화

출처: 이만우 &이미경 (2004). p 68

우리나라의 경우 정부형태는 대통령제에 해당하지만 국무총리제도가 있고 국회의원과 장관의 겸직, 정부의 법률안 제출, 행정부 공직자의 국회 출석 등 의원내각제적 요소를 지니고 있어 행정부와 입법부의 관계는 엄격한 독립보다는 권력융합의 성격을 지니고 있다. 미국의 경우 입법, 사법, 행정의 3권분립이 확립되어 상호 견제와 균형의 원칙이 엄격하게 지켜지고 있다. 그러나 예산과정에 있어서는 의회의 권한이 가장 큰 나라로 평가되고 있다. 대통령이 제출한 예산안에 대한 심의·확정권을 가지며 직접 예산편성작업을 담당하고 있기 때문이다. 모든 예산안은 의회의 법률안 형태로 승인되고 있어서 의회우위형태가 유지되고 있으나, 예산심의 과정이 복잡해지고 전문화되면서 의회의 우위기능이 쇠퇴되어 가고 있다.

프랑스의 경우는 정부의 구조가 국가 원수인 대통령과 행정부의 수반인 수상으로 이원화되어 있는 대통령제를 채택하고 있지만, 최근에는 의회의 권한이 강화되는 추세를 보이고 있다.

영국의 경우 전형적인 의원내각제로서, 내각과 의회는 권력융합의 관계에 해당한다. 의원내각제에서 내각이 제출한 예산안의 수정이나 거부는 곧 내각에 대한 불신임의 표시가 되므로, 의회의 예산심의과정에서 실질적인 수정이 일어나는 일은 드물다. 그러나 의회는 사후 예산의 집행감사에서 강력한 권한을 발휘하고 있다.

일본은 입헌군주제에 의거한 내각책임제 국가에 해당한다. 천왕은 정신적인 의미의 통치자이며 실제로는 총리를 중심으로 하는 내각제를 통해 정치가 이루어지고 있다. 일본의 경우 예산은 행정사항이라는 관념이 계속되고 있어서 예산안의 심의 및 결산에 대한 의회의 영향력은 상대적으로 미약하다. 또한 정부예산안에 대해서 의회의 수정권에 제한이 없음에도 불구하고 내각을 통하여 제출된 예산이 수정되는 일은 전혀 없다. 우리나라의 장관협의회와 유사한 내각의 협의절차를 통하여 의원들의 정치적 요구를 사전에 수용하고 있기 때문이다.

독일의 행정구조는 연방총리를 수반으로 하는 연방정부와 연방 대통령으로 이원화되고 있다. 연방 대통령은 독일 연방 공화국의 국가 원수이며, 국가를 대외적으로 대표하는 지위에서 나오는 권한 및 형식적인 임명권 등 제한적, 상징적 권한을 보유하게 된다. 독일의 경우 예산안의 편성뿐만 아니라 수정권한까지 행정부 내의 재무성에서 가지고 있다. 연방정부에서 하원에 제출된 예산안을 채택할 것인지에 관한 모든 권한은 의회가 가지고 있으나, 정부지출의 80~85%가 법률에 의거한 예산에 해당하지 않기 때문에 의회의 예산통제의 효과성은 크게 제약을 받게 된다.

캐나다의 연방제에 바탕을 둔 입헌군주국의 형식을 취하고 있지만 실질적으로는 내각책임제의 연방공화국에 해당한다. 상징적으로 영국의 왕위계승자가 국가수반이 되며 영국 국왕이 친임하는 총독이 있지만, 실질적인 행정권은 하원의 다수당 당수인 수상과 내각에 있다. 내각책임제 하에서 의회의 권한 행사는 미약하게 되는데,

의회의 예산 수정권은 제한되어 있어 행정부가 지출한 예산을 증액하거나 새로운 예산을 제안할 수 없다. 또한 예산과정에서 의회의 통제를 받는 지출이 정부지출의 30%에 불과하여 예산과정에서 의회의 권한이 미약함을 알 수 있다. 다만 내각의 예산안 제출 이전에 의회와 행정부가 충분한 협의를 거침으로서 예산과정에서의 문제를 방지하고 있다.

이와 같이 예산과정에서 행정부와 입법부의 권한배분에는 이상적인 원칙이 존재하지 않으며 각 국가마다 독특한 정부의 형태, 역사적 특징, 가치관 등의 구체적인 조건에 따라 다양하게 변화하고 있다.

각 국가의 정부 형태에 따른 예산 심의 권한을 비교해 보면 〈표2〉와 같다.

〈표2〉 주요국의 정부 형태

	미국	프랑스	한국	영국	일본	독일	캐나다
정부 형태	대통령제	반대통령제(의원내각제+대통령제)	내각적 요소가 가미된 대통령제	의원내각제	혼합의원내각제 (입헌군주제+의원내각제)	혼합의원내각제 (의원내각제+대통령제)	혼합의원내각제 (입헌군주제+의원내각제)
예산의 형식	법률	법률	의결	법률	의결	법률	법률
예산안 수정 비율		예산안의 3%미만	예산안의 삭감 비율 평균 0.5%	변경 없음	변경 없음	예산안의 3% 미만	변경 없음
수정 가능 지출액	연방정부 지출의 30~40%	연방정부 지출의 60~70%		연방정부 지출의 70~80%	정부지출의 90~100%	정부지출의 20%(?)	정부지출의 30% 미만

출처: 이만우 &이미경 (2004), pp 107~110

2. 국회기능의 변화: 삼권분립과 입법부의 행정부 견제기능 변화

우리나라 헌법 40조는 '입법권은 국회에 속한다' 고 규정하여 국회가 국민의 대표기관으로서 주권자인 국민을 대신하여 국가의 주요 정책을 입법이라는 형식으로 결정토록 하고 있다. 입법권을 국회가 가지는 가장 본질적이고도 전통적인 권한에 해당한다. 그러나 2000년대 초까지 국회는 입법권의 행사과정에서 제 역할을 하지 못하고, 행정부의 입법작용을 동의해주고 추인해주는 소극적인 역할밖에 수행하지 못해왔다. 건국 이후 권위주의정부들이 행정부우위의 국가 경향을 띰에 따라 정부중심의 입법주도가 일반화되었고, 국회가 의원 개개인의 자율성을 바탕으로 독자적인 입법활동을 추진할 수 있는 여건이 마련되지 못하였기 때문이다. 국회 의원들의 자질과 전문성이 부족하고 의원입법을 뒷받침해줄 수 있는 입법보조인력 및 입법지원조직이 미비하다는 점 또한 주요 원인 중 하나였다.

1990년대까지 우리 국회가 의원 개개인의 자율성과 전문성을 바탕으로 입법에 있어 중심적인 역할을 수행한다는 것은 상상하기 어려운 일이었다. 그 당시 법안은 정부법안이 대부분이었고, 법안제출의 수나 통과율 면에서 정부제출 법률안은 의원발의 법률안에 비해 압도적인 우위를 점하고 있었다. 그러나 15대 국회(1996~2000년)와 16대 국회(2000~2004년)를 거치면서 입법활동에 적극적인 관심과 노력을 기울이기 시작하였고, 제17대 국회부터는 양적인 면에서 국회의원들의 입법활동이 행정부의 역할을 완전히 압도하게 되었다[45].

---

[45] 김윤정. (2006). 입법과정에 대한 헌법적 고찰. 서강법학 제8권. pp 223~225

그러나 국회의원의 입법활동이 크게 늘어나는 반면 국회의 핵심 기능중의 하나인 예산 심의 기능은 여전히 제자리에 머물고 있다는 비판을 받고 있다.

국회의 예산심의권이 제대로 작용하지 못하고 있는 이유가 예산결산위원회가 상임위원회가 아닌 특별위원회로 운영되고 있어 제 기능을 발휘하기 어렵고 예산 심사일정도 충분하지 못하다는 지적이 있어왔다. 예산 심사일정은 제헌헌법에는 120일 동안에 해당하였지만 점차적으로 줄어 60일로 축소되었다가, 최근에 90일로 증가되었다. 그러나 더욱 중요한 것은 예산을 심의하는 국회의원들이 국가 재정 전체의 건전성과 균형성을 인식하여 국민경제의 지속적인 발전과 국민복지 증진을 위하여 꼭 필요한 예산이 무엇인지 우선순위를 정하여 한정된 자원을 배분할 수 있는 능력과 소양을 키우기보다는 자기 지역구 예산 등 관심예산 확보에만 집중하여 소위 쪽지예산을 통한 막판 예결위 계수조정작업에서의 끼워 넣기 관행이 지속되고 있어 국회의 예산기능이 제대로 작동하지 못하고 있다는 비판을 받고 있다.

〈표3〉 예산결산위원회의 변천

기간	조직명
제헌국회~제2대 (1948.5.31~1952.12.19)	재정경제위원회
제2대~제5대 (1960.7.29~1961.5.16)	예산결산위원회
제6대~제15대 (1988.5.30~2000.5.29)	예산결산특별위원회
제16대 이후 (2000.5.30~)	예산결산특별위원회

출처: 예산결산특별위원회 (http://budget.na.go.kr)

<표4> 국회 예산안 일정의 변경 추이

시기	예산안 국회제출	예산안 국회의결	예산안 심사기간
1948년~1962년 (제헌헌법)	정기회 개최 초 (9월 1일)	회계연도 개시 전	120일
1963년~1972년 (5차 개헌, 1961년 예산회계법 제정)	회계연도개시 120일 전	회계연도 개시 30일 전	90일
1972년~2006년 (7차 개헌)	회계연도개시 90일 전		60일
2007년~2013년 (국가재정법 제정)			
2013년~현재 (국가재정법 개정)	회계연도개시 120일 전		90일

출처: 기획재정부

또 다른 문제는 국회의 전문인력과 시간이 크게 부족하여 견제기능이 제대로 되지 못하고 있다는 것이다. 특히 우리나라의 경우 미국 등과는 달리 국회 일정이 회기 별로 이루어지고 있어 일정이 바쁘게 되는데, 이런 상황을 행정부에서 이용하여 제대로 된 견제를 하지 못하게 되는 경우가 있다. 국회가 행정부의 활동을 견제하는 데 집중하기보다는 입법활동만을 크게 늘리게 되면서 안 그래도 부족한 자원을 제대로 사용하지 못하는 결과가 나타나게 되는 것이다.

또한 국회의원의 입법활동이 거시적인 관점에서 국가 전체를 위해 이루어지기보다는 스스로의 이익을 위해 활용되는 경우가 빈번하다는 점 또한 큰 문제점 중 하나이다. 선출직인 국회의원들은 추후 재 선출을 위하여 출신지역예산과 관련이 없으면 큰 관심이 없는 모습을 보이는 경우가 잦다. 또한 정치적인 유명세를 위하여 장기적으로 도움이 되는 정책보다는 단기적으로 전시효과가 큰 정책에만 관심을 갖게 되는 경향이 증가되고 있다. 더 큰 문제는 국회의원들이 의원발의 법률안이 점차 증가되는 추세가 지속되고 있는데도 불구하고, 법률안의 중요성에 대해 제대로 파악하지 못하고 있을 수 있다는 점이다. 정부제출 법률안에 비해 의원발의 법률안은 심사 과정이 짧고, 이해관계인의 의견 개진 기회도 축소되어 법률안에 대한 전문지식이 부족한 국회의원의 의원발의 활동이 남용될 경우 예상치 못한 결과를 나을 수도 있다.

최근 의원발의 법안 수가 정부제출 법안 발의 수를 압도하게 되면서, 입법기능의 타당성, 민주성, 정당성에 대한 활발한 논의들이 다시 이루어지기 시작하였다. 이에 부응하여 입법심사절차와 국회법 규정들도 개정되기 시작하였고, 졸속입법을 막고 치밀한 법안심사를 수행하게 되는 입법절차가 꾸준히 논의되고 있다. 기존에 국회가 행정부를 제대로 견제하고 있지 못했던 것을 고려한다면 국회의 권한과 기능이 확대되는 것은 환영할 만한 일이지만 예산심의권 등은 그대로 머무른 채 입법활동만 크게 증대되고 있는 것은 크게 우려되는 상황이다.

3. 국회우위시대의 도래와 문제점

최근 가장 여론조사에서 가장 불신 받는 국가기관으로 국회가 뽑힌 것처럼, 국회에 대한 불신이 계속 이어지고 있다. 국민을 대표한다는 국회가 오히려 국민으로부터 가장 불신 받는 기관이 되었으니 참으로 슬픈 일이 아닐 수 없다.

국회의 의원발의 법률안의 수가 정부제출 법률안의 수보다 많아지고, 행정부의 기능을 압도하기 시작하면서 다양한 문제가 발생하기 시작하였다. 국회의 기능이 근 십여 년 사이에 급격하게 커진 반면 정부 대비 전문성이 확보되었느냐의 문제가 대두되었으며, 권력중심이 의회로 옮겨가면서 비능률과 비효율, 무책임이 증가하는 추세로 변환된 것이다.

정부제출 법안에 비해 의원발의 법률안은 심사를 더 적게 받게 되며 그 절차 또한 간소하다. 정부가 법률 개정, 제정을 하고자 하는 경우 부처간 합의 및 이해관계인 의견수렴, 규제심사 및 규제영향분석 등의 절차를 거치는 반면 의원입법의 경우 이러한 사전 규제심사가 어렵게 되어있다. 또한 정부제출 법률안이 연속적인 행정부 내에서 지속적인 사후 평가가 가능하게 되는 반면, 의원발의 법률안은 국회의원이 임기가 끝나게 되면 지속적인 사후 평가가 불가능하게 되는 경우가 빈번하다. 그리고 국회의원의 임기 내에 의원이 자신의 성과를 부각시키고자 사후 벌어질 일은 크게 개의치 않으며 무분별한 법안을 남용하는 경우가 잦다는 점 역시 국회에 대한 평가를 떨어뜨리게 되는 일 중 하나이다. 아직까지 국회의 효율적이지 않고 무책임한 행태를 방지할 수 있는 제도가 제대로 마련되어 있지 못한 상황에서 국회우위시대의 문제점은 더욱 부각되고 있다.

〈표5〉 의회·정부 법률안 가결 건수 비교

		11대	12대	13대	14대	15대	16대	17대	18대	19대
발의 제출	의회안(A)	204	211	570	321	1144	1912	6387	12220	16518
	정부안(B)	287	168	368	581	807	595	1102	1693	1090
	비율(A/B)	0.7배	1.3배	1.5배	0.6배	1.4배	3.2배	5.8배	7.2배	15.15배
가결	의회안(A)	84	66	171	119	461	517	1352	1663	2085
	정부안(B)	257	156	321	537	659	431	563	690	312
	비율(A/B)	0.3배	0.4배	0.5배	0.2배	0.7배	1.2배	2.4배	2.4배	6.7배

앞서 규제개혁 관련하여서도 살펴보았지만 최근 들어 정부제출법률안 대비 의원 발의·가결 입법안의 비율이 크게 증가하고 있다. 14대 이전까지는 정부제출법률안이 의원발의안보다 크게 높았던 반면에 15대 들어서부터 발의 제출안 수가 역전되었으며, 16대 국회 이후 의원발의 가결 법률안 수가 정부제출 가결 법률안 수보다 현격히 높아지게 되었다. 15대 국회의 정부대비 의원법안 비율은 발의안이 1.4배, 가결안이 0.7배였으나, 18대의 경우 발의안이 7.2배, 가결안은 2.4배로 높아졌다. 또한 19대의 경우 발의안은 15.5배, 가결안은 6.7배로 더욱 상승하였다.

또 다른 문제는 국회선진화법[46]이다. 국회선진화법이란 2012년에 개정된 국회법으로 의장의 직권상정 제한, 의장석 점거 금지, 안건의 신속 처리, 법안처리와 관련해 과반수가 아닌 재적 5분의 3 이상의 동의 등의 요건을 규정하고 있다. 이러한 법 조항으로 인해 현재 우리 국회는 여당이 과반 의석을 가지고 있고 지지율도 여당이 크게 높음에도 불구하고 소수인 야당에 의해 제 목소리를 내지 못하고 있다. 정부가 필요로 하는 정책을 시행해나가기 위해서는 국회에서 그에 알맞은 법률이 제정되어야 하고 예산이 편성되어야 한

---

[46] 국회선진화법은 일부 조항이 독소조항으로 문제되고 있다. 국회법 제 85의 2에서는 시급한 안건의 빠른 처리를 위해 신속처리 대상안건을 지정하고자 할 때, 제 86조에서는 소관 상임위를 통과한 법안이 법제사법위원회에서 심사가 이뤄지지 않아 해당 법안을 본회의에 상정하려고 할 때, 제106조의 2에서는 본회의에서 법안 처리를 막기 위한 합법적 의사진행 방해를 종료시키고자 할 때 재적의원 3/5 이상의 찬성을 요구토록 하고 있다. 그러나 헌법 제 49조에서는 "국회는 헌법 또는 법률의 특별한 규정이 없는 한 재적인원 과반수의 출석과 출석위원 과반수의 찬성으로 의결한다."고 되어 있다. 이 때 법률 규정으로 의결정족수 원칙이 변경이 가능하나 정족수의 가중 또는 감경을 어느 정도까지 가능한지를 두고 논란의 여지가 있다. 국회선진화법이 재적인원의 3/5 이상의 찬성을 요구한 부분이 법률안거부권행사 후 재의결 및 국무총리 해임 및 탄핵소추의결보다 더 과도하다는 점에서 위헌성이 있다는 점까지 논의되고 있는 상황이다.

다. 그러나 정책 법안에 대한 야당의 협조를 얻기가 결코 쉽지 않은 상황이다. 협조를 얻더라도 다른 것을 내주어야 하는 끼워 넣기 전략이 행해지고 있다. 국회선진화법은 다수당의 날치기식 법안 통과를 막고 국회에서의 몸싸움을 방지하기 위해서 제정되었지만 결국 소수당이 반대하면 아무것도 할 수 없는 반대의적인 요소로 변질된 것이다. 여당은 악법의 폐해를 경험하면서도, 훗날 소수당으로 전락했을 때의 활용 가치를 생각해 강력하게 개정을 추진하지도 못하고 있다. 그러나 이러한 문제점을 해결하지 못한다면 행정부를 도와 국정을 운영하는 국회의 제 기능을 제대로 다하지 못하게 된다. 국회선진화법으로 많은 개혁입법이 사장되어 국정운영에 오히려 방해가 되고 있는 현 시점에서, 국회는 하루 빨리 해결 방안을 찾아야 할 것이다.

2부

제4차 산업혁명에 대비한 생존전략

제7장	FTA 추진을 통한 한국경제 성장효과는?
제8장	자본시장의 경쟁력강화를 위한 국제화 전략
제9장	세계금융시장의 Hub를 위한 금융산업의 재편전략
제10장	신규 순환출자 금지제도 도입과 한국 재벌정책의 미래
제11장	한국 반도체산업의 영광은 지속될 것인가?
제12장	선제적 신용평가를 통한 신용평가시장의 신뢰도 확보방안

FTA가 급속히 확산되는 원인으로는 FTA 개방을 통한 경제촉진으로 생산성 향상에 기여하리라는 기대심리가 가장 크다. 또한 무역 및 외국인 직접투자(FDI)의 유입이 경제성장의 원동력이라는 인식이 확산되면서 FTA가 새로운 성장동력이 되어 줄 것이라는 기대감 역시 FTA가 확산되는 주요 원인으로 꼽히고 있다. WTO 다자협상의 경우 장기간의 시간이 소요되고 컨센서스 도출이 어려운 반면 FTA는 보다 간단한 프로세스를 통하여 이루어질 수 있는 것도 주요 원인 중 하나이다.

제 7 장

FTA 추진을 통한 한국경제 성장효과는?

1. FTA란?

지역무역협정(RTA)이란 일정지역 범위 내에서 국가 간의 상호무역 증진을 위해 재화와 서비스의 이동을 자유롭게 하는 협정으로, 국가 간의 무역장벽을 완화하거나 철폐하여 무역자유화를 실현하기 위한 양국 간 또는 어떤 특정지역의 국가 간에 체결하는 특혜무역협정이다. 지역무역협정은 그 발전단계에 따라 자유무역지역, 관세동맹, 공동시장, 경제동맹 그리고 완전경제통합으로 나누어진다.

자유무역협정(FTA: Free Trade Agreement)은 지역무역협정의 한 종류로서 특정 국가간에 배타적인 무역특혜를 서로 부여하는 협정으로 지역 경제통합 중 가장 느슨한 형태에 해당한다. 대부분의 국가들이 이해관계 조정이 상대적으로 쉬운 FTA와 같은 지역무역협정을 선호하게 되면서 다양한 형태의 지역무역협정이 활발하게 이루어지고 있다. 더 나아가 FTA가 빠른 속도로 확산되면서 선점(preemptive)의 성격도 강화되고 있다. FTA를 추진하는 주된 동기로는 무역창출을 통한 경제성장 및 후생증가 등 경제적 실익추구 기업 간 경쟁 활성화 및 R&D 경쟁 유발, 신기술 개발 등 산업기술

발달촉진 국내경제의 개혁촉진(예: 멕시코의 NAFTA 추진) 대외신인도 제고 및 대외협상력 강화(예: ANCOM, MERCOSUR) 정치, 외교안보, 사회문화적 결속관계강화(예: EU, 미-이스라엘 FTA) 다자주의의 한계점 보완 등이 있다(이홍식 & 이경희, 2005).

WTO 출범 이후, FTA로 대표되는 지역주의(regionalism)는 국제경제의 뚜렷한 흐름으로 정착하게 되었다. 47년간의 GATT 시대에 124건의 지역무역협정이 통보된 반면, WTO 초기 9년간 176건의 지역무역협정이 통보된 것을 살펴보면 그 흐름을 체감할 수 있다. 2011년 세계 총 무역 중 지역무역협정 내의 무역비중은 49.2%로 추정되며, 2015년 1월 기준 발효 중인 지역무역협정은 395건에 이른다. 이 중 FTA는 228건에 해당한다. 2015년 3월 기준으로 한국은 칠레, 싱가포르, EFTA, 아세안, EU, 인도, 미국 등의 국가 및 연합과 11건의 FTA가 발효 중이다. 또한 콜롬비아, 중국, 뉴질랜드, 베트남의 4개국과는 FTA를 타결하였으며 인도네시아와 RCEP와는 현재 FTA 협상 중에 있다.

이처럼 FTA가 급속히 확산되는 원인으로는 FTA 개방을 통한 경제촉진으로 생산성 향상에 기여하리라는 기대심리가 가장 크다. 또한 무역 및 외국인 직접투자(FDI)의 유입이 경제성장의 원동력이라는 인식이 확산되면서 FTA가 새로운 성장동력이 되어 줄 것이라는 기대감 역시 FTA가 확산되는 주요 원인으로 꼽히고 있다. WTO 다자협상의 경우 장기간의 시간이 소요되고 컨센서스 도출이 어려운 반면 FTA는 보다 간단한 프로세스를 통하여 이루어질 수 있는 것도 주요 원인 중 하나이다.

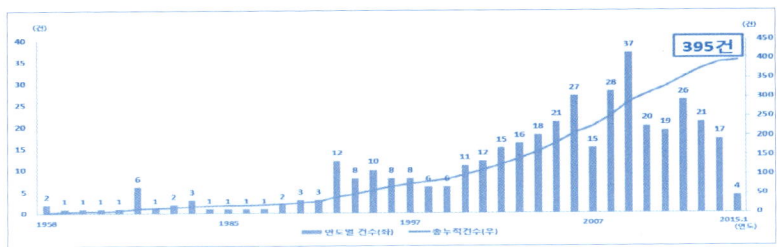

〈그림1〉 WTO에 통보된 발효중인 RTA 건수

　WTO(World Trade Organization: 세계무역기구)는 다자간 협의를 통해 자유무역을 증진시키고 경제성장률을 높이려는 목적으로 GATT[47]체제를 대체하기 위해 등장하게 되었다. WTO는 GATT의 원칙과 협정을 수용하고, 나아가 이를 감독, 확대함을 기본 목적으로 하고 있다. 이와 더불어 새로이 도입되거나 기존의 무역규약을 의논하기 위한 협상의 장으로의 임무를 수행하며 무역분쟁이 발생했을 때 이를 진정시키는 임무를 수행한다. 2015년 3월 현재 세계적으로 160개 회원국이 WTO에 가입 중이다. FTA는 다자무역질서의 근간인 최혜국대우 원칙에 정면으로 배치되지만, WTO는 다음과 같은 조건을 충족할 경우에는 적법한 예외로 인정하고 있다. 첫째, 실질적으로 모든 무역을 대상으로 하며, 특정한 분야를 전면적으로 제외해서는 안 된다. 둘째, 관세 및 기타 상업적 제한이 합리적 기간 내(원칙적으로 10년 이내)에 철폐되어야 한다. 셋째, 역외국에 대한 관세 및 기타 상업적 제한이 협정 체결전보다 더 후퇴해

---

[47] GATT(General Agreement on Tariffs and Trade)는 관세무역일반협정으로 제2차 세계대전 후반인 1944년 전후의 세계무역질서를 논의하기 위해 창설되었으며, 최혜국 대우, 상호주의, 내국민 대우 등의 특징을 가지고 있다. 세계무역기구(WTO)의 창립으로 1995년 말 GATT체제는 종식되었다.

서는 안 된다.

RTA는 회원국 간 관세 및 비관세 장벽을 완화 또는 제거시킴으로써 재화 및 서비스의 자유로운 이동을 통해 경제적 이득을 극대화하기 위한 선별적 무역정책(preferential trade policy)이다. RTA의 초보단계에 해당되는 FTA의 경우에의 경제적 이득은 정태적 효과인 무역창출 및 무역전환 효과, 경쟁압력의 제고에 따른 동태적 효과의 상대적 크기에 따라서 다르게 나타난다. 그러나 대부분의 경우 경제적 효과를 증대시키는 무역창출[48]과 동태적 효과[49]의 크기의 합계가 경제적 비효율을 가져오는 무역전환[50]의 크기보다 크기 때문에 경제적 효과의 증대를 통하여 후생의 증가를 가져온다고 본다.

국가 간의 지역무역협정을 체결 또는 추진하는 배경으로는 교역상의 제반 효과를 기대하는 경제적 측면이 크게 작용하였다고 볼 수 있다. 그렇지만 지역무역협정 체결에 있어 반드시 경제적인 요인만을 고려하는 것은 아니다. 그간의 지역무역협정의 체결배경을 살펴보면 역사적으로 정치적 및 안보적 고려가 상당한 영향을 미친 경우가 적지 않게 발견된다. 비교적 최근에는 국내제도개혁을 위한 수단으로서 또는 기존의 GATT 및 WTO 다자간 무역협상 및 체제의 한계를 극복하기 위한 대안으로서, 더 나아가 환경 및 노동과 같은 특정사안에 있어 체약국들 간에 상이한 법제를 조화시키기 위한 수단으로서 지역무역협정을 이용하는 사례가 증가하고 있으며, 특히 FTA가 압도적으로 증가하고 있다.

---

48) 고비용 역외국으로부터 저비용 역내국으로 수입선을 바꾸는 효과
49) 경쟁의 압력을 증가시킴으로서 비효율적 기업의 도태를 초래하는 효과
50) 저비용 역외국에서 고비용 역내국으로 수입선을 바꾸는 효과

경제적 요인 이외의 FTA 추진 요인으로 다음과 같은 사항을 뽑을 수 있다.

(1) 정치적 안정 및 지역안보의 도모

EU의 전신인 EEC의 출범에 결정적으로 기여한 기구는 유럽철강석탄공동체(ECSC)라고 할 수 있다. ECSC는 군사장비를 생산하는 데 사용되는 철강과 석탄을 공동으로 관리함으로써 서유럽지역에서의 전쟁의 재발을 저지하는 데 크게 기여하였다. 그리고 EU가 심층적으로 발달하는 과정에서 구소련이라는 공동의 적(common enemy)으로부터의 침입으로부터 서유럽을 보호해야 한다는 국제관계적 합의점이 EU의 발달에 기여하였다고 할 수 있다. 즉, EEC의 형성의 초기단계에는 경제적 요인보다 정치적 안정 및 지역안보가 더 큰 요인으로 작용하였고, 일단 EEC가 형성되고 나서 EC와 EU로 발전하는 과정에서는 경제적 요인이 주된 원동력이 되었다. 그러나 연방적 경제통합이 강화되어가고 경제적 문제가 해결된 이후에는 2000년 니스(Nice)회의에서는 다시 정체성에 대한 논의가 이루어지면서 독자적인 외교 및 안보정책을 추구하고 있다.

아세안자유무역지역(ASEAN Free Trade Area: AFTA) 역시 동남아시아 지역에서 대두된 공산주의에 대항하여 이들 지역에서의 평화 및 안정의 촉진을 주요 목적의 하나로서 1967년 설립된 아세안(Association of Southeast Asian Nations: ASEAN)이 베트남 전쟁이 종결된 후에 경제협력을 도모하기 위하여 1992년 제4차 정상에서 출범된 것이다.

(2) 국내개혁을 위한 수단

국내경제정책의 개혁을 추진함에 있어서 국내에 존재하는 기득권을 확보한 집단이 개혁의 장애요인으로 작용할 수도 있다. RTA는 이 같은 기득권익을 약화시키기 위한 수단의 하나로서 외부로부터의 RTA를 활용하여 경쟁압력을 증가시키기 위하여 사용되기도 한다. 멕시코는 NAFTA의 체결을 통하여 금융, 에너지 및 그 밖의 분야에서 독점적 지위를 누려왔던 자국의 국영기업의 민영화와 같이 정치적으로 민감한 부문의 개혁을 추진할 수 있게 되었다고 할 수 있다(고준성, 2003).

(3) 다자간무역협상·체제의 한계에 대한 반응

1990년대에 들어 RTA가 급증한 배경으로는 GATT의 제8차 다자간무역협상인 우루과이라운드의 성공에 대한 불확실성이 있었다는 것도 그 하나로 지적된다. 즉, 1990년 벨기에 브뤼셀에서의 UR협상이 결렬된 후 UR 타결지연에 대한 우려와 그 전망이 불투명해지면서 오히려 지역적 차원에서 NAFTA와 같은 RTA 체결을 향한 노력이 강화되었다. 우루과이 라운드가 1993년 12월에 극적으로 타결되었는데 이 같은 타결의 불확실성을 극복하기 위하여 RTA의 형성이 촉진되었다고 볼 수도 있다. 1992년 유럽단일시장의 형성과 NAFTA 교섭의 타결과 APEC 각료회의의 개최는 UR협상의 불확실성을 극복하기 위한 시도라고 볼 수 있다.

(4) 환경·노동 등 특정분야 법제의 조화를 위한 수단

RTA 회원국들은 RTA의 범주 안에서 선진국 측의 당사자들이 관심을 갖는 환경 또는 노동기준에 대한 고려를 RTA 협정안에 직접 반

영시킬 수 있는 여지가 그만큼 크다고 볼 수 있다. 이 같은 이유로 인하여 사회.환경적 관점에서 당사국들 간의 관련법제의 조화를 위하여 RTA 협정을 이용하는 경우가 증가하고 있다. 1990년대 이후에 체결된 FTA에서는 WTO 다자간무역협상에서 합의를 도출하기 어렵거나 협상대상에서 제외된 환경이나 노동문제와 같은 특정사안에 대한 공통규칙을 도입하거나 경제기술협력 등과 같은 의제를 그 규율대상에 포함시키는 사례들이 증가하고 있다. NAFTA에서는 노동 및 환경문제에 관한 보충협정의 형식을 통하여 이에 대해 규정하였다[51]. 이 같은 점에서 이 같은 형태의 FTA를 'WTO plus 무역협정'이라고 할 수 있다(고준성, 2003).

그러나 최근의 FTA는 과거와 조금은 다른 양상으로 진행되고 있다. 1990년대 이전의 RTA는 관세 및 비관세 장벽의 완화를 통한 상품교역의 확대를 목적으로 주로 추진되어 왔으나, 1990년대 후반 이후에는 산업구조조정능력의 강화, 해외투자의 유치, 선점적 성격 등의 측면이 부각되면서 이를 위한 RTA가 크게 증가하였다. RTA의 대부분을 차지하고 있는 FTA는 2000년대 초반 WTO plus의 개념으로 여겨져 왔으나, GATT/WTO 다자주의 체제하에서 합의점에 이르지 못한 투자 및 서비스 부문이 FTA에서 다루어짐으로써 그 중요성이 증가하고 있다. FTA의 새로운 특성을 요약하면 다음과 같다.

---

51) NAFTA에서는 노동 및 환경문제에 관한 보충협정의 형식을 통하여 이에 대해 규정하였다.

투자에 대한 협정을 포함

자본거래와 관련해서는 아직까지 무역거래를 관장하는 WTO협정과 같은 포괄적인 다자간규범이 존재하고 있지 않은 상황이다. 단지 주요 선진국들의 경제협의기구인 OECD에서 자본거래와 관련된 규정이 시행되고 있을 뿐이다. 미국이 외국인투자에 관한 규범을 GATT에서 마련해야 한다고 주장한 반면에 개도국들은 이 문제를 GATT에서 다루는 것을 반대해 왔다. 그 결과 UR협상에서 외국인투자정책의 무역관련효과만을 다루기로 합의함으로써 국제규범을 제정하기 위한 작업이 시작되었다. 무역관련투자조치(Trade Related Investment Measures: TRIM)협정과 서비스교역에 관한 일반협정(General Agreement on Trade in Services: GATS)은 이 같은 작업의 산물이라고 할 수 있다. 1998년 OECD가 주도해온 다자간 투자협정(MAI)이 무산되고 나서 자본거래와 관련된 국제규범의 발달은 OECD의 자본자유화규약의 확대과정으로 볼 수 있다. 종합적으로 볼 때 투자협정을 관장하는 국제규범이 제한적으로 OECD의 자본자유화규약 또는 WTO의 TRIM 또는 GATS를 통하여 실시되기 때문에 자본거래와 관련된 상당한 부분은 FTA 협정에서 취급하게 되었다.

서비스에 대한 협정을 포함

DDA가 정체되었다가 다시 정상기능을 회복은 하였으나 원래 의도한 서비스협정이 크게 진전되지는 못하였다. 따라서 서비스산업이 강한 선진국들은 FTA를 체결할 경우에 서비스부문에 대한 개방을 가장 중점에 두고 있다. 우리나라와 EU간의 FTA 준비과정에서 전반적인 양해안 조정, 자동차 표준에 대한 의견 조정, 원산지 증명의 부가가치 기준에 대하여 양측간의 의견을 조정하였지만 EU는 가장 중요한 분야를 서비스시장으로 간주하고 있다.

선점적 성격의 강화

EU, NAFTA 등 여러 국가들 간의 FTA을 통해 지역경제의 블록화가 형성되는 추세에 따라 기존의 FTA를 통해 추구하였던 경제적 실익, 기업 간 경쟁 활성화, 산업기술발달촉진, 국내경제의 개혁 촉진 등의 목적 이외에도 비회원국들과의 FTA를 통하여 시장을 선점하기 위한 수단과 다른 지역에서의 대형 FTA에 대응하기 위한 방안으로 이용되기도 한다.

이와 같이 WTO 체제의 출범 이후 FTA의 대상범위는 점차 확대되는 추세로, 상품의 관세 철폐 이외에도 서비스 및 투자 자유화까지 포괄하는 것이 일반적이며 지적재산권, 정부조달, 경제정책, 무역구제제도 등 정책의 조화부문까지도 포함하는 추세로 나아가고 있다. 이러한 FTA의 추진으로 기대하는 바는 자유로운 무역실현을 통해 무역이 증대하고, 이로 인하여 경제규모와 일자리가 확대되는 것이다. 그러나 FTA를 체결할 수 있느냐는 협정체결에 따른 기대효과뿐만 아니라 FTA 도입으로 인한 피해도 고려해야 한다. 교육 및 사회안전망 확대를 통해 피해 최소화를 위한 합리적인 정책 병행이 반드시 필요하다.

2. ISD (Investor State Dispute Settlement)

최근 FTA에서 중점적으로 이슈 되는 주제는 투자자 국가 분쟁 해결(Investor State Dispute Settlement: ISD) 조항이다. ISD는 "투자유치국 정부가 협정상 의무, [투자계약 또는 투자인가]를 위배한 조치에 의하여 투자자에게 부당하게 손실이 발생하는 경우, 그 투자자가 투자유치국 정부를 상대로 국내 법원이 아닌 제3의 공정한 국제중재를 통한 구제를 요청할 수 있는 제도"를 의미한다[52]. 즉 국제 무역에 있어서 상대 국가의 법령이나 정책 등으로 인해 자유로운 무역을 방해 당하고 손실을 입게 되었을 때, 국제법에 따라 상대 국가를 상대로 세계은행의 국제 투자 분쟁 해결 센터(ICSID) 또는 유엔 국제무역법위원회(UNCITRAL)등 중재기관을 통해 중재를 신청하고 나아가 소송을 진행할 수 있는 권리이다. 이는 외국인 투자자의 보호에 있어 외교적 보호권만으로는 충분하지 않다는 인식에서 제3자에 의한 사법구제수단을 통해 투자의 안정을 도모하려는 제도에 해당한다. ISD는 전세계에서 체결된 거의 대부분의 투자협정(BIT)에 포함되어 있으며, 세계적으로 널리 사용되고 있는 기본적인 조항에 해당한다.

그러나 최근 ISD에 대한 우려의 목소리가 한국에서 높아지고 있다. 소송액이 5조원에 이르는 ISD 공방이 한국에서 시작되었기 때문이다. 미국계 사모펀드 론스타는 2012년 11월 외환은행의 매각에 있어 한국정부가 고의로 승인을 지연시켰는지에 대한 여부와, 매각 시에 발생한 양도차익의 과세가 정당했는지 여부에 관련하여 46억 7900만 달러 상당의 손실을 보았다며 ICSID에 중재를 신청하였다. 일명 "론스타 먹튀"라는 말이 생길 정도로 국민의 분노는 높았으며 이러한 소송이 가능하게 된 ISD에 대한 비판 여론도 들끓게 된 계

---

52) 외교통상부의 "투자자–국가간 분쟁절차, 공정한 글로벌 스탠더드" 기준

기가 되었다. 그러나 론스타 사건은 ISD의 본질적 문제가 아니라, 외환은행 매입과 매각 과정에 있어서 악용된 국내 제도들과 부정 개입의 문제로 보아야 하지 ISD 자체의 문제점으로 부각시키는 것을 옳지 않다. 실제로 론스타의 외환은행 매입과 매각 과정에 부정이 있었는지에 대한 재판이 여러 번 있었으며 그 과정에 특혜가 있었는지에 대한 이슈는 아직도 진행형에 해당한다. 또한 ICSID에 피제소된 국가들의 현황을 살펴보면 개발도상국이 그 숫자가 많은 것으로 나타나는데, 이는 이들 국가의 제도 및 의사결정 과정의 불투명성이 문제가 된 것으로 파악되고 있다.

ISD 조항은 외국에 투자한 보호자를 위해서 필요한 제도 중 하나이다. 상호주의에 따라 외국에 진출한 우리 기업을 보호할 수 있는 조약이 될 수 있을뿐더러, 실질적인 자유 무역을 가능케 하는 제약으로서의 역할을 하게 된다. 그리고 투자자 승소 시 보상을 받을 수 있기 때문에 외국 투자자들에게 신뢰를 담보할 수 있게 된다. 또한 정부의 정당한 공공정책으로 인한 배상은 원천적으로 불가능하기 때문에 ISD로 인하여 정부의 공공정책이 영향을 받을 가능성은 희박하다. ISD로 인한 피해를 우려해 도입 자체를 거부하여 자유 무역의 편승에 거부하기 보다는 정부에서는 ISD 분쟁에 제소되지 않도록 의사결정의 불투명성을 회복하고 예방하며, 기업에서는 ISD에 대응할 수 있는 역량을 강화하는 것이 필요할 것이다.

한국은 대외교역을 통해 경제성장을 이룬 전형적인 사례로 손꼽힌다. GDP에서 교역규모(수출과 수입의 합)가 차지하는 비중이 80% 이상인 점을 고려하였을 때, 향후에도 경제발전을 위해서는 교역의 확대가 필수적이다. 또한 한국은 현재 대내적, 대외적으로 우려가 깊은 상황이다. 저출산과 고령화로 인해 성장잠재력은 하락하고 장기적 지속발전 가능성에 빨간 불이 켜졌다. 또한 BRICs 등 후발국들의 맹추격과 높은 대외의존도 및 개방성은 세계시장에서 생존을 위한 돌파구가 절실하게 요구되고 있다. 이러한 상황에서 FTA는 경제 성장의 동력이 될 수 있다. 또한 1992년 EU, 1994년 NAFTA의 발효로 지역주의가 세계적으로 확산되는 상황에서 FTA네트워크에서 소외될 경우의 피해를 최소화하고, 지역주의의 확산에 적극적으로 대응할 필요성 역시 필요하다. 뿐만 아니라 능동적인 시장개방과 자유화를 통해 국가 전반의 시스템을 선진화하고 경제체질을 강화하기 위해서도 FTA 추진이 요구되는 시점이다.

3. FTA 추진효과

실제로 한국은 FTA를 통해 긍정적인 효과를 내고 있다. 2004년에 발효된 칠레와의 FTA 효과를 살펴보면 발효 이후 7년간 교역량은 287% 증가, 대 칠레 수출은 462% 증가, 수입은 218% 증가하였다. 한국은 칠레에 대해 자동차, 합성수지, 건설중장비, 무선전화기 등을 주로 수출하고 동, 펄프, 유류, 과실류 등을 주로 수입한다. 한국이 칠레에 수출하는 100대 품목 중 칠레 수입시장에서 점유율 1~3위를 차지하는 품목은 총 84개로, 특히 칠레 수입시장 점유율은 2014년 3월 기준 FTA 발효 전 12.4%에서 10년 만에 30.6%까지 상승하여 1위를 달성하였다.

〈표1〉 칠레 FTA 발효 후 교역 현황

발효 전후 양국간 교역 현황

	발효전 1년	발효후 1년차	발효후 2년차	발효후 3년차	발효후 4년차	발효후 5년차	발효후 6년차	발효후 7년차
수출	524	830	1,217	1,823	3,462	2,517	2,525	2,947
수입	1,328	1,925	2,552	4,089	4,455	3,376	3,590	4,221
교역량	1,852	2,755	3,769	5,912	7,917	5,893	6,115	7,168
무역수지	-804	-1,095	-1,335	-2,266	-993	-859	-1,065	-1,274

단위: 백만 USD

비고: 칠레로부터의 수입액이 3년 차부터 급증한 것은 국제 구리가격의 급등에 기인

출처: 한국무역협회 무역통계

〈표2〉 칠레 상대 10대 수출입 품목

수출				수입			
품목	2003년	2013년	증감률(%)	품목	2003년	2013년	증감률(%)
자동차	1.6	12.8	686	동제품	5.1	16.5	222
석유제품	0.8	2.0	140	동광	2.2	16.2	645
합성수지	0.5	1.7	232	제지원료	0.8	2.9	257
무선통신기기	0.2	0.8	226	기타금속광물	0.1	2.0	1793
자동차부품	0.2	0.8	266	곡실류	0.2	1.9	1146
철강판	0.1	0.7	742	금은및백금	-	1.2	-
건설광산기계	0.1	0.5	495	육류	0.3	1.1	250
고무제품	0.1	0.5	292	정밀화학원료	0.0	1.0	3195
시멘트	-	0.3	-	목재류	0.2	0.9	447
정밀화학원료	0.0	0.3	2284	기호식품	0.0	0.7	2044
전체	5.2	24.6	375	전체	10.6	46.6	340

출처: 관세청

〈그림2〉 한국-칠레 FTA 발효 이후 교역 현황

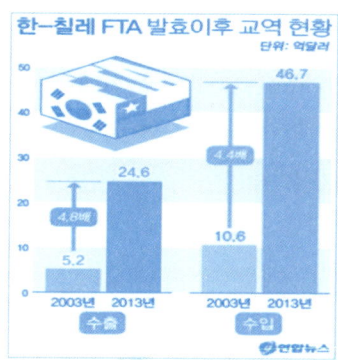

출처: 관세청

한국-ASEAN의 FTA는 2007년 6월에 발효되었는데, 한국의 수출대상국 순위에서 FTA 체결 이전인 2006년 4위에서 2010년 이후 중국에 이은 2위로 부상하였다. 하지만 ASEAN 10개국의 시장 상황과 통상여건이 상이해 자유화 수준이 여타 FTA 비해서는 낮은 수준이다.

〈표3〉 한국의 주요 국가, 지역별 수출 동향 (단위: 억 달러, %)

지역	2007	2008	2009	2010	2011	2012	2013	연평균(%)
對세계	3,715	4,220	3,635	4,664	5,552	5,479	5,596	7.1%
중국	820	914	867	1,168	1,342	1,343	1,459	10.1%
아세안	388	493	410	532	718	792	820	13.3%
미국	458	464	377	498	562	585	621	5.2%
EU	560	584	466	535	557	494	489	-2.2%
일본	264	283	218	282	397	388	347	4.7%

주 : 2013년 EU 통계는 크로아티아를 포함한 28개국 대상

출처: 한국무역협회(KITA.net)

EU와의 FTA 발효 후 8개월 간 대 EU FTA 수혜품목 수출 19.7% 증가하였다. 2011년 7월 1일 FTA 발효 이후 8개월간 FTA 수혜품목의 EU 수출은 평균 19.7% 증가하였고, 이는 금액기준 한국의 EU 수출 중 36.8%를 차지한다. EU와의 FTA 수혜 효과는 서고동저 형으로 나타나는 것이 하나의 특징이다. 영국, 프랑스, 독일 등 EU 최대 소비시장이 모인 서유럽은 유럽 재정위기에도 불구하고 자동차, 자동차 부품과 같은 대표적 수혜품목과 더불어 섬유, 플라스틱, 기계류 등 다양한 품목의 수출이 증가하였다. 반면 한국 제조업 진출이 집중된 동유럽의 경우 FTA 수혜효과가 대체로 저조하였으며, 동유럽 내에서도 국가별 산업구조 및 서유럽 소비변화에 따라 효과가 엇갈리게 나타났다. 예를 들어, 국내 전자업체의 TV 및 디스플레이 공장이 소재한 폴란드의 경우 서유럽 수요 감소로 한국으로부터의 부품 수입이 감소한 반면, 한국 자동차 기업 생산공장

이 있는 체코의 경우 유럽 시장에서의 한국산 자동차 선전 덕분에 자동차 부품 수출이 93.9% 급증하였다.

〈표4〉 대 EU 교역 현황 (단위: 억 달러, %)

연도	2006	2007	2008	2009	2010	2011	2012	2013	2014 (1-5월)
수출	484.5	559.8	583.8	466.1	535.1	557.3	493.7	488.6	231.4
(증가율)	(11.0)	(15.5)	(4.3)	(-20.2)	(14.8)	(4.1)	(-11.4)	(-1.0)	(14.9)
수입	300.6	368.2	399.8	322.3	387.2	474.2	503.7	562.3	258.1
(증가율)	(10.1)	(22.5)	(8.6)	(-19.4)	(20.1)	(22.5)	(6.2)	(11.6)	(12.5)
교역	785.1	928.1	983.6	788.4	922.3	1,031.5	997.5	1,050.9	489.5
(증가율)	(10.6)	(18.2)	(6.0)	(-19.8)	(17.0)	(11.8)	(-3.3)	(5.4)	(13.6)
무역수지	183.9	191.6	183.9	143.8	147.9	83.0	-10.0	-73.7	-26.7
〈증감액〉	〈20.3〉	〈7.7〉	〈-7.6〉	〈-40.2〉	〈4.1〉	〈-64.8〉	〈-93.1〉	〈-63.7〉	〈47.0〉

주 : ( )은 전년대비 증가율

출처: 한국무역협회(KITA.net)

미국과의 FTA는 2012년 발효되었다. 발효 이후 교역 현황을 살펴보면 수입의 혜택품목은 증가하였으나 비 혜택품목의 감소로 수입의 크기는 FTA 발효 이전에 비해 감소하였으나, 수출은 증가하였다. 미국으로부터의 투자 유치는 발효 이후 2년간 발효 전 2년에 비해 82.5%의 큰 폭 증가를 시현하였는데, M&A형 투자뿐만 아니라 고용창출 효과가 있는 그린필드형 투자도 모두 증가하였다. 또한 한미 FTA의 활용률도 계속 높아지고 있어 기업들의 무역에 실질적인 도움이 되고 있는 것으로 판단되고 있다. 다만 대미 농식품의 경우 수출은 증가하고 수입은 감소한 것으로 나타나 향후 관찰이 필요하다.

<표5> 한미 FTA 발효 전후 교역현황 (단위: 억 달러, %)

구분	발효 1년전 ('11)			발효 1년차 ('12)			발효 2년차 ('13)			발효 3년차 ('14)		
	수출	수입	교역	수출	수입	교역	수출	수입	교역	수출	수입	교역
對세계	5,552 (19.0)	5,244 (23.3)	10,796 (21.1)	5,479 (△1.3)	5,196 (△0.9)	10,675 (△1.1)	5,596 (2.1)	5,156 (△0.8)	10,752 (0.7)	5,727 (2.3)	5,255 (1.9)	10,982 (2.1)
對美	562 (12.8)	446 (10.3)	1,007 (11.7)	585 (4.1)	433 (△2.9)	1,018 (1.1)	621 (6.0)	415 (△4.2)	1,036 (1.7)	703 (13.3)	453 (9.1)	1,156 (11.6)
FTA 혜택	199	206	405	224 (12.8)	210 (1.9)	434 (7.2)	239 (6.4)	226 (6.9)	465 (7.1)	249 (4.3)	247 (9.0)	496 (6.7)
FTA 비혜택	363	239	602	361 (△0.6)	223 (△6.8)	584 (△3.0)	382 (5.8)	189 (△14.9)	571 (△2.2)	454 (19.0)	206 (9.1)	660 (15.6)

* 주: ( )안은 전년 대비 증감율
출처: 관세청

2015년 12월 20일 중국과의 FTA가 발효되었다. 2012년 5월 14일 한·중 FTA의 제1차 협상을 개최한 이후로 2014년 11월 6일 제14차 협상까지 마친 이후에 2015년 6월 한·중 FTA를 정식 서명하면서 비로소 중국과의 FTA가 체결된 것이다. 협정 발효일 즉시 1차 관세가 철폐되고, 2016년 1월부터 1년마다 관세가 단계적으로 철폐되어 한·중 FTA를 통해 중국 시장에서 유리한 가격경쟁력을 확보할 수 있을 것으로 기대되고 있다. 이번 FTA를 통해 미국, EU, 중국 등 글로벌 3대 경제권과 모두 FTA를 체결하게 되었고, 경제 영토를 73.2%로 세계 5위에서 3위로 도약하게 되었다. 또한 중국이라는 거대 시장에의 관세 장벽을 해소함으로써, 제 2 내수시장으로 선점하여 새로운 성장 동력으로 확보할 수 있게 되었다. 또한 이번 중국과의 FTA는 기존의 FTA 협약들과 비교할 때 가장 포괄적인 구성을 하고 있으며, 동아시아 경제공동체 구축과 한반도 평화

안보에 도움이 될 것이라는 측면에서 큰 기대가 되고 있다.

반면 중국과의 FTA를 체결하면서 농업보조금 문제가 다시금 대두되었다. 한·중 FTA 여야정협의체 협의 결과 2015년 6월 수립한 4천8백억 원 규모의 보완대책 이외에 향후 농어업 정책자금 금리 인하, 세제 지원, 피해보전직불제 등 향후 10년간 1조 6천억 원 규모의 보완대책을 추가로 수립하게 된 것이 그 원인이다. 우리나라의 경우 FTA 등 대외개방 조치를 취할 때마다 농업보조금을 늘려 왔는데, 그럼에도 불구하고 농촌의 경쟁력이 나아지지 않은 것은 농업보조금의 실효성 문제와 관련 있다고 볼 수 있다. 꾸준한 농업보조금의 확대보다는 농업경쟁력을 키울 근본대책을 마련할 필요가 있다.

중국과의 FTA가 발효되면서 동시에 베트남, 뉴질랜드와의 FTA도 동시에 발효되었다. 베트남은 우리나라 전체 수출의 5.3%, 뉴질랜드는 0.2%를 차지하며 관세철폐와 인하를 통해 섬유·직물, 자동차부품 등의 중간재 수출과 세탁기, 냉장고 등의 가전제품의 수출 증가 효과가 예상되고 있다. 또한 베트남은 우리의 제3위 투자대상국으로서 한·베트남 FTA를 통해 현지에 진출한 우리기업에 대한 투자자 보호가 더욱 강화될 것으로 예상된다.

4. TPP 협상 타결과 한국의 전략

2015년 10월 7일 미국, 일본, 오스트레일리아, 캐나다, 페루, 베트남, 말레이시아, 뉴질랜드, 브루나이, 싱가포르, 멕시코, 칠레 12개국이 참여하는 TPP(Trans-Pacific Strategic Economic

Partnership, 환태평양 경제 동반자협정)이 타결되었다. 2005년 싱가포르, 브루나이, 칠레, 뉴질랜드 4개국이 참여하면서 TPP협상이 시작되었으나, 그 후 8개국이 더 참여함으로써 12개국이 되었다. TPP는 세계경제대국 1위인 미국과 3위인 일본이 참여함으로써 세계 GDP의 40%, 교역의 25%를 차지하게 되어 세계최대의 다자간 자유무역협정이 되었으며, 지식재산권, 노동, 환경, 서비스, 투자 등에서 가장 높은 수준의 협정으로 평가되고 있다

한국은 TPP협상 초기단계부터 불참해왔으며, 한·미 FTA, 한·칠레 FTA, 한·아세안 FTA 등 이미 양자간 FTA를 체결하고 있었고, 일본이 참여하는 TPP에서의 장·단점, TPP에 참여하지 않는 중국과의 FTA타결 등 여러 가지 이해득실을 너무 신중하게 검토하다가 TPP 참여기회를 놓쳤고, 초기 가입국 지위를 얻지 못한 상태에서 추가로 TPP 협상에 참여할 때 기존 협정 당사국인 12개 국가의 모든 동의를 얻어야 하는 등 어려움이 예상되어 협상력 약화가 우려되고 있다.

그러나 TPP 협정 국가가 세계경제에서 차지하는 비중이 큰 것을 감안하면, TPP 협정 가입을 서둘러야 할 것이다. 특히 미국은 일본산 완성 차에 대한 관세율을 단계적으로 철폐하고, 자동차 부품 80%에 대한 관세도 즉각 없애기로 일본과 합의하였기에, 한국 기업이 미국시장에서 얻을 수 있는 한·미 FTA 효과가 반감될 것으로 보이고, TPP 참여 국인 말레이시아, 멕시코 등은 완성 차에 대해 15~30%의 높은 관세를 유지하고 있는데, 일본이 TPP에 참여하게 됨으로써 이들 나라에서 한국 자동차가 일본 자동차에 비해 가격 경쟁력이 떨어지게 될 것이다.

제 8 장

자본시장의 경쟁력강화를 위한 국제화 전략

자본시장은 국가경제의 발전에 기여하고 있다. 기업의 자금조달을 용이하게 하고 투자자에게 다양한 상품을 통한 투자기회를 제공함으로써 짧은 역사 동안 한국 자본시장은 괄목할 만한 성장을 이루었으나 과도한 건전성 규제 및 인센티브 부족으로 모험자본 투자촉진을 통해 경제혁신을 선도하는 자본시장 본연의 기능은 제한적으로 수행되어왔다. 거래소 시장의 구조개혁을 선두로 코넥스시장 활성화, 시장 간 경쟁기반 강화 및 가격제한 폭 확대 등 시장의 역동성 제고방안을 통해 자본시장의 발전이 지속적으로 추진되어 왔다.

1. 한국거래소 지배구조 개편 및 시장간 경쟁체제 도입

글로벌 자본시장은 금융IT기술의 발전과 자본이동 자유화의 진전으로 역내외 시장간 주문(order flow)유치 경쟁 및 상장유치(listing) 경쟁이 치열하게 전개되고 있다. 미국 및 유럽시장은 복수 시장간 경쟁이 이미 일반화되어 성숙단계에 있으며, 아시아 및 기타지역 시장에서도 경쟁체제가 정착단계에 이르고 있다.

자본시장의 글로벌 경쟁 격화 움직임에 따라, 해외거래소는 공적인 구조에서 탈피하여 민간베이스의 금융기업으로 전환하고 있으며 새로운 글로벌 비즈니스를 전개하고 있다. 글로벌 자본시장을 주도하는 해외 주요거래소 대부분은 상장을 완료하였으며, 상당수의 신흥시장 거래소도 상장대열에 합류하고 있는 상황이다.

한국거래소(KRX) 지배구조개편 및 IPO 추진

우리 자본시장도 글로벌 시장 변화에 대응하여, 경쟁우위를 확보하고 글로벌 선도 시장으로 도약할 수 있도록 한국거래소 조직구조를 지주회사로 전환하고 지주회사의 IPO를 통해 소유구조의 개편이 추진되고 있다. 현행 한국거래소 내 본부를 각각 사업지주회사 및 자회사거래소(코스피 거래소, 코스닥 거래소, 파생상품 거래소), 자율규제기구로 전환함으로써 지주체제로 전환하게 된다. 지주회사 체제는 자회사 설립·인수 등을 통한 사업 다각화를 용이하게 하고 글로벌 M&A 등 경쟁을 가능하게 할 것이며, 각 자회사는 독립된 사업주체로서 자율성을 확보할 것으로 기대되고 있다. 특히, 코스닥시장이 차별화된 SME 전문시장으로서 독자적인 성장 기반을 마련할 것으로 기대된다.

한국거래소 지주회사 체제의 효율성 극대화를 위해, 지배구조 개편과 함께 지주회사 상장을 통해 현행 회원제 조직의 한계를 탈피할 수 있게 되고, 지주회사 상장은 자회사의 기능별 전문화 및 시장혁신을 위한 재원 조달을 가능하게 하여 한국거래소가 아시아 로컬거래소에서 글로벌 선도거래소로 도약할 수 있는 기회를 제공할 것으로 기대된다.

복수시장간 경쟁체제 도입

거래소시장의 지배구조개편 추진과 함께, 자본시장의 서비스 제고를 위해 역내에서 복수시장이 경쟁하도록 하는 구조로 전환이 추진되고 있다. 먼저, 다자간매매체결회사(ATS) 도입 및 종합금융투자업자(IB)의 상장주식거래 (내부주문집행: Internalization) 허용을 통해 매매체결 서비스 혁신 및 거래비용 저하가 가능하게 되고, 이들 대체시장과 한국거래소간의 주문유치 경쟁으로, 투자자는 보다 유리한 가격으로 신속한 매매체결이 가능해질 것이며, 익명거래, 알고리즘거래 등 시장참가자들의 다양하고 특화된 투자수요 충족이 보다 수월해질 것으로 기대된다.

또한, 거래소 법정설립주의를 거래소 허가주의로 전환함으로써 중장기적으로 복수거래소가 설립될 수 있는 법령상 근거도 마련하였다. 향후 ATS 및 내부주문집행을 통한 시장간 경쟁구조가 성공적으로 정착될 경우, 상장기능을 갖는 복수거래소의 설립 허가를 통해 우리 자본시장이 지속적으로 성장할 수 있는 계기가 될 것으로 보인다.

2. 주식시장의 주요 변화 및 발전 과제

가격안정화장치 등 최근 주요제도 개편사항

시장에서의 일시적인 수급편중 현상 또는 집단적 투자심리 변화 등에 의하여 주가가 단기간에 급등락할 가능성에 대비하여 거래소 시장은 가격안정화를 위한 여러 제도가 있다.

첫째, 가격제한폭을 대폭 확대하여 시장의 안정투자와 보호가 강화되었다. 증권의 일일 가격변동 범위를 직접적으로 규제하는 가격제한폭 제도는 균형가격이나 내재가치를 일시에 크게 벗어나는 가격변동을 제한함으로써 시장안정에 기여하는 제도이다. 그러나 제한폭을 초과하는 가격에서의 매매체결이 불가능함에 따라 새로운 정보가 가격에 신속히 반영되기 어렵고, 가격이 가격제한폭에 근접할 경우 주가가 과잉 반응하여 오히려 변동성이 확대되는 등 가격형성의 비효율성에 대한 비판도 제기되어 왔다. 이에 거래소는 시장의 가격발견기능을 제고하고 가격형성의 비효율성을 해소하고자 2015년 6월부터 증권시장의 가격제한폭을 종전 ±15%에서 ±30%로 확대하였다.

<표1> 주식시장 가격제한폭 변경 추이

구분	유가증권시장		구분	코스닥시장	
1995년 4월 이전	정액제[7]	17단계	1996년 11월 이전	정액제[8]	11단계
1995년 4월	정률제	6%	1996년 11월	정률제	8%
1996년 11월		8%	1998년 5월		12%
1998년 3월		12%	2005년 3월		15%
1998년 12월		15%			
2015년 6월		30%	2015년 6월		30%

출처: 한국거래소

둘째, 시장전체 매매거래중단(Circuit Breakers)제도의 발동요건 및 시장조치를 강화하였다. 매매거래중단 제도는 천재지변 등 증권시장의 대내외적인 비상사태로 인하여 주가가 일정수준 이상 급락하는 경우 투자자에게 판단의 시간(Cooling-off Period)을 부여하

---

53) 정률로 환산 시 평균적으로 4.6%(유가증권시장) 수준
54) 정률로 환산 시 평균적으로 5.4%(코스닥시장) 수준

고 주가폭락 사태를 진정시키기 위하여 증권시장 전 종목의 매매거래를 일시적으로 중단시키는 제도이다. 1998년 주식시장의 가격제한폭이 확대(12%→15%)되면서 시장실패 가능성을 최소화하기 위하여 1998년 12월 매매거래중단 제도가 처음 도입되었다. 이에 따라 종합주가지수가 전일 종가지수 대비 10% 이상 하락하여 1분간 지속되는 경우 증권시장 및 선물·옵션시장의 매매거래를 20분간 중단하고, 20분이 경과된 후에 10분간 호가를 접수하여 단일가격에 의한 경쟁매매 방식으로 매매거래를 재개하도록 하였다. 그러나 1일 1회 발동구조에서는 발동 직후 추가적인 하락 시 대응이 어렵고, 높은 발동기준으로 인해 시장에 큰 충격이 발생하는 때에도 중단되지 않는 등 시장전체 차원의 안정화 장치로서의 유효성에 한계를 보임에 따라 2015년 6월 가격제한폭 확대와 함께 동 제도를 대폭 개선하였다. 이에 따라 서킷브레이커스 제도를 단계적 발동구조로 전환하고, 최초 발동비율을 낮추어 증권시장에 충격발생 시 냉각기간을 효과적으로 제공함으로써 충격이 확산되는 것을 조기에 차단할 수 있도록 개선하였다.

〈표2〉 서킷브레이커스 단계별 발동 요건 및 시장조치 사항

단계	발동 요건	조치 사항
1	- KOSPI지수 전일대비 8%이하 하락 (1분간 지속)	- 전체장 20분간 중단(취소호가만 가능) - 10분간 단일가매매로 재개
2	- KOSPI지수 전일대비 15%이하 하락 - 1단계 CB발동시점 대비 1%이하 추가하락 (동시충족 필요, 1분간 지속)	- 전체장 20분간 중단(취소호가만 가능) - 10분간 단일가매매로 재개
3	- KOSPI지수 전일대비 20%이하 하락 - 2단계 CB발동시점 대비 1%이하 추가하락 (동시충족 필요, 1분간 지속)	- 당일 장종료 조치 (취소호가를 포함한 모든 호가 제출 불가) - 장종료 후 시간외매매, 자사주매입 등 이후의 모든 매매거래 불가

출처: 한국거래소

셋째, 종목별 변동성완화장치(Volatility Interruption)를 도입하였다. 개별종목에 대한 직접적인 가격규제 방식인 가격제한폭은 앞에서 언급된 바와 같이 제한폭 이내의 일시적 변동성을 완화하는데 한계가 있고, 정보반영의 효율성에도 부정적인 단점이 있다. 이에 거래소는 2014년 9월 동적 변동성완화장치(Volatility Interruption with Dynamic Price Range)를 처음으로 도입하여 주가급변 시 투자자에게 냉각기간을 제공하고 단기간의 일시적 변동성을 완화하고자 하였다. 동적 변동성완화장치는 특정 단일호가에 의한 단기간의 가격급변을 완화하기 위하여 직전의 체결가격을 기준으로 연속적으로 가격범위를 설정하는 제도이다. 거래소는 동적 변동성완화장치를 우선적으로 도입하여 그 유효성을 검증하고, 가격제한폭을 확대하면서 2015년 6월에는 정적 변동성완화장치(Volatility Interruption with Static Price Range)까지 도입하였다. 정적 변동성완화장치는 여러 호가로 야기되는 누적적이고 보다 장기간의 가격변동을 완화하기 위하여 직전의 단일가격(Periodic Call Auction Price)을 기준으로 보다 넓은 가격범위를 설정하도록 한다. 이와 같이 변동성완화장치를 전면적으로 시행함으로써 가격제한폭 확대에 따른 개별종목의 변동성 확대 가능성에 대응하고 투자자 보호를 강화하도록 하였다. 접속매매 중 변동성완화장치 발동 시에는 즉시 2분간 단일가격에 의한 개별경쟁매매로 전환하고 단일가매매 중 발동 시에는 단일가매매시간이 2분간 연장된다.

향후 과제

한국 주식시장은 주문주도형 시장(Order-driven Market)으로서

유동성이 낮은 경우 시장실패가 취약한 문제가 있다. 특히 현재 주식시장에 거래되는 종목들은 유동성 편차가 매우 커서 대부분의 유동성이 대형주에 집중되고, 중소형주는 거래가 매우 부진한 상황이다. 이러한 저유동성 종목은 적극적인 유동성 개선 조치 없이는 유동성이 지속적으로 악화될 가능성이 높으나, 상장법인의 자발적 노력을 통한 유동성 제고에는 한계가 있는 것이 사실이다. 따라서 거래소는 주식시장의 저유동성종목을 대상으로 시장조성자(Market Maker)제도를 도입하여 유동성 제고하고자 도입을 추진 중에 있다.

주식시장의 시장조성자는 거래소와 직접 시장조성계약을 체결하여 저유동성 종목을 대상으로 시장조성 활동을 수행하고 거래세 면세 등의 혜택 부여 받게 될 예정이다.

다음으로, 현재 우리 증시의 매매거래시간은 총 6시간(9~15시)으로 유럽 및 싱가포르 대비 2~3시간가량 짧다. 이는 투자자의 매매기회를 제약하고, 정보반영 시점을 익일로 지연시켜 가격효율성을 저해하는 단점이 있다. 한편, 중화권의 높아진 위상 및 우리 경제의 높은 중국경제 의존도 등을 고려하였을 때, 중화권 시장과의 중첩을 강화하여 우리증시의 경쟁력을 강화할 필요성이 증대되고 있다. 따라서 가격발견기능 강화 및 증시 유동성 증대를 도모하고, 해외시장과의 중첩 강화를 통한 경쟁력 강화를 위하여 우리증시의 정규시장 매매거래시간 연장을 추진할 필요가 커지고 있다.

3. 선진지수 편입 현황 및 추진방안

FTSE 인터내셔널[55]이 발표하는 FTSE(Financial Times Stock Exchange)지수는 세계시장을 대상으로 하는 양대 지수로 주로 유럽계 자금의 투자 벤치마크로 사용되고 있다. FTSE는 2008년 연례 검토에서 한국시장을 선진지수에 편입하기로 결정한 이후, 글로벌 투자자의 포트폴리오 조정 등에 필요한 기간을 감안하여 2009년 9월부터 정식으로 편입되게 되었다. 2004년 선진지수 편입을 위한 관찰대상국으로 지정된 이래, 우리 시장의 안정성을 저해하지 않는 범위 내에서 한국시장의 국제화를 위해 외국인 투자·매매 제도 개선을 지속으로 추진하였으며, FTSE 선진시장 편입요건 중 미충족 항목 개선을 위해 동일 투자집단 내 펀드간 주식이체(Free Delivery)를 허용하고 장외거래 사유 확대, 유사원화계정 통합, 원화차입한도 (100억→300억) 확대 등을 추진하여 선진지수 편입의 토대를 마련하였다. FTSE 선진지수 편입은 한국자본시장의 법규, 제도 및 환경 등이 국제 표준에 도달했다는 것을 인정받았음을 의미한다.

FTSE 편입 이후, 한국시장은 MSCI의 선진지수 편입을 추진해오고 있다. MSCI지수는 전세계 6,700여 개 기관투자자가 운용하는 펀드의 벤치마크 지표로 활용되고 있는 세계적인 대표지수로, 세계 78개 국가를 선진, 신흥, 프런티어 및 독립시장으로 구분하여 각각의 대표지수를 산출하고 있다. 한국시장은 2008년 선진지수 편입을 위한 검토대상(watch list)에 포함되었으나, 이후 외국인투자등록제도, 외환시장 자유화 등 시장접근성 저해요인을 해소할 수 있는 의미 있는 개선이 없다고 판단, 관찰대상국에서 제외되었다. 한

---

55) 영국 파이낸셜타임즈와 런던증권거래소가 공동으로 설립

편, 2015년 정부는 MSCI 선진지수 편입을 위한 노력을 재개하였다. 금융위, 기재부, 거래소, 금감원 및 MSCI 등으로 워킹그룹을 구성하여 외국인 투자불편사항을 청취하고 다양한 개선방안을 마련하고 있다. 2016년 2월에는 외국인 통합계좌를 허용하여 글로벌 자산운용사, 외국인 개인·중소 기관투자자의 거래편의를 도모하였다.

MSCI 선진시장 편입은 우리시장이 글로벌 선진시장으로서의 위상을 인정받는 계기가 됨은 물론, 보다 장기적이고 안정적인 선진시장 투자자금이 유입의 기회가 될 것으로 기대된다. 특히, 신흥시장의 잔류는 중국 A주 편입이 확실시 되는 상황에서 점차 실익을 잃어가므로 현시점에서 선진시장 편입은 필수적으로 보인다.

〈표3〉 MSCI 국가별 시장분류 체계 (2015년 6월 기준)

선진시장			신흥시장			프런티어 시장
아메리카	유럽, 중동	아시아	아메리카	유럽, 중동	아시아	
미국, 캐나다	벨기에, 덴마크, 핀란드, 프랑스, 독일, 아일랜드, 스웨덴, 스위스, 포르투갈, 스페인, 오스트리아, 영국, 이스라엘, 이탈리아, 네덜란드, 노르웨이	뉴질랜드, 싱가포르, 일본, 호주, 홍콩	멕시코, 브라질, 칠레, 페루, 콜롬비아	체코, 이집트, 그리스, 헝가리, 폴란드, 카타르, 러시아, 터키, 남아공, UAE	한국, 말레이시아, 중국, 인도, 인도네시아, 대만, 태국, 필리핀	아르헨티나, 오만, 자메이카, 요르단, 루마니아, 모로코, 베트남, 쿠웨이트, 팔레스타인, 가나, 케냐, 파키스탄 등
MSCI World Index			MSCI Emerging Markets Index			MSCI Frontier Markets Index

4. 코넥스시장 등 모험자본시장의 현황 및 발전과제

현황

거래소는 2013년 7월 1일 시장신용도가 낮지만 성장잠재력이 큰 초기 중소·벤처기업의 필요자금조달을 적극 지원하기 위해 중소기업 전용 장내주식유통시장인 코넥스시장(KONEX: Korea New Exchange)을 개설하였다. 특히 코넥스시장은 「창업 → 성장 → 회수/재투자 → 중소·벤처 활성화」로 이어지는 중소·벤처 생태계의 선순환체제 구축을 위한 창조경제의 핵심인프라로서 개설되었다.

시장개설 당시, 코넥스시장은 높은 투자위험(high risk)을 고려하여 충분한 위험감수능력을 갖춘 전문투자자 중심의 시장으로 설계되었으며, 개인투자자의 경우 원칙적으로 일정 수준의 위험감수능력을 갖춘 일정 규모 이상의 기본예탁금을 예치한 투자자로 제한하였다. 한편, 초기 중소·벤처기업의 원활한 자본시장 진입과 자금조달을 위해 기존의 유가증권·코스닥시장과 비교해 진입(상장) 및 공시 요건을 크게 완화하고, 다른 증권시장에 없는 지정자문인(증권사) 제도를 도입하여 이들 지정자문인이 상장신청 전에 상장적격성을 판단하도록 함으로써 거래소에 의한 심사를 최소화하였다.

시장개설 이후, 정부와 거래소는 「기업 상장활성화방안」(2014.4) 및 「자본시장 개혁을 위한 정책 추진방안」(2015.4) 등을 발표하며 코넥스시장 활성화를 위해 다각적인 노력을 기울여 왔다. 먼저, 신속이전상장제도(Fast Track)를 도입하여 "코넥스"에서 "코스닥"으로 이어지는 상장사다리체계를 구축하였고, 기본예탁금 인하 및 소액투자전용계좌 도입 등을 통해 개인투자자의 시장참여를 확대함으로써 코넥스시장의 투자수요 기반을 확충하였다. 또한, 초기 중소·벤처기업의 코넥스시장으로의 상장 촉진을 위해 상장재무요건을 완전히 폐지하고, 지정자문인 범위를 금융위로부터 인수업 인가를 받은 증권사로 확대하였다. 이와 별도로 일정 수준 이상의 기술력을 갖춘 스타트업기업이 거래소가 지정한 기관투자자로부터 일정 규모 이상의 투자를 받은 경우에는 지정자문인의 지정 없이 상장할 수 있도록 특례상장제도도 마련하였다.

이러한 정부와 거래소의 활성화 대책에 힘입어 코넥스시장은 시장규모, 자금조달, 이전상장 등에서 뚜렷한 성장세를 보이며 초기 중소·벤처기업의 인큐베이터 시장으로 성장하고 있다. 2015년 말 기준으로 상장기업수는 시장개설 당시 21사에서 108사로 5배, 시가총액은 0.5조원에서 3.9조원으로 약 8배 증가하였고, 거래대금은 2015년 기준 일평균 18.2억 원 규모로 2013년과 2014년의 3.9억 원과 비교해 약 5배 성장하였다. 특히, 코넥스상장기업의 증권시장을 통한 자금조달 규모도 2013년 136억 원, 2014년 679억 원에서 2015년 903억 원으로 매년 지속적으로 증가하고 있다. 또한, 코넥스시장에서 코스닥시장으로 총 14개사의 기업이 이전 상장함으로써 코넥스 → 코스닥으로 이어지는 상장사다리체계가 원활하게 작동되고 있는 것으로 평가 받고 있다.

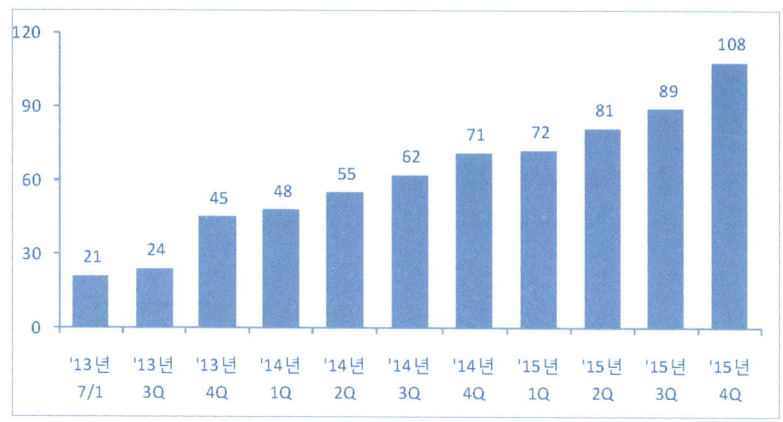

〈그림1〉 코넥스 시장 상장기업 수 (단위: 사)

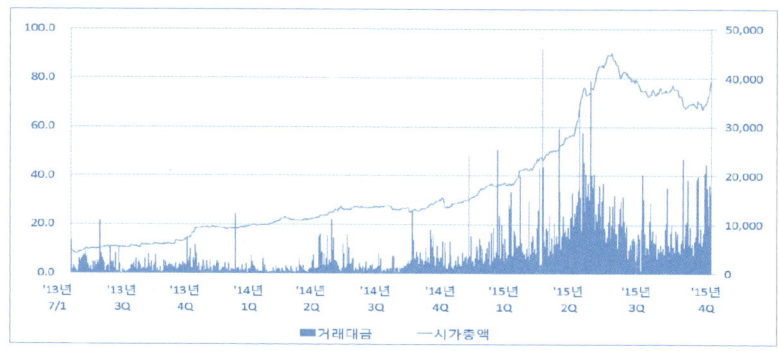

〈그림2〉 코넥스시장 시가총액/거래대금 (단위: 억 원)

향후 과제

최근 세계 각 국은 자국의 신성장동력 제고를 위해 스타트업기업 육성에 노력하고 있으며, 특히 창업초기기업의 자금조달과 모험자본 회수를 지원하기 위해 사적자본시장(private market)과 같은 금융인프라 구축에 심혈을 기울이고 있다. 한국 정부도 지난 2년 여

동안 성공적으로 안착한 코넥스시장을 필두로, 2016년 1월부터 시행된 증권형 크라우드펀딩제도 도입 등 창업초기기업에 대한 금융지원을 강화하고 있다.

그러나, 코넥스시장 개설 및 증권형 크라우드펀딩 도입 등의 노력에도 불구하고 여전히 스타트업기업의 자본조달에 장애요인들이 있으며, 이들 스타트업기업에 투자한 모험자본이 투자금을 조기 회수하기 위한 중간회수시장도 충분히 성숙되지 못하고 있는 등 투자-회수-재투자가 선순환 되는 균형 잡힌 벤처생태계 정착을 위해서는 더 많은 노력과 제도적 개선이 필요하다.

다수의 투자자를 대상으로 온라인 펀딩포털을 통해 십시일반으로 자금을 조달하는 크라우드펀딩의 특성상 제도 정착을 위해서는 많은 투자자의 참여가 필수적이다. 이를 위해서는 1차적으로 크라우드펀딩에 대한 다양한 정보접근 통로를 만드는 것이 중요하다. 최근 정부(금융위)가 오픈한 크라우드펀딩 안내 사이트(크라우드넷, www.crowdnet.or.kr)는 좋은 사례로 보인다. 이외에 거래소가 창업지원센터를 설립('15.12월)하여 크라우드펀딩 지원서비스를 제공하기로 하는 등 제도 활성화를 위해 다양한 방안이 마련되고 점은 고무적인 일이다. 다만, 이와 관련해 법상 투자광고에 대한 엄격한 규제는 개선의 필요성이 있다. 현행 자본시장법상 증권형 크라우드펀딩에 대한 투자광고 주체는 발행회사와 중개업체로, 광고 방법도 중개업체 홈페이지를 소개하거나 연결시키는 방식으로만 제한하고 있어 일반인이나 유관기관 등이 크라우드펀딩 제안서를 소개하는 행위 자체가 원천적으로 금지되고 있다. 증권형 크라우드펀딩의 도입취지를 고려할 때 SNS 등을 통해 제안서 내용을 왜곡 없이 전달하는 간단한 소개 정도는 허용하도록 투자광고와 관련한 규제를 완화함으로써 투자자 저변을 확대하는 것이 필요하다.

아울러, 코넥스시장을 통한 초기 중소·벤처기업의 자금조달을 보다 활성화할 필요가 있다. 코넥스시장 개설 이후 많은 코넥스상장기업이 유상증자 및 주권관련사채 등을 통한 자금조달에 성공하고 있으나, 대부분이 사모(97%)방식에 의존하고 있고 공모 발행실적은 매우 저조한 실정이다. 이미 코넥스상장기업의 원활한 공모발행을 유도하기 위해, 기본예탁금(현행 1억 원)을 충족한 투자자 등 코넥스시장 참여자만을 대상으로 하는 공모(코넥스공모)에 대해 증권신고서 제출을 면제하고 있지만, 현재까지 코넥스공모 실적은 투자자 참여 부족으로 전무한 상황이다. 따라서 코넥스공모에 참여할 수 있는 충분한 위험감수능력을 갖춘 고위험선호 투자자 범위를 확충할 필요가 있다. 예를 들어, 작년에 도입된 코넥스 전용 소액투자전용계좌(연간 3천만 원 한도)의 경우 고위험선호 투자자만 개설할 수 있으므로 코넥스공모 대상자에 포함시키는 것이 타당하다. 이와 별도로 사모 유상증자 시 발행가격이 탄력적이지 못해 투자자 확보가 곤란한 문제점을 개선하기 위해 현행 할인율 규제(기준주가 대비 10% 이내로 제한)에 대한 완화가 필요하다.

마지막으로, VC(Venture Capital) 등 모험자본이 투자금을 회수함에 있어 증권시장 상장(IPO)에 과도하게 의존하는 문제점을 개선해야 한다. 미국의 경우 2014년 기준으로 IPO를 통한 투자회수는 24%에 불과하고 상당수(76%)가 M&A를 통해 이루어지는 반면, 우리나라에서 M&A를 통한 회수는 2% 수준에 불과하고 대부분 IPO(18%)나 장외매각·상환(56%)에 의존하는 실정이다. 특히 M&A시장 등 중간회수시장의 미발달은 모험자본 투자를 장기화하여 재투자를 제한하는 결과를 초래한다. 현재 중소기업청을 중심으로 중소기업 전용 M&A 중개망이 구축되어 있지만, 아직 미흡한 수준이다. 이를 개선하기 위해 기존 상장기업 및 대기업과 비상장기업을 효율적으로 연계한 상생형 M&A가 활성화 될 수 있도록 기존 중개망을 보완한 새로운 중개망의 구축이 필요하다. 거래소의 창업지원센터를 중심으로 상장기업 및 대기업과 스타트업기업 등 비상장기업을 효율적으로 연계하는 새로운 M&A 중개망 구축이 필요하며, 거래소 M&A 중개망 구축을 통해 상장기업과 비상장기업간 상생형 M&A가 활성화되도록 해야 할 것이다.

5. 채권시장 현황과 향후 발전과제

채권시장의 현황

2016년 들어 국내외 금융시장을 둘러싼 환경이 요동치고 있다. 국제유가의 급락세, 중국의 경제성장 둔화 및 중동, 북핵 등 지정학적 리스크 증대로 글로벌 불안정이 심화되는 현실이다. 전세계금융시장은 가격급락과 급등이 일상화되고 동조화되는 양상을 보인다. 이에 각국은 금융안정과 경기회복을 위한 대응책 마련에 부심하고 있다. 미국은 금리인상 속도조절을 시사하고 있고 2014년 EU에 이어 일본 중앙은행은 마이너스 금리정책[56]을 시행하기에 이르렀다. 이러한 글로벌 금융투자 환경의 급변에 따라 투자자금이 안전자산으로 인식되는 국채나 금, 달러화, 엔화 등으로 몰리고 있다.
국내 금융시장에서도 투자자들의 위험회피 경향이 뚜렷해지고 있

---

56) ECB, 스위스, 스웨덴, 덴마크, 일본 등이 마이너스 금리정책을 시행 중이다.

다. 채권형 펀드[57]로 시중자금이 유입되는 가운데 국고채 3년물의 수익률이 사상 최저 수준(2016.2월 1.432%)으로 하락세를 나타내고 있다. 지난해 7조 원 수준이었던 장내시장의 국고채 일간 거래량이 10조 원대로 증가하는 등 채권시장 랠리가 지속되고 있다. 또한 시중자금의 부동성이 증대되면서 CD 등 단기금융상품에 투자하는 MMF(Money Market Fund)로 자금이동이 뚜렷해지고 있다[58]. 회사채 시장에서도 안전자산 선호가 '신용양극화' 현상으로 나타나고 있다. 국내 경기둔화가 장기화됨에 따라 저신용 채권에 대한 수요가 감소하며 'BBB' 등급 이하 채권의 발행이 2013년부터 감소세를 보이고 있다. 2015년 하반기에는 일부 대기업의 부실여파와 기업실적 부진 및 신용등급 인플레 등으로 회사채에 대한 신뢰도 이슈가 불거지면서 우량채권의 수요예측 미달이 빈번해지고 신용스프레드[59]가 확대되는 등 자금조달 여건이 악화되기도 하였다.

〈표4〉 최근 5년간 신용등급별 회사채 발행금액비중 현황

등 급	2011년	2012년	2013년	2014년	2015년
AA 이상	60.6%	59.2%	76.2%	82.8%	77.9%
A	31.5%	33.6%	7.4%	15.0%	18.7%
BBB 이하	7.9%	7.2%	2.4%	0.9%	3.4%

* 무보증사채 기준, 무등급은 제외
출처: 금융감독원

이러한 여건 속에서도 국내외 채권시장 규모는 금융위기 이후 꾸준

---

57) 채권형펀드 잔액은 2015년 말 85.8조원에서 2016년 2월 11일 88.3조원으로 증가하였다 (주식형펀드 잔액은 동 기간 중 3.7조원 감소한 71.5조원).
58) 2015년 말 이후 MMF 잔고는 21.7조원 증가한 115.8조원을 기록하였다(2016.2.11 기준).
59) 회사채(AA-3년물) 수익률과 국채(3년물) 수익률 차이를 의미한다(2015년 상반기 25bp 수준 → 2015년 8월 이후 40bp 수준).

히 증가하고 있다. 2007년 6월 78조 달러였던 전세계채권시장 규모는 2015년 말 100조 달러를 상회하는 것으로 추정되며, 국내 채권시장 규모도 같은 기간 더욱 큰 폭으로 증가하였다. 2008년 말 금융위기 당시 864조 원이었던 상장채권 잔액이 2015년 말 1,559조 원으로 2배 가까이 증가했다. 이 중 국채(546조 원)와 특별법에 의해 설립된 기관이 발행하는 특수채(635조 원)가 전체의 76%를 차지하고 있으며, 회사채는 213조 원으로 13.5%의 비중을 보이고 있다. 금융위기 당시에 비하면 국채는 91.6%, 특수채는 88.1%, 그리고 회사채는 122%가 각각 증가하였다. 이에 따라 GDP 대비 채권발행을 통한 자본조달 비율[60]은 2008년 당시 78.2%에서 지난해 말 96.0%로 상승하였다.

〈표5〉 2008년 금융위기 당시와 최근의 채권시장규모 비교(단위: 조원, 배)

등 급	국채	특수채	지방채	회사채	금융회사채	계
2008년(A)	285	338	13	96	132	864
2015년(B)	546	640	22	213	138	1,559
B/A	1.92	1.89	1.69	2.22	1.06	1.80

출처: 한국거래소

이와 같이 국내외 채권시장은 금융위기 극복을 위한 자금공급 기능을 충실히 수행하며 성장해 왔다. 그러나 금융위기 발생의 한 원인으로 지적된 자기자본 투자에 대하여 바젤 III, Volker Rule 등 규제가 강화됨에 따라 딜러인 글로벌 IB들의 Market-making이 어려워져 국채에 비해 신용도가 낮은 회사채 시장의 유동성이 위축되

---

60) 흔히 자본화율이라고 하며 동 비율이 높을수록 자본시장이 성숙된 것으로 평가한다(2015년 국내 GDP 1.4351조 달러(IMF) 및 원/달러 평균환율 1,135.1원(한국은행) 적용).

고 있는 것으로 파악되고 있다[61]. 이에 따라 유동성을 한 곳으로 집중하여 호가정보 공개, 매매체결 등이 투명하고 공정하게 이루어질 수 있는 전자거래시스템이 글로벌 채권시장의 신 조류로 부상하고 있다[62].

이와 더불어 유럽을 중심으로 세계주요국에서는 기업의 자금조달 니즈와 투자자 욕구를 충족시키기 위하여 새로운 형태의 채권시장을 도입·운영하고 있다. 즉 투자자 보호를 위한 규제가 강화되는 공모시장과 그 반대인 사모시장의 장점을 융합한 전문투자자 채권시장[63]을 도입하여 외국채 발행·상장유치 등에 적극 활용하여 자국 시장의 경쟁력 강화에 힘쓰고 있다. 유럽에서는 룩셈부르크·런던·아일랜드 거래소 등이 전문투자자 채권시장을 활발히 운영 중이며, 아시아에서는 싱가포르·홍콩·동경 거래소 등이 이를 도입하고 있다.

채권시장의 발전과제

앞서 본 국내외 채권시장의 공통적 현상은 세계경기회복 지연과 금융환경 불안정으로 국채에 비해 신용이 낮은 회사채에 대한 투자나 거래가 위축되고 있는 점이다. 국내의 경우 최근 수년 간 지속된 신

---

[61] 글로벌 IB의 미국 회사채 보유액은 2007.10월 2,353억 달러에서 '15.2월 509억 달러로 감소하였다(한경 2015.5.6자 보도).
[62] 유럽 회사채 시장의 전자거래플랫폼(Bloom전자거래플랫폼(Bloomberg, MarketAxess, Tradeweb)의 거래비중은 40%로 추정된다(ICMA 2014년 보고서). TABB Group은 2016년까지 미국 회사채의 37%가 전자거래플랫폼에서 거래될 것으로 전망된다(2014년 보고서).
[63] 전문투자자들만 참여를 허용하여 증권신고서, 사업보고서 제출 등 투자자보호를 위한 공시요건을 면제하거나 완화하여 기업의 자금조달 편의를 제고하는 시장형태

용양극화 현상이 2015년 중 다소 개선되기는 하였으나[64], 금년 초 글로벌 경제 및 금융 불안으로 향후 전망이 불투명해지고 있는 실정이다. 채권발행은 주식발행이나 은행대출 등과 함께 기업 활동을 위한 주요 자금조달 원천으로서 채권시장의 기능 활성화를 위한 다각적인 방안을 모색할 필요가 있다.

우선 채권의 신용등급에 대한 투자자의 신뢰도 제고를 위해 신용평가기관의 독립성이 확보되어야 한다. 이를 위하여 신용평가기관의 안정적 운영에 필요한 수익기반 확보 등 정책적 지원[65]과 더불어 업계 종사자에게 고도의 직업윤리를 갖추도록 할 필요가 있다. 둘째, 기업이 필요 시 채권을 발행 또는 상환하여 금융환경에 맞게 탄력적으로 자금을 운용할 수 있도록 선진 발행제도를 도입할 필요가 있다. 예컨대, 해외에서 널리 활용되고 있는 마이너스 통장개념의 MTN(Medium Term Note)[66] 제도 도입을 고려해 볼 수 있다. 그리고 엄격한 공모발행 절차를 거치지 않는 동시에 사모발행 시 보다는 발행비용이 절감[67] 될 수 있는 유럽 등에서 일반화된 전문투자자 채권시장제도를 도입하여 다양한 자금조달 루트를 제공할 필요가 있다. 끝으로 저금리 시대의 투자욕구를 충족할 수 있도록 하이일드 채권이나 해외 채권에 대한 투자가 확대되고 활성화될 수 있도

---

64) 신용등급 A급 이하 채권의 발행금액 비중이 2013년 9.8%에서 2015년 22.1%로 증가하였다 (〈표5〉 참조).
65) 예컨대, 신용평가기관별 신용평가등급에 대한 신뢰도를 평가하여 우수기관에 대해 정책자금을 신설 및 지원하는 것이 필요하다.
66) 기업과 인수기관이 일정 금액 및 기간 내에서 약정한 채권발행계획(통상 2~3년)에 대해 감독기관이 승인하면 해당 기간 동안 자유롭게 채권을 발행 및 상환하는 제도
67) 사모발행은 인수기관의 리스크 부담이 커 공모에 비해 발행코스트가 높은 것이 일반적이다.

록 제도적 여건[68]을 다각적으로 개선해 나가야 하겠다.

6. 증권상품시장의 현황과 향후 발전과제
: 100세 시대 도래에 따른 다양한 금융투자상품 도입

세계각국이 저성장·저물가 기조의 장기화로 전례 없는 저금리 시대를 맞이한 가운데 최근 세계경제의 불확실성이 높아져 많은 금융투자자들이 투자의 대상과 방향성을 찾지 못하고 있다. 더불어 급속히 진행되는 고령화로 인해 단순한 재테크가 아닌 생애주기별 자산관리의 중요성이 부각되고 있다.

그러나 개인투자자가 직접 금융상품을 활용해 각자의 투자 포트폴리오를 구성하는 것은 현실적으로 어려운 현실이다. 이에 따라 최근 투자의 패러다임은 직접투자에서 간접투자로 이동하고 있고, 특히 장기적·안정적이며 분산투자가 가능한 상품, 매매편의성이 높은 저비용 상품에 대한 투자자의 요구가 높아지고 있다. 이런 특성을 가진 대표적인 금융상품이 ETF와 ETN이며, 이 상품들이 거래되는 시장이 바로 증권상품시장이다.

증권상품시장에서는 크게 ETF(상장지수펀드증권), ETN(상장지수증권) 그리고 ELW(주식워런트증권)의 세가지 증권상품이 거래되고 있다.

---

68) 하이일드펀드 투자에 대한 세제혜택 확대, 해외채권의 국내 발행·상장 활성화를 위한 제도 개선(외국 발행기업의 영문공시 허용, 장내 전문투자자 채권시장 도입 등)

ETF시장

ETF시장은 2002년 개설 이후 연평균 40% 이상 성장해 오면서 단기간 내 세계적 규모의 시장으로 발전하였다. 2015년 말 현재 순자산총액 21조 6,300억 원, 일평균거래대금(연간) 6,961억 원, 상장종목 수 198개로 매년 사상 최고치를 경신하며 지속적으로 성장하고 있는 시장이다.

〈표6〉 ETF시장 개설 이후 시장규모 변화추이

구분	2002	2004	2006	2008	2010	2011	2012	2013	2014	2015
순자산(조원)	0.34	0.49	1.56	3.40	6.06	9.91	14.7	19.4	19.7	21.6
일평균 거래대금 (억 원)	327	113	230	981	1,102	4,896	5,442	7,925	6,883	6,961
상장종목수	4	4	12	37	64	106	135	146	172	198
운용사수	2	2	3	7	12	13	16	16	16	17

출처: 한국거래소

또한 기존의 일반 국내지수 ETF 뿐만 아니라, 해외지수 ETF(2007년), 인버스 ETF(2009년), 레버리지 ETF(2010년), 합성ETF(2013년) 등 새로운 유형의 상품을 꾸준히 도입하여 상품의 다양성 측면에서도 괄목할 만한 성장을 이루었다.

ETN시장

ETN시장은 저금리·저성장 환경에서 투자자에게 저비용의 분산투자 수단을 제공하고, 증권시장의 장기 안정적인 수요기반을 마련하기 위해 2014년 11년 개설된 신생시장이다. 개설 이후 발행사의 적극적인 신상품 개발 노력과 거래소의 상장 지원 및 마케팅·홍보

강화로 2015년 말 현재 순자산총액 2조원, 일평균거래대금 527억 원(12월), 상장종목수 78개인 시장으로 성장하였다.

ELW시장

ELW시장은 2005년 12월 이후 급성장을 거듭하여 오다 2010~2014년 4차에 걸친 정부의 ELW시장 건전화방안 시행으로 거래대금 및 상장종목수가 급감하여, 2015년 말 현재 일평균거래대금(연간) 845억 원, 상장종목수 2,284개를 기록하였다. 이는 시장규모가 최고치에 달했던 2010년에 비해 거래대금은 95%, 상장종목수는 75% 줄어든 수치이다.

〈표7〉 ELW시장 개설 이후 시장규모 변화 추이 (단위: 억 원, 개)

구분	2006	2007	2008	2009	2010	2011	2012	2013	2014	2015
일평균 거래대금	1,852	2,757	3,846	8,523	16,374	12,857	2,416	1,169	804	845
상장 종목수	1,387	1,646	2,613	4,367	9,063	7,155	3,896	4,115	2,624	2,284

출처: 한국거래소

ETF 시장은 그간의 양적인 성장에도 불구하고, 최근에는 장기 자산관리수단으로서의 ETF 활용이 저조하고 현재의 ETF 상품군이 다양한 중위험·중수익 상품에 대한 투자 수요와 연기금 등 기관투자자의 자산배분 수단으로의 수요를 적극적으로 충족시키지 못하고 있다는 평가를 받고 있었다.

이에 따라 우선 2015년 말에는 기초지수 일간수익률의 2배를 추종하는 레버리지 인버스 ETF가 상장되었고, 2016년 중에는 비과세 특례 해외주식 투자전용 ETF와 ETF가 편입된 ISA(개인종합자산

관리계좌)가 도입(1분기)되고, 상품 간 비교공시 시스템을 구축하여 개인투자자에 우호적인 투자환경을 조성될 예정이다. 더불어 투자회사형 ETF, 베트남 등 신흥개발국 ETF, 섹터 레버리지 ETF가 도입되어 ETF 시장이 대변화될 것으로 보인다.

향후 ETN시장을 ETF시장과 함께 저금리·고령화 100세 시대 종합 자산관리시장으로 육성하기 위한 다양한 신상품이 도입되어야 할 것이다. 우선 미국·유럽·중국뿐만 아니라 베트남 등 성장 잠재력이 큰 프론티어시장으로 글로벌 상품의 외연을 확대하고, 연기금의 투자전략에 부합하는 맞춤형 지수와 상품을 개발해야 할 것이다. 아울러 개인투자자의 관심이 높은 다양한 테마형(핀테크, 바이오 등) 상품을 상장하고, 레버리지·인버스 ETN 상장으로 투자자 성향에 따른 선택의 폭을 확대시켜 나가야 할 것이다.

최근 초저금리 환경에서 기존의 예금과 적금을 대체할 수 있는 중위험·중수익형 상품에 대한 투자수요가 급증하였고, 그 결과 ELS(주가연계증권)의 판매가 급증하였다. 그러나 현재 발행되고 있는 ELS는 수수료 체계가 불투명하고 환금성이 부족하며 판매비중이 가장 높은 스텝다운(step-down)형의 경우 기초지수 하락 시 손실이 커질 수 있다는 점 등이 문제시되어 왔다.

이에 따라, 계속적으로 증가하고 있는 중위험·중수익 상품에 대한 수요에 부응하는 동시에 기존 ELS의 문제점을 완화시킨 손실제한형 ETN의 도입이 필요한 실정이다. 손실제한형 ETN은 일정 조건 충족 여부에 따라 수익이 결정되는 ELS와 유사한 상품으로서 수익과 손실을 일정 범위로 제한시켜 장외 ELS과 비교할 때 투자위험이 상대적으로 낮은 것으로 평가된다. 또한 거래소에 상장되어 장

중 실시간 매매가 가능함에 따라 높은 환금성을 가지게 되고, 지수 이용료와 보수 등 제 비용이 투명하게 공개되는 장점을 가지고 있다.

7. 파생상품시장의 현황과 향후 발전과제

한국 파생상품시장의 역사는 1996년 주가지수선물시장의 개설과 함께 시작되었다. 1993년 정부는 신경제5개년계획에 선물시장 개설을 포함하여 발표하였고, 이에 따라 증권거래소는 파생상품 거래대상 용도의 新주가지수(코스피200지수) 개발, 모의시장 운영 등 약 3년간의 시장 개설 준비를 거쳐 1996년 5월 3일에 우리나라 최초의 파생상품시장인 코스피200선물시장을 개설하였다.

이듬해인 1997년 7월 7일에는 동일한 코스피200지수를 거래대상으로 하는 코스피200옵션시장이 개설되었고, 1999년 선물거래소의 설립과 함께 미국달러선물·옵션, 국채선물, 금선물 등의 금융·상품선물시장이 개설되었다. 2005년 증권거래소와 선물거래소가 한국증권선물거래소로 통합된 이후, 지속적인 파생상품 추가 상장에 따라 2016년 현재 주가지수, 개별주식, 통화, 이자율, 일반상품 등에 걸쳐 총 27개 상품이 상장되어 거래되고 있다.

<표8> KRX 파생상품 상장 현황

구분	주가지수	개별주식	통화	이자율	일반상품	기타	총계
선물	코스피200 코스닥150 코스피200 (야간) 미니코스피200	개별주식 (유가증권 79개, 코스닥 10개)	미국달러 유로 엔 위안 미국달러FLEX 미국달러(야간)	3년국채 5년국채 10년국채	돈육	변동성지수 섹터지수(4종) 배당지수(2종)	총계
옵션	코스피200 미니코스피200	개별주식 (유가증권 20개)	미국달러	-	-	-	
소계	6개	2개	7개	3개	2개	7개	27개

출처: 한국거래소

한국거래소 파생상품시장은 주가지수 파생상품인 코스피200선물·옵션을 중심[69]으로 해외 대비 짧은 기간에 급속한 양적 성장을 경험하며 2001년 이후 10년 간 전세계파생상품 거래량 기준 세계 1위 시장으로 발돋움하는 성과를 이룩하였다. 이처럼 유례를 찾기 힘든 한국파생상품시장의 급성장은 국민경제 성장에 따른 증권시장 활황, 증시 개방에 따른 외국인투자자 유입 확대, 높은 증시 변동성, 첨단 IT기술 발달에 따른 HTS 등 전자거래 접속 보급, 거래소의 안정적인 시장관리 등의 영향이 긍정적으로 작용한 결과라고 볼 수 있다.

시장 개설 초기에는 개인투자자 비중이 60~70% 내외로 높았으나,

---

[69] 코스피200선물·옵션은 한국거래소 파생상품 거래규모의 약 70%를 점유(2011년 기준)

이후 위험관리 목적 및 차익거래 목적의 수요가 증가함에 따라 외국인투자자와 기관투자자의 비중이 꾸준히 증가하고 있다. 2015년 기준 외국인투자자, 기관투자자, 개인투자자의 파생상품 거래 비중은 각각 58%, 16%, 26%이다.

2011년 이후 코스피200선물·옵션에 대한 거래 비중이 매우 높아 균형 발전 필요성이 높아지고, 도이치사태(2010년)[70], 한맥사태(2013년)[71] 등 사건·사고 및 개인투자자의 무분별한 시장 참여 등으로 인해 파생상품시장 투기 과열 논란이 점화되자, 정부는 그 동안의 양적 성장에 걸맞은 질적 발전 도모를 위해 진입규제 강화, 코스피200옵션 거래단위 확대, 파생상품 양도소득세 도입 등 다양한 시장건전성 강화 정책을 추진하였다.

국내시장이 시장건전성 강화에 집중한 사이, 주식시장 변동성 둔화에 따른 코스피200선물·옵션상품의 거래가 침체하고, 강화된 규제로 인해 해외파생상품시장으로 거래 수요가 이탈하는 등의 원인으로 인해 국내 파생상품시장의 거래량은 전세계파생상품 거래량 기준 세계 12위(2014년 기준)로 하락하였다. 반면, 2008년 글로벌 금융위기 이후 파생상품시장에 대한 부정적 인식이 커졌음에도 불구하고, 글로벌 파생상품시장은 꾸준히 연간 10% 내외의 성장세를 기록하였다. 특히, 한국을 제외한 중국, 인도, 브라질, 러시아 등 아시아지역 경쟁 파생상품거래소의 약진이 두드러졌다.

---

70) 2010년 11월 11일 코스피200옵션의 최종거래일에 종가에 대량의 프로그램 매도 물량 출회로 인해 코스피200지수가 2.5% 급락한 사건
71) 2014년 12월 12일 코스피200옵션의 최종거래일에 한맥증권에서 주문 입력 오류로 인해 약 460억 원의 착오거래가 발생한 사건

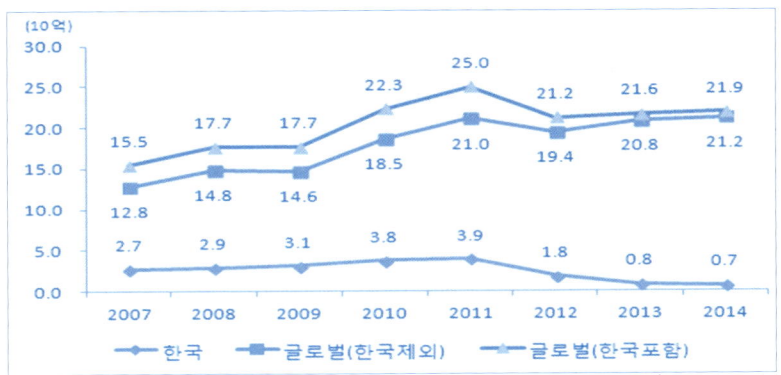

〈그림3〉 글로벌 장내파생상품 거래량 추이

출처: 한국거래소

장내파생상품시장이 금융시장을 혁신하고, 주식 등 기초자산의 위험을 관리하며, 새로운 시장 정보에 대해 신속하게 가격을 발견하는 등 경제적 순기능을 수행하기 위해서는 거래비용이 낮고 충분한 유동성이 제공되는 효율적인 시장구조가 갖춰져야 한다.

이를 위해서는 먼저 진입규제 및 거래제도의 선진화가 필요하다. 파생상품시장참가자가 다양한 헤지수요 등을 충족하기 위해 국내 파생상품시장에 원활하게 참여할 수 있도록 합리적인 수준으로 진입규제를 개선함으로써, 국내 투자자가 투자자 보호가 불충분한 해외 파생상품시장으로 이탈하는 현상을 방지할 필요가 있다. 그리고 글로벌 표준화된 거래 환경 중 국내시장에 미도입한 선진 거래 제도를 발굴하여 국내시장에 도입하는 적극적인 거래제도 선진화가 필요하다.

또한, 해외 파생상품시장 대비 협소한 국내 파생상품 라인업을 확충할 필요가 있다. 미국 CME, 독일 EUREX 등 해외 주요 파생상품 거래소는 폭넓은 기초자산을 대상으로 각각 1600개, 300개 내외의 파생상품을 상장하여 투자자를 자국 시장으로 유입하기 위해 치열한 유동성 경쟁을 벌이고 있다. 하지만, 현재 한국거래소에 상장된 파생상품 개수는 27개에 불과하고 코스피200선물·옵션 등 주가지수상품에 유동성이 편중되어 있어, 투자자의 다양한 위험관리 수요를 충족하기에는 어려움이 존재한다. 따라서 투자자의 거래 수요가 있는 다양한 종류의 파생상품을 상장하여 위험관리 기능을 제공함으로써 투자자의 거래수요를 충족할 수 있도록 해야겠다.

제 9 장

세계금융시장의 Hub를 위한 금융산업의 재편전략

우리나라 금융시장을 둘러싼 환경은 과거 어느 때보다 우호적이지 않다. 최근 경제성장률이 3% 미만으로 하락하면서 금융기관의 자산건전성에 악영향을 미치고 있다. 이와 동시에 실물부문의 투자부진으로 인해 금융부문에서 마땅한 투자처를 찾지 못하는 현상도 장기화되고 있다. 한편, 규제환경 측면에서는 2008년 세계금융위기 이후 세계적으로 금융부문에 대한 규제강화가 진행되고 있으며 우리나라도 예외가 아니다.

이러한 가운데, 제조업에 비해 아직까지 경쟁력이 낮은 우리나라 금융산업을 어떠한 방향으로 발전시켜 나갈 것인지에 대한 고민도 계속되어야 하는 시점이다. 우리나라의 많은 제조업 부문이 세계적인 수준 혹은 그에 근접하는 경쟁력을 갖춘 데 반해 금융산업은 규모 면에서나 경쟁력 측면에서 아직까지 많이 부족하기 때문이다.

이 장에서는 우리나라 금융산업 현황을 간략하게 정리해 보고, 최근 세계금융산업의 새로운 트렌드로 떠오른 핀테크산업의 개황과 발전과제를 살펴보았다. 그리고 핀테크의 발전 방향 중 하나인 인터넷뱅크 도입 현황 및 이와 관련된 금산분리 논의에 대해 살펴보도록 하겠다.

1. 금융시장 현황

(1) 은행산업 현황

대한민국의 경제규모는 GDP 기준 세계 11~12위권 내에 포함되어 있는 반면 세계적인 수준에서 비교할 때 우리나라 은행들의 규모는 아직 영세한 것이 사실이다. 2013년 기본자본(Tier I Capital) 기준 세계 50대 은행에 포함되어 있는 국내은행이 전무하며, 주요 은행들이 모두 50~100위 이내에 분포하고 있다. 또한, 100위 이내에 분포한 우리나라 개별 은행들의 자산규모는 주요국들에 비해 매우 작은 수준이다. 이는 우리나라 은행부문의 국제화 수준 역시 매우 낮은 수준이어서 대형 시중은행이 국내시장에 머물러 있는 영업행태를 보이고 있기 때문이다.

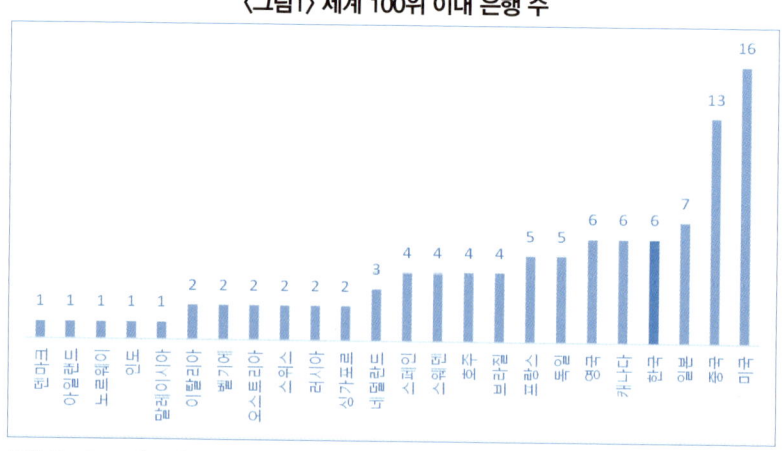

〈그림1〉 세계 100위 이내 은행 수

출처: The Banker(2013), IMF, KIRI 재인용

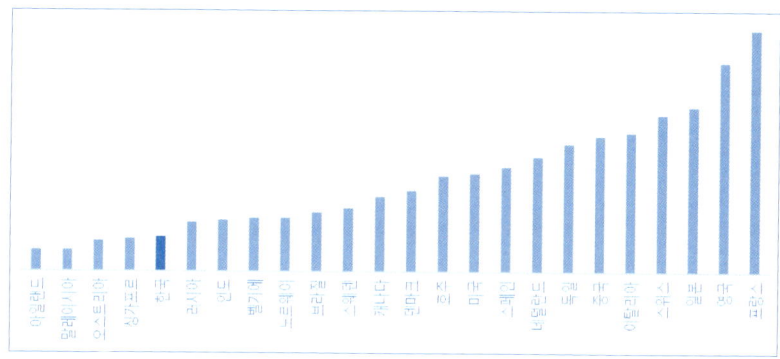

〈그림2〉 100위 이내 은행 평균 자산규모 (단위: 십억 달러)

출처: The Banker(2013), IMF, KIRI 재인용

이와 더불어, 지속되고 있는 저금리 기조로 인해 이자수익이 감소하여 수익성이 하락하고 있는 추세이다. 시중은행의 순이자마진(NIM)은 2010~2012년 기간 중 2%를 상회하였지만 이후 1% 대로 감소하였으며, 2015년 9월 누적 기준으로는 1.7%까지 낮아진 상황이다. 이와 더불어, 시중은행의 총자산수익률(ROA)도 2011년 0.8%에서 2015년 9월 누적기준 0.4%까지 낮아진 상황이다.

우리나라 시중은행들이 이미 포화상태인 국내시장에서만 영업하면서 은행들의 수익성은 낮은 수준이 지속되고 있으며, 이를 해소하기 위한 해외 진출은 지지부진한 상황이다. 1997년 외환위기 이후 대규모 인수합병을 통해 국내 은행의 자산규모 자체는 대형화되었지만, 정작 대형화의 목표였던 세계적으로 경쟁력 있는 은행육성이라는 과제에서는 아직 성과가 미미하다. 또한, 이러한 국내시장 지향적 영업행태는 개별은행의 서비스 개선을 통한 차별화 노력을 반감시키고 취약한 수익구조와 단기성과 중시라는 문제점을 나타내고 있다.

다만, 1997년 외환위기 이후 은행에 대한 감독규제가 강화된 효과로 인해 우리나라 은행들의 자본적정성 및 자산건전성은 비교적 양호하게 관리되고 있다. 이는 2008년 세계금융위기의 여파를 우리나라 경제가 비교적 양호하게 극복할 수 있었던 원동력이었다. 금융위기 발발 초기에는 19997년 외환위기 시와 같은 경제적 충격이 있을 수 있다는 우려가 존재했던 것이 사실이나, 다행히도 우리나라에서는 미국 및 유럽에서 발생한 것과 같은 금융시스템 자체의 위기로까지 충격이 전이되지 않았다.

〈그림3〉 시중은행 수익성 지표

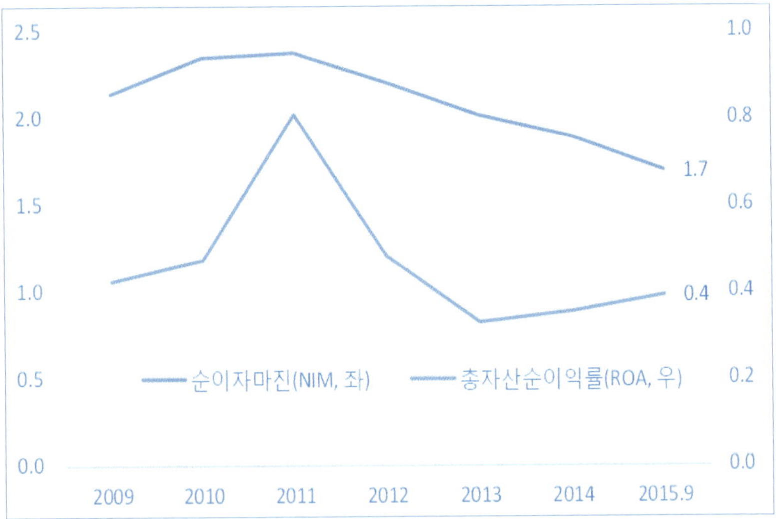

출처: 각 사 공시자료 종합

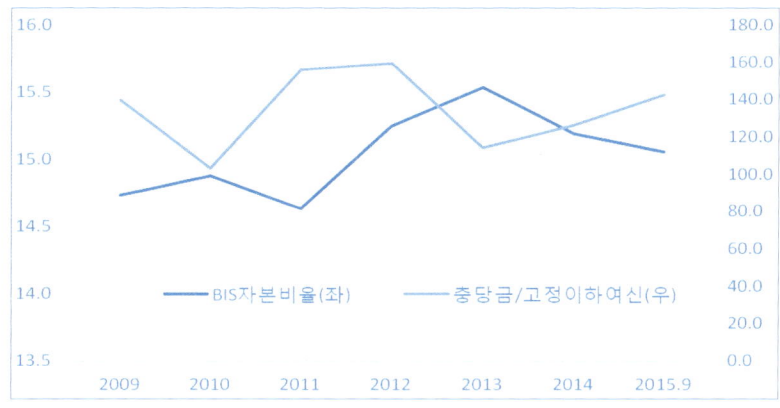

〈그림4〉 시중은행 자본적정성 및 충당금 수준

종합: 각 사 공시자료 종합

이러한 점을 고려할 때, 우리나라 은행산업의 육성 전략은 크게 두 가지 방향으로 정리할 수 있다. 우선 기존 우리 은행산업이 보유하고 있는 재무적 안정성을 유지해야 하다. 세계적으로 추세를 보면 은행부문에 대한 정책방향은 2008년 이전 대형화 정책에서 2008년 이후로는 안정성을 도모하는 방향으로 전환되고 있으며, 이는 금융시스템의 문제가 경제에 큰 충격을 줄 수 있다는 인식에 따른 것이다. 이러한 세계각국의 규제 방향을 우리나라도 거스를 수는 없으며, 바젤Ⅲ 시행, 경기대응완충자본 적립 등을 통해 은행 건전성을 강화하는 방향으로 나아가야 한다.

다만, 우리나라의 경우 서구에 비해 금융부문의 부실화 문제가 심각하거나, 해결이 시급하다고 할 수 없기 때문에 건전성 규제강화가 경제에 미치는 효과를 고려하여 점진적으로 추진되는 것이 바람직할 것이다. 또한, 이를 위해서는 건전성 규제 강화에 따른 은행부문의 자본확충을 용이하게 하기 위한 제도적 장치들도 마련되어야 할 것이다. 이를 위해서는 커버드본드나 각종 보완자본 증권의 발행을 위한 자본시장 육성이나 부실채권 처리를 위한 시장 활성화 조치들도 필요하다.

이와 더불어, 은행들의 새로운 수익성 확보와 세계화를 위한 정책도 필요하다. 앞에서 살펴본 바와 같이 아직까지 우리나라 은행산업은 국내 영업을 위주로 하기 있기 때문에 규모 측면에서 영세하고, 경쟁력도 높지 않은 것이 사실이다. 이와 더불어, 국내 금융시장의 혁신촉진과 새로운 산업 장려를 위해 다양한 수익성 및 효율성 개선이 필요하며, 그 일환으로 핀테크산업에 대한 관심도 지속되어야 한다.

(2) 생명보험산업 현황

소득수준이 증가하고 금융산업이 발전할수록 금융산업에서 연금이나 생명보험산업의 중요성이 커지는 것을 자연스러운 현상이다. 우리나라의 경우에도 생명보험산업은 그 동안 꾸준히 자산규모가 커졌으며, 근래의 경우만 보더라도 2009년 생명보험 산업의 전체 자산규모가 은행부문 전체 자산의 20%에 불과하였으나, 2015년 9월 말 기준으로는 29.0%까지 증가하였다. 이러한 생명보험산업의 자산규모 증가는 가계의 금융자산 규모가 커지는 가운데 인구 노령화가 진행된 데 기인하고 있다.

우리나라의 1인당 보험료를 나타내는 보험밀도도 FY09 이후 상승세를 나타내고 있다. FY12의 세제 개편 및 농협생명보험의 편입효과에 따른 급성장 후 보험밀도가 낮아진 것으로 나타나고 있으나, 이러한 일시적 요인들을 고려했을 때 보험밀도는 안정적인 성장세를 유지하고 있는 것으로 판단된다. 한편, 생명보험산업이 국민경제에 기여하는 정도를 나타내는 보험침투도는 FY12의 급성장을 제외했을 때, 비교적 정체된 모습을 보이고 있다. 이는 저축성 보험, 변액보험 등 보험 상품의 다양화로 보험시장의 규모는 성장이 지속되고 있으나, 국내 인구 증가세가 둔화되면서 보험가입 대상이 크게 늘지 않고 있기 때문으로 보인다. 따라서 향후 국내 생명 보험시장은 성숙기 초입에 진입한 것으로 판단할 수 있으며, 향후 성장률은 과거 대비 다소 낮아질 것으로 예상된다.

그러나, 우리나라는 OECD 국가 중 고령화 진행속도가 매우 빠른 국가로 분류되고, 공공보험 보장 범위가 선진국에 비해 낮아 연금 보험 등 노후 대책으로서의 보험 수요는 높은 것으로 판단된다. 따라서 단기적으로는 저금리 기조 지속 및 국내 경기 둔화 등의 영향으로 성장률이 둔화될 것으로 전망되나, 중장기적으로는 노후 보장을 목적으로 한 보험 수요를 중심으로 비교적 안정적인 성장세가 나타날 수 있을 것으로 보인다(김성진, 2015).

〈표1〉 생명보험 성장단계 지표 (단위: 만원, %)

구 분	FY 14	FY 07	FY 08	FY 09	FY 10	FY 11	FY 12	FY 13
보험밀도	213	155	151	158	170	177	231	154
보험침투도	7.2	7.6	7.2	7.0	7.0	7.0	9.0	7.1

출처: 보험연구원, Swiss Re, Sigma
* 보험밀도 = 총보험료/총인구수, 보험침투도 = 수입보험료/GDP
* FY13 수치는 2013년 4월~12월까지의 9개월 기준 수치임

은행산업의 경우와 마찬가지로 생명보험업의 운용자산 수익성도 점차 악화되고 있다. 2011년까지 5~6% 내외를 기록하던 운용자산 수익률은 2015년 9월 누적 기준으로는 4.2%까지 하락하였다. 이는 국내 금융시장의 저금리 기조에 기인한 바 크며, 향후 시장금리가 상승할 경우 투자채권 부문에서의 자본손실이 운용자산 수익성

에 부정적인 영향을 미칠 가능성이 존재한다. 다만, 2008년 금융위기 이후 생명보험사들이 저축성 보험보다는 보장성 상품의 판매 확대에 노력을 기울이고 있어 어느 정도의 대응은 가능할 것으로 보인다. 암보험, CI보험 등 수익성이 높은 보장성 보험의 판매 증가는 생명보험사의 위험률차 이익을 증가시킬 것으로 전망되며, 이와 함께 규모의 경제 시현에 따른 사업비율 감소가 지속되고 있어 보험 영업이익의 확대가 가능할 것으로 판단된다.

이러한 상황에서 생명보험산업과 관련된 정책방향은 크게 재무적 건전성을 유지하고, 둘째 보험상품에 대한 소비자의 신뢰를 제고하며, 마지막으로 이용자의 니즈에 맞는 다양한 상품이 출시될 수 있도록 유도하는 방향으로 설정되어야 한다. 우선 생명보험이나 연금보험 산업은 가입자의 노후자금과 관련된 것인 만큼 재무적 건전성 유지를 통해 고객에게 신뢰감을 줄 수 있어야 한다. 그러므로, 현재 진행되는 RBC 규제 강화 등의 정책이 지속적으로 추진되어야 한다.

이와 관련하여 정부가 2014년 7월 재무건전성 선진화 로드맵을 발표한 이후 RBC비율 산출에 있어 금리리스크 신뢰수준이 강화되었으며, 리스크간 상관계수 정교화가 이루어졌다. 향후 연결RBC제도의 도입(2016년), 운영리스크 정교화(2016년) 및 신용리스크의 신뢰수준 강화(2015~2016년) 등이 예정되어 있어 RBC규제를 통한 보험사의 재무건전성 강화 감독이 지속될 것으로 전망된다. 이에 생명보험사들은 감독당국의 규제 방향에 맞추어 자산/부채간 듀레이션 매칭 개선, 후순위채 발행을 통한 보완자본비율 개선 등 다양한 대응책을 추진하고 있다(김성진 2015).

소비자 신뢰 제고와 관련해서는 생명보험사 약관에 대한 규제와 판매망 전문화를 통해 아직까지 취약한 생명보험 상품에 대한 신뢰를 제고해야 한다. 보험상품은 매우 복잡하기 때문에 일반인이 이해하기 어려운 경우가 많으며, 우리나라 보험판매인의 전문성은 아직 취약한 수준이다. 이러한 문제는 다양한 보험사의 상품을 판매하는 전문 보험판매 법인이나 온라인 보험 슈퍼마켓 등을 통해 소비자가 보험상품을 쉽게 비교할 수 있게 함으로써 해소될 수 있을 것이다. 또한, 암보험·사망보험 등 필요성이 높은 대표적 상품군을 선정하여 최소표준 등 제시한다면 보험상품에 대한 신뢰를 높일 수 있을 것이다.

마지막으로, 고령화 시대의 다양한 보험수요를 수용 가능하도록 보험상품 관련 규제 합리화할 필요가 있다. 보험상품은 전문성이 강하기 때문에 가입자 보호 차원에서 상품의 구조와 가격에 대한 규제가 다른 금융상품에 비해 강할 수밖에 없다. 그러나, 우리나라 노령화 수준은 세계적으로도 가장 빠르기 때문에 이에 맞는 창의적인 보험상품의 출시가 필요하며, 이를 위해서는 보험상품 관련 불필요한 규제들을 풀어 생명보험사들이 고객의 니즈에 보다 적극적으로 대응할 수 있도록 해야 한다.

(3) 금융투자산업

큰 흐름에서 보면 우리나라 금융시장은 그 동안 은행을 중심으로 한 간접금융시장에서 자본시장을 중심으로 한 직접금융시장으로 중심이 이동해 왔으며, 다른 신흥국에 비해서는 자본시장이 빠르게 발전해 온 것이 사실이다. 이는 정부의 적극적인 육성정책과 더불어 금융투자업계의 노력이 수반되었기 때문이다.

그러나, 선진국과 비교해 보면 아직까지 우리나라 금융투자산업의 경쟁력은 약한 수준이다. 일례로 아직까지 우리나라의 대형 M&A 딜은 대부분 외국계 IB를 주간사로 이용하고 있다. 블룸버그가 발표한 우리나라 2015년 M&A 재무자문 순위를 보면 금액 기준으로 1위에서 5위까지 모두 외국계 IB가 차지하고 있는 상황이다. 또한, 금융투자회사의 적극적인 위험인수 능력도 미흡하고 증권사의 해외진출도 아직까지 부족한 것으로 평가된다.

이러한 상황에서 현재 우리나라 금융투자산업에 대한 정책방향은 대형사와 전문화된 중소형사가 적절하게 어우러지는 산업지형을 만드는 것과 다양한 상품이 출시되어 투자처를 다변화할 수 있는 방향으로 설정되어야 한다. 이러한 투자상품 다변화는 곧 금융투자산업의 수익원 다변화로 연결될 수 있을 것이다. 마지막으로 금융투자산업의 신뢰도를 높이기 위한 투자자 보호정책 보완도 간과할 수 없다.

우선 금융투자업의 산업지형과 관련해서는 우리나라 증권산업은 다른 금융산업에 비해 산업 집중도가 낮으며, 이는 비슷비슷한 규모의 증권사들이 협소한 국내 시장에서 유사한 영업형태를 보이면서 경쟁하고 있는 상황에 기인하고 있다. 이러한 상황은 주식거래 수수료의 비중이 높은 수익형태와 맞물려 국내 금융투자산업 내 경쟁만을 심화시킨 채 대형 증권사의 발전을 저해하고 있다.

그러므로, 대형 글로벌 증권사를 지향하는 증권사에게는 영업 및 규제와 관련된 다양한 인센티브를 제공함으로써 자본확충을 독려해야 하는 한편, 이들에게는 과감한 해외진출과 경쟁력 향상을 주문해야 한다. 반면, 국내 시장에서 니치마켓을 지향하는 증권사들은 주식중계, IB, 헤지펀드, 파생상품 등 주력하고자 하는 분야에서 전문성을 높여 금융시장 전체의 효율성을 높이는 데 기여할 수 있는 방향으로 유도할 필요가 있다.

한편, 투자상품 다변화 측면에서는 헤지펀드과 코넥스시장 활성화하고, 과도하게 엄격한 상장규제 개선, 시장간 이전상장제도의 활용도를 높임으로써 기존에 자본시장에 편입되지 않았던 투자처를 자본시장 영역 안에 포괄함으로써 벤처기업 등 다양한 실물부문이 자본시장에서 자금을 조달할 수 있게 유도하는 것이 필요하다. 이는 금융투자산업 입장에서는 수익원 다변화 효과를, 경제 전체 입장에서는 금융기능의 강화를 통한 투자확대의 효과를 가져올 수 있을 것이다.

투자자 보호 측면에서는 유한회사, 비영리법인, 일정규모 이상의 비상장 주식회사 등 외감법 규율대상 확대하는 정책을 고려해야 하며, 계속해서 문제가 되고 있는 불공정거래 근절을 위해서는 금융감독기구와 유관기관간 긴밀한 협업대응 체제 구축이 필요하다. 또한, 직접금융시장에서 중요한 정보제공 기능을 하고 있는 신용평가의 적용 범위를 확대하는 방안도 고려할 필요가 있다.

〈그림5〉 금융산업별 산업 집중도

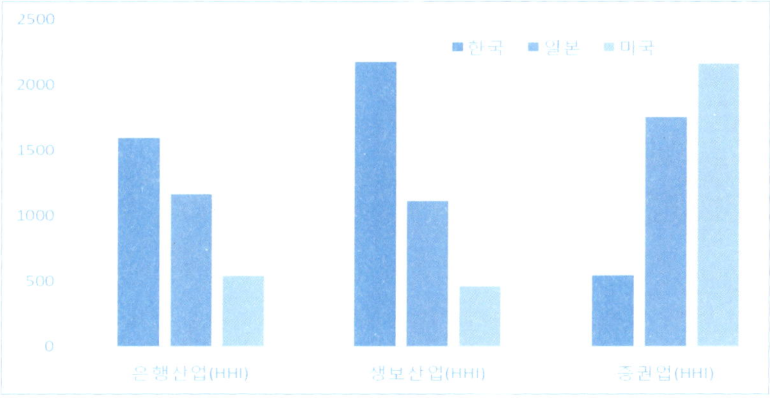

출처: 한국금융연구원 "한국금융산업의 발전방향", 2010 재인용
* HHI 지수가 높을수록 시장집중도가 높음

⟨그림6⟩ 증권산업 발전방향

출처: 한국금융연구원 "한국금융산업의 발전방향", 2010 재인용

2. 핀테크산업 동향과 육성정책

(1) 핀테크산업 육성정책적 지원현황

앞서 살펴보았듯이 기존의 금융산업에 대해서는 수익원 다변화와 대형화 및 글로벌화를 통해 발전이 요구되고 있으며, 이를 지원하기 위한 정책적인 수단도 필요한 상황이다. 하지만, 단기간 내에 달성하기 어려운 과제이며 중장기적으로 추구되어야 하는 가운데, 국내 금융시장의 혁신 촉진과 새로운 산업 장려 필요성이 제기되면서 핀테크산업에 대한 관심이 높아졌다.

핀테크는 금융(Finance)과 기술(Technology)의 합성어로 금융부문에 IT기술을 접목한 산업을 지칭하는 말이다. 핀테크의 주요 범주는 통상적으로 지급결제, 금융데이터분석, 금융소프트웨어, 금융플랫폼 등으로 구분되고 있다. 전세계 핀테크벤처에 대한 투자는 지

난 5년간 비약적으로 증가하였으며, 2008년 9억 3천만 달러를 하회하던 수준에서 2014년 122억1천만 달러를 기록하며 12배 이상 성장하였다. 특히, 2014년 투자액은 전년 대비 215% 상승하며 최근 가파르게 상승하는 모습을 기록하였다(Accenture 2015).

특히, 미국을 비롯하여 유럽에서는 영국과 아일랜드가 활발한 핀테크 투자 활동을 보여주고 있다. 영국과 아일랜드의 경우 2013년 기준 전체 유럽 핀테크 투자건수의 절반 이상(53%)을 차지하고 있고 2/3 이상의 투자금액 유치(69%, 2억 6,500만 달러)를 기록하고 있다.

글로벌 핀테크산업의 다변화 추이를 보면 산업 초기에는 주로 기술 위주의 간편한 지급결제 서비스를 위주로 발전이 되었다. 2008년까지만 해도 전체 핀테크산업의 70%는 지급결제 서비스로 이루어져 있었지만, 최근 들어서는 점차 다변화되고 은행이나 데이터분석, 개인금융관리 등의 비중이 높아지면서 보다 복잡하고 고도화된 산업 구성을 나타내고 있다.

〈그림7〉 글로벌 핀테크 투자 추이

출처: 액센츄어, CB Insights

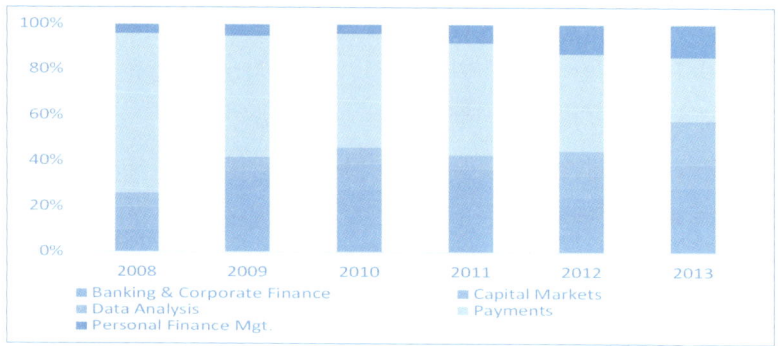

출처: 액센츄어, CB Insights

국내에서도 금융회사의 전통적인 대면 영업채널이 모바일뱅킹 등의 비대면 채널로 빠르게 대체됨에 따라 핀테크가 크게 주목받고 있는 상황이다. 이는 초기 핀테크산업의 모습인 지급결제 위주의 산업 확장을 보이고 있으며, 모바일 거래액 규모가 점진적으로 증가하고 있다. 2011년 2.5조원 규모의 모바일거래액은 2015년 들어 4.8조원으로 추정되는 등 빠르게 증가하고 있다.

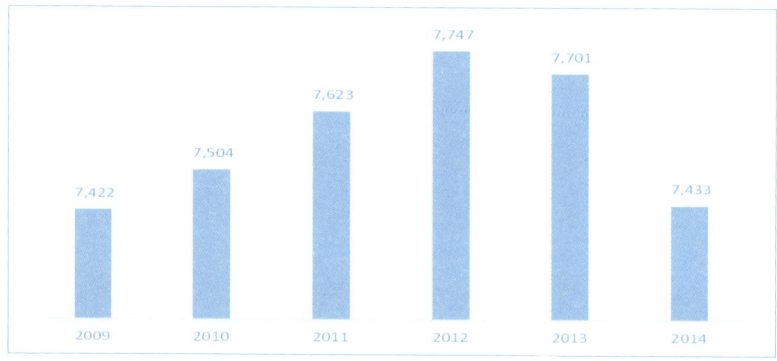

출처: 한국은행

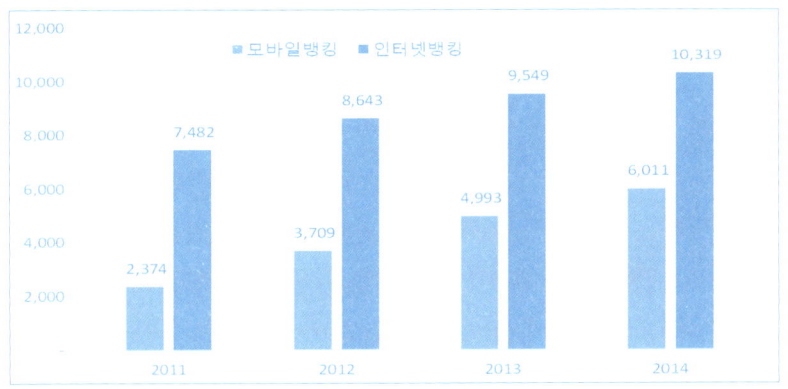

<그림10> 인터넷/모바일 등록고객 추이 (단위: 만 명)

출처: 한국은행

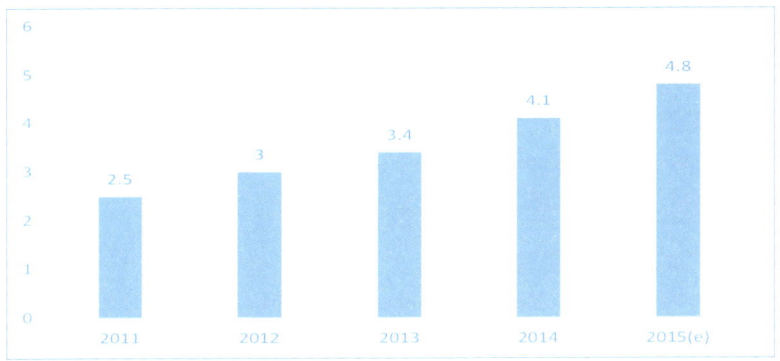

<그림11> 국내 모바일 거래액 (단위: 조원)

출처: KT경제경영연구소

정책당국은 경제활성화를 위한 국내 금융시장 개혁을 추진하면서 크게 금융감독쇄신, 금융회사 자율문화정착, 기술금융확충, 자본시장 기능강화, 핀테크 육성, 금융규제의 큰 틀 전환이라는 6개의 주요 목표를 설정하였다. 주로 감독 및 규제부문에 대한 개선과 중소기업 및 벤처캐피탈 등 혁신부문에 대한 금융기능 강화에 초점을 맞추어 개혁조치를 추진하고 있다.

이 가운데 핀테크산업과 관련하여 IT와 금융간 융합을 지원해주는 조직을 설립하고 기존에 핀테크산업의 걸림돌로 작용하였던 규제를 완화하는 한편, 법적인 보호장치를 마련하여 정책적 지원을 강화하는 방안이 담겨 있다. 아울러, 금융시스템 관련 정책적 지원을 담당하는 기타 공공기관 역시 핀테크산업 지원을 위한 노력을 기울이고 있다. 예탁결제원은 수집된 각종 금융데이터를 공개하는 API(Application Programming Interface) 구축을 통해 핀테크 업체에게 지원해주는 서비스를 지원할 예정이다.

〈그림12〉 금융위원회 핀테크 육성 아젠다

핀테크 활성화 기반 마련 및 다양한 서비스 출시

- 핀테크 지원센터 설립 등 생태계 구축
- 인터넷 전문은행 도입방안 마련
- 빅데이터 활성화를 위한 규제 개선

- 「IT·금융 융합지원방안」 발표 (1.27)
- 「핀테크 지원센터」(3.30) 및 「핀테크 지원협의체」 설치 (4.14)
- 비대면 실명확인 허용 방안 발표 (5.18), 인터넷 전문은행 도입방안 발표 (6.18), 크라우드 펀딩 관련 법안 국회 통과 (7.6)

 스마트 OTP, 실물카드 없는 모바일 카드 등 다양한 핀테크 서비스가 출현되어 결제 편의성 향상 등 국민 편익 증대

 핀테크사와 금융회사간 협력·제휴 사례(MOU, 1:1멘토링 등) 도출 등 핀테크 생태계 조성 성과가 가시화
  • 기업가치평가, 신용평가, 보안인증 등 다양한 분야에서 13건의 제휴·협력 체결('15.7월)
    (예) 현대증권 등이 핀테크 스타트업과 제휴한 주가정보 분석 솔루션 출시(6월))

출처: 금융위원회 〈2015 금융개혁〉 홈페이지

핀테크산업 육성에 대한 관심은 민간부문의 벤처캐피탈 투자추이에서도 나타나고 있다. 우선 벤처캐피탈 신규 투자액 추이를 살펴보면 2011년 이후 점진적으로 늘어나고 있는 모습을 보이고 있으며, 11월까지 집계된 2015년 벤처캐피탈 투자 총액은 1조 8,271억 원을 기록하며 2000년 이후 최고치를 기록하였다. 벤처 기업 수를 살펴보면 2015년 말 기준 약 3만여 개로 증가하였으며 기업당 매출액과 영업이익률도 성장세에 있다. 업종별로 살펴보면 ICT 서비스부문이 2015년에 크게 증가하였는데 이는 핀테크사업 확장에 대한 추세를 반영하고 있는 것으로 보인다(자본시장연구원 2016 b).

출처: 한국벤처캐피탈협회, 자본시장연구원(2016b) 재인용

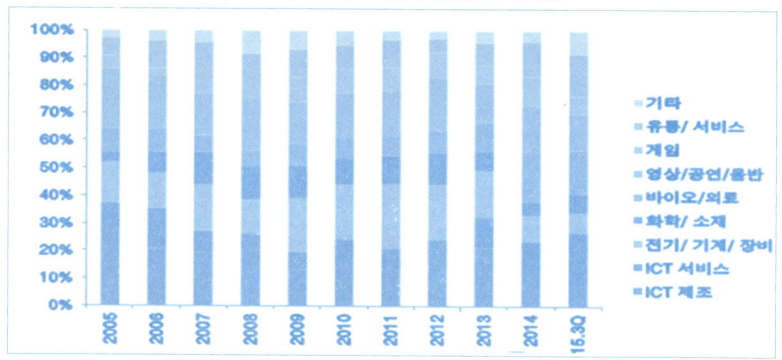

출처: 한국벤처캐피탈협회, 자본시장연구원(2016 b) 재인용

사실 국내에서도 핀테크사업을 수행하는 곳은 과거부터 꾸준히 증가하고 있었다. 지급결제, 금융데이터분석, 금융소프트웨어, 금융플랫폼의 범주 중 데이터분석과 금융소프트웨어 등은 이미 과거부터 발전하고 있는 분야이다. 많은 금융회사들이 이미 자산관리, 리스크관리, 포트폴리오 관리, 재무분석, 데이터 보안, CRM 등에 대

해 많은 IT기술을 접목하여 핀테크 범주에 속하는 사업을 보여주고 있으며, 지급결제 역시 최근 수 년간 많은 업체들이 나타났다(정명희 2015). 하지만, 금융플랫폼 부문에서 기업과 고객이 직접적으로 자유롭게 금융거래를 할 수 있는 서비스 기반이 부족한 상황이며, 최근 이러한 부분에 대한 지원방향이 본격화되면서 국내에서도 관심이 높아지고 있는 상황이다.

현재 국내 핀테크산업은 발전 초기단계에 있으며, 주로 해외송금, 지급결제, 크라우드펀딩에서 적용되고 있다. 지금까지의 핀테크산업은 소비자의 편의를 증진시켜주는 미시적 관점의 기술에 국한되어 있었다면 보다 본격적인 핀테크산업의 성장을 위해 인터넷전문은행의 도입이 가시화되고 있고, 지분형 크라우드펀딩 등 다양한 종류의 서비스 창출을 통해 산업의 다양성을 확보하려고 하는 상황이다.

(2) 인터넷전문은행 도입

핀테크와 관련된 국내 금융산업 동향 중에서 가장 피부에 와 닿는 발전은 인터넷전문은행 도입이다. 현재 우리나라에서는 2015년 11월 인터넷전문은행 예비인가가 승인 된 상황이다. 사실 국내에서는 이미 과거 2차례 인터넷전문은행의 도입시도가 있었다. 2001년에는 SK텔레콤, 코오롱 등을 비롯한 대기업과 안철수연구소 등의 IT 벤처기업의 컨소시엄을 통해 브이뱅크라는 인터넷전문은행 설립을 추진했지만 은산분리와 금융실명제 등 법적인 제도지원 미비 등 여러 난제로 인해 무산되었다. 이어 2008년에도 금융위원회가 금융규제 개혁을 위해 인터넷전문은행 제도 도입을 추진했지만 은행법 개정 입법에 실패하면서 무위로 돌아갔다.

기존 인터넷전문은행 도입을 가로막던 규제는 비대면 실명확인 문제이다. 인터넷전문은행은 기본적으로 이용자의 편의를 위해 비대면 실명확인이 가능해야 하지만 그 동안 이것이 금지되어 있었기 때문에 도입이 어려웠다. 더불어, 은산(銀産)분리 규제로 인해 비금융권 회사가 의결권을 행사할 수 있는 최대 은행 지분이 4%로 제한되어 있는 점도 IT기업의 은행업 참여가 어려운 여건이 지속되어 왔다. 은행을 설립하기 위해 요구되는 1,000억 원의 최저자본금(지방은행의 경우 250억 원) 역시 부담 요인으로 작용하였다.

그러나, 2015년 상반기에 비대면 실명인증 방식이 허가되고 인터넷전문은행 도입방안이 발표되면서 일부 문제가 해소되었고, 최저자본금 역시 금융권을 포함한 컨소시엄 구성을 통해 해결되면서 예비인가 허가가 나오게 되면서 2016년 상반기 본인가 신청을 앞두고 있다. 하지만, 은산분리 규제 완화에 대해서는 여전히 의회 내에서 논의 중인 상황이며, 은행법 개정안 처리 여부에 따라 2단계 추가 인가 절차를 수행할 예정이다.

〈표2〉 인터넷전문은행 예비인가 선정 컨소시엄

	한국카카오은행	케이뱅크 은행
자본금	3,000억 원	2,500억 원
주요주주 (지분율)	한국투자금융지주(50%), 카카오(10%), 국민은행(10%)	우리은행(10%), GS리테일(10%), 한화생명보험(10%), 다날(10%), KT(8%)
핵심제공 서비스	중금리대출(빅데이터 기반), 카카오톡 기반 간편 송금, 카드·VAN·PG없는 간편결제, 카카오톡 기반 금융 비서, 카카오 유니버설 포인트	중금리대출(빅데이터 기반), 토탈 간편지급결제(Express Pay), 휴대폰/이메일 기반 간편 송금, Robo-advisor 기반 자산관리, Real-time 스마트해외송금

출처: 금융위원회

금융당국은 인터넷전문은행의 설립 초기 부담을 낮추기 위해 2016년부터 시중은행에 단계적으로 적용할 강화된 자본건전성 규제인 바젤III 도입을 4년간 유예해주기로 하였다. 이에 따라, 인터넷전문은행은 2019년 말까지 바젤I을 적용하고 2020년부터 바젤III를 단계적으로 적용해 2023년 1월 1일부터 전면 도입하게 된다. 인터넷전문은행에 대한 유동성커버리지비율(LCR)은 특수은행과 동일하게 2016년 70%에서 매년 10%포인트씩 올려 2019년 100% 적용한다.

해외에서는 인터넷전문은행이 이미 도입되어 운영되는 경우가 많다. 미국을 필두로 일본, 유럽, 중국 등 인터넷전문은행은 다수의 국가에서 운영이 되고 있다. 특히, 미국의 경우에는 비금융기관이 설립을 주도하여 만든 인터넷전문은행이 다수 존재하고 있다.

인터넷전문은행을 통해 기대하고 있는 부분은 기존의 시중은행을 대신하여 혁신적인 금융서비스 제공을 통해 소비자 효용을 증대시키고 자금의 효율적인 분배를 통해 자금을 더욱 필요로 하는 수요자에게 공급해주는 역할을 강화하는 것이다. 예를 들어, 기존 금융권에서 원활하게 공급되지 못하고 있는 소상공인 대상 중금리 신용대출이나 모바일을 통한 원스톱 금융서비스 등 금융산업의 혁신을 더욱 증진시키기 위한 시도가 기대되고 있다. 하지만, 은산분리와 같은 제약요건 등 기타 아직까지 해소되지 못한 규제들로 인해 기대만큼의 효과를 거두기 어렵다는 지적도 존재한다.

특히, 핵심제공 서비스로 양 컨소시엄 모두 중금리대출을 제시하였는데 빅데이터를 활용한 개인신용도 측정에는 현실적으로 어려움이 존재하고 있다. 국내 대부업체 등이 보유하고 있는 개인신용도와 연체율 등의 데이터는 매우 가치있는 영업자산으로 여겨지고 있기 때문에 각각의 인터넷전문은행 컨소시엄은 자체적으로 보유하고 있는 상품결제내역과 카드거래정보 등 빅데이터를 활용하여 자체적인 신용평가모델을 수립한다는 비전을 제시했다.

아직까지 실제 이러한 빅데이터가 신용대출의 부도율과 연체율에 미치는 영향을 검증하기 위해서는 상당한 시일이 소요될 전망이다. 또한, 빅데이터 수집에 있어서도 국내 개인정보 보호법으로 인해 엄격히 관리되고 있는 규제 상황을 고려할 때, 의미있는 많은 양의 데이터 확보에 어려움이 있을 수 있다. 그럼에도 불구하고, 큰 틀에서 볼 때 향후 인터넷 전문은행이 전체 은행산업에 중요한 영향을 미칠 것으로 예상된다.

(3) 인터넷 전문은행 도입과 금산분리 완화 논의

우리나라에서 인터넷 전문은행이 출범할 예정이지만, 은산(銀産)분리 규제로 인해 진정한 의미의 혁신을 기대하기 어렵다는 지적도 나오고 있다. 현재 국내에서 금융자본과 산업자본을 분리시키기 위한 금산(金産)분리법은 공정거래법, 은행법, 금융지주회사법에 분산되어 제정되어 있다. 금산분리법(은행법) 하에서는 산업자본의 은행자본 보유비율을 4%로 제한하고 있다. 다만, 실질적으로 국내에서는 대기업 집단이 보험이나 증권, 캐피털사, 자산운용사 등에 대한 소유 및 경영이 이루어지고 있고, 은행에 대한 산업자본의 소유제한이 있기 때문에 은산(銀産)분리의 표현이 더욱 알맞을 것이다.

산업자본이 금융자본을 지배하는 것을 방지하는 이유는 대주주의 경영간섭에 의해 은행의 재정적 안정성이 저하될 수 있다는 우려 때문이다. 즉, 은행이 보유하고 있는 예금자의 자금이 무분별하게 대주주의 의지에 따라 투자된다면 금융부문의 안정성 저하로 이어져 궁극적으로 정부 지원가능성 증가에 따른 국민들의 피해로 이어질 수 있다. 또한, 은행을 소유한 기업과 소유하지 못한 기업간 경쟁에서 불공정한 상황이 발생할 수 있기 때문에 금산분리가 필요하다는 의견도 존재한다. 자금조달에 있어 금융회사를 소유한 기업이 우위를 점할 수 있고 이로 인해 경쟁기업 혹은 중소기업들의 도태를 불러일으킬 수 있다는 논리이다.

하지만, 이러한 은산(銀産)분리 규정은 핀테크 전문 기술을 보유하고 있는 ICT 관련 기업이 은행의 경영권을 보유하지 못하게 함으로써 전체 핀테크산업 및 인터넷전문은행 활성화에 장애가 되고 있다. 예를 들어, 지난 2015년 11월 인터넷전문은행 사업자로 선정된 카카오와 KT의 경우 '카카오뱅크', 'K뱅크' 각각의 컨소시엄에 대한 지분비율이 8%, 10%에 불과한 상황이고, 의결권은 이보다 낮은 4%에 대해서만 가능한 상황이다. 이는 인터넷전문은행이 카카오나 KT가 주도하는 것이 아닌 은행 등 일반 금융회사가 주축이 되어 운영될 것으로 예상되기 때문에, 인터넷전문은행의 도입 취지인 금융산업을 개편할 수 있는 참신한 혁신이 기대되기 어렵다. 즉 현재의 상황에서 인터넷 전문은행은 핀테크에 의한 금융산업의 혁신이라기 보다는 기존 금융권이 핀테크를 기존 영업방식에 적용하는 하나의 수단으로 전락할 수밖에 없을 것이다. 이는 결국 핀테크 기술이 보유하고 있는 잠재력의 극히 일부만을 사용하게 된다는 것을 의미한다.

<표3> 인터넷전문은행의 지분 소유 상한 비교

	인터넷전문은행(정부안)	기존 일반은행
산업자본 지분 소유 상한	50%(상호출자제한기업집단 제외)	4%
최소자기자본	500억 원	1,000억 원
업무범위	차이 없음	

출처: 금융위원회

산업자본의 은행지분 소유에 제한을 두고 있는 나라는 미국과 캐나다, 호주, 이탈리아, 칠레 등이 있으며, 은행뿐만 아니라 기타 금융산업 지분 소유에 제한을 두고 있는 나라는 대한민국, 남아공 등이 있다. 미국의 경우 1933년 Glass-Steagall Act와 1956년 은행지주회사법의 제정을 통해 은행과 산업의 분리 원칙이 확실하게 자리 잡았다. 1999년 금융현대화법(Gramm-Leach-Bliley Act)을 통해 금융지주회사를 통한 금융업종간 겸업화를 허용하기도 하였으나 아직까지 은행과 산업의 분리라는 기본적인 원칙은 은행지주회사법 등을 통해 유지되고 있다(이병윤 2006). 즉, 지주회사 및 비은행 관련 금산분리 규제는 하지 않고 있으며, 산업자본의 명시적인 은행지분 소유한도는 25%로 국내에 비해 약한 수준이다. 금융 분야의 지주회사, 즉 은행지주회사, 보험지주회사 등 각 분야별 지주회사에 대한 규제에도 차별을 두어 운용하고 있다.

캐나다의 경우 1967년 은행지분소유 한도를 10%로 제한하였지만 이후 2001년 은행지분소유 한도를 은행 자기자본규모에 따라 차등 적용하는 방식으로 변경했으며, EU의 경우 대부분 은행산업을 통일적으로 규제하는 "EC의 제2차 은행업 지침(The EC Second Banking Directive)"을 적용하고 있다. 동 지침에서는 비금융회사의 은행지분소유를 직접적으로 제한하고 있지는 않지만 은행 주식의 일정 비율을 직간접적으로 보유하고자 할 경우 감독기관에 보고하고, 각 비율 별로 감독당국의 출자자 적격성 심사를 받으며, 은행이 건전하고 신중하게(sound and prudent) 경영될 수 있을 경우 이를 승인하도록 하고 있다(이병윤 2006). 일본과 중국의 경우 정부의 사전승인을 통해 산업자본의 은행보유가 가능한 상황이며 인도 역시 지난 2011년 금산분리 관련 정책을 폐지하였다.

앞서 사례에서 보듯 전반적인 세계추세는 산업자본의 금융업 진출을 허용하여 은행의 경쟁력을 키우고 ICT기업과의 연계를 통한 혁신적인 은행 및 핀테크 기업 육성을 가능하게 하고 있다. 국내의 경우도 마찬가지로 제조업 부문의 글로벌 경쟁력을 갖춘 대기업이 금융산업 지배를 통해 은행규모 확장과 글로벌 경영기법 전수 등을 해준다면 글로벌 금융시장 내 한국 금융의 경쟁력을 높여줄 가능성이 있다. 다만, 앞에서 언급한 바와 같이, 은산(銀産)분리 제도가 은행산업의 안정성을 지켜주는 기능을 일정 정도는 하고 있다는 측면에서 제도의 장점을 지키면서 핀테크산업 및 인터넷 전문은행 활성화에 도움이 되는 방향으로 개선하는 혜안이 필요한 시점이다.

이와 관련한 논의가 국회에서 이루어지고 있는 가운데 금융위원회와 여당 측에서는 규제 완화를 위한 은행법 개정안을 발의한 반면 야당 측은 반대의견을 내세우며 완화에 부정적인 입장을 피력하고 있다. 이에 따라 현재 마감된 19대 국회 회기에서 은행법 개정안 통과가 이루어지지 않아 계속 지연되고 있다. 2016년 6월로 예정된 인터넷전문은행 2차 사업자 인가는 은행법이 개정된 이후 다양한 ICT 기업의 참여를 유도한다는 방침이었으나 이 같은 계획은 지연되고 있는 은행법 개정안으로 인해 동력이 다소 떨어질 수 있다.

금융위원회는 인터넷전문은행에 한해 산업자본의 지분소유 상한을 50%로 제안하며 IT기업의 금융업 참여를 지원하고 혁신을 더욱 유도해야 한다는 입장이다. 즉, 큰 틀에서의 은산분리 원칙은 유지하되 인터넷전문은행에 대해서만 은행지분 보유 규제를 완화한다면 일각에서 우려하는 대기업의 경제력 집중 및 사금고화 문제는 없을 것이라는 논리이다.

(4) 크라우드펀딩 활성화 방안

마지막으로 핀테크사업과 관련하여 2016년부터 증권형 크라우드펀딩제도가 시행되면서 육성을 위한 정책적 지원이 개시되었다. 금융위원회가 발표한 증권형 크라우드펀딩의 활성화 방안 등을 담은 자본시장법 개정안이 1월 25일부터 효력을 발휘하게 되면서 투자자보호 의무가 강화되는 등 실질적으로 제도 지원을 위한 방안이 마련되었다. 법안의 주요 목적은 증권형 크라우드펀딩이 벤처·창업초기 기업 자금조달 대안이 될 수 있도록 기존 규제를 완화하는 동시에 투자자 보호를 위한 보완 조치를 마련하는 것이다.

크라우드펀딩은 기부형, 후원형, 대출형, 증권형 등 4가지로 분류되는데, 이전까지는 국내에서 사실상 증권형 크라우드펀딩의 활동이 거의 제한되어 있는 상태였다. 증권형 크라우드펀딩의 경우 증권을 매개로 온라인 펀딩시스템을 통해 여러 투자자들에게 공모 증권을 발행해 자금을 모집하기 때문에 투자자보호 의무가 강화될 뿐만 아니라, 공모 방식에서 오는 절차 규제 등이 걸림돌로 작용해왔다.

이번 법안 개정안의 주요 내용으로는 발행인 범위의 확대, 투자자 전문성 및 위험감수능력에 의거한 투자한도의 차등화, 펀드 발행

한도 및 온라인소액투자중개업의 최소 자본금 및 등록 요건의 명시화 등이 꼽히고 있다. 이를 통해 불법적인 자금중개 업체를 차단하고 기업정보를 공개해 투자자의 피해를 줄이겠다는 법적 지원을 수행하였다.

이번 개정을 통해 크라우드펀딩 사업의 주를 이루는 기부·후원형에서 보여진 한계가 이번 증권형 크라우드펀딩 활성화를 통해 해결될 것이란 기대가 높아지고 있다. 증권형은 주식·채권의 발행을 통해 다른 유형의 크라우드펀딩에 없는 투자자들의 투자동기를 불러일으킬 수 있기 때문에, 일반 국민으로부터 필요자금을 널리 조달할 수 있다는 장점이 있으며, 소상공인 역시 자금조달을 받는 통로가 늘어난다는 점에서 긍정적으로 작용할 것이란 의견이 있다.

3. 결론

2014년 말부터 우리나라는 순대외금융자산 보유국이 되었다. 한국은행 자료에 따르면 2015년 9월 말 기준으로 외국인이 우리나라에 보유하고 있는 금융자산은 9,463.5억 달러인 반면 우리나라 국민이 해외에 보유하고 있는 금융자산은 11,380억 달러로 순대외금융자산은 1,916.6억 달러이다. 2014년 GDP 대비 13.4%에 해당하는 큰 금액이다. 또한, 이는 우리나라가 비로서 자본수출국이 되었다는 의미이다.

하지만, WEF가 발표한 국가경쟁력 지수를 보면 우리나라의 금융산업 순위는 2015년 평가대상국 144개국 중에서 80위를 차지하여 세계평균에도 못 미치는 것으로 평가되고 있다. 전체 순위가 26위라는 점을 고려하면 금융부문이 국가 전체의 경쟁력을 깎아먹고 있다는 것이다. 물론, 설문조사 결과에 의존하는 평가의 특성 상 전적으로 신뢰할 수는 없지만 우리나라 금융산업의 경쟁력이 아직 선진국에 비해 뒤쳐져 있다는 것은 사실이다.

중국의 추격과 선진국의 반격 속에서 우리나라가 선진국 문턱에서 다시 도약하기 위해서는 기존에 있었던 관행들을 다시 한번 냉철하게 뒤돌아보아야 한다. 금융산업도 마찬가지이다. 다행히도 세계적인 규제 강화 경향과 핀테크를 비롯한 다양한 기술혁신으로 향후 세계금융산업은 빠르게 재편될 것으로 전망된다. 우리나라 금융산업이 비집고 들어갈 틈이 생겼다는 의미이다. 기존 시장에 안주하려는 마음을 버린다면 금융산업이 경쟁력을 깎아먹는 존재에서 미래의 성장을 이끄는 산업으로 변모할 수 있을 것이다.

제 10 장

신규 순환출자 금지제도 도입과 한국 재벌정책의미래[72]

공정거래법에서는 대규모 기업집단으로 규정되고 있는 재벌은 한국의 고도성장과정에서 탄생되어 그 동안의 압축성장에서 최대의 수혜자가 되었다. 그러나 경제민주화가 추진되면서 재벌의 폐해가 그 어느 때보다도 심각하게 부각되고, 중소기업의 경쟁력 약화, 파견제 확대 등으로 야기된 비정규직 증가와 정규직과의 갈등 심화, 재벌기업의 기업 승계과정에서의 탈법, 상속권 분쟁 등이 사회문제화되면서 한국의 재벌에 대한 비판이 거세어지고 있다.

고도성장과정에서 한국의 재벌은 신속한 의사결정, 과감한 투자 등을 통해 세계일류기업으로 성장하여 국민경제 발전의 견인차 역할을 수행하였다. 그러나 재벌로 성장하는 과정에서 계열회사간 출자를 통하여 총수가 적은 지분으로 재벌 전체를 지배하는 소유와 지배의 괴리가 발생하였고, 재벌로 성장 후에는 일감몰아주기 등으로 부당한 보상을 취하고 그 과정에서 중소기업 영역을 잠식하고 시장을 독과점하는 등 여러 가지 부작용이 나타나고 있다.

대기업집단에 의한 경제력집중과 시장경쟁 저해의 부작용을 방지

---

[72] 공정거래위원회 (2015). 2015년판 공정거래백서. pp 239~286 참고.

하기 위해 현행 공정거래법에서는 상호출자 금지제도, 신규순환출자 금지제도, 채무보증제한제도, 금융·보험사 의결권제한제도, 지주회사제도, 기업집단현황 공시제도 등 대규모기업집단 시책을 규정하고 있는바, 이 장에서는 이러한 시책들의 변화 추이를 통하여 재벌정책의 변화를 살펴보고자 한다.

이러한 제도들은 공정한 시장경쟁 기반을 조성하고 재벌로 지칭되는 대기업과 중소기업의 조화로운 발전을 도모하고, 소유·지배구조 개선을 통해 재벌이 투명하고 책임 있는 경제활동을 영위함으로써, 재벌기업의 부실이 다른 계열회사로 전이되어 기업집단 정체가 부실해지는 시스템 리스크를 미연에 방지하여 국민경제의 건전한 발전을 도모하려는 목적도 갖고 있다.

1. 신규순환출자금지제도 도입

신규순환출자 금지제도란 상호출자제한 기업집단 소속 계열회사간 신규순환출자를 금지하는 제도이다. 순환출자란 3개 이상의 계열사 간 출자가 고리와 같이 상호 연결된 환상형 출자구조를 의미한다.

〈그림1〉 대기업집단의 출자형태

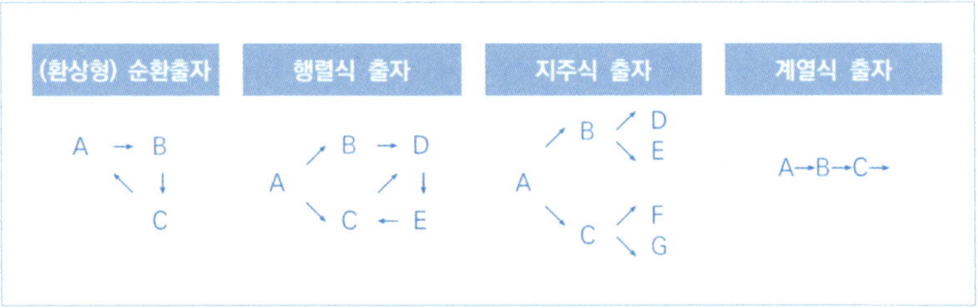

(환상형) 순환출자	행렬식 출자	지주식 출자	계열식 출자
A → B ↓ ↙ C	B → D ↗ ↓ A ↘ ↙ C ← E	B ↗ D ↗ ↘ E A ↘ ↗ F C ↘ G	A→B→C→

따라서 순환출자는 가공자본을 이용하여 계열사를 지배하는 여러 다단계 출자 중 가장악성적 형태로 분류할 수 있으며 대기업집단에서 총수(일가)가 순환출자를 활용해, 적은 지분으로 전체계열사를 지배함으로써 권한과 책임이 괴리되는 구조를 형성하게 된다. 이러한 소유구조는 총수의 부당한 보상추구, 한계기업의 구조조정저해 및 개별기업의 부실이 기업집단 전체로 전이 될 수 있는 위험 등의 폐해로 나타날 가능성이 높다.

순환출자의 폐해는 여러 가지 형태로 나타날 수 있는데 첫째, 〈그림2〉와 같이 적은 자금으로 더 많은 가공 자본과 의결권을 형성해 많은 계열회사를 지배함으로써 소유구조의 악화 및 경제력집중의 심화를 가져올 수 있다는 것이다.

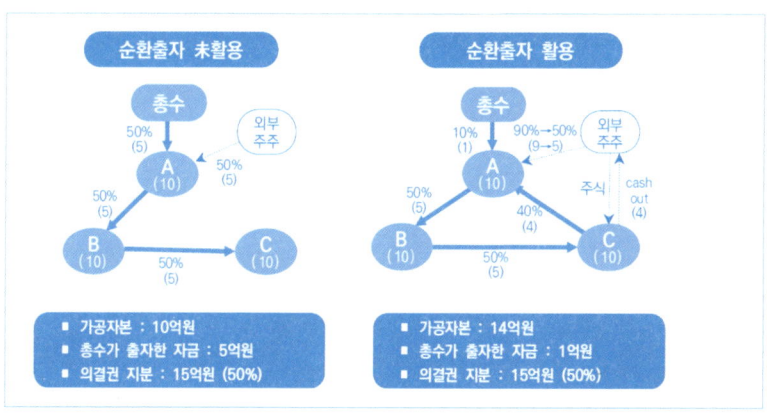

〈그림2〉 순환출자를 이용한 계열회사 지배

두 번째로, 〈그림3〉과 같이 순환출자를 통해 총수 2~3세가 돈 한 푼 안들이고 많은 회사를 그대로 물려받는 편법적 경영권 승계가 가능하다는 것이다.

〈그림3〉 순환출자를 이용한 편법적 경영권 승계

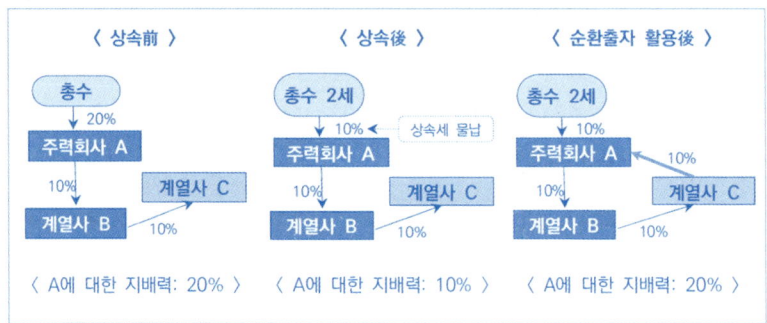

세 번째로, 〈그림4〉와 같이 순환출자로 인해 한계기업의 구조조정이 저해되고, 개별기업의 부실이 기업집단 전체로의 전이될 수 있다는 것이다[73].

〈그림4〉 순환출자를 이용한 한계기업 지원

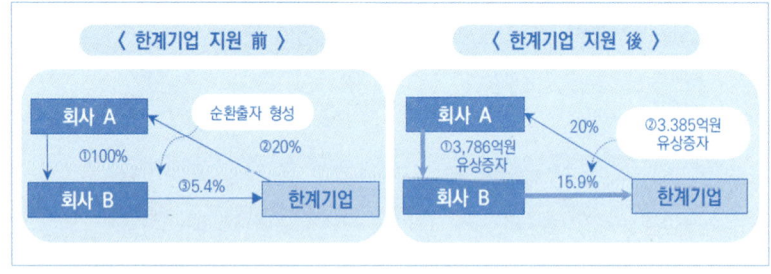

---

73) 순환출자가 없었다면 부실이 심각한 한계기업의 구조조정이 용이하였겠지만, 한계기업의 모회사 A에 대한 자본 20%를 유지하기 위하여, 모회사 A는 3786억의 유상증자를 하면서, 한계기업을 지원할 수밖에 없었다.

이상과 같이 그 동안 일부 기업집단에서 순환출자를 통해 외부자금의 유입 없이 가공의결권을 확보함으로써 지배주주의 지배력이 부당하게 유지 및 강화되고 편법적 경영권 승계, 한계기업지원에도 이용되는 등 폐해를 유발하고 있다는 비판이 제기됨에 따라 순환출자 금지제도가 경제민주화 추진과제로 선정되면서 신규순환출자를 금지하는 공정거래법 개정안이 2013년 12월 국회본회의를 통과하여 시행되게 되었다.

공정거래법에서 금지하는 신규순환출자는 두 가지로 대기업 계열회사간 새로운 순환출자와 기존의 대기업 계열회사간 순환출자를 강화하는 추가출자를 모두 말한다.

법 적용대상으로는 이미 지정된 대기업집단은 법 시행일 이후의 순환출자를, 법 시행일 이후 신규 지정되는 대기업집단은 지정일 이후의 순환출자만을 금지하고 있으며 공정거래법은 기존순환출자의 점진적 · 자발적 해소를 유도하기 위해 기업집단현황 등에 관한 공시에 순환출자 현황에 대한 공시의무 부과를 포함하고 있다.

그러나 신규순환출자의 경우에도 사업구조개편 과정에서 불가피하게 형성되는 신규순환출자는 예외로 허용하고 6개월의 해소 유예기간을 부여하고 있다. 회사의 합병 · 분할, 영업전부의 양수, 주식의 포괄적 교환 · 이전 과정에서 형성되는 신규순환출자가 그러한 경우이다.

또한 기업의 정당한 권리행사 과정에서 형성되는 순환출자도 예외로 허용하고 6개월~1년의 해소 유예기간을 부여하고 있다. 담보권 실행, 대물변제 수령으로 인해 발생하는 순환출자는 6개월의 해소 유예기간을 부여하고 기존순환출자 고리 내에서 주주배정방식의 증자참여(신주 인수권의 행사)시 다른 주주의 실권에 따라 증자 전

지분율을 초과하여 보유하게 된 주식은 1년의 해소 유예기간을 부여하고 있다. 다만, 기존순환출자 고리 내라 하더라도 제3자 배정 방식에 따른 경우는 금지하고 증자 전 지분율 범위 내 주식은 규제 대상이 아니므로 제한 없이 허용하고 있다.

기업구조조정 과정에서 불가피하게 형성되는 순환출자도 예외로 허용하고 3년의 해소 유예기간을 부여하고 있다. 〈그림5〉와 같이 워크아웃·자율협약 절차를 개시한 부실징후기업에 대해 채권단이 의결하여, 총수일가의 재산출연 또는 기존 주주의 계열회사의 유상증자 참여를 결정한 경우를 말한다. 다만, 워크아웃·자율협약 절차를 개시하지 않은 부실기업이거나 채권단의 의결이 없는 경우는 예외 인정 대상이 아니며 기존 주주가 아닌 새로운 계열회사가 증자에 참여하여 새로운 고리가 형성되는 경우도 금지된다.

〈그림5〉 부실징후기업에 대한 순환출자 예외인정 여부

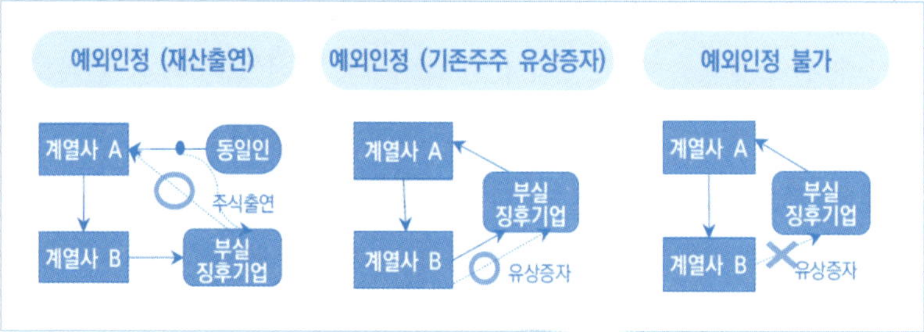

순환출자는 신규순환출자 금지제도 시행 전 대폭 감소한 데 이어, 제도 시행 이후에도 감소 추세가 계속 이어지고 있다. 13.4.1. 기존 순환출자를 보유한 집단은 15개로 총 97,658개의 순환출자를 보유하고 있었으나, 순환출자 금지 제도 시행 직후인 14.7.24.에는 14

개 집단이 총 473개 순환출자를 보유하여 총 97,175개의 순환출자가 감소하였고, 15.4.1. 기준으로 11개 집단이 459개의 순환출자를 보유하고 있다.

<표1> 기업집단별 순환출자 고리 수 변동내역 (단위: 개)

구분	삼성	현대자동차	롯데	현대중공업	한진	케이티	금호아시아나	동부	대림	현대	현대백화점	영풍	한라	현대산업개발	한솔	동양	합계
'13.4.1.	2,555	7	95,033	1	3	0	1	6	1	5	3	11	1	4	10	17	97,658
'14.7.24.	14	6	417	1	8	2	1	0	1	9	3	7	1	4	9		483
'15.4.1.	10	6	416	1	1	0	0	0	1	0	3	7	1	4	9	-	459
증감	(2,545)	(1)	(94,617)	(0)	(2)	(0)	(1)	(6)	(0)	(5)	(0)	(4)	(0)	(0)	(1)	(17)	(97,199)

그러나 순환출자금지제도를 둘러싼 논쟁은 지속되고 있다. 전경련[74]은 순환출자는 세계유수기업에도 흔히 찾아볼 수 있으니 이를 법으로 규제할 필요가 없고[75], 소유-지배 괴리 현상은 법인간의 출자를 하게 되면 항상 발생할 수 있고, 최근의 경제위기 속에서 대기업의 출자구조를 규제하여 투자위축이 심화되고, 일자리 창출도 저해하는 등 부작용이 크므로 순환출자금지제도는 폐지되어야 한다는 주장을 하고 있다.

---

74) 전경련보도자료 (2012.8.16). 신규순환출자금지 및 기존 순환출자 의결권 제한에 대한 입장
75) 해외사례와 관련 경실련은 일본이나 독일의 1945년 패전직후 재벌이나 콘체른이 해체되면서 소유와 경영의 분리가 잘 되어 있고, 독점방지법 등이 효과적으로 작동되어 순환출자가 큰 문제를 일으키지 않으므로 한국과는 사례가 주장한다(경실련보도자료 (2012.8.7). 전경련의 순환출자 금지 반대는 재벌총수의 지배체제를 공고히 하려는 행태).

2. 상호출자제한 기업집단 지정

상호출자·채무보증제한기업집단(상호출자제한기업집단) 지정 제도란 대규모기업집단 시책의 적용 대상이 되는 기업집단의 범위를 확정하는 제도로 공정위는 매년 4월 1일 동일 기업집단에 속하는 국내계열회사의 자산합계가 5조 원 이상인 기업집단을 상호출자제한기업집단으로 지정하고, 동 기업 집단에 속하는 국내계열회사들을 대상으로 대규모기업집단 시책을 집행하고 있다. 당초 상호출자제한기업집단과 별도로 출자총액제한기업집단을 지정하였으나 2009년 3월 출자총액제한제도가 폐지되면서 상호출자제한기업집단만을 지정하고 있다. 상호출자제한기업집단에 속하는 회사에 대해서는 계열회사간 상호·순환[76]출자가 금지되고, 금융보험회사의 의결권 행사 및 계열회사간 채무보증이 제한되며, 기업집단 현황공시 등 공시의무가 부과된다[77].

2014년 상호출자제한기업집단 지정된 기업집단은 63개로 2013년에 비해 1개 증가하였다[78].

---

[76] 순환출자는 14.7.25 이후 새롭게 형성·강화되는 신규 순환출자만 금지하고 있다.
[77] 상호출자제한기업집단에 속하는 회사에 대해서는 특수관계인에 대한 부당한 이익제공 금지행위(총수일가 사익편취 규제)도 적용되고 있다.
[78] "한국석유화학", "코닝정밀소재", "서울메트로", "삼천리", "한국지역난방공사" 등 5개 집단이 신규 지정되고, "동양", "한국투자금융", "에스티엑스", "웅진" 등 4개 집단이 지정 제외되었다.

<표2> 2014년 상호출자제한기업집단 지정 현황 (2014.4.1 기준, 단위: 조원, 개)

순위		기업집단 명	동일인	소속회사 수		자산총액	
2014년	2013년			2014년	2013년	2014년	2013년
1	1	삼성	이건희	74	76	331.4	306.1
2	2	한국전력공사	한국전력공사	24	22	186.6	176.0
3	4	현대자동차	정몽구	57	57	180.9	166.7
4	3	한국토지주택공사	한국토지주택공사	5	5	173.7	168.1
5	5	에스케이	최태원	80	81	145.2	140.6
6	6	엘지	구본무	61	61	102.1	102.4
7	7	롯데	신격호	74	77	91.7	87.5
8	8	포스코	㈜포스코	46	52	83.8	81.1
9	9	현대중공업	정몽준	26	26	58.4	56.5
10	10	지에스	허창수	80	79	58.1	55.2
11	11	한국도로공사	한국도로공사	3	3	53.5	51.5
12	12	한국가스공사	한국가스공사	3	3	42.5	39.5
13	13	농협	농업협동조합중앙회	32	34	40.8	38.9
14	14	한진	조양호	48	45	39.5	38.0
15	15	한화	김승연	51	49	37.1	35.9
16	16	케이티	㈜케이티	57	54	35.0	34.8
17	17	두산	박용곤	22	25	30.0	29.4
18	18	한국수자원공사	한국수자원공사	2	2	25.5	24.9
19	21	신세계	이명희	29	27	25.2	22.9
20	20	씨제이	이재현	73	82	24.1	24.1
21	-	한국석유공사	한국석유공사	2	-	22.5	-
22	22	한국철도공사	한국철도공사	11	10	22.1	20.2
23	23	엘에스	구태회	51	49	20.4	20.1
24	26	대우조선해양	대우조선해양㈜	19	20	18.5	16.2
25	25	금호아시아나	박삼구	26	24	18.3	17.0

26	24	동부	김준기	64	61	17.8	17.1
27	27	대림	이준용	22	19	16.3	16.1
28	29	부영	이중근	14	16	15.7	14.1
29	28	현대	현정은	20	20	14.1	15.0
30	31	오씨아이	이수영	26	22	12.1	12.2
31	30	에쓰-오일	에쓰-오일㈜	2	2	12.0	12.6
32	32	현대백화점	정지선	35	35	12.0	11.5
33	35	인천도시공사	인천도시공사	3	3	11.3	11.0
34	33	효성	조석래	44	48	11.2	11.4
35	34	대우건설	㈜대우건설	16	16	10.3	11.4
36	37	동국제강	장세주	16	15	10.1	10.0
37	38	영풍	장형진	22	23	9.9	9.9
38	41	미래에셋	박현주	30	28	9.7	8.6
39	39	코오롱	이웅열	37	38	9.4	9.6
40	36	한국지엠	한국지엠㈜	3	3	9.1	10.2
41	40	한진중공업	조남호	10	9	9.0	8.8
42	42	케이씨씨	정몽진	9	9	8.7	8.5
43	48	한라	정몽원	21	23	8.5	7.5
44	43	홈플러스	홈플러스㈜	3	3	8.0	8.1
45	46	케이티앤지	㈜케이티앤지	11	11	8.0	7.7
46	44	인천국제공항공사	인천국제공항공사	2	2	7.8	8.0
47	55	한국타이어	조양래	16	16	7.8	6.1
48	51	태광	이호진	34	44	7.4	7.0
49	45	대성	김영대	76	83	7.3	7.8
50	49	현대산업개발	정몽규	15	15	7.2	7.4
51	53	교보생명보험	신창재	13	12	7.1	6.3
52	-	코닝정밀소재	코닝정밀소재㈜	2	-	6.8	-
53	50	세아	이순형	22	23	6.7	7.1

54	52	서울특별시 도시철도공사	서울특별시 도시철도공사	3	2	6.5	6.6
55	–	서울메트로	서울메트로	3	–	6.4	–
56	59	이랜드	박성수	24	27	6.4	5.5
57	57	태영	윤세영	42	40	6.2	5.9
58	56	하이트진로	박문덕	12	14	5.9	6.0
59	62	아모레퍼시픽	서경배	10	10	5.5	5.1
60	–	삼천리	이만득	14	–	5.4	–
61	60	한솔	이인희	20	22	5.3	5.2
62	61	부산항만공사	부산항만공사	2	2	5.2	5.1
63	–	한국지역난방공사	한국지역난방공사	3	–	5.0	–
합계		63개 집단 합계		1,677	–	2205.8	–

지정된 기업집단을 유형별로 살펴보면 63개 상호출자제한기업집단 중 민간 기업집단은 49개, 공기업집단 등은 14개이다. 49개 민간 기업집단 중 총수가 있는 기업집단은 40개이다.

〈표3〉 기업집단 유형별 지정 현황

민간 기업집단(49개)		공기업집단 등 (14개)
총수있는 집단(40개)	총수없는 집단(9개)	
삼성, 현대자동차, 에스케이, 엘지, 롯데, 현대중공업, 지에스, 한진, 한화, 두산, 신세계, 씨제이, 엘에스, 금호아시아나, 동부, 대림, 부영, 현대, 오씨아이, 현대백화점, 효성, 동국제강, 영풍, 미래에셋, 코오롱, 한진중공업, 케이씨씨, 한라, 한국타이어, 태광, 대성, 현대산업개발, 교보생명보험, 세아, 이랜드, 태영, 하이트진로, 아모레퍼시픽, 삼천리, 한솔	포스코, 케이티, 대우조선해양, **에쓰-오일**, 대우건설, **한국지엠**, **홈플러스**, 케이티엔지, **코닝정밀소재**	한국전력공사, 한국토지주택공사, 한국도로공사, 한국가스공사, 한국수자원공사, 한국석유공사, 한국철도공사, 인천도시공사, 농협, 인천국제공항공사, 서울특별시도시철도공사, 서울메트로, 부산항만공사, 한국지역난방공사

* 밑줄(_): 신규지정 기업집단, 굵은 글씨: 외국계 기업집단

3. 채무보증제한제도의 운용

공정거래법은 채무보증제한기업집단(상호출자제한기업집단과 동일)에 속하는 계열회사간 채무보증을 금지하고 있다. 이는 계열회사간 채무보증이 대규모기업집단으로의 여신편중을 초래하여 경제력집중을 심화시키고 독립·중소기업의 공정한 자금조달 기회를 박탈할 수 있기 때문이다. 또한 부실 계열회사에 대한 채무보증은 경쟁력을 상실한 대규모기업집단 소속 한계기업의 퇴출을 가로막고 기업집단 전체의 동반부실 위험을 야기할 수도 있다. 이에 기업금융시장에서의 공정경쟁기반을 조성하고, 기업집단의 시스템 리스크를 줄이기 위해 1992년 12월부터 채무보증제한제도가 도입되어 시행되고 있다.

도입 당시에는 채무보증한도를 자기자본의 200%로 설정하고, 한도 내에서만 채무보증을 허용하였으나 1998년부터는 한도규제에서 원칙금지로 규제를 강화하여, 일부 예외인정을 제외하고는 계열회사간 채무보증을 전면 금지하고 있다.

공정거래법상 금지되는 채무보증(제한대상 채무보증)은 국내금융기관으로부터의 여신[79]과 관련하여 채무보증제한기업집단에 속하는 회사(금융·보험사는 제외)가 국내 계열회사에 대하여 행하는 보증의 경우에 한정된다. 따라서 금융기관 여신과 무관한 일반 채무에 대한 보증, 해외 현지 법인이 행하는 보증 등은 규제 대상에 포함되지 아니한다.

---

[79] 공정거래법상 여신이라 함은 국내금융기관이 행하는 대출 및 회사채무의 보증 또는 이수를 말한다(공정거래법 제2조 제9호).

또한, 공정거래법상 금지되는 채무보증 요건에 해당하더라도 정책적 필요에 의해 예외가 인정되는 채무보증(제한제외대상 채무보증)이 존재한다. 산업합리화나 국제경쟁력강화 등과 관련된 채무보증이 그러한 예외에 해당한다.

한편, 공정거래법상 채무보증제한제도를 면탈하려는 목적으로 행해지는 행위를 막기 위해 두 가지의 탈법행위 유형을 정하여 규제하고 있다. 첫 번째는 국내금융기관에 대한 계열회사의 기존 채무를 면하게 함이 없이 동일한 내용의 채무를 부담하는 행위 이른바 병존적 채무인수이다. 그리고 두 번째는 교차 채무보증인데 이는 다른 기업 집단 소속 회사로 하여금 자기의 계열회사에 대해 채무보증을 하게하고, 그 대가로 자신은 그 다른 기업집단 소속 회사에 대하여 채무보증을 하는 행위를 말한다.

2014년도에 지정된 63개 채무보증제한기업집단 중 계열회사에 대한 채무보증이 있는 집단은 총 11개 집단이며, 보증 규모는 7,388억 원으로 2013년도(1조 600억 원)보다 3,212억 원이 감소하였다. 전체 채무보증금액 중 일정기간 내에 해소해야 하는 공정거래법상 제한대상 채무 보증금액은 1,566억 원이고, 예외적으로 허용되는 공정거래법상 제한제외대상 채무 보증금액은 5,822억 원이다.

대규모기업집단 시책 중에서도 채무보증제한제도는 상대적으로 기업들의 정책순응도가 높고, 제도 시행 이후 가시적인 성과도 있었던 것으로 평가된다. 이는 과거 외환위기를 통해 부실 계열회사에 대한 채무보증으로 인해 기업집단 전체가 위험에 빠지는 동반부실화 현상을 경험하면서 무분별한 채무보증에 대한 규제는 어느 정도 불가피한 것이라는 공감대가 형성되었기 때문인 것으로 분석된다. 한편으로는 전술한 바와 같이 공정거래법상 규제되는 채무보증의 범위가 한정적이고, 다양한 예외를 인정하고 있는 까닭에 기업들의 규제부담이 크지 않은 것도 정책순응도가 높은 이유로 분석된다.

제도의 성과를 구체적으로 살펴보면, 1998년 대규모기업집단의 계열회사간 채무보증이 금지된 이후 채무보증 금액은 지속적으로 감소하여 1998년 이전에 존재하던 제한대상 채무보증은 2002년까지 모두 해소되었다. 또한 신규지정·계열편입으로 새로 발생한 채무보증도 기한 내에 모두 해소되고 있으며, 법 상 허용하고 있는 제한제외대상 채무보증도 매년 감소하는 추세이다. 이는 시장에서 계열회사 보증을 통한 자금조달은 가급적 자제하려는 경영 관행이 정착되었음을 보여준다.

〈표4〉 1998년 이후 대규모기업집단 채무보증 변화추이 (단위: 억 원)

구분	1998	1999	2000	2001	2002	2003	2004	2005	2006	2007	2008	2009	2010	2011	2012	2013	2014
제한대상	268,935	97,824	15,261	3,643	6,758	6,604	4,513	12,628	3,581	1,854	1,430	5,213	4,490	18,476	7,619	4,121	1,566
제한제외	365,659	126,188	58,212	45,112	40,139	38,816	33,248	26,973	18,456	16,823	12,846	11,747	10,756	10,628	8,710	6,479	5,822
합계	634,594	224,012	73,473	48,755	46,897	45,420	37,761	39,601	22,037	18,677	14,276	16,960	15,246	29,104	16,329	10,600	7,388

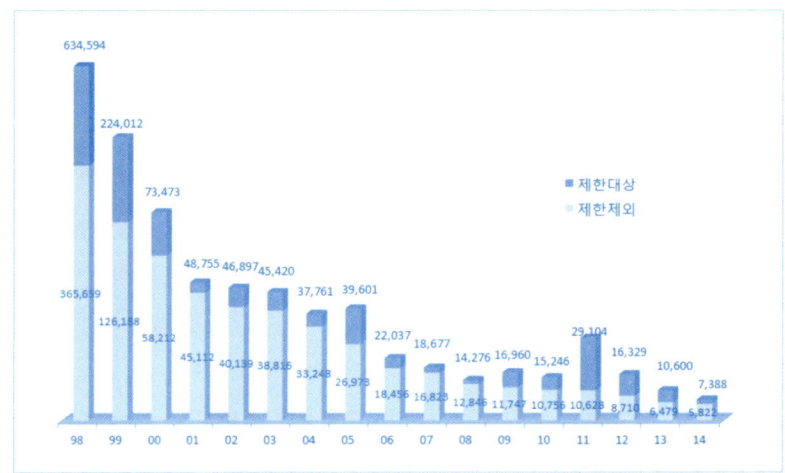

〈그림6〉 1998년 이후 대규모기업집단 채무보증 변화추이 (단위: 억 원)

4. 상호출자금지제도

상호출자란 2개 이상의 독립된 회사가 서로 상대방 회사의 발행주식을 소유하는 출자행위를 의미한다. 상호출자는 크게 직접상호출자와 간접상호출자로 구분할 수 있는데 전자는 2개 회사가 서로 상대방 회사의 발행주식을 직접 소유하는 것을 말하고, 후자는 3개 이상 회사 간의 환상형 출자를 의미한다. 종전 공정거래법은 직접상호출자만을 규제하여 왔으나 2014년 7월 시행되는 신규순환출자금지제도에 따라 환상형 출자도 규제하게 되었다.
공정거래법상 상호출자금지제도는 상호출자제한기업집단 소속회사를 대상으로 하고 있으며, 회사의 합병·영업전부의 양수, 담보권의 실행·대물변제의 수령으로 발생하는 상호출자에 대해서는 6

개월간 예외를 인정하고 있다.

한편 공정거래법에서는 상호출자규제를 면탈하려는 탈법행위를 금지하고 있는데, 탈법행위의 유형으로는 특정금전신탁을 이용한 상호출자, 타인의 명의를 이용한 상호출자가 규정되어 있다.

상호출자금지를 위반하는 경우에는 주식처분명령 등 시정조치 및 과징금 부과가 가능하고, 상호출자 주식은 처분명령을 받은 날부터 의결권 행사가 불가능해진다. 또한 3년 이하의 징역 또는 2억 원 이하의 벌금부과가 가능하다.

상호출자금지제도는 계열회사간 가공자본 형성을 통한 변칙적인 기업집단 확장을 억제하기 위해 1986년 제1차 공정거래법 개정 시 도입되었다. 상호출자금지는 상법에도 규정되어 있지만 상법상 제도는 모·자회사 관계(50% 지분율)에 있는 회사간에만 적용되므로 대규모기업집단 소속 계열회사간 낮은 지분율로 행해지는 상호출자를 규제할 수 없는 문제가 있다. 따라서 계열회사간 출자를 지렛대로 총수 1인이 기업집단 전체를 지배하는 소유·지배구조를 개선하고, 경제력집중 방지라는 정책 목표를 달성하기 위해 대규모기업집단을 대상으로 엄격한 상호출자금지를 적용하게 된 것이다.

5. 금융·보험사 의결권 제한제도

금융·보험사 의결권 제한제도란 상호출자제한기업집단 소속 금융·보험사가 취득 또는 소유하고 있는 국내계열회사 주식에 대한 의결권 행사를 제한하는 제도이다.

금융·보험사 의결권 제한 제도에는 예외사유가 있는데 금융업 또는 보험업을 영위하기 위한 경우, 보험업법 등에 의한 승인을 얻은 경우에는 자유롭게 의결권 행사가 가능하다. 또한 상장 계열회사의 임원임면·정관변경·합법 및 영업양도에 대하여 결의하는 경우에는 다른 특수관계인 지분과 합하여 15%까지 의결권을 행사할 수 있다.

금융·보험사 의결권 제한을 위반한 경우에는 시정조치를 내릴 수 있고, 3년 이하의 징역 또는 2억 원 이하의 벌금부과가 가능하다.

현재 대규모기업집단은 다수의 금융·보험사를 소속회사로 거느리고 있는데 금융·보험사의 고객자금을 이용하여 비금융 계열회사에 출자하는 방식으로 지배력 확장을 시도한 사례가 많다. 이 경우 경제력 집중 구조가 심화되고 금융 시장을 통한 외부 견제장치의 원활한 작동도 제약 받게 된다.

이에 1986년에 경제력집중 억제 시책의 하나로 금융·보험사 의결권 제한제도가 도입되었다. 도입 당시에는 현재와 같은 예외가 없이 의결권행사를 전면 금지하였으나 1992년 금융·보험사의 정상적인 자산운용활동 차원에서 보유한 주식에 대한 의결권 행사 금지는 과도한 규제라는 판단 하에 예외조항을 신설하였다. 2002년에는 국내 우량기업에 대한 외국인의 적대적 M&A 위협에 대비하기 위해서 예외가 필요하다는 재계의 의견을 수용하여 상장 계열회사 주식에 한하여 임원선임, 정관변경 등 주요 사항 결의 시 30%까지 의결권 행사를 허용토록 하였다.

그러나 2002년 법 개정 당시 주장과는 달리 금융·보험사 의결권의 제한적 허용이 경영권 방어 보다는 계열회사 확장 수단으로 활용되는 측면이 커서 2004년 금융·보험사의 의결권 행사범위를 30%에서 15%로 단계적으로 축소하는 방향으로 공정거래법을 개정하였고, 2008년 4월 1일부터는 15%의 행사한도가 적용되고 있다.

6. 지주회사제도 개선을 통한 소유 · 지배구조 선진화 유도

지주회사(Holding Company)란 주식소유를 통하여 다른 회사의 사업내용을 지배하는 것을 주된 사업으로 하는 회사를 말한다.
지주회사는 피라미드형 출자구조의 특성상 무분별한 지배력 확장 소지가 커, 제1차 공정거래법 개정 시(1986년) 지주회사의 설립 · 전환을 원칙적으로 금지하였다. 그러나 외환위기를 겪으며 대기업집단의 소유지배구조개선, 신속한 구조조정 지원 및 이를 통한 기업집단 동반부실화 방지 등의 목적에서 과도한 경제력 집중 문제에 대한 보완장치 마련을 전제로 1999년부터 지주회사의 설립 · 전환을 제한적으로 허용하게 되었다.
지주회사 체제에서는 계열회사간 교차 · 방사 · 순환형 출자가 금지되고 수직적 출자만 허용되어 소유지배구조가 단순 · 투명해지는 장점이 있다. 또한 수직적 출자구조의 특성상 부실기업의 신속한 퇴출이 가능해져 시장에서의 유효경쟁을 촉진시키는 효과가 있다. 뿐만 아니라, 출자구조가 단순 · 투명하기 때문에 금융기관이나 소수주주의 경영감시가 용이해지고, 총수일가의 지분이 지주회사로 집중되므로 특정 계열사를 지원하는 등의 터널링, 부당지원 유인이 감소하게 된다는 장점이 있다.
공정거래법은 지주회사를 "자산총액이 1천억 원 이상이고, 소유하고 있는 자회사 주식가액 합계액이 지주회사 자산총액의 50% 이상인 회사"로 규정하고 있다(법 제2조 1의 2, 시행령 제2조 1항

및 2항).

지주회사 소속회사로는 지주회사, 자회사, 손자회사 등이 있고 공정거래법상 지주회사의 자회사, 손자회사란 지주회사의 계열회사이면서 각각 지주회사 및 자회사가 소유하는 주식이 특수관계인 중 최다출자자가 소유하는 주식과 같거나 많은 회사를 말한다. 기본적으로 지주회사는 계열회사 중 자회사 주식만을, 자회사는 손자회사 주식만을, 손자회사는 증손회사 주식만을 보유할 수 있다.

또한 피라미드형 출자를 이용한 과도한 지배력 확장을 방지하고 지배주주와 소수주주간 이해상충문제를 방지하기 위해 지주회사 및 자회사가 자회사 및 손자회사를 지배할 때 최소 지분율(상장회사: 20%, 비상장회사: 40%) 이상의 주식을 보유하도록 하고 있으며, 손자회사는 증손회사의 지분 100%를 보유하는 경우에만 증손회사 주식 보유가 허용된다. 아울러 과도한 차입을 통한 계열확장을 방지하기 위해 지주회사의 부채비율을 200% 미만으로 규제하고 있으며, 지주회사 내 금산분리를 위해 지주회사가 금융회사 주식과 비금융회사 주식을 동시에 소유하지 못하도록 하고 있다.

한편, 지주회사 체제로 전환하고자 하는 기업의 부담을 완화하는 한편, 불가피한 법 위반을 최소화하기 위해 위의 행위제한규정은 일정한 경우 예외가 인정된다. 지주회사로 설립·전환된 시점부터 요건을 미충족하고 있는 경우에는 설립·전환일로부터 2년간 유예기간이 부여되고, 설립·전환 이후 일시적으로 요건 미충족 사유가 발생한 경우에는 1년의 기간이 부여된다.

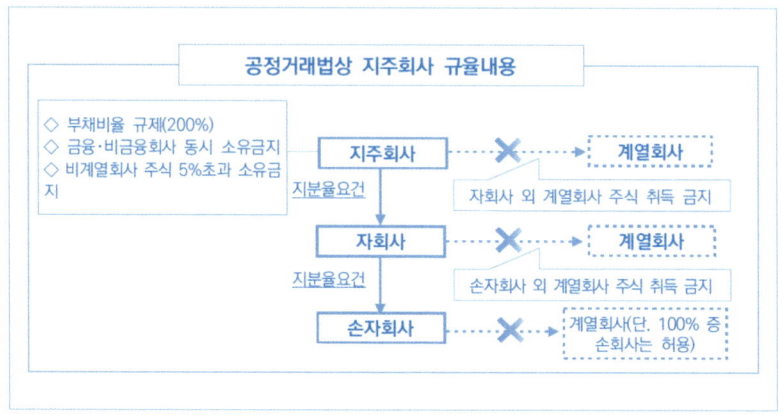

〈그림7〉 공정거래법상 지주회사 규율내용

2014년 9월 말 현재 공정위에 신고된 공정거래법상 지주회사는 총 132개사이며, 이 중 일반지주회사는 117개, 금융지주회사는 15개이다. 공정거래법상 지주회사 수는 199년 2월 제한적 허용 이후 지속적으로 증가(2005년: 25개 → 2006년: 31개 → 2007년: 40개 → 2008년: 60개 → 2009년 79개 → 2010년: 96개 → 2011년: 105개 → 2012년: 115개 → 2013년: 127개 → 2014년: 132개)하고 있다.

지주회사 수가 지속적으로 증가하는 이유는 자회사에 대한 최소지분율 요건 완화 등 지주회사 설립·전환을 용이하게 하는 방향으로 그 동안 꾸준히 제도 개선이 이루어져 왔고, 상대적으로 소유·지배구조가 단순·투명한 지주회사체제에 대해 시장에서도 긍정적 평가가 이어지면서 기업 스스로 지주회사 체제 전환에 적극적인 관심을 갖게 된 것이 상호작용을 한 것으로 분석된다.

<표5> 연도별 지주회사 수 추이 (단위: 개, 누적)

구 분	2005. 8.	2006. 8.	2007. 8.	2008. 8.	2009. 8.	2010. 8.	2011. 8.	2012. 8.	2013. 8.	2014. 8.
일반지주회사	22	27	36	55	70	84	92	103	114	117
대기업집단 소속	10	12	15	13	16	22	26	28	30	30
금융지주회사	3	4	4	5	9	12	13	12	13	15
대기업집단 소속	0	0	0	0	2	3	2	2	2	1
합계	25	31	40	60	79	96	105	115	127	132
증가율 (%)	-	24.0	29.0	50.0	31.7	21.5	9.4	9.5	10.4%	3.9%

2014년 9월말 기준으로 공정거래법상 일반지주회사는 117개사이고 이 중 상호출자제한기업집단 소속 지주회사는 「22개 집단 32개사(2013.9월) → 22개 집단 31개사(2014.9월)」로 1개가 감소하였다.

<표6> 상호출자제한기업집단 소속 지주회사 현황

기업집단	지주회사	기업집단	지주회사
삼성	삼성종합화학	부영	부영
SK	SK		동광주택산업
	SK이노베이션	현대백화점	현대에이치씨엔
	SK이엔에스	코오롱	코오롱
LG	LG	한진중공업	한진중공업홀딩스
GS	GS	한라	한라홀딩스
	GS에너지	한국타이어	한국타이어월드와이드
농협	농협경제지주	태광	티브로드홀딩스
	농협금융지주	대성	대성합동지주
한진	한진해운홀딩스		서울도시개발
	한진칼	세아	세아홀딩스
한화	한화도시개발	태영	SBS미디어홀딩스

두산	두산	하이트진로	하이트진로홀딩스
	디아이피홀딩스	아모레퍼시픽	아모레퍼시픽그룹
CJ	CJ	계 (22개 집단)	31개 회사 (일반: 30, 금융: 1)
	케이엑스홀딩스		
LS	LS		

* 음영은 지주회사 전환(자산총액이 가장 큰 계열회사를 지주회사 체제 내에 보유한 집단) 대기업집단(15개)

기업집단 내에 속하는 일반지주회사의 경우 모든 계열회사가 지주회사 체제에 소속되어 있는 것은 아니며, 지주회사 전환 대기업집단 기준으로 평균 69.1% 정도의 계열회사만이 지주회사 체제 내로 편입한 것으로 나타나고 있다. 즉 계열회사 총 596개 중 412개를 지주회사 체제 내에서 보유하고 있다. 이러한 지주회사 편입율은 2010년 이후 대체로 낮아지는 추세(2010년: 73.3% → 2014년: 69.1%)이다.

〈표7〉 지주회사 전환 대기업집단의 지주회사 체제 내 편입율 현황 (단위: %)

구분	2005	2006	2007	2008	2009	2010	2011	2012	2013	2014
편입율	55.6	58.3	54.0	56.3	71.9	73.3	70.8	69.4	69.9	69.1

지주회사 재무현황을 살펴보면 지주회사 평균 자산총액은 1조 8,888억 원(일반지주회사: 8,990억 원, 금융지주회사: 9조 6,095억 원)이고, 지주회사 전환 대기업집단(15개)소속 지주회사의 평균 자산총액은 4조 2,787억 원으로 전체 평균보다 2.3배 높은 수준이다. 평균 부채비율(자본총액 대비 부채총액 비율)은 35.4%로 법 상 규제기준(200% 이하)보다 상당히 낮은 수준을 유지하고 있다.

⟨표8⟩ 지주회사 부채비율 변화추이 (매년 직전사업연도말 기준, 단위: %)

연도	2005	2006	2007	2008	2009	2010	2011	2012	2013	2014
일반지주회사	28.6	24.7	34.1	45.5	46.4	54.9	43.3	44.8	39.3	37.3
금융지주회사	17.0	20.1	20.1	18.3	23.2	19.0	15.4	23.0	19.4	20.9
전체	27.2	24.1	32.7	43.2	43.8	50.4	40.0	42.5	37.2	35.4

지주회사의 평균 자회사, 손자회사 수는 각각 5.1개, 5.2개이며, 지주회사 전환 대기업집단(15개)의 평균 자회사, 손자회사 수는 각각 8.5개, 15.5개이다. 지주회사의 자회사 및 손자회사에 대한 평균 지분율은 각각 75.9%(상장 43.2%, 비상장 84.7%), 76.5%(상장 45.7%, 비상장 78.0%)로 법 상 지분율 요건(상장: 20%, 비상장: 40%)보다 상당히 높은 수준을 유지하고 있다. 지주회사 전환 전 대기업집단의 자회사, 손자회사 평균 지분율은 각각 73.7%(상장 42.2%, 비상장 86.6%), 77.3%(상장 50.2%, 비상장 79.2%)이다.

지주회사의 금융사 보유현황을 보면, 2014년 9월말 현재 4개 일반지주회사가 5개의 금융 자·손자회사를 보유하고, 4개 지주회사 모두 대기업집단 소속회사가 아닌 것으로 되어있다.

⟨표9⟩ 일반지주회사 체제 내 금융사 보유 현황 (단위: %)

지주회사명	금융보험사명	지분율	유예기간	비고
제일홀딩스(주)	(주)에코캐피탈	53.3	2015. 1. 3	하림홀딩스의 자회사
아세아(주)	우신벤처투자(주)	83.3	2015. 9. 30	
약진홀딩스(주)	미시간벤처캐피탈(주)	25.0	2015. 12. 22	
(주)팔도	플러스자산운용(주)	75.0	2015. 12. 31	
	플러스뱅가드1호사모펀드	100.0	2015. 12. 31	

지주회사 전환 대기업집단의 경우 지주회사 체제 내에는 금융자회

사 등을 보유하고 있지 않으나, 10개의 지주회사 전환 대기업집단이 17개 금융회사를 지주회사 체제 밖에서 보유하고 있다.

〈표10〉 지주회사 전환 대기업집단의 금융사 보유 현황 (단위: 개)

구분	SK	LG	GS	두산	CJ	LS	부영	코오롱	한국타이어	대성	합계
개수	1	1	1	5	2	1	1	2	1	2	17개

제 11 장

한국 반도체 산업의 영광은 지속될 것인가?

이 장에서는 세계 반도체시장의 현황과 미래에 관하여 글로벌 시장 동향과 함께 분석해보도록 한다.

1. 글로벌 반도체 시장 현황 및 이슈

(1) 반도체 시장 현황

반도체는 PC, 스마트폰, 서버 등 전자 제품에 주로 사용되는 부품으로서, 논리 연산, 정보 저장, 아날로그 신호의 디지털 전환 등 다양한 기능을 수행하고 있다. 반도체 제품의 주요 수요처인 전자기기 시장은 2015년 예상 기준 전세계 GDP의 약 2%인 1,423억 달러이며, 이중 반도체 제품 비중은 약 25%에 해당된다(IC Insights, 2016).

이로 인해 반도체 시장도 전자기기 시장과 마찬가지로 세계경기에 민감한 특성을 보유하고 있으며, 이에 따라 세계 글로벌경기 둔화의 영향으로 2010년 이후 세계 반도체시장은 310억 달러 수준에서 정체되는 모습을 보인 바 있다. 하지만, 2014년 미국 경기 회복세,

스마트폰 본격 확산 등으로 반도체 시장 규모는 355억 달러 수준으로 크게 성장하였고 현재의 수준에 이르고 있다.

〈표1〉 반도체 부분별 시장규모 추이 (단위: 억 달러)

	2011	2012	2013	2014	2015	5개년 연평균성장률
합계	311	303	318	355	352	+3.1%
메모리	59	53	65	83	82	+8.9%
마이크로컴포넌트	66	61	60	66	63	−1.3%
로직	83	87	89	92	90	+2.2%
아날로그	48	46	47	51	52	+2.0%
기타	55	55	56	64	64	+3.8%

* 2015년은 예측치에 해당함
출처: IHS Semiconductor data

(2) 주요 제품별 시장

반도체 시장은 크게 연산기능을 수행하는 비메모리 제품과 정보저장 기능을 하는 메모리 제품으로 구분할 수 있다. 이 중 System IC는 다시 마이크로컴포넌트, 로직, 아날로그 등으로 세분화할 수 있으며, 다시 범용화 수준에 따라 ASIC[80], ASSP[81], General 등으로 세분화할 수 있다. 한편, 메모리는 DRAM, SRAM, NAND플래시, NOR플래시 등으로 세분화할 수 있는데 이중 DRAM과 NAND가 메인 제품이라 할 수 있다. 우리가 흔히 접하는 CPU 등은 마이크

---

80) Application Specific Integrated Circuit. 특정 사용자를 위해 특화된 주문형 반도체
81) Application Specific Standard Product. 일부 분야를 대상으로 기능을 특화시킨 범용 반도체

로컴포넌트에 속하며 휴대폰 AP[82] 등은 ASIC 또는 ASSP로 구분된다. 전체 반도체 시장 내 비중은 CPU가 속한 MPU[83]가 약 13%, AP가 속한 ASSP가 약 18%, 메모리가 약 23%로서 핵심 시장을 형성하고 있다.

제품별로 보았을 때 최근 반도체 시장 성장을 견인한 것은 메모리이다. 특히, DRAM 시장이 큰 폭의 성장을 시현하였는데 이는 2013년 Elpida가 Micron에 인수되는 등 업체간 병합에 따른 과점 시장이 형성되어 안정화가 진행되었던 것과 동시에 스마트폰 등 모바일 기기의 성장에 따른 수요 증가가 맞물렸던 것에서 기인한다. 한편, 비메모리 시장에서는 모바일 시대의 도래와 함께 AP 등이 포함된 로직 및 아날로그, 기타 분야 등에서 꾸준한 성장세를 보여주고 있는 반면, PC시장의 정체와 함께 마이크로컴포넌트는 정체 및 감소 추세를 보이고 있다.

(3) 반도체 사업 모델별 현황

반도체 사업 모델은 크게 칩 설계부터 제조, 완제품 생산까지 반도체 가치사슬 영역을 모두 수행하는 IDM[84]과 칩 설계만 담당하는 팹리스, 팹리스로부터 수탁받아 칩 제조만 수행하는 파운드리로 구성되어 있다. '15년 기준 전체 반도체 시장은 352억 달러 수준이며, 이 중 IDM은 267억 달러로 약 76%, 팹리스는 84억 달러로 약 24%

---

82) Application Processor. 휴대폰에서 컴퓨터의 CPU(중앙처리장치)와 같은 역할을 하는 반도체
83) Micron Processor Unit. 마이크로컴포넌트 內 한 범주로, 컴퓨터용 CPU를 일컬음
84) Integrated Device Manufacturer. 설계에서부터 공정까지 회사 내부에서 진행하는 종합 반도체기업

를 차지하고 있다. 팹리스의 주요 업체는 Qualcomm, Broadcom, MediaTek, Avago, Nvidia 등이 있다. 한편, 이러한 반도체 산업 규모를 산정할 때 팹리스의 수탁생산만을 담당하는 파운드리의 속성상 일반적으로 파운드리는 제외하는데, 상대적 규모를 가늠하기 위해 단순 비교하면 파운드리의 2015년 매출 총액은 50억 달러 수준으로, 전체 반도체 규모의 약 14% 수준임을 알 수 있다. 파운드리 주요 업체로는 TSMC가 시장점유율 53%로 강력한 시장 지배력을 가지고 있고 TSMC에 이어 GlobalFoundries, UMC 등이 그 뒤를 따르고 있다.

〈표2〉 반도체 사업 모델별 주요 업체 현황 (단위: 억 달러, %)

IDM			Fabless			Foundry		
업체	규모	점유율	업체	규모	점유율	업체	규모	점유율
합계	267	100	합계	84	100	합계	50	100
Intel	49	18	Qualcomm	16	19	TSMC	26	53
SEC	41	15	Broadcom	8	10	GF	5	10
SK	17	6	MediaTek	7	8	UMC	4	9
Micron	15	6	Avago	5	6	SEC	3	5
TI	12	5	Nvidia	5	6	SMIC	2	4

출처: HIS, IC Insigts data

(4) 반도체 시장 주요 이슈

최근 반도체 시장은 경쟁 구도, 킬러 애플리케이션[85], 핵심 경쟁요인 등에 변화 조짐이 보이고 있다. 경쟁 구도 측면에서의 가장 주목할 부분은 중국의 반도체 산업 진입이다. 중국은 지난 2014년 "국

---

85) 킬러 애플리케이션(Killer application)이란 시장에 등장하자마자 다른 경쟁 제품을 몰아내고 시장을 완전히 재편할 정도로 인기를 누리는 상품이나 서비스를 의미한다.

가 반도체산업 발전 추진 요강"을 발표하며 반도체를 국가 핵심 산업으로 육성하겠다는 의지를 표명한 바 있다. 중국은 현재 전세계 반도체의 약 30%를 소비하는 최대 수요국임에도, 자급률은 10% 중반 수준에 불과하여 중국 정부 차원에서 반도체 자급률을 2025년까지 약 45% 수준까지 끌어올린다는 계획이다. 중국 정부는 이러한 계획의 실행을 위해 약 25조원 규모의 국가IC기금을 비롯하여 대규모 자금을 조성 중이며 지방 정부 차원에서도 다양한 기금 조성이 활발하게 진행되고 있다. 민간 기업 측면에서도 이러한 정부 정책에 호응하여 칭화유니그룹 및 XMC 등이 적극적으로 반도체 사업에 뛰어들고 있다. 특히, 칭화유니그룹이 적극적인 모습을 보이고 있는데 최근 칭화유니그룹의 짜오웨이궈 회장은 언론 인터뷰에서 향후 5년간 약 55조원을 투자해 세계 3대 반도체 업체로 도약하겠다고 다소 공격적인 발언을 한 바 있다. 한편, 중국은 이러한 반도체 산업의 발전을 통해 전후방 산업의 경쟁력 상승도 함께 모색하고 있는 것으로 보인다. 중국의 이러한 반도체산업 육성 정책은 막대한 국내 수요를 바탕으로 한 중국 업체의 부상뿐만 아니라 국산품 사용 장려 등 중국 정부의 차별적 정책 가능성 등의 측면에서 위협요인이 될 것으로 전망된다.

최근 반도체 산업의 또 다른 주요 이슈는 킬러 애플리케이션의 부재이다. 반도체 산업은 1980년대 PC의 보급과 함께 CPU 및 범용 메모리 등 컴퓨터 사용 관련 반도체가 시장 성장을 견인하였고, 2000년대 스마트폰, 태블릿 등 모바일 기기가 AP, Connectivity 칩 등 모바일 칩의 성장을 이끌어온바 있다. 하지만 최근 스마트폰 등 모바일 시장 성장 둔화로 인해 반도체 수요 둔화의 조짐을 보이고 있다. 'IoT[86]', 'Smart Car', 'Data Center' 등이 'Next Big Thing'으로 거론되고는 있으나, Data Center를 제외하고는 IoT, Smart Car 등에 사용되는 반도체 제품이 비교적 단순하고 저가형 제품인 경우가 많은 것에서 기인하여 해당 응용분야에서 대규모의 반도체 신규 수요로 이어질지 아직은 불확실한 상황이다.

한편, 공급 측면에서의 이슈는 미세화의 어려움이 가중되고 있다는 것이다. 반도체 산업은 '무어의 법칙[87]'으로 대변되는 미세화를 통한 원가 절감을 통해 새로운 수요를 창출하며 발전해 왔다. 하지만 최근 비메모리 분야에서 Intel과 삼성 등이 14nm대로 개발에 성공하고 메모리에서도 20nm제품이 양산되면서 회로 선폭이 극단적으로 미세화된 상황이며, 미세화로 인한 원가 절감 효과도 감소하고 있어 무어의 법칙의 지속이 쉽지 않은 상황이라고 할 수 있다. 이러한 상황의 돌파를 위해 반도체 업계에서는 미세화와 함께 3D[88] 반도체, TSV[89] 패키징, 차세대 반도체 개발 등 어려움을 돌파하기 위한 다양한 기술적 대안들을 모색하고 있다.

또한 이처럼 수요, 공급 측면에서 성장 둔화 가능성이 높아지고 있는 가운데 세계각국 정부의 양적 완화 정책으로 글로벌 유동성이 풍부해 짐에 따라 반도체 산업 M&A 활동이 급격히 증가하고 있다. 2015년 한해 동안 이루어진 주요 M&A로는 Intel의 Altera인

---

[86] Internet of Things. 사물인터넷. 생활 속 사물들이 유무선 네트워크로 연결해 정보를 공유하는 환경
[87] 반도체 직접회로의 성능이 18개월마다 2배로 증가한다는 Intel 창립자 Gordon Moore가 발표한 법칙
[88] 기존의 수평구조인 2D에 비해 셀을 수직으로 쌓을 수 있어 집적도 향상과 원가절감에 유리한 설계
[89] Through Silicon Via. 칩에 구멍을 뚫고 수직으로 쌓아 연결하는 방식. 기존 방식 대비 고용량/고성능/저전력 가능

수(26.7억 달러), NXP의 Freescale 인수(11.8억 달러), Avago의 Broadcom 인수(37억 달러) 등이 있으며 2015년 총 102.4억 달러 규모의 M&A가 이루어졌다. 이는 2010~2014년 연평균 금액보다 8배가 높은 수치이며, 이러한 M&A 활성화는 2016년에 계속될 것으로 전망된다.

〈표3〉 반도체 업계 M&A 규모 추이 (단위: 억 달러)

	2010	2011	2012	2013	2014	2015
M&A규모	7.7	17	9.5	11.5	16.9	102.4

(5) 주요 글로벌 반도체 업체 대응 전략

이러한 반도체 시장의 수요 변화 및 기술 변화에 따라 Intel, 삼성, Qualcomm 등 주요 글로벌 반도체 업체의 전략들도 변화하고 있다.

Intel은 전통적인 PC 시장의 강자였으나 모바일 시장에서의 대응이 늦어 휴대폰 AP 시장에서 Qualcomm에 주도권을 내준 바 있고, 이러한 실수의 만회를 위해 지난해 Altera를 인수함으로써 Altera의 FPGA[90]제품을 활용해 맞춤형 제품 개발 및 성능 향상을 도모하는 등 Data Center의 Server 경쟁력을 더욱 강화하고 있다. 또한 Intel은 CPU 지배력 강화 및 PC 시장의 둔화에 따른 CPU 매출 증가 둔화 방어 등을 위해 메모리 시장 재진입을 모색하고 있다. Intel은 지난해 비휘발성 메모리인 3D X-point 제품의 개발을 발표하

---

90) Field Programmable Gate Array. 일반 반도체와 달리 프로그램으로 회로 변경이 가능한 반도체

였으며, 향후 5년동안 최대 5.5억 달러를 투자해 중국 다롄 공장을 NAND 공장으로 전환을 추진할 계획임을 언급하였다. 또한 기존의 HDD[91]를 대체하는 SSD[92] 사업에도 적극적인 모습을 보이고 있는 중이다.

삼성은 기존 메모리 시장 내의 지배력을 더욱 강화하는 한편, 비메모리 사업의 적극 육성을 통한 반도체 사업 포트폴리오의 균형을 지속 추진하고 있다. 삼성 휴대폰에 Qualcomm의 AP 제품 대신 동사 제품인 Exynos AP의 탑재율을 높이고 있으며, 파운드리 사업에서는 14nm 공정 개발 등으로 TSMC를 위협하고 있다.

Qualcomm은 AP 지배력 유지에 힘쓰는 한편, 스마트폰 시장의 성장 둔화에 대비해 Sever형 CPU 개발에도 적극적으로 나서고 있다. Qualcomm은 지난해 10월 ARM 설계를 기반으로 한 서버 CPU 시장 진출 계획을 밝히며, 장기적으로 Intel과 경쟁할 것임을 언급하기도 하였다.

한편, 중국의 반도체 육성 정책에 대한 대응 차원에서 이들 업체들의 대 중국 협력 움직임도 더욱 활발해지고 있는 중이다. Intel은 '14년 중국 팹리스 업체인 Spreadtrum, RDA에 20% 지분 투자를 발표하는 한편, 최근에는 칭화유니대학과 중국 Server향 CPU를 공동 개발하기로 발표하였으며, Qualcomm은 중국 정부로부터 반독점 조사를 받은 이후로 중국과의 협력을 더욱 강화하고 있다. 중국

---

91) Hard Disk Drive. 컴퓨터의 정보를 저장하는 외부 기억장치로. 자성을 띤 디스크 판에 정보를 저장함
92) Solid State Drive. HDD와 달리 디스크 대신 플래시메모리에 정보를 저장하여 고속 동작이 가능함

파운드리 업체인 SMIC에 28nm 공정기술 개발을 지원한 바 있고, 최근에는 귀주성과 서버 칩 설계 및 개발을 위한 조인트 벤처 설립을 진행 중이다. 세계 최대 파운드리 업체인 TSMC도 지난해 중국 난징에 약 3억 달러를 투자하여 공장을 건설하는 계획을 발표한 바 있다.

2. 한국 반도체 시장 현황 및 이슈

(1) 글로벌 반도체 시장에서의 한국 반도체 위상

한국의 반도체 산업은 비약적인 발전을 거듭하여, 2015년 현재 세계 2위로 성장하는 등 반도체 강국의 위상을 높여가고 있다. 국가별로 보면 미국(52.6%)의 1위에 이어 한국(28.6%)이 전년 비 크게 증가하며 2위를 기록하였고 그 뒤를 일본(10.7%)이 뒤따르고 있다. 업체별로 보면 삼성전자가 11.6%로 Intel에 이은 2위, SK하이닉스가 4.8%로 3위에 포진 중으로, Top5 중 두 한국 업체만 유일하게 전년 대비 증가하는 모습을 보였다. 한편, Intel은 지난해 대비 1.3% 축소되고, 삼성전자는 7.0% 증가하며 양사의 격차는 2014년 대비 절반 수준으로 줄어드는 등 역대 최소 격차를 기록하였다.

<표4> 2015년 Top5 반도체 업체 매출액 및 시장점유율 (단위: 백만 달러)

순위	국가	업체	매출액	시장 점유율	전년비 증감율
1	미국	Intel	49,319	14.0%	-1.3%
2	대한민국	삼성	40,722	11.6%	7.0%
3	대한민국	SK 하이닉스	16,944	4.8%	5.2%
4	미국	Qualcomn	16,205	4.6%	-16.0%
5	미국	Micron	14,759	4.2%	-8.4%
기타	-	-	213,566	60.8%	-1.0%
합계	-	-	351,515	100.0%	-1.0%

출처: IHS 2015 Dec Preliminary Semiconductor Market Share

특히, 한국 반도체 업계는 DRAM과 NAND 플래쉬 메모리에서의 강점을 바탕으로 메모리 반도체 영역에서 독보적인 지위를 가지고 있다. 메모리 분야 최대 시장인 DRAM에서 한국업체인 삼성전자와 SK하이닉스가 1위, 2위로 압도적 점유를 보이고 있으며, DRAM에 이은 최대 시장인 NAND에서는 삼성전자가 30.4%로 1위, SK 하이닉스가 12.2%로 5위에 포진하고 있다.

<표5> 2015년 3분기 누적 DRAM 시장 매출액 및 시장점유율 (단위: 백만 달러)

	삼성전자	SK 하이닉스	Micron	기타	합계
매출액	15,751	9,610	7,160	2,423	34,944
시장점유율	45.1%	27.5%	20.5%	6.9%	100.0%

출처: HIS 2015 DEC DRAM, Flash tracker

〈표6〉 2015년 3분기 누적 NAND 시장 점유율 (단위: 백만 달러)

	삼성전자	Toshiba	Micron	SanDisk	SK 하이닉스	합계
매출액	7,290	4,791	3,604	3,574	2,913	23,950
시장점유율	30.4%	20.0%	15.0%	14.9%	12.2%	100.0%

출처: HIS 2015 DEC DRAM, Flash tracker

(2) 한국경제에서의 한국 반도체 산업 지위

반도체 산업은 무선기기·자동차·석유·조선과 더불어 우리 나라의 주요 수출 품목으로 손꼽히고 있다. 한국 주요 수출품목 순위별로 보면 반도체는 2011년 조선·석유제품에 이은 3위, 2012년 석유제품에 이은 2위에서, 2013년 1위를 차지하여 현재까지 1위 자리를 유지하고 있다. 반도체 수출액은 2015년 한국의 총수출 금액 중 11.9%를 차지하고 있다.

〈표7〉 한국 총 수출액 및 반도체 비중 (단위: 백만 달러)

	2011	2012	2013	2014	2015
총수출	555,214	547,870	559,632	572,665	526,901
반도체 수출액	50,146	50,430	57,143	62,647	62,918
비중	9.0%	9.2%	10.2%	10.9%	11.9%
품목별 순위	3위	2위	1위	1위	1위

출처: 산업통상자원부, 관세청 통관자료

또한, 반도체 산업은 대규모의 투자를 필요로 하는 기간산업의 특성을 가지고 있어 전후방 산업 생산 유발·고용 창출 등 경제 파급 효과 및 국가 경제 기여도가 매우 크다고 할 수 있다. 예로, 삼성전자는 매년 반도체에 20조 이상의 투자를 집행 중이며, 최근에는 2015년 평택 반도체단지 1기 건설에 2017년까지 총 15.6조원을 투입할 계획임을 발표한 바 있다. SK하이닉스는 현재 연간 5~6조원의 투자를 집행 중이며, 2015년 M14 건설을 시작으로 향후 10년간 총 46조원을 투자하기로 계획하고 있다. 관련하여 서울대 경제연구소는 M14에서 발생될 매출이 국민경제에 55조원의 생산유발과 21만 명의 고용창출을 일으킬 것으로 분석하였다.

특히, 최근 중국 업체의 부상과 함께 조선/기계 등 한국 제조업계 다수 업종이 흔들리고 있는 상황에서 반도체는 한국 산업에서 중요한 역할을 하고 있다고 할 수 있다. 조선업계에서는 삼성중공업, 현대중공업, 대우조선해양 등이 중국의 가격 경쟁력을 앞세운 공세에 최근 수년간 부진을 면치 못하고 있으며, 포스코, 두산인프라코어 등 철강소재, 건설기계 등도 중국의 저가 공세에 따른 시장 경쟁력 악화로 대규모 매출 축소 및 영업 손실을 기록 중에 있다. 최근에 이르러서는 전자업계 역시 최근 스마트폰 시장에서 화웨이, 샤오미 등 중국 제품들의 시장 추격이 거세지며 향후 전망을 낙관하지 못하고 있는 상황이다. 하지만 반도체산업은 최근 중국이 적극적인 진입을 모색하고는 있으나, 상대적으로 단기간 내에는 기술격차를 따라잡기가 힘들 것으로 전망되고 있다.

(3) 메모리 반도체 분야의 편중 구조

한국 반도체 업계는 대형 IDM 업체 주도의, 메모리 집중 구조이며, 시장 규모가 더 큰 비메모리 영역에서는 한국 업체의 시장 경쟁력이 뒤쳐져 있는 상황이다. 삼성전자, SK하이닉스의 대형 IDM 업체가 주도하고 있으며, 두 업체를 제외한 시스템반도체 및 팹리스·

장비·재료 업체들은 상대적으로 중소기업군으로 형성되어 있다. 반도체 전체 제품별로 보면 비메모리가 약 77% 수준으로 메모리의 약 23% 대비 3배 더 큰 시장 규모를 형성하고 있으나, 비메모리 영역의 한국 시장점유율은 약 5% 내외 수준에 불과하고, 팹리스만 한정하면 한국 반도체의 세계점유율은 1% 내외에 그치는 수준이다.

한국은 메모리 분야의 다소 편중된 구조에도 최근 수년간 모바일 시장의 성장과 함께 고성장을 이뤄왔으나, 최근 동 시장 포화와 함께 성장 둔화가 전망되는 등 메모리 집중 구조에 내포된 속성을 보여주고 있다. 예로 2015년 스마트폰 성장률은 최초로 10% 전후의 역대 최저 수준으로 떨어지며 향후로도 한 자릿수 중후반대에서 정체될 것으로 전망되고 있고, 이에 따라 2016년 DRAM, NAND 시장 모두 수요 둔화에 따른 가격 하락 영향 등으로 시장 크기가 전년 대비 소폭 하락될 것으로 예측되고 있다.

이러한 상황에서 글로벌 반도체 업계는 최근 IoT, Smart Car 등 새로운 성장이 기대되는 ICT 환경 변화에 따라 전략적인 시스템반도체 역량을 내재화 하고 있다. Intel은 지난해 Quark/Atom/Core 등의 프로세서를 탑재한 IoT 게이트웨이를 소개하며 TV, PC, 태블릿 등의 IT기기뿐 아니라 IoT 기술이 적용된 다양한 생활기기를 제어할 수 있는 솔루션을 제공하는 등 IoT 분야를 적극 공략하겠다고 선언한 바 있으며, Nvidia의 경우 그래픽반도체(GPU) 전문 설계기업으로 시작하여 현재는 아우디·볼보 등 완성차 업체와 협력하여 스마트카용 슈퍼컴퓨터를 개발하고 있다.

한국 반도체 산업도 시스템반도체 역량 강화를 통한 반도체 균형 발전을 통해 한국 반도체의 안정적 성장과 반도체 수요 산업의 동반 성장을 이끌어 나가야 할 것이다. 한국의 경우 삼성전자가 AP,

파운드리 등을 육성하여 발전시키고 있으나, 아직 한국 시스템반도체 산업 전체적으로는 세계적인 수준과는 거리가 있는 상황이다. 한국 반도체 산업의 메모리·시스템반도체 균형 발전이 이루어질 경우 상호 시너지 및 관련 산업의 동반 발전이 기대된다.

(4) 정책 지원 및 연구 인력 부족

과거 정부 차원에서 "시스템 반도체" 육성을 위한 국책과제 설정 등 발전·육성을 위한 정책적인 지원은 있어왔으나, 아직까지는 본격적인 성과가 나타나지 않고 있는 상황이다. 정부는 2011년 '시스템 반도체 산업 육성 대책', 2013년 '시스템IC 2015 계획' 등 그동안 IT 국책과제 선정 등을 통해 해당 분야 발전을 지원해온 바 있다. 성과가 미비한 이유로 업계에서는 시스템반도체 시장의 기 시장선점 업체의 기술 진입장벽이 높고, 메모리와 달리 시스템 반도체는 분야별 구조가 상이한 것, 관련 산업 생태계 형성 미비 등 여러 가지 이유에서 기인한 것으로 판단하고 있다.

〈표8〉 메모리반도체와 시스템반도체 주요 특성 비교

메모리반도체	시스템반도체
상대적으로 정형화된 구조	분야별로 다양한 구조
소품종 대량생산	다품종 소량생산
생산기술 지향	설계기술 지향
IDM 위주	Fabless/Foundry/OSAT등 업태 다양

특히, 시스템반도체는 다품종 소량 생산 특성 등으로 인해 팹리스, 파운드리의 선 순환적 지원이 이루어져야 하나 현재 한국은 이러한 산업생태계가 미비한 상황이며, 더욱 근본적으로는 한국의 R&D 인

력에 대한 교육 환경까지 연관된 복합적 양상을 띠고 있다(서울대 반도체 석박사 2008년 103명 vs 2014년 42명). 현재로서는 국가 정책적으로 이 같은 이슈를 해소하고자 하는 노력이 다소 정체된 상황에 있으나, 한국 반도체 산업의 장기적, 안정적 성장을 위해서는 R&D 인재 육성을 위한 환경을 만들고, 해외 선도 기업과의 글로벌 협력을 유도하는 등 장기적 균형 성장의 기반을 구축하는 지속적인 정책적 지원이 필요할 것으로 보인다.

(5) 반도체 장비·재료 분야 이슈

반도체 칩 제조·판매에서의 반도체 강국의 위상과 비교하면 한국의 반도체 장비 및 재료 분야에서의 입지는 상대적으로 부족한 수준이라고 할 수 있다. 우선 반도체 장비분야에서는 최근 과거보다 국산 장비 업체의 상황이 개선되고 있는 추세이긴 하나 아직은 해외 업체의 시장 경쟁력이 막강한 상황이다. 반도체 장비 업계 순위는 2014년 기준 1위 AMAT(US), 2위 ASML(NL), 3위 TEL(JPN), 4위 Lam Research(US) 등 순으로, Top 10 포지션은 모두 해외 업체가 차지하고 있다. 특히, TEL, DNP Screen 등 장비 업체 세계 10위권 내에 일본 업체는 5개나 포진하고 있다.

〈표9〉 2014년 Top10 반도체 장비 업체 순위

순위	국가	업체	순위	국가	업체
1	미국	AMAT	6	일본	DNP Screen
2	네덜란드	ASML	7	일본	Advantest
3	일본	TEL	8	미국	Teradyne
4	미국	Lam Research	9	일본	Hitachi
5	미국	KLA-Tencor	10	일본	Nikon

출처: VLSI research

국내 주요 장비 업체로는 원익IPS, 케이씨텍, 주성, 피에스케이 등이 있으며, 과거에 비하면 최근 많은 발전이 있었으나, 국내 최대 규모인 원익 IPS 매출액이 2014년 기준 5,572억 수준으로 아직 세계적 경쟁력은 뒤쳐지는 수준이다.

반도체 장비보다는 나은 상황이지만 반도체 재료 분야 역시 많은 분야에서 수입에 의존하고 있어, 한국 반도체 산업 전체로는 기반산업이 빈약한 구조라고 할 수 있다. 반도체 장치 분야의 국산화율은 현재 약 20% 수준에 그치고 있으며, 반도체 재료 분야의 국산화율은 약 50% 수준에 머물고 있다. 특히 반도체 재료의 경우 Si Wafer[93], MASK[94], Photo Resist[95] 등 대부분의 분야에서 소재강국 일본이 시장을 장악하고 있다.

아직은 미비하지만 향후 한국 반도체 장비·재료업계의 경쟁력이 높아지면, 칩 제조기업의 국산화율이 상승할 것이므로 국가적으로 구매외화비용 보존, 산업기술 유출 방지 등의 효과와 예상된다. 또한 칩 제조업체와 장비·재료업체의 상호발전을 이끄는 선순환적 생태계가 조성되어 한국 반도체 산업 전체의 경쟁력을 향상시킬 것으로 기대된다.

(6) 중국의 반도체산업 진출 움직임

칭화유니그룹은 반도체 기술력을 단기간에 따라잡기 위해 최근 반

---

93) 규소(Si)를 단결정으로 성장시킨 후 얇게 자른 판으로, 반도체는 이 위에 많은 화학 및 물리적 가공과정을 거쳐 제조됨
94) 반도체 설계회로를 Wafer에 구현시키기 위한 회로 패턴이 새겨진 유리판 (광원에 따라 판의 물질은 변경됨)
95) 회로 패턴 형성에 사용되는 화학 물질로, Wafer 표면에 도포 후 MASK 위로 빛을 비추면 빛을 받은 부분의 성질이 변함

도체 전 분야에 걸쳐 공격적인 M&A를 진행하고 있으며, 특히 최근 메모리 시장에 진입하기 위한 다양한 시도를 진행 중에 있다. 메모리 기술격차를 단기간에 따라잡기는 어렵다는 것이 업계 중론이지만, 중국의 자본력을 바탕으로 한 M&A가 지속될 경우 위협이 빠르게 현실화 할 가능성은 배제할 수 없을 것으로 보인다.

〈표10〉 칭화유니그룹의 메모리 진출 시도 주요 내용

날짜	주요 내용
2015년 7월	메모리업체 3위인 미국의 Micron을 230억 달러에 인수 시도
2015년 10월	하드디스크 1위업체인 미국의 Western Digital의 지분 15% 매입 및 NAND플래시 3위업체인 미국의 Sandisk를 190억 달러에 우회 인수
2015년 11월	SK하이닉스의 지분 15~20% 인수 등 중국 공장 신설 협력 제안
2016년 2월	Micron과 기술적 제휴를 맺고, 600억 위안(약 11조원)을 투자하여 DRAM, NAND 등 메모리 공장 설립을 검토 중이라고 보도

또한 이와 함께 최근 삼성전자와 SK하이닉스를 퇴직한 고위 인사들을 1차 목표로 현재 연봉의 3~9배 등을 제시하는 파격적인 제시로 인력 유출을 시도하는 정황들이 포착되고 있는 등 한국의 반도체 업계 인력을 흡수하고자 하는 시도도 진행하고 있다.

중국의 이 같은 시도에 대해 김기남 삼성전자 반도체총괄은 최근 한 언론에서 중국이 넘볼 수 없는 원천기술 등 기술 경쟁력과 미래형 자동차, 로봇, 바이오 등 미래 신 성장산업에의 대응을 강조한 바 있다. 이와 같은 맥락에서 한국 반도체 업계는 중국이 따라잡을 수 없는 기술 경쟁력 강화 및 새롭게 성장하는 시장 창출을 통해 극복해 나가야 할 것이다.

3. 향후 반도체 시장 미래 예측

(1) 반도체 시장 전망

중국발 경쟁의 심화와 현재의 킬러 애플리케이션의 불명확함에도 불구하고, 장기적으로는 반도체 시장은 지속 성장할 것으로 전망되고 있다. 반도체 시장조사업체 등에 따르면 반도체 시장은 연평균 약 3% 수준으로 성장하여 2020년까지 총 시장 크기가 약 400억 달러 수준에 이를 것으로 전망된다.

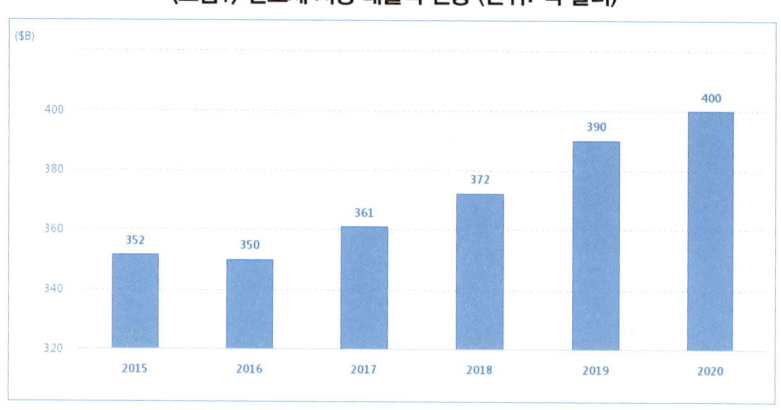

〈그림1〉 반도체 시장 매출액 전망 (단위: 억 달러)

출처: IHS Semiconductor forecast 2016 Q1

응용분야별로는 IoT, Big data 분석을 위한 Data center 수요 등의 새로운 반도체 수요처가 창출 및 지속 확장되며 반도체 성장을 견인할 것으로 예상된다. 신규 사물인터넷 기기는 2020년까지 약 30억 개 이상으로 증가할 것이며, 관련 반도체 시장은 연평균 약 15%씩 고성장을 이룰 것으로 예상되고 있다. 한편, 방대한 데이터 분석에 필요한 처리능력 요구, 생성되는 데이터 량의 증가로 인한 저장 수요, 데이터 트래픽 증가 역시 반도체 수요 성장을 이끌 것으로 전망된다.

향후 Global 인구의 성장과 ICT 기기의 확산 등 장기적 추세를 감안시, 반도체 산업은 그와 함께 지속적인 성장을 해 나갈 것으로 보인다.

(2) 향후 주요 킬러 애플리케이션 전망

반도체 산업은 지금까지 혁신적인 전자기기의 성장과 함께해 왔으며, 향후로도 IoT, Big Data 관련 등 새로운 분야에서 킬러 애플리케이션이 나타나 반도체 수요를 증가시키게 될 것이다. 향후 킬러 애플리케이션 가능성이 있는 주요 후보로는 IoT, Big Data 분석을 위한 Data center, Smart Car, 가상현실(VR), 인공지능, 로봇 등이 주목되고 있다.

새로운 응용분야 중 반도체 산업 측면에서 가장 먼저 주목하고자 하는 것은 IoT 분야이다. 반도체 측면에서의 IoT 반도체의 가장 주목할 점은 용도에 따라 최고급 스펙이 요구되지 않아 기존의 제품으로도 다양한 수요가 신규 창출될 수 있다는 것이다. 이는 반도체 업계로서는 레거시화된 기술 및 200mm의 기존 공장의 활용 가능성을 높이는 등 새로운 성장 동력으로 작용할 것으로 예측된다. 즉 IoT의 발전은 그 제품군에 따라 고급 제품부터 보급형 제품까지 반도체 시장 자체를 확장시키게 될 것으로 전망된다. 또한, IoT 반도체의 경우 제품군의 다양성에 따라서 가격은 대체로 저가에 형성될 것으로 추측되나, 그 기기수의 폭발적 증가가 전체 반도체 시장 수요를 견인할 것으로 전망된다.

이와 함께 Big Data 관련 산업이 발전되며, 기기당 고용량·고성능화 및 방대한 데이터 분석에 최적화된 기업용 하드웨어 수요가 확대될 것으로 전망된다. 데이터 자체의 폭증으로 인해, 생성되는 데이터의 양은 2020년 약 40ZB/년으로 연평균 40% 수준으로 증가할 것으로 전망되며, 데이터 증가와 함께 분석 알고리즘 복잡화, 비정형 데이터의 증가로 인한 처리 능력의 수요 증가가 예상된다. 이와 함께 네트워크 데이터 트래픽 역시 연평균 23% 수준으로 큰 폭으로 정가할 전망이다.

또한, 자동차의 전기자동차(Electric Vehicle: EV)화 및 자율주행차의 발달 역시 반도체 시장의 성장을 견인할 것으로 전망된다. 자동차 업계에는 인포테인먼트, ADAS(Advanced Driver Assistance Systems) 등이 빠르게 보급되면서 관련 MCU[96], 센서 등 반도체 수요가 지속적으로 증가하고 있으며, 이에 따라 자동차에 적용되는 부품 중 반도체가 쓰이는 전장부품 비중은 2000년대 10%대, 2010년대 20%대, 2015년 현재 약 40% 수준으로 자동차의 전기화가 가속화 되는 중이다. 완전한 자율주행차는 인공지능(AI)을 탑재하여, 실시간으로 상황을 인지하고 데이터를 처리해야 하기 때문에 막대한 양의 데이터 저장 및 처리가 필요하게 되고 이에 따라, 센서, CPU/GPU 및 고용량의 메모리 수요가 창출될 전망이다.

전술한 응용분야와 함께 가상현실(VR), 인공지능(AI)과 로봇 등도 주목 받고 있는 등 ICT 새로운 분야 발전은 지속 확장될 것이며, 반도체 산업은 이와 함께 성장하게 될 것이다. 가상현실(VR) 업계 관

---

96) Micro Controller Unit. 마이크로컴포넌트 內 한 범주로 시스템의 특정 기능을 제어하기 위한 비메모리 반도체

계자에 의하면 VR용 컨텐츠의 경우 기존 동영상 대비 약 3배 이상의 고용량이 필요하며, 이에 따라 메모리 반도체 수요가 증가하게 될 것으로 언급되는 등 해당산업 발전을 위해선 각종 이미지센서등과 메모리 등 반도체가 필수적으로 필요하다. 인공지능(AI)과 로봇 역시 수많은 센서, GPU, CPU, 메모리 등 각종 반도체가 필수적으로 필요하게 되어 해당산업 발전과 함께 반도체 수요는 지속적으로 증가하게 될 것으로 전망된다.

(3) 반도체 미세화 한계 극복

반도체 업계는 최근의 미세화 한계 돌파를 위해 기존의 2D 설계에서 3D 설계로, TSV를 통한 패키징 방식의 혁신 등으로 돌파구를 모색하고 있다. 3D 설계는 2D 미세화 공정을 통한 미세화가 한계에 다다르면서 반도체 칩을 수직으로 적층하는 기술이며 현재는 삼성전자가 동 기술을 기반으로 한 NAND 시장에서 가장 앞서가고 있다. TSV는 칩에 수직으로 구멍을 뚫어 연결하는 방식을 칭하는데 기존의 패키징 방식에 비해 성능을 크게 개선할 수 있다. 업계에선 동 기술을 적용한 HBM[97](High Bandwidth Memory)를 개발 중에 있다.

다른 한편으로는 기존의 메모리를 대체하는 성격의 차세대 반도체를 개발하여 대응하는 방법 역시 시도 중에 있다. 메모리 영역에서

---

97) High Bandwidth Memory. TSV 기술을 적용해 데이터 전송속도를 크게 끌어올린 고대역폭 메모리

는 PRAM[98], STT-M램[99], ReRAM[100] 등이 상용화 가능성이 높은 것으로 평가되고 있다. 예로 최근 Micron는 3D Xpoint 개발을 발표한 바 있다. 해당제품은 기존 DRAM과 SSD 성능이 혼합된 새로운 반도체로, 처리 성능 향상에 기여할 것으로 전망된다.

미세화 한계 극복을 위해서 장비 측면에서는 EUV[101]장비 전환 가능성이 지속 언급되고 있으며 점차 도입 가시화중에 있다. 현재 양산 라인에서 활용되는 주요 노광 장비는 193nm 빛 파장을 갖는 ArF-Immersion[102] 장비이며, EUV는 13.5nm 파장을 가져 더 미세한 회로를 그릴 수 있다. 관련하여 최근 세미콘 코리아 2016에서 ASML은 자사 EUV 비가 2018년 최신 반도체 양산 라인에 도입될 것으로 기대한다고 언급한 바 있다.

웨이퍼 크기 확대 도입 가능성 역시 현재로선 정확히 시기를 알 수는 없으나, 관련 장비·재료 등 업계의 상황이 조성되면 결국 450mm로 전환하게 될 것으로 전망된다. 450mm 전환 시 기존 300mm 대비 2배 이상의 반도체 칩을 얻을 것으로 추측되는 등 크게 비용 감소를 도모할 수 있을 것으로 추측되나, 현재로서는 450mm 전환에 대한 비용 감소폭이 생각보다 크지 않을 것이라는 우려도 상존하여 그 구체적인 전환 시기에 대해서는 추측이 어려운 상황이다.

---

98) Phase Change RAM. 물질의 상변화를 이용해 데이터를 저장하는 방식의 메모리
99) Spin Transfer Torque-Magnetic RAM. 자성을 이용해 데이터를 저장하는 방식의 메모리
100) Resistance RAM. 전압이나 전류를 가해 저항이 변화하는 소자를 이용하는 메모리
101) Extreme Ultra Violet 장비. 빛 파장이 13.5nm인 극자외선을 광원으로 쓰는 노광장비로 보다 미세한 패터닝이 가능함
102) 물의 굴절율을 이용해 광원인 불화아르곤(ArF)의 파장을 보다 축소시켜 일반 ArF-dry 대비 미세 패터닝이 가능함

(4) 메모리 지속 성장 가능성

머신 러닝(Machine Learning)과 자동 주행 시스템 등 반도체 업계를 둘러싼 환경은 실시간으로 대용량 정보를 처리해야 하는 응용 분야가 계속 증가하고 있는 반면, 현재 컴퓨팅 구조에서는 이를 경제적 가격에 실현하기 어려운 상황에 있다. 이에 따라 새로운 구조의 변화 수요가 존재하며, 반도체 업계에서는 CPU 내 SRAM과 DRAM 사이에서 새로운 클래스의 메모리로 CPU의 부하 축소를 통해 성능 향상을 도모하는 방법 등을 시도 중에 있다. 이와 같이 반도체 업계는 기술적 한계 극복과 함께, 새로운 가치를 창출하여 지속적인 메모리 성장을 이끌어낼 것이다.

제 12 장

선제적 신용평가를 통한
신용평가시장의 신뢰도 확보방안

1. 신용평가의 의의

최근 그리스의 국가부도위기사태를 해결하기 위한 EU 내부의 갈등이 표출되고, 미국과 일본의 신용등급이 하향 조정되는 것을 보면서 2008년도 세계금융위기 이후 신용평가의 중요성이 다시 조명되고 있다.

한국은 신용평가제도의 역사가 일천하다. 97년도 외환위기 이전까지는 신용평가의 중요성과 심각성에 대해 기업, 가계, 정부 모든 경제주체가 인식을 제대로 하지 못하고 있었다. 97년도 외환위기를 맞아 한국의 국가신용등급이 A+에서 B등급으로 급락하고 국가부도위기에 직면하게 되면서 신용평가와 신용등급의 중요성에 대해 인식하게 되었다. 그 당시 필자는 뉴욕에 주재관으로 근무하던 때라 한국의 금융기관이 부도를 막기 위해 매일 매일 미국의 금융기관을 찾아서 읍소하던 모습과 한국의 협상단이 미국의 채권단과 마지막까지 서로의 입장을 좁히지 못하고 고심하던 모습이 생생하다. 오늘날 우리가 사용하고 있는 신용평가는 1909년 미국의 John Moody가 철도회사의 철도채권을 평가한 것을 그 효시로 보고 있다. 그러나 미국의 신용평가제도가 본격적으로 뿌리를 내리게 되는 것은 1929년 미국이 대공황을 겪으면서, 평가등급이 높은 채권일수록 부도발생률이 낮은 것으로 알려졌고, 이로 인해 신용평가등급의 중요성이 일반 투자자들에게 인식되기 시작하였다. 현재 국제적으로 인정받고 있는 신용평가기관은 우리에게 너무나 익숙한 Moody's, S&P, Fitch 등이 있다.

신용평가란 전문성과 객관성을 가진 신용평가회사가 신용위험(즉, 채무불이행위험과 손실위험)에 대한 평가를 하고 이를 신용등급으로 표시하여 투자자 등 이해관계자에게 공시하는 것을 의미한다. 신용평가대상에는 국가, 기업 및 개인이 모두 해당된다. 표현방식은 동일한 등급체계를 활용함으로써 보편적으로 비교가능하고, 투자자 등에게는 간단한 기호를 통하여 신용위험을 신속, 용이하게 파악할 수 있게 해야 한다. 또한, 전문가시스템(Full Expert Judgement System)에 의해 다양한 정성적, 정량적 요소를 모두 반영한 평가방식을 통해 판단하게 된다.

신용평가의 경제적 기능은 채권발행자와 투자자 사이에 존재하는 정보의 비 대칭성을 완화시켜서[103], 시장의 효율성을 증대하고 투자자를 보호하는 기능을 수행하는 것이다.

---

103) 정보의 비대칭이 존재하는 시장은 불필요한 투자위험으로 인해 거래가 위축될 우려가 있다. 정보의 비대칭을 해결함으로써 채권발행자는 발행금리를 낮출 수 있고, 투자자는 공정한 정보를 바탕으로 합리적인 의사결정이 가능해지게 된다.

2. 국가신용평가(정부신용평가, Sovereign Credit Evaluation)

국가신용평가란 특정 국가정부의(Sovereign government) 채무 적기 상환능력에 대한 의지와 능력(willingness and capacity)에 대한 국제공인신용평가기관의 평가이다. 국가신용평가는 외화표시채권등급(foreign currency bond rating)과 자국통화표시채권등급(local currency bond rating)으로 구분되고 있으나 일반적으로 국제금융시장에서의 국가신용등급은 외화표시채권이 더 중요한 의미를 갖게 된다. 또한 채무의 만기에 따라 단기채무등급(short term rating)과 장기채무등급(long-term rating)으로 구분하기도 한다. 정부는 조세징수권과 발행력을 갖고 있으므로 자국통화표시채권을 상환하지 못해서 부도위기에 처하는 경우는 예외적인 경우이다. 그러나 외화표시채권의 경우 충분한 외환보유고를 갖고 있지 않을 경우에는 국가부도위기상황이 언제라도 올 수 있다는 점에서, 외환채무의 신용등급이 더욱 중요한 의미를 가지게 된다. 한국의 97년도 외환위기도 충분한 외환보유고를 확보하지 못하고 있었기 때문에 결국 국가부도위기에 몰려 IMF 구제금융안을 수용할 수밖에 없었던 것이다.

국가신용등급은 국제금융시장에서 외화표시채권을 발행할 때 채권금리의 결정기준이 된다. 국제금융시장에서의 일반적인 관행은 5년 또는 10년만기 미재무성 채권을 기준으로 어느 정도의 가산금리(spread)를 더할 것인가를 결정하는 기준이 된다.

일반적으로 국가신용등급은 해당국가의 기업과 금융기관의 신용등급을 결정할 때에 신용등급한도(credit ceiling)로 작용한다. 신용등급한도란 일반적으로 특정국가의 경제주체가 외화채권을 발행할 경우에 해당 국가의 국가신용등급보다 높은 등급을 받을 수 없다는 것을 의미한다. 다만, 우량기업의 경우 기업자체의 경쟁력이 아무리 우수해도, 국가신용등급 한도 내에서 기업의 신용등급이 결정되게 되어 불리하다는 지적이 있어왔었기에 최근에는 국제신용평가사들이 기업신용등급을 국가신용등급보다 높게 부여할 수 있도록 평가시스템을 보완하여 운영하고 있다.

국가신용등급은 정부의 채무 불이행 가능성을 등급화한 것으로 정치적 위험과 경제적 위험에 따라 정부의 채무상환 능력과 상환의지에 절대적인 영향을 끼치게 되므로 다양한 변수를 고려하여 등급을 결정하고 있다. 국가신용평가기관에 따라 평가항목에 약간의 차이는 있으나, 대체적으로 다음과 같은 변수를 고려하게 된다.

1. 정치적 제도와 동향[104]이 안보, 지정학적 위험, 정책환경의 유효성과 투명성에 미치는 영향
2. 경제구조와 성장전망
3. 정부 재정수입의 유연성, 정부지출부담 수준, 재정적자규모, 정부부채규모, 민간금융시스템과 공공기관과 관련된 우발채무 수준
4. 금융정책의 유연성(monetary flexibility)
5. 대외 유동성(external liquidity), 공공 및 민간부문의 대외채무 동향(trends)

---

[104] Korea Discount: 한국의 국가신용등급 평가 시 한국의 경제상황은 양호하지만 남북긴장상황이 지속되고 있어, 한국의 경제실적보다 낮게 국가신용등급이 결정되어 오는 관행을 일컫는 표현이다.

평가항목을 보다 구체적으로 살펴보면 다음과 같다.

〈표1〉 국가신용평가 평가항목

평가항목	세부 평가항목	주요 정량지표 및 정성적 평가요소
경제안정성 평가	경제구조 및 성장성	GDP, 경제 성장률, 산업구조의 다변화 정도, 산업의 국가경쟁력, 대외의존도 등
	제도효율성 및 안정성	정치적 안정성, 정부 효율성, 법률적 안정성(소유권 보호, 사법제도), 투명성(부패지수) 등
	노동시장 구조 및 사회안정성	노동생산성 증가율, 임금인상률, 실업률, GINI Index, 노동시장 관련 제도 등
	금융시장 효율성	물가변동성, 기준금리 추이, 환율변동성, 대출총액/GDP, 자본시장 발전 정도, 중앙은행 독립성 등
재정건전성 평가	재정수지	재정수지/GDP, 세입/GDP, 세입증가율, 세출증가율, 세금제도, 세수 안정성, 세출 탄력성, 정부의 재정운영 능력, 지방정부 재정에 대한 중앙정부의 통제능력 등
	정부부채 수준	총 정부부채/GDP, 단기부채/총 정부부채, 총 정부부채 증가율, 지급이자/GDP, 외화표시 정부부채/총 정부부채, 정부채권 외국인 투자비중 등
금융기관 건전성평가		NPL Ratio, 은행평균 규제자본 추이, 예대율, 대출증가율 추이, 대출 포트폴리오 집중도, 평균 연체율, 규제 시스템의 적정성, 금융산업의 구조 및 집중도, 예금자 보호제도의 적정성 등
외화유동성 평가	국민경제 외화유동성	외환유동성 Gap/GDP, 외화유동성 Gap/외환보유고, Net Investment Position/GDP, 무역구조, 주요 수출품목 및 가격변동, 외환시장규모, 외환관련 정부 정책 등
	정부 외화유동성	정부 단기외화부채/외환보유고, 정부 단기외화부채/정부수입, 외화부채 이자/정부수입, 정부 외화부채/GDP, 정부 외화부채/정부수입 등
	금융기관 외화유동성	은행 외화부채/은행 총자산, 외화표시 부채/외화표시 자산, 은행 단기외화부채/총 외화부채, 금융감독기관 및 중앙은행의 외환 관리 체계 등

최근 OECD 주요국가의 신용등급을 보면 그 동안 AAA를 유지하던 미국의 신용등급이 최근의 금융위기를 겪으면서 S&P에서 AA+로 강등되었고, 장기불황에서 벗어나지 못하고 있는 일본의 신용등급도 최근 떨어지고 있는 것이 특징이다. 최근 국가부도위기에 있는 그리스의 신용등급은 S&P는 B-, Moody's는 Caa1로 투기등급을 못 벗어나고 있다.

〈표2〉 OECD 주요국 신용등급

구분	국가명	Moody's		S&P		Fitch	
		Rating	Outlook	Rating			Rating
아시아	한국	Aa2	Stable	AA-	Stable	AA-	Stable
아시아	일본	A1	Stable	A+	Stable	A	Stable
유럽	프랑스	Aa1	Negative	AA	Negative	AA	Stable
유럽	독일	Aaa	Stable	AAA	Stable	AAA	Stable
유럽	그리스	Caa3	Stable	B-	Stable	CCC	-
유럽	아일랜드	Baa1	Positive	A+	Stable	A	Stable
유럽	포르투갈	Ba1	Stable	BB+	Stable	BB+	Stable
유럽	스페인	Baa2	Positive	BBB+	Stable	BBB+	Stable
유럽	스위스	Aaa	Stable	AAA	Stable	AAA	Stable
유럽	영국	Aa1	Stable	AAA	Negative	AA+	Stable
아메리카	미국	Aaa	Stable	AA+	Stable	AAA	Stable

한국의 국가신용등급은 외환위기전인 1997년 10월에는 S&P에서

A+였으나 IMF 구제금융이 결정된 97년 12월에 S&P는 B+, Fitch는 B- 등으로 강등되었고, 외환위기가 극복되고 나서도 10여 년이 지난 2012년에 와서야 외환위기 전 수준인 S&P에서 A+로 평가받게 되었다.

〈표3〉 연도별 한국 신용등급

	1997	1997	1997	1997	1998	1999	1999	2000	2001	2002	2005	2007	2010	2012	2015
S&P	10.24	11.25	12.11	12.23	2.17	1.25	11.11		11.13	7.24	7.27			9.12	9.15
	A+	A-	BBB-	B+	BB+	BBB-	BBB		BBB+	A-	A			A+	AA-
Moody's	8.05	11.28	12.11	12.21		2.12	12.16			3.28		7.25	4.14	8.27	12.18
	A1	A3	Baa2	Ba1		Baa3	Baa2			A3		A2	A1	Aa3	Aa2
Fitch	11.18	11.26	12.11	12.23	2.02	1.19	6.24	3.30		6.27	10.24			9.6	
	A+	A	BBB-	B-	BB+	BBB-	BBB	BBB+		A	A+			AA-	

* 한국의 신용등급이 변동을 보인 경우만 표시

세계신용평가시장은 소위 말하는 Big3인 Moody's, S&P, Fitch 3개사가 거의 독점하고 있다. 그러나 미국 발 금융위기를 겪으면서 이들 Big3에 대한 평가의 신뢰성이 문제시되기 시작하였고, G20 회의에서도 새로운 신용평가기관 육성에 관한 논의가 시작되었다. 가장 큰 문제점은 평가수수료를 피 평가기관으로부터 징수하면서 평가기관들이 수익성 확보에 우선하다 보니, 평과 과정에 도덕적 해이(moral hazard)가 발생할 우려가 크고, 실제 그러한 결과 2008년 미국 Subprime 사태가 발생했다는 것이다.

새로운 평가기관 모델로 중앙은행이 평가 기능을 수행하는 방안,

투자자로부터 수수료를 정부가 받아 평가기관에 분배하는 방안 등 여러 가지 대안이 검토되었으나, 현재의 시스템보다 더 많은 문제점이 있을 수 있다는 의견이 많아 현 제도로 유지하되, 감독당국의 신용평가회사에 대한 감독권을 강화하는 쪽으로 결론이 내려졌다.

한국의 신용평가기관 중에 시장 평판(reputation)이 가장 좋은 NICE 신용평가㈜는 한국신용평가산업의 도약을 앞당기기 위해 2010년 국가신용평가 사업을 신규로 시작하였다. 2008년 이후 글로벌 신용평가회사의 신뢰도가 떨어지고, 이들 Big3가 개발도상국과 미국, 유럽을 제외한 지역에 대한 편견이 있을 수도 있다는 금융시장의 의견을 반영한 것이다.

필자가 NICE 신용평가㈜의 대표이사로 있으면서 2007년부터 평가 방법론 구축 및 평가사례연구 등 사전준비를 하였고, 회사에게 2009년 9월 정부신용평가 전담조직을 구성하였다. 또한 2010년 하반기 한국, 브라질, 말레이시아, 태국, 인도네시아, 필리핀 등 6개국에 대한 국가신용 평가 사업을 시작하였다. 2011년 4월 13일에 이들 6개국에 대한 정부신용평가결과를 발표하였는바, 이는 한국 금융 역사상 획기적인 이정표가 된 것으로 평가되고 있다.

NICE 신용평가㈜가 장점으로 내세운 ① 개도국의 경험을 갖고 있는 한국의 신용평가기관이 Big3 보다 더 개도국에 대해 정확하고 객관적인 평가가 가능한 점 ② Big3가 가질 수도 있는 미국과 유럽 이외 지역에 대한 편견이 없는 점 ③ 새로운 평가기법과 평가 요소를 통한 보다 객관적이고 신뢰성 있는 평가가 가능한 점 등이 국제금융시장에서 호평을 받아 꾸준히 평가대상국가를 확대하여 왔다. 2011년 하반기에 멕시코, 터키, 슬로베니아, 페루 등이 추가되었고, 2012년도에는 폴란드, 호주, 베트남, 남아프리카공화국 등,

2013년에는 인도에 대한 평가를 발표하는 등 총 15개 국가에 대한 정기평가와 수시평가를 수행하고 있다.

<표4> 주요국의 평가기관별 평가등급 비교

국 가	NICE		Moody's		S&P		Fitch	
	Rating	Outlook	Rating	Outlook	Rating	Outlook	Rating	Outlook
대한민국	AA	Stable	Aa2	Stable	AA–	Stable	AA–	Stable
말레이시아	A	Stable	A3	Positive	A–	Stable	A–	Stable
태국	BBB+	Stable	Baa1	Stable	BBB+	Stable	BBB+	Stable
멕시코	BBB+	Stable	A3	Stable	BBB+	Stable	BBB+	Stable
브라질	BB+	Negative	Baa2	Negative	BB	Negative	BB+	Negative
인도네시아	BBB–	Stable	Baa3	Stable	BB+	Positive	BBB–	Stable
필리핀	BBB	Stable	Baa2	Stable	BBB	Stable	BBB–	Positive
슬로베니아	BBB+	Stable	Baa3	Stable	A–	Positive	BBB+	Positive
페루	BBB+	Stable	A3	Stable	BBB+	Stable	BBB+	Stable
아르헨티나	SD	–	Caa1	Negative	SD	–	RD	–
베트남	BB–	Stable	B1	Stable	BB–	Stable	BB–	Stable
남아공	BBB–	Stable	Baa2	Stable	BBB–	Negative	BBB–	Stable
호주	AAA	Stable	Aaa	Stable	AAA	Stable	AAA	Stable
폴란드	A	Stable	A2	Stable	BBB+	Negative	A–	Stable
인도	BBB–	Positive	Baa3	Stable	BBB–	Stable	BBB–	Stable

NICE 에서 발표하고 있는 국가신용평가등급은 Moody's, S&P, Fitch 등 Big3보다 한발 앞서서 해당국가의 신용등급을 선도해 발

표가 되고 있어서 국제금융시장에서의 신뢰도와 명성이 한층 더 높아지고 있다.

3. 기업신용평가

기업신용평가란 기업의 사업위험과 재무위험에 대한 신용평가를 실시하여 기업의 미래 채무상환능력을 신용등급으로 공시하는 것이다. 투자자에게는 해당 기업에 대한 신용위험의 가이드라인을 제공하고, 포트폴리오 구성의 적정성여부의 지표로 활용된다. 기업의 사업위험으로는 그 기업이 속해있는 산업의 특성, 미래성장성, 그 산업에서의 해당기업의 경쟁 지위, 기업의 경영관리능력 등을 평가하고, 재무 위험으로는 해당 기업의 재무정책, 수익성, 재무구조, 자산내용, 현금흐름, 재무적 융통성 등을 종합적으로 평가하게 된다.

기업에 대한 신용평가는 해당 기업 자체에 대한 신용평가(Issuer rating)와 해당기업이 발행하는 회사채 평가, 기업어음, 자산유동화 증권 평가(ABS, Asset Backed Securities)등이 있다. 기업신용평가는 전문신용평가기관에서 객관성과 신뢰성 확보를 위해 전문가로 구성된 위원회에서 의사결정을 하도록 하고 있으며, 복수의 analyst로 실무 팀을 구성하고, 신용등급 평가위원회에서 신용등급을 결정토록 하고 있다. 해당기업이 신용평가를 신용평가전문기관에 의뢰하면 신용평가회사는 실무 팀을 구성하고, 기존자료를 징구하고, 필요 시 면담 및 출장을 통해 자료를 수집하고, 전문가로 구성된 애널리스트들이 분석하여 등급을 제시하고, 등급평정위원회의 객관적인 절차에 의해 등급을 결정 공시토록 하고 있다.

현행 자본시장법에서는 기업이 회사채나 기업어음을 발행할 때에는 신용평가기관의 신용등급을 필수적으로 받도록 함으로써 투자자에게 해당기업의 신용위험에 대해 충분히 인지케 하여 투자자가 해당기업의 회사채 등에 투자할 때 투자지표로 활용케 하고 있다.

공시된 신용등급에 따라 해당기업 회사채의 spread가 결정되기 때문에 기업 입장에서는 적정 신용등급을 받는 것이 회사채 발행을 통한 자금 조달의 필수 요건이 되는 것이다.

〈표5〉 국가신용평가사 현황

NICE신용평가	한신평	한기평	부도율(*)
AAA	AAA	AAA	0.000
AA +,-	AA +,-	AA +,-	0.000
A +,-	A +,-	A +,-	0.053
BBB +,-	BBB +,-	BBB +,-	0.843
BB +,-	BB +,-	BB +,-	8.993
B +,-	B +,-	B +,-	15.057
CCC +,-	CCC +,-	CCC +,-	
CC	CC	CC	
C	C	C	
D	D	D	-

〈표6〉 주요기업의 신용등급현황

업체명	NICE신용평가	한국신용평가	한국기업평가
(주)국민은행	AAA/Stable	AAA/Stable	AAA/Stable
현대카드(주)	AA+/Stable	AA+/Stable	AA+/Stable

롯데푸드(주)	AA/Stable	AA/Stable	–
지에스건설(주)	A/Negative	A/Negative	A/Negative
두산(주)	A–/Negative	A–/Negative	A–/Negative
대한항공	A–/Negative	A–/Negative	A–/Negative
폴라리스쉬핑(주)	BBB/Positive	–	BBB+/Stable

기업의 신용평가등급은 다음과 같이 활용되고 있다.

〈표7〉 기업의 신용등급 활용

기업어음 신용등급	기업어음 발행기업의 적격여부 및 발행조건의 기준으로 이용
회사채 신용등급	유가증권신고서에 첨부되어 회사채 발행시 발행조건의 결정기준으로 이용 합리적인 채권가격형성을 유도함으로써 채권거래시 투자자의 의사결정 정보 제공
자산유동화증권 신용등급	투자자들에게 유동화계획 전반에 대한 정보를 제공
기타	은행 등 금융기관 여신심사 참고자료 투자신탁, 펀드 등 기관투자가의 투자심사기준 조달청, 한국전력공사 등 공개입찰 심사서류의 첨부자료 대외이미지 제고 및 홍보

4. 개인신용평가

한국의 금융관행은 97년도 외환위기 이후 급격한 변화를 겪게 된다. 외환위기 이전에 개인이 금융기관대출을 받으려면, 담보대출 아니면 연대보증에 의한 대출이 관행화 되어 있었고, 신용대출은 예외적으로만 이루어지고 있었다. 또한 신용도에 따른 대출이자율의 차별화는 이루어지지 않았었다.

그러나 외환위기를 겪으면서 연대보증으로 인한 연쇄 부도로 많은 사람들이 고통을 받게 되어 연대보증제도를 폐지하게 되었고, 담보로 제공되었던 부동산도 부동산시장 붕괴사태를 맞아 그 의미가 퇴색하면서 신용도에 따른 여신관행이 자리를 잡게 되었다. 지금은 개인의 신용등급에 따라 대출이자율이 차별화되는 것이 제1금융권뿐 아니라 제2금융권과 대부업체까지도 관행화되었다.

개인신용평가는 신용정보의이용및보호에관한법률에 의거 설립된 개인신용평가기관[105](credit bureau: 신용정보회사)이 수집한 신용정보를 활용하여 개인의 채무상환능력과 의지(capacity and willingness)를 평가하여 점수화하고 신용등급을 부여화는 것을 말한다. 이는 금융거래 등 상거래 개설 및 유지 여부의 판단 목적으로 제공하는 전반적인 활동을 의미한다.

개인 신용평점은 0~1000점 사이로 분포되며, 점수가 높을수록, 즉 1000점에 가까울수록 우량등급에 해당된다. 각 점수대에 따라 1~10등급으로 표시되며, 1등급이 가장 우량하고, 10등급이 가장 불량한 등급이다.

---

[105] 현재 한국에는 NICE평가정보, KCB, SCI평가정보등이 개인신용평가기관으로 활동하고 있다.

〈표8〉 신용등급별 의미

등급	구분	의미 및 특징
1~2등급	최우량	오랜 신용거래 경력을 보유하고 있으며 다양하고 우량한 신용거래 실적으로 보유하고 있음. 부실화 가능성 낮음
3~4등급	우량	활발한 신용거래 실적은 없으나, 꾸준하게 우량 거래를 지속하면 상위등급 진입가능. 부실화 가능성 낮은 수준
5~6등급	보통	단기연체 경험 있거나 다중채무를 보유하고 있음. 부실화 가능성은 일반적인 수준으로 신용관리에 주의 필요
7~8등급	주의	단기연체의 경험을 비교적 많이 보유하고 있어 단기적인 신용도의 하락이 예상되며 주의가 요망됨
9~10등급	위험	현재 연체 중이거나 매우 심각한 연체의 경험을 보유하고 있어 부실화 가능성이 매우 높으며 관리가 필요함.

개인신용평가기관(CB)인 신용정보회사가 수집하는 개인신용정보에는 거래 상대방의 식별정보, 거래내용, 신용도, 신용거래능력의 판단을 위하여 필요로 하는 정보 등이 포함되며, 법률적인 용어는 아니지만 신용평가 시 개인신용평점을 상승시키는 요소로 작용하는 정보를 우량정보라 하고, 하락시키는 요소로 작용하는 정보를 불량정보라 한다.

〈표9〉 신용정보의 종류

구분	해당 정보
신용거래정보	대출, 보증, 당좌예금개설 및 해지, 신용카드 발급 및 해지 신용카드 결제금액 등 거래실적, 신용카드 현금서비스 실적
신용도판단정보	대출금, 카드대금 등의 연체정보, 대위변제·대지급 정보 무보증사채 상환불이행 현황, 어음·수표의 거래정지 또는 부도거래 현황 금융질서문란정보 - 대출금의 용도 외 유용, 카드깡
공공정보	본인이 제출하는 공공요금(전기,수도,가스) 및 건강보험료 납부 실적 사망자정보, 주민등록번호 및 성명 변경정보, 국외이주신고 정보 국세, 지방세, 관세 체납정보, 신용회복정보, 개인회생, 개인파산·면책정보

개인신용평가회사는 종합신용정보집중기관인 전국은행연합회와 개별신용정보집중기관인 한국여신금융협회, 한국정보통신진흥협회, 대한손해보험협회, 생명보험협회, 금융투자협회 등에 집중된 신용정보와 금융기관, 통신회사, 유통회사, 일반기업, 공공기관 등이 보유한 신용정보를 수집·가공·분석하여 이 결과를 개인신용정보를 필요로 하는 이용자인 금융기관(은행, 캐피털, 신용카드사, 생명보험회사, 손해보험회사 등), 대부업체, 통신회사, 유통회사, 일반기업체 등에 제공하고 있다.

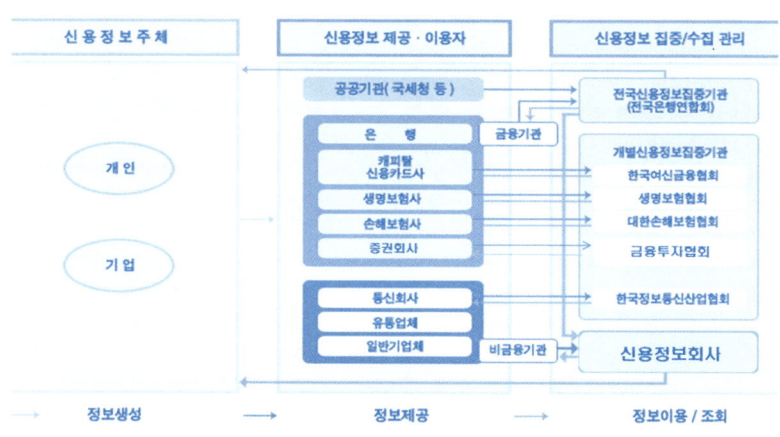

〈그림1〉 개인신용정보의 유통시스템

개인의 신용정보는 건전한 신용사회 정착을 위하여서는 신용정보 이용자에게 공유되어야 하지만, 오용되거나 유출이 될 경우 개인 사생활이 침해될 수 있다는 위험을 내포하고 있기 때문에, 신용정보의 이용 및 보호에 관한 법률에서는 신용정보주체에 대한 보호규정을 명시하고, 이에 대한 보호조치를 강화하고 있다.

현대 신용사회는 신용을 담보로 거래가 이루어지는 만큼 개인정보의 공유가 불가피한 면이 있다. 개인신용정보는 보호 받아야만 하는 수준을 넘어 일종의 사회적 자원으로 변화되고 있어 개인신용정보의 보호와 사회적 자원으로서의 활용을 균형 있게 추구하여야 하겠다.

그러나 그 동안 종합신용정보집중기관인 은행연합회와 개별신용정보집중기관인 여신금융협회, 생명보험협회 등 사이에 어느 기관을 신용정보집중기관으로 종합 육성해야 할 것인가에 대한 장시간의 논의 끝에 정부는 새로운 종합신용정보집중기관 육성 방침을 발표하였다. 금융위원회는 2016년 1월 1일부터 한국신용정보원을 종합신용정보집중기관으로 지정하여, 금융투자협회, 여신금융협회, 손해보험협회, 생명보험협회, 보험개발원의 신용정보업무를 한국신용정보원으로 이관할 것을 발표하였다. 통합된 종합신용정보집중기관은 일반신용정보, 기업신용정보[106], 보험신용정보[107]의 세 업무 영역으로 운영하는 것으로 발표되었다.

개인신용평가의 중요성이 점차 확대되어 과거에는 대출 및 여신 심사과정에서만 주로 사용되어왔지만, 공공기관의 공적 자금 집행 시에도 개인신용등급을 조회 활용하고 있다. 금융기관에서 대출 신청에 대한 심사 및 대출승인 이후의 거래조건관리와 관련하여 ① 돈을 빌려줄 것인가? ② 어떤 조건(기간, 이자율, 한도)으로 빌려줄 것인가? ③ 약정만기까지 기다렸다가 돌려받을 것인가? ④ 재대출 해 줄 것인가? 등에 대한 판단자료로 개인신용등

---

106) 기업이 보유한 기술(특허권)에 대한 가치평가를 하여 대출을 해 줌
107) 보험가입 시 필요한 보험계약정보 조회 및 보험사기방지 시스템 운영에 필요한 정보

급이 활용되고 있다.

신용카드 발급 심사 시, 카드 한도 증액 심사 시에도 활용되고 있으며 경찰 공무원, 경찰간부 후보생 채용 시, 보증인을 세울 때, 휴대폰 2회선을 초과하여 개통하는 경우와 법원이 개명을 허가할 때에도 신용정보조회를 하여 연체(신용불량) 여부와 금액 등을 심사하여 고려하는 등 점차 신용등급의 활용분야가 확대되어가고 있다.

5. 신용평가의 한계(문제점)

한국이 1997년도 외환위기를 맞아 12월에 IMF 구제금융을 받으면서 한국정부가 너무 쉽게 IMF를 협상안을 받아들이면서 너무 혹독한 구조조정을 하지 않았는가? IMF의 구제금융 없이도 버틸 수 있지 않았을까? 미국 등 선진국의 한국정부 길들이기가 아닌가? 등의 많은 의혹이 있어왔다. 또한 그 당시 한국의 외환사정은 연초부터 악화되기 시작했고, 하반기 들어서면서는 금융기관의 해외차입이 사실상 중단사태였고, 만기연장도 점차 어려워졌고, 외환보유고도 급격히 줄어들면서 한국정부의 부도가 압박했다는 소문에도 불구하고, 국제 신용평가사의 한국정부 신용등급은 11월까지 그대로 유지되고 있었다. 11월 말에서야 A-로 하향 조정되었고, IMF 구제금융이 확정된 12월에 가서야 급격히 하향되기 시작하였는데, 과연 국제 신용평가사들이 독립적으로(미국 등 선진국의 영향으로부터) 신용평가를 하고 있는 것에 대한 의문이다.

신용평가사의 신용평가조정 관련한 적기성 논란이다. 채권단이나 투자자 입장에서는 신용변동움직임이 감지되면 즉각적으로 신용등급을 조정하여 시장에 알려서 투자자를 보호해야 한다는 생각이고, 관련 국가나 기업의 입장에서는 부도방지를 위한 온갖 자구 노력을 하고 있으니 당분간 기다려주면, 가시적인 효과가 나타나 신용등급 조정 없이 위기관리를 할 수 있으므로, 미리 신용평가사가 신용등급을 하향 조정 함으로써 독자 생존이 가능한 국가나 기업을 오히려 조기부도위험에 빠트릴 수 있다는 주장이다. 닭이 먼저냐 달걀이 먼저이냐에 대한 논쟁과 비슷한 논쟁이지만, 해당국가나 기업의 입장에서 신용평가사가 부도를 재촉하는 우를 범하면 안 된다는 논리와, 채권단이나 투자자 입장에서도 가능하면 자기들이 투자한 원금과 이자가 보전되기를 바라는 심정이 우선은 강할 수밖에 없다 보니 신용평가의 적기성이 항상 논란이 되고 있다. 신용평가사 입장에서는 가능한 모든 정보를 동원하여 사실에 입각한 정확한 평가를 적기에 하는 노력을 계속하여야 할 것이다.

또 하나의 신용평가의 문제점은 신용평가의 신뢰성, 적정성 관련 문제이다. 특정 정부나 기업의 신용평가결과가 과연 피 평가 국가나 기업의 신용상태를 얼마나 정확히 파악하고 있는 가이다. 선진국이었기에, 아니면 개발도상국이었기에, 재벌그룹계열사였기에, 아니면 중소기업이었기에 평가과정에서 편견은 없었는지? 신용평가사의 주 수입원이 피 평가국가와 피 평가기업으로부터의 수수료 수입에 의존하는 데 따른 모럴해저드는 없었는지? 신용평가사의 신뢰성평가는 역사적인 기록에 바탕을 두고 평가할 수밖에 없다. 예를 들면 AA 또는 A를 받은 국가나 기업의 과거 10년간, 20년간, 30년간 부도율은 얼마인가? 를 가지고 부도율이 가장 적게 나오는 신용평가사의 평가결과가 가장 신뢰도가 높고 적정하게 평가하였다고 판단할 수 있는 것이다. 현재 금융감독당국에서는 과거 3년간의 누적부도율 통계를 발표하고 있으며, 부도율 변화 추이를 갖고 신용평가사의 신뢰도를 평가지표로 활용하고 있다.

3부

아직도 끝나지 않은 세계금융위기

제13장 미국경제의 문제점과 미래: 세계경제의 중심 역할을 계속할 것인가?
제14장 중국경제의 문제점과 미래: 고도성장의 후유증에 빠진 중국, 다시 도약할 수 있을까?
제15장 유럽경제의 문제점과 미래: EU 경제통합은 붕괴할 것인가?
제16장 일본경제의 문제점과 미래: 잃어버린 20년 과연 회생할 것인가?

세계경제에서 미국이 차지하는 지위는
점진적으로 약화되고 있으며, 특히 2000년대 들어
추세가 뚜렷해지고 있다. 1960년에는 미국의 GDP 규모가
세계 GDP의 40%를 차지하고 있었으나,
이후 유럽이 2차대전의 피해를 복구하고 성장하면서
그 비중은 30% 수준으로 감소하였다.
또한, 2000년대 들어서는 중국을 중심으로
신흥국의 경제성장이 본격화되면서 중국 GDP가
세계 GDP에서 차지하는 비중이 크게 증가하고,
미국의 비중은 점차 하락하는 모습을 보이고 있다.

제 13 장

미국경제의 문제점과 미래:
세계경제의 중심 역할을 계속할 것인가?

전후 지금까지 세계경제를 선도하고 세계경제의 중심축역할을 해 왔던 미국경제가 2008년 리먼 사태 이후 흔들리고 있다. 최근 연방준비은행이 기준금리를 올리면서 미국경제가 다시 회복세에 접어들것이라는 전망이 늘고 있지만 그 회복세가 지속될 것인지는 아직은 좀 더 지켜보아야 할 것으로 보인다.

중국의 성장률 둔화가 본격화되고 유럽과 일본의 경기회복이 아직 미약하기 때문에 세계 주요국 중에서 미국의 경기 상황은 그나마 나은 것으로 평가되고 있다. 사실 경기가 침체되어 있는 기간 동안에도 미국 기업들은 애플, 페이스북, 구글 등을 중심으로 세계시장을 선도해 왔으며, 경기가 회복되고 있는 지금은 가장 발전된 과학기술과 높은 수준의 혁신능력과 기업 역동성, 제조업 부문의 회복을 바탕으로 미국경제가 세계경제의 성장엔진으로 자리잡을 수 있을 것이라는 기대감도 높아지고 있다.

하지만, 이러한 기대와 달리 미국의 경기회복이 기대보다 약할 것이며, 2008년 리먼 사태 이전의 성장률이나 역동성을 회복하기 어려울 것이라는 시각도 강하다. 이 장에서는 우선 미국경제의 현황을 정리하고, 이후 2008년 리먼 사태의 원인과 이후 경제상황, 그리고 정책적 대응을 정리해보고자 한다. 아울러 최근 미국 경기회복의 특징과 함께 향후 경기회복 전망을 살펴보고자 한다.

1. 미국경제의 위상

(1) 여전히 세계 최대 경제대국이지만, 그 지위는 점차 약화
미국은 1차대전 이전부터 산업부문의 혁신을 주도하면서 점차 세계경제의 주도국가로 부상하였으며, 1차 및 2차 세계대전 이후에는 경제, 군사, 문화 등에서 명실상부한 세계 최강국가로서의 지위를 유지해오고 있다. 1인당 GDP 측면에서 보면, 2014년 기준으로 인구가 적은 일부 국가와 산유국을 제외하고는 세계 최고 수준의 소득수준을 보유하고 있으며, 세계경제에서 1인당 GDP가 차지하는 비중은 22.4%로서 단일 국가 중 최대이다. 미국의 GDP 기준 경제규모는 유로존 국가들의 GDP를 모두 합친 것보다 크며, 2위인 중국에 비해서도 여전히 68%가량 크다.

그러나, 세계경제에서 미국이 차지하는 지위는 점진적으로 약화되고 있으며, 특히 2000년대 들어 추세가 뚜렷해지고 있다. 1960년에는 미국의 GDP 규모가 세계 GDP의 40%를 차지하고 있었으나, 이후 유럽이 2차대전의 피해를 복구하고 성장하면서 그 비중은 30% 수준으로 감소하였다. 또한, 2000년대 들어서는 중국을 중심으로 신흥국의 경제성장이 본격화되면서 중국 GDP가 세계 GDP에서 차지하는 비중이 크게 증가하고, 미국의 비중은 점차 하락하는 모습을 보이고 있다.

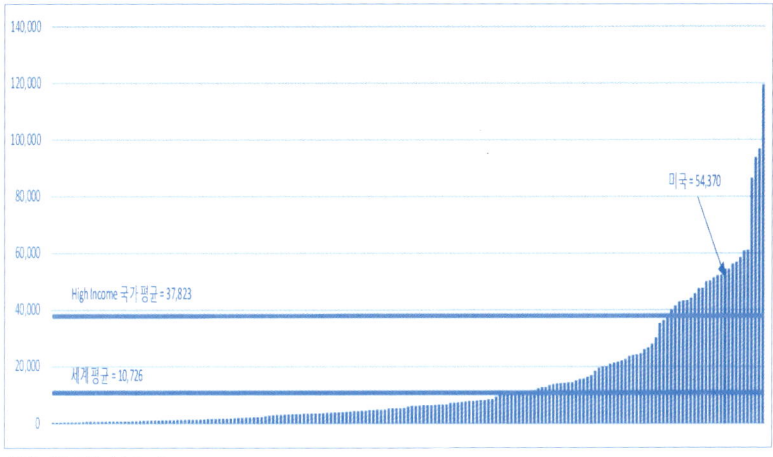

〈그림1〉 세계 1인당 GDP (단위: USD, 2014년)

출처: IMF, World Bank

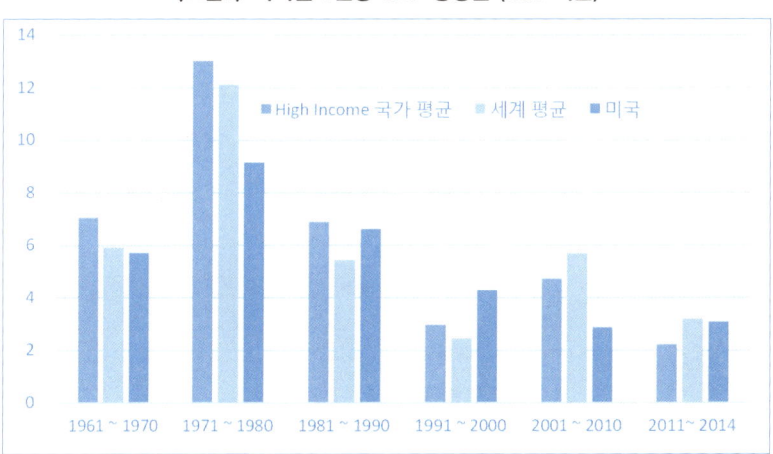

〈그림2〉 시기별 1인당 GDP 성장률 (USD 기준)

출처: US Bureau of Economic Analysis

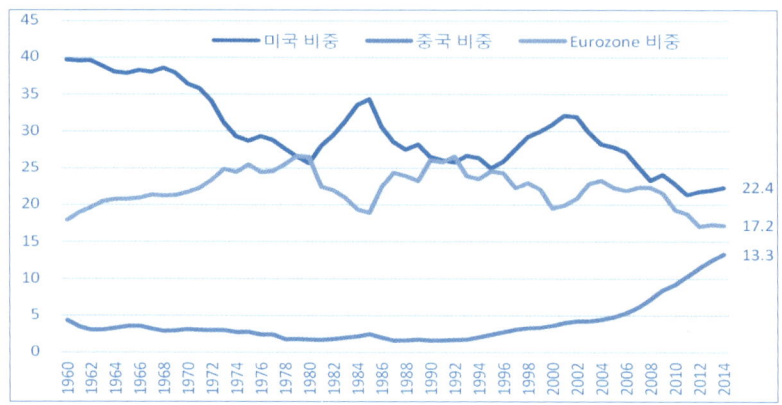

〈그림3〉 세계 GDP에서 미국, Eurozone, 중국의 비중

출처: US Bureau of Economic Analysis

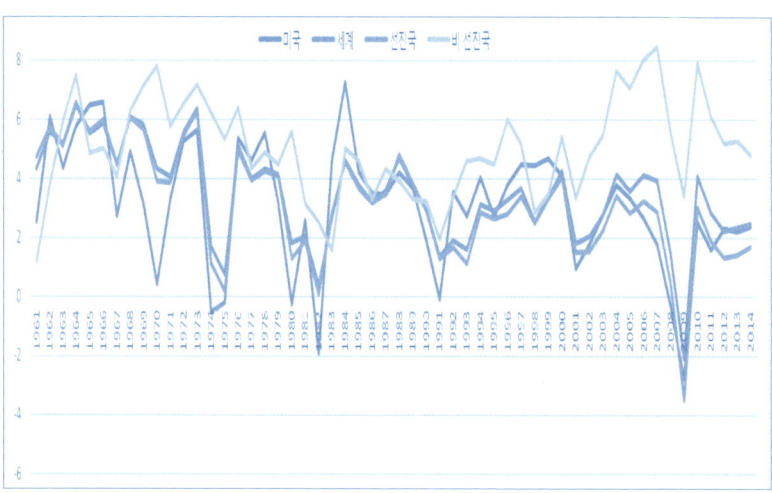

〈그림4〉 세계 각국 1인당 GDP 성장률 (USD 기준)

출처: World Bank

(2) 제조업 비중은 감소하고, 부동산 및 비즈니스 관련 서비스와 교육, 보건, 사회서비스의 비중 증가

산업구조 측면에서는 제조업의 비중이 지속적으로 감소하고 있다. 이는 미국 제조업의 해외 이전에 따라 미국의 제조업이 공동화되는 현상을 반영한 것이며, 2013년 기준 미국의 GDP 중 제조업 비중은 선진국이나 유로존 평균에 비해서도 낮은 수준을 기록하고 있다.

한편, 최근 미국의 에너지 가격 하락에 따라 해외에 이전되었던 제조업의 일부가 회귀하는 현상이 관찰되고 있다. 그러나, 3장에서 설명하는 바와 같이 아직까지 이러한 추세가 GDP 중 제조업 비중의 뚜렷한 증가로 나타나고 있지는 않다.

한편, 제조업의 비중 감소는 이에 상응하는 서비스업의 비중 증가로 나타나고 있다. 서비스업 중에서도 전통적인 서비스업인 도소매, 교통·물류 부문의 비중은 감소하는 반면, 비교적 부가가치가 높은 부동산 및 비즈니스 관련 서비스와 교육, 보건, 사회서비스의 비중이 점차 증가하고 있다. 이는 미국경제가 고부가가치 서비스업을 중심으로 재편되어 온 상황을 반영하고 있다.

〈그림5〉 제조업 및 서비스업 비중

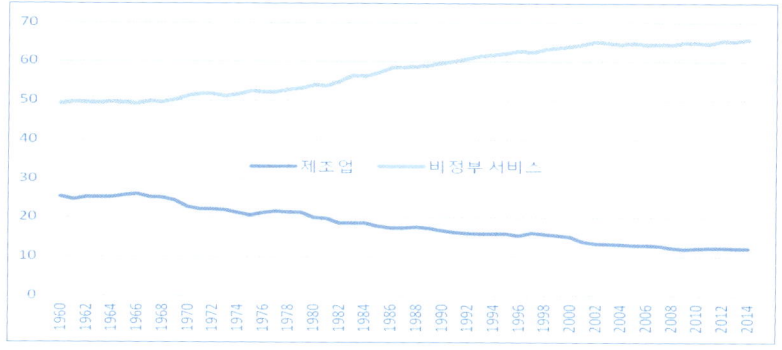

출처: US Bureau of Economic Analysis

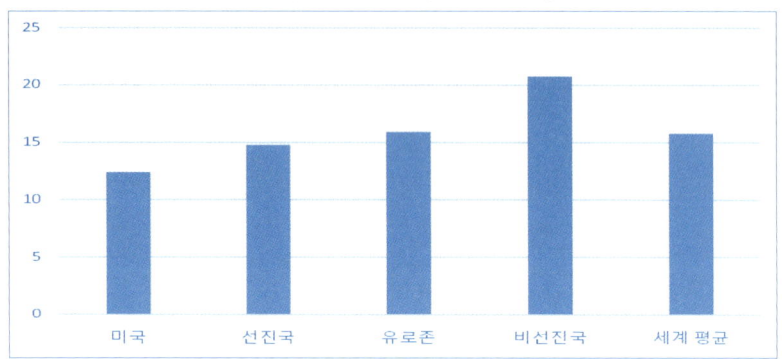

<그림6> 제조업 비중 (2013년 기준)

출처: US Bureau of Economic Analysis

<표1> 미국 사업별 GDP 비중 변화 (단위: %)

산업	1960	1980	2000	2014
1차산업	5.7	5.5	2.1	3.8
유틸리티	2.3	2.2	1.8	1.6
건설업	4.4	4.7	4.5	3.8
제조업	25.3	20.0	15.1	12.1
도소매	14.5	13.8	12.9	11.8
교통/물류	4.4	3.7	3.0	2.9
정보통신	3.3	3.9	4.6	4.8
금융 및 보험	3.7	4.9	7.3	7.0
부동산 관련	10.5	11.1	12.1	13.0
비즈니스 서비스	4.3	6.2	10.8	11.9
교육/보건/사회 서비스	2.7	4.8	6.6	8.2
기타 서비스	5.8	5.5	6.5	6.0
정부 서비스	13.2	13.7	12.9	13.1

출처: US Bureau of Economic Analysis

(3) 경상수지 적자구조가 지속되고 있지만, 2012년 이후 경상적자 규모는 GDP 대비 3.0% 미만으로 축소

2차 대전 직후 세계 최대 경상수지 흑자국이던 미국은 이후 경상수지가 지속적으로 악화되면서 만성적인 경상수지 적자 구조를 보이고 있다. 또한, 경상수지 적자를 신흥국의 미국 국채 및 금융자산 투자로 조달하는 구조도 지속되고 있다. 다만, 경상수지 적자 규모가 2012년을 기점으로 GDP 대비 3.0% 미만으로 감소하였다.

미국의 경상수지 추이를 보면, 1980년대 중반 적자 규모가 GDP 대비 3%를 넘어섰다가 1990년대 중반까지 다소 개선되었으나, 이후에는 2006년 GDP 대비 5.8% 적자에 이르기까지 지속적으로 악화되었다. 이러한 1990년대 초반에서 2000년대 중반까지의 경상수지 적자 확대는 수출이 정체된 반면 수입액이 크게 증가하면서 발생하였다. 미국의 제조업 공동화 현상이 진행되면서 제조업 수출 증가율은 정체되고, 농수산품의 수출도 신흥국과의 경쟁에 밀리면서 GDP 대비 수출규모는 크게 증가하지 않은 반면, GDP 대비 수입규모는 빠르게 증가하였다. 이에 따라 무역수지 적자가 확대되면서, 경상수지 적자폭이 계속해서 커졌다. 물론, 미국이 강점을 가지고 있는 서비스 부문에서 흑자가 발생하기는 하였지만, 무역수지 적자의 증가 규모를 따라잡지 못했으며, 이마저 1996년을 정점으로 2006년까지 흑자 규모가 감소하는 모습을 보였다.

2006년 이후에는 GDP대비 무역수지 적자 규모가 감소하는 모습을 보였는데, 이는 제조업부문의 수출 증가 때문이라기 보다는 주로 에너지 부문의 수입 감소에 기인하고 있다. 즉, 셰일혁명으로 인해 미국의 천연가스 및 원유 생산량이 증가하면서 그 동안 수입에 의존하던 에너지의 자급도가 높아졌으며, 이에 따라 GDP 대비 수

입규모 증가가 둔화되었다. 또한, GDP 대비 감소세를 보였던 서비스 수지 흑자가 2006년 이후 증가세로 돌아섰으며, 2008년 이후에는 저금리로 인해 미국이 해외에 지불하는 이자가 감소하면서 이전수지가 흑자로 돌아서 전체 경상수지 개선에 일조하는 모습을 보였다.

종합적으로 볼 때, 2000년대 중반 이후 미국 경상수지는 셰일혁명에 따른 에너지 수입 감소와 저금리에 따른 이자지급 감소, 그리고 서비스 수지 개선에 힘입어 점차 개선추세를 보이고 있다. 향후 미국의 경기 회복에 따라 수입 수요가 다소 증가할 것으로 전망되지만, 1차상품 가격의 하향 안정화 추세가 지속되고, 저금리 지속에 따른 이전수지 흑자가 지속되면서 과거와 같이 미국의 경상수지 적자가 크게 증가하지는 않을 것으로 예상된다.

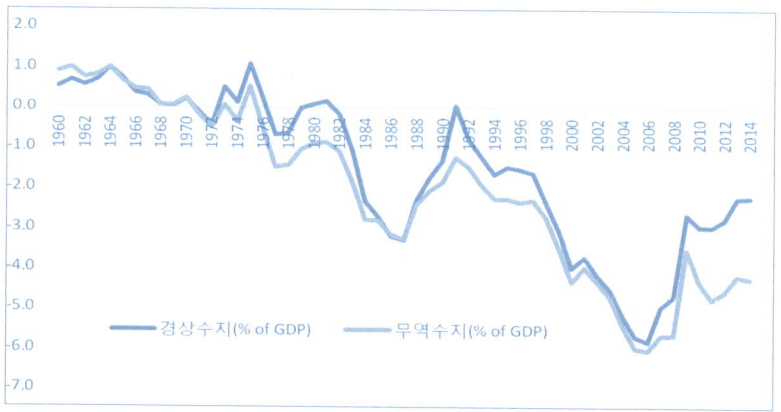

〈그림7〉 경상수지 및 무역수지

출처: US Bureau of Economic Analysis

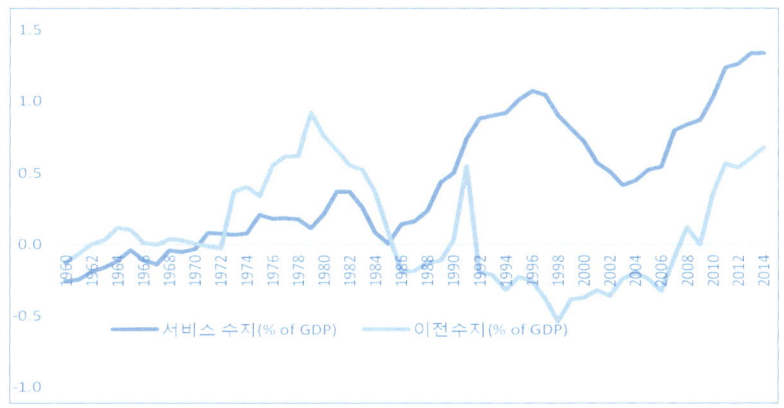

<그림8> 서비스 수지 및 이전수지

출처: US Bureau of Economic Analysis

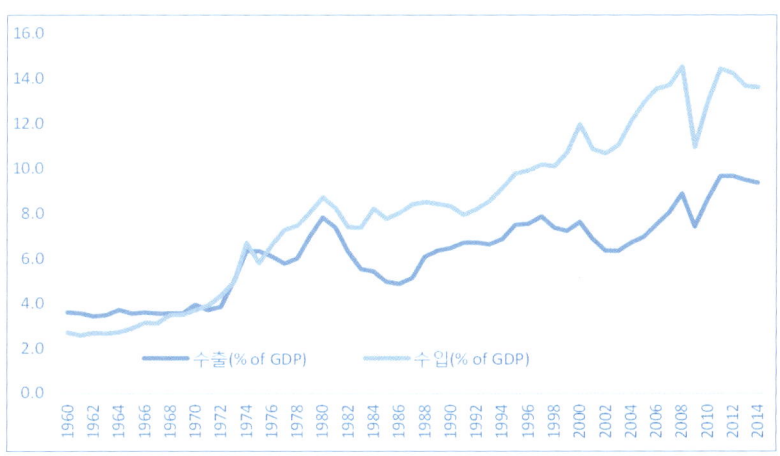

<그림9> 수출 및 수입

출처: US Bureau of Economic Analysis

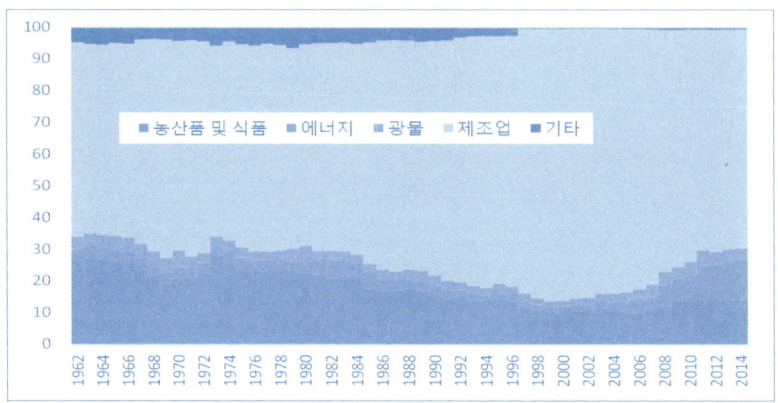

〈그림10〉 수출 구성

출처: US Bureau of Economic Analysis

(4) 베이붐 세대 은퇴에 따른 이슈가 지속되겠지만, 그 속도는 다른 선진국에 비해 약할 전망

전 세계적으로 노령화 문제가 경제성장률과 재정에 중요한 이슈로 등장하는 가운데, 미국에서도 베이비붐 세대의 은퇴문제가 경제의 가장 중요한 이슈로 대두되고 있다. 미국의 베이비붐 세대는 2차 대전 직후인 1945에서 1965년 사이에 출생한 사람들로서 현재 50세에서 69세이다. 이들은 미국 인구의 25%를 차지하고 있으며, 그동안 이전 세대와 다른 사회적, 문화적, 경제적 트렌드를 만들어 내면서 미국 사회의 변화를 주도해왔다. 그러니, 이제 이들 세대가 순차적으로 은퇴연령에 접어들면서 경제에 미치는 영향에 대한 우려가 대두되고 있다.

우선, 다른 인구집단에 비해 인구가 많은 베이비붐 세대의 은퇴에 따라 가계소비 증가가 둔화될 수 있다는 우려이다. 유럽과 달리 사회보장제도가 약한 미국에서 은퇴한 베이비붐 세대의 소비는 은퇴

전 대비 크게 감소할 수밖에 없으며, 민간소비 증가율 감소로 이어질 수 있다는 것이다.

두 번째 이슈는 생산가능인구 감소에 따른 잠재성장률 둔화이다. 베이붐 세대는 현재 생산가능인구(15~65세)의 29.7%를 차지하고 있으며, 현재 50~59세 인구는 직후 세대인 40~49세 비해 9% 정도가 많다. 이는 베이붐 세대의 은퇴에 따라 생산가능인구가 점차 감소할 것이라는 것을 의미한다.

마지막으로는 재정과 관련된 이슈이다. 베이붐 세대 인구는 직전 세대에 비해서도 매우 큰 규모이며, 기대 연령도 높기 때문에 이들의 노령화에 따른 의료, 보건 관련 비용 증가가 재정에 부담이 될 것이라는 전망이다.

앞에서 언급한 이러한 우려들은 세계적으로 진행되고 있는 인구구조 변화에 따른 불가피한 변화이며, 향후 미국을 비롯한 선진국들의 잠재성장률은 점진적인 하락세를 보일 것으로 전망된다. 또한, 노령화에 따른 재정부문의 압박도 증가할 것으로 전망된다. 이에 따라, 이러한 문제에 대해 어떠한 대응책을 마련할 수 있는 지가 향후 선진국들의 중요한 과제가 될 수밖에 없다.

<그림11> 미국 연령별 인구분포 (2015년 추정)

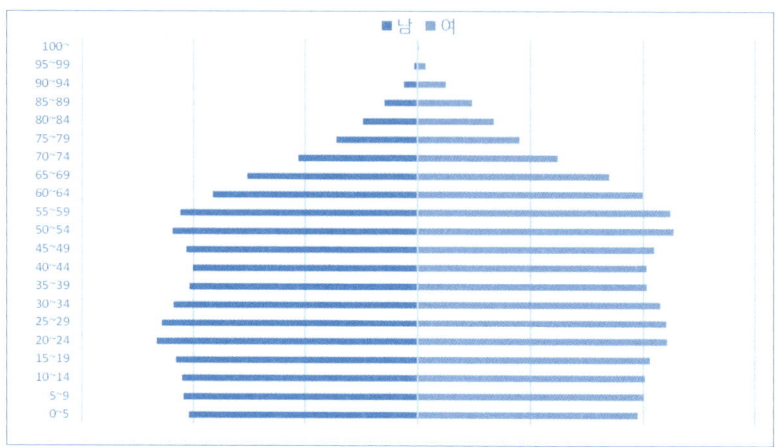

출처: 미국 Census Bureau

<그림12> 미국 연령별 인구분포 (2050년 전망)

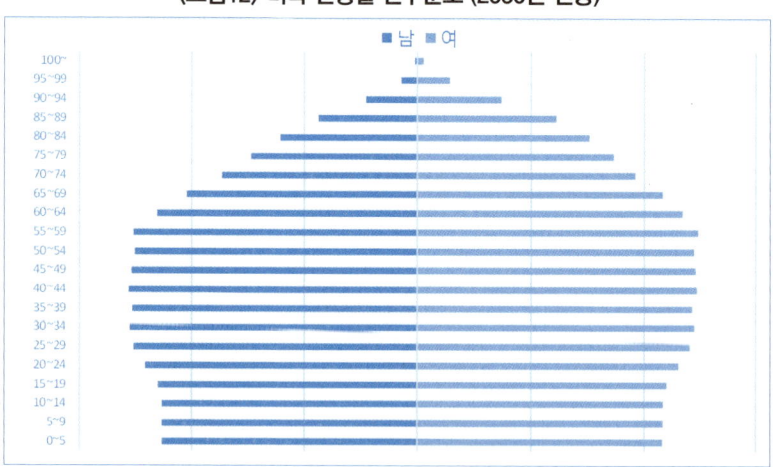

출처: 미국 Census Bureau

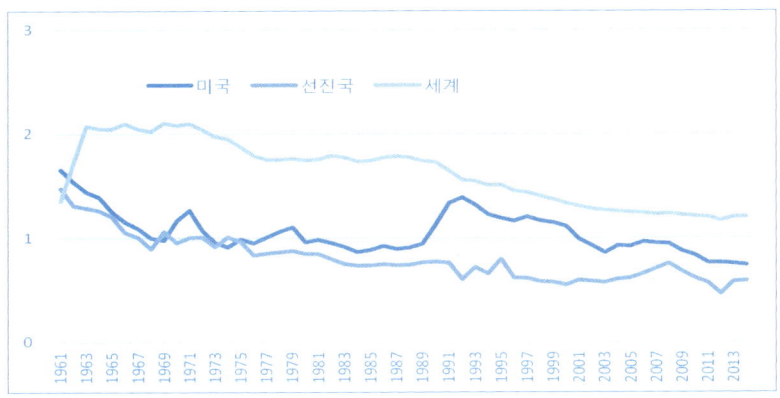

<그림13> 미국 및 세계 인구증가율

출처: World Bank, UN

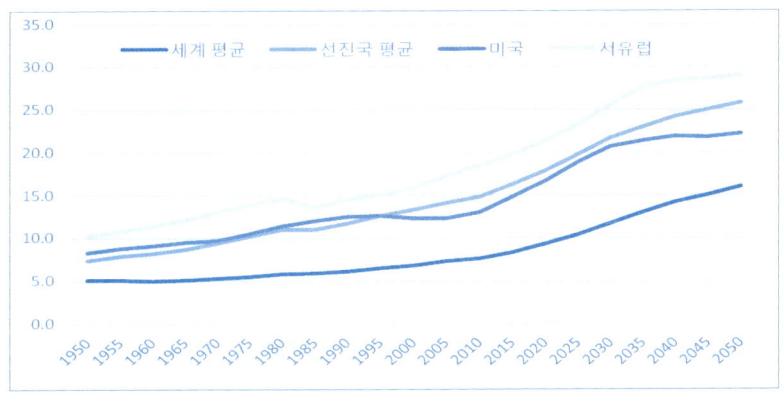

<그림14> 65세 이상 인구 비중

출처: World Bank, UN

하지만, 이러한 노령화 및 베이비붐 세대 은퇴와 관련된 문제는 미국에 비해 유럽 등 다른 선진국에서 더욱 크게 나타날 것으로 예상된다. 우선 미국의 경우, 꾸준한 이민자 유입과 히스패닉계의 높은 출산율로 인해 다른 선진국에 비해 높은 인구 증가율을 보이고 있다. 이민자의 경우 주로 노동가능 인구에 해당되는 인구가 유입되기 때문에 노령화에 따른 노동가능인구 감소나 수요감소의 효과를 완충하는 역할을 하고 있다. 또한, 히스페닉계의 높은 출산율은 미국의 인구 증가율이 다른 선진국에 비해 높은 수준을 유지하는 데 크게 공헌하고 있는 것이 사실이다. 이에 따라, 현재 미국에서 65세 이상 인구 비중은 다른 선진국에 비해 낮을 뿐 아니라, 향후에도 서유럽 및 다른 선진국에 비해 낮게 유지될 것으로 전망된다.

둘째, 미국의 사회보장제도가 서유럽에 비해 느슨하기 때문에 노령화에 따른 재정부담 증가도 서유럽에 비해 낮을 것으로 전망된다. 오바마 정부의 의료보장 범위 확대로 인해 노령화에 따른 재정부담이 증가한 것은 사실이다. 하지만, 미국은 전국민을 포괄하는 노령연금제도를 가지고 있지 않으며, 많은 부분이 민간의 영역에 맡겨져 있다. 이는 노령화 진행에 따른 재정부담 증가가 서유럽 선진국에 비해 작다는 것을 의미한다.

2. 2008년 리먼 사태의 원인과 평가

2008년 9월 발생한 리먼 브라더스의 파산신청은 이후 전세계에 금융시장에 본격적으로 부정적인 영향을 주기 시작했다. 당시 촉발된 글로벌 금융위기로 많은 국가들의 경제에도 좋지 않은 영향을 미치면서 미국을 비롯한 여러 나라들이 2008년 이전의 성장률이나 역동성을 회복하기 어려울 것이란 시각도 대두되고 있다. 동 사태 이후 금융부문의 안전성 개선과 규제 강화를 통해 향후 재발을 방지하고자 하는 노력들이 정책적 차원에서 추진되면서 과거에 비해 상당 부분 개선을 이루어냈지만, 여전히 시스템적으로 많은 부분에서 미진한 점들이 극복되지 못하고 있다는 비판이 존재한다.

이번 장에서는 2008년 리먼 사태로 대표되는 서브프라임 모기지 사태의 발생원인에 대해 정리해보고, 이와 관련한 평가들에 대해서도 간략히 소개하도록 하겠다.

(1) 서브프라임 사태의 원인

2000년대 초반 미국경제는 연쇄적으로 나타난 부정적인 이벤트들로 어려움을 겪고 있었다. IT버블로 시작되어 9.11 테러와 아프가니스탄 및 이라크 전쟁으로 이어지는 일련의 사건들은 미국경제에 악영향을 미치면서 2001~2003년 기간 동안 0~2%대의 저조한 경제성장률을 보였다. 미국 연방준비제도(Fed)는 이에 대응하고자 경기부양을 위한 초 저금리 정책을 실시하기 시작하면서 부동산시장에 호황을 가져다 주기 시작했다. 더불어, Fed가 금리를 인상하기 시작한 2004년 이후에도 빠른 속도로 성장하는 신흥국으로부터의 자금 유입이 지속되면서 미국의 국내 여신시장 여건은 우호적인 환경이 지속되었다.

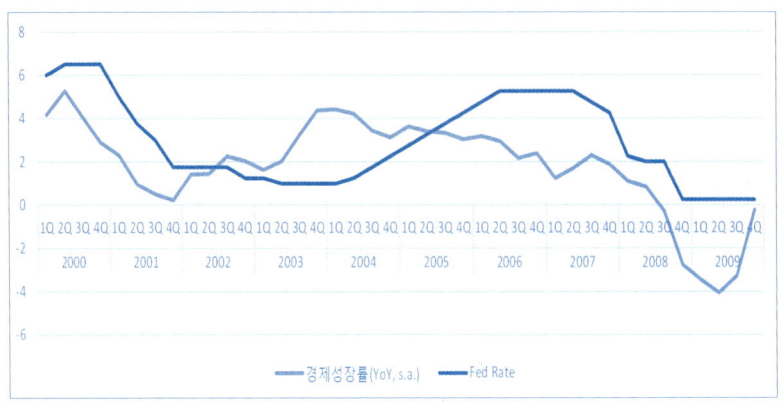

〈그림15〉 미국경제성장률과 Fed 기준금리

출처: Bloomberg

당시 금융회사들은 낮은 금리와 경쟁 심화 등으로 새로운 수익 창출 기회를 엿보고 있던 상황이었다. 저금리를 통해 유동성을 확보한 금융기관들은 저소득층 등과 같은 자금 수요자에게도 부적격(non-conforming) 대출을 앞다투어 제공하기 시작했다. 서브프라임 모기지(Subprime Mortgage) 대출로 일컬어지는 저소득층을 대상으로 한 비우량 주택담보대출 상품은 금융회사들의 새로운 수익원으로 기능하게 되었고, 2006년에 이르러 전체 모기지 중 23.5%에 해당하는 6,000억 달러 규모의 서브프라임 모기지가 발행되었다. 모기시 내출 자산유동회를 통해 신용위험을 분산하여 줄일 수 있다는 점으로 신용등급도 높게 부여 받으면서 저소득층에 대한 대출이 크게 증가하였다. 특히, 자산유동화증권(ABS) 시장이 발달하면서 서브프라임 모기지 대출의 자산유동화를 통해 신용위험을 분산하여 줄일 수 있다는 점으로 서브프라임 대출 관련 상품의 신용등급이 높게 부여되면서 저소득층에 대한 대출이 계속

활성화 되었다. 또한, 주택가격의 상승세가 서브프라임 모기지 금리보다 높은 수준을 보였기 때문에 금융회사 입장에서는 차입자가 파산하더라도 손해를 보지 않는 구조라는 점에서 더욱 높은 인기를 끌게 되었다.

참고로 미국 내 모기지 상품의 구분을 보면 정부보증(FHA/VA) 모기지 대출의 경우 명시적인 정부의 보증을 받고 Ginnie Mae 등의 정부주택금융 기관에서 증권화가 가능한 상품이다. 일반 모기지에서는 적격대출에 해당되는 프라임 모기지와 그 외 적격대출에 미달하는 모기지로 일컬어지는 B등급 및 C등급 모기지가 존재한다. 위험도에 따라 크게 가장 위험한 Subprime부터 Jumbo 대출로 나뉘어지게 되며 정부주택금융 기관의 증권화 기초자산이 되지 않는 상품이다.

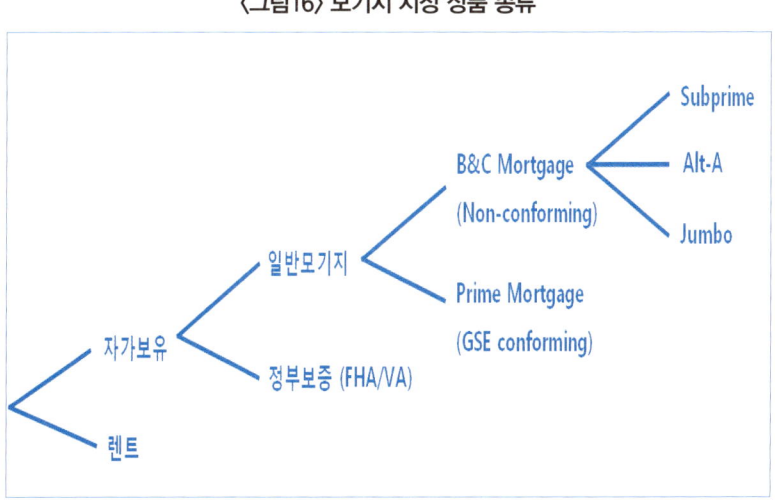

〈그림16〉 모기지 시장 상품 종류

<그림17> 전체 모기지 중 서브프라임 비중 추이

출처: Inside Mortgage Finance, WorldBank

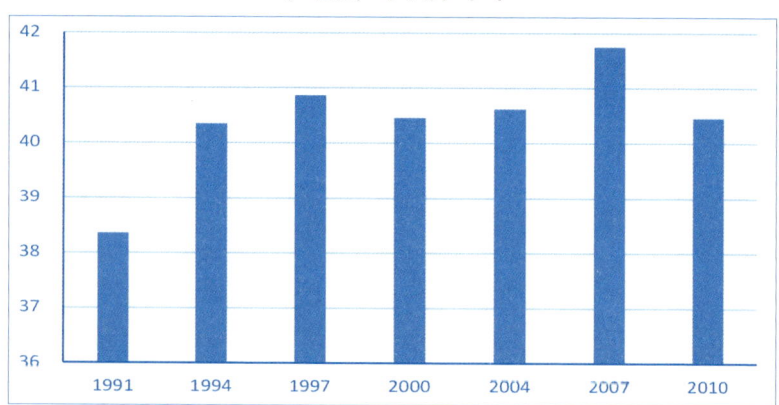

<그림18> 지니계수 추이

출처: Inside Mortgage Finance, WorldBank

보다 근본적으로 저소득층에 대한 대출증가는 공급측 원인 뿐만 아니라 수요측 원인도 존재하며, 증가한 미국의 소득불평등 문제에 기인하고 있다는 해석도 힘을 얻고 있다. 저소득층의 가계부채 증가는 고소득층 대비 더욱 빠른 속도로 증가하였는데 소득 기준 하위 5%의 가계부채는 1983년 GDP 대비 62.3%에서 2007년 147.3%로 2배 이상 높아진 반면, 상위 5% 소득계층의 가계부채는 같은 시기 60% 수준으로 유지되었다. 대표적인 소득 불평등 지수인 지니(Gini)계수는 1990년대 이후 꾸준히 높아지는 모습을 나타냈으며, 소득불평등이 심화되고 있었음을 보이고 있으며, 저소득층의 확대에 따라 늘어나는 가계부채는 결국 금융부문의 부실화로 이어질 가능성이 높다는 의견도 존재하고 있다. 정치권 역시 늘어난 저소득 계층을 겨냥한 고위험 모기지 대출을 금융규제 완화를 통해 지원했다는 점도 서브프라임 모기지 사태를 부추기는 데 영향을 주었다.

(2) 서브프라임 모기지 사태의 전개과정

앞서 언급되었듯이 서브프라임 모기지 사태는 크게 부동산버블과 2000년대 초반의 저금리 통화정책, 자산유동화 활성화의 세 가지 원인들이 결합하면서 촉발되었다. 2000년대 초반 저금리에 힘입어 상승한 미국 부동산 가격은 Fed가 금리를 인상하기 시작하면서 2006년부터 점차 상승폭이 둔화되기 시작했다. 특히, 금리인상으로 인해 2006년부터 저소득층이 주로 받았던 서브프라임 모기지 대출의 원리금 상환이 제대로 이루어지지 못하면서 연체율이 점차 증가하기 시작했다. 2006년 1분기말 기준 서브프라임 모기지의 연체율은 11.5%를 기록했지만 2007년 말에 이르러 17.3%까지 증가하였고, 프라임 모기지에 비해서도 가파른 부실화 추세를 나타냈다.

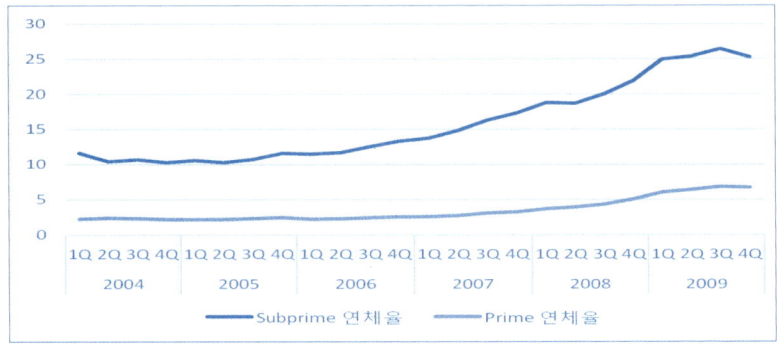

〈그림19〉 미국 모기지 연체율 (단위: %)

출처: Mortgage Bankers Association, FHFA, Bloomberg

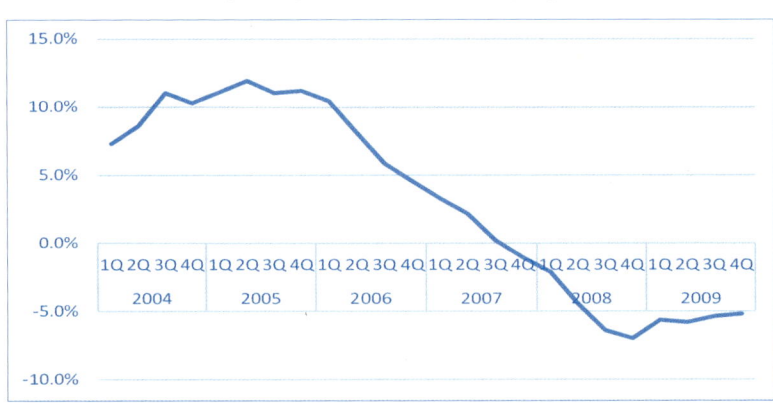

〈그림20〉 미국 주택가격 증감율(YoY)

출처: Mortgage Bankers Association, FHFA, Bloomberg

이로 인해, 모기지대출 전문 금융기관들과 서브프라임 모기지를 기반으로 만들어진 ABCP, MBS, CDO 등 다양한 자산유동화증권에 투자한 헤지펀드와 투자은행 역시 기초자산의 부실화로 대규모 손실과 유동성 위기를 맞이하게 되었다. 2007년 초부터 HSBC의 모기지사업 관련 손실 발표와 미국 내 2위 모기지 대출업체인 New Century Financial의 신규 대출 및 환매 중단 발표 등을 포함한 50여 개의 모기지 업체 파산으로 서브프라임 모기지 부실에 대한 우려가 수면위로 부상하였다. 2007년 6월에 들어서며 베어스턴스(Bear Stearns)가 운영하던 헤지펀드와 서브프라임 모기지 관련 투자 손실에 따른 파산 임박설로 서브프라임 부실 사태에 대한 본격적인 우려가 나타나기 시작했다. 이후 미국 최대 모기지업체인 Countrywide Financial을 비롯하여 BNP Paribas 등 미국, 유럽계 IB와 헤지펀드 등 다양한 글로벌 금융기관들의 서브프라임 모기지 손실이 알려지며 미국뿐만 아니라 전 세계적으로 금융불안의 징조가 나타나기 시작했다. 신용평가사 역시 10월 이후부터 서브프라임 모기지 관련 자산유동화증권에 대해 연이은 등급하향 조정을 실시하면서 금융기관들의 손실이 더욱 늘어났다.

2007년 4분기 들어 주요 글로벌 IB들이 연이어 대손상각과 분기손실 등을 발표하면서 신용경색 현상이 심화되기 시작하였고, 실물경제에도 부담으로 작용하기 시작하였다. 특히, 신용보강을 담당한 Monoline과 같은 보증기관의 손실도 크게 나타나면서 신용등급이 하향 조정되고 신용경색 현상이 더욱 심화되었다.

2008년 3월 들어 베어스턴스가 유동성 위기를 겪으면서 금융불안이 높아졌지만 JP Morgan이 베어스턴스를 인수하면서 다소 진정되었고, 2008년 1분기 글로벌 IB들의 분기별 실적이 기대보다 양호한 모습을 나타내면서 서브프라임 모기지 사태에 따른 피해가 매우 크지 않을 것이란 인식이 높아졌다. 더불어, 미국 거시경제지표와 기준금리 인하, 유동성 지원 등 정부의 정책적 지원이 시행되면서 신용경색 위험은 짧게나마 다소 진정되는 양상을 보였다.

그러나, 2008년 8월 기준 전세계금융기관들이 서브프라임 관련 상품 보유에 따른 손실로 인해 실시한 자산상각 규모가 약 5천억 달러 수준인 것으로 알려졌고, 2008년 11월에 이르러서는 이 규모가 7,500억 달러 수준으로 증가하는 등 위기의 여진은 지속되고 있었다. 특히, 2008년 9월 들어서며 대형 투자은행들의 연이은 파산 혹은 구제금융이 나타나면서 서브프라임 모기지 사태가 정점을 찍게 되었다. 정부의 구제금융 불가 방침을 받은 리먼브라더스는 파산신청을 하였고, 메릴린치는 Bank of America가 인수하였으며, AIG는 정부로부터 구제금융을 받았다. 이후 2008년 10월 정부는 서브프라임 모기지 사태 극복을 위해 구제금융 프로그램(TARP)을 실시하며 부실화된 금융기관에 대해 특별 구제금융을 지원하는 한편, Fed는 시중에 유동성을 공급하기 위해 국채 매입과 0%로의 기준금리 인하를 단행하는 조치를 연속하여 실시하였다. 유럽 역시 ECB가 금리 인하와 자산 매입 프로그램 등 비슷한 정책적 대응을 실시하게 된다.

종합적으로 2008년 글로벌 금융위기로 일컬어지는 미국 서브프라임 모기지 사태는 글로벌 경기둔화를 촉발시키며 선진 경제권에 더욱 큰 부정적인 영향을 미쳤다. 2008년 이후 부동산을 포함한 자산 가격의 버블이 가라앉으면서 부동산시장뿐만 아니라 주식시장에도 악영향을 미쳤다. 부의 효과(Wealth effect) 측면에서도 부정적인 영향을 미쳐 민간소비를 둔화시키고 투자 심리 위축과 신용경색의 영향으로 투자도 줄어들었으며 금융시장의 안정성도 훼손되었다.

(3) 서브프라임 모기지 사태에 대한 평가

이번 서브프라임 사태에 대한 비판으로는 우선 정책당국의 관리감독이 부족했다는 평가가 존재한다. 큰 틀에서 살펴보면 과거부터 2000년대 초반까지 지속되어 온 금융산업에 대한 규제완화 기조가 금융기관의 지속적인 확장을 가능케 한 환경을 조성시킨 것으로 드러났다. 이에 힘입어 투자은행이나 헤지펀드와 같은 비은행 금융기관의 역할이 2000년대 중반 이후 금융시장 내에서 커지고 있었지만, 일반 은행들이 적용 받는 규제가 이들에게 똑같이 적용되지 않았다. 더구나, 모기지 대출을 기반으로 한 자산유동화 상품이 급증하면서 이와 관련한 기초자산의 신용위험 측정이 복잡해지게 되고, 금융기관들 역시 부외기록(off-balance)으로 작성하면서 감독당국의 규제를 피하거나 정확한 전체 부실화 위험 규모에 대해서도 측정이 어려웠다.

금융기관들의 성과급 체계에 대한 비판도 거세게 나타났다. 금융기관의 성과급 체계가 회사의 장기적인 성과에 연동되기 보다는 단기간의 성과에 연동되는 구조로 짜여있기 때문에 위험을 감지하고 보수적인 운영을 하기 보다는 내부의 위험 경고를 무시하는 한편 대출 규모를 확대하고 유동화 상품을 더욱 많이 판매하는 데에 집중되었다.

이는 정부가 부실 금융회사에 대한 구제금융을 실시하면서 납세자의 부담으로 민간회사의 손실을 메워줬다는 비판을 더욱 거세게 만들었다. 민간 금융회사의 과도한 수익에 대한 반대급부는 높은 위험도인데 이러한 위험을 납세자의 부담으로 전가시킴으로써 도덕적 해이를 유발시켰다.

신용평가사의 신용등급 적정성에 대한 비판도 존재한다. 특히, 위험도가 높은 서브프라임 모기지 대출을 기반으로 한 MBS나 CDO와 같은 자산유동화 상품들에 대해 투자등급을 부여하면서 신용위험을 부정확하게 측정했다는 비판과 이로 인해 서브프라임 모기지 관련 상품의 판매가 급증하게 되는 주요 요인으로 작용했다는 평가가 존재한다.

이 밖에도 서브프라임 모기지 사태를 야기시킨 여러 요인들이 대한 비판적 평가가 존재하지만, 개별적인 원인들이 합쳐지면서 더욱 큰 폭발력을 발휘하여 손실 규모가 엄청나게 커지게 되었다. 동 사태에 대한 전세계적 손실 규모는 추정에 그치고 있는 상황이지만, 2009년 IMF가 발표한 바에 따르면 4조 달러가 훨씬 넘는 수준을 기록했을 것이라고 추정하고 있다.

이번 사태에 대한 원인과 비판, 이에 따른 정부 정책의 보완과 강화 등이 실시되었지만 여전히 미진한 부분이 존재하는 것으로 나타나고 있다. 금융부문의 고도화와 복잡성, 전세계경제권의 높아진 상호의존성으로 인해 전혀 예상하지 못하던 부분에서 발생한 꼬리위험(Tail Risk)이 급속도로 넓은 범위로 전이되는 가능성이 높아지는 환경이 조성되었기 때문에, 이러한 작은 위험에 대한 강도 높은 모니터링이 요구되고 있다.

3. 2008~2009년 경기침체 및 그 회복과정의 특징

(1) 재정통화 정책을 통한 적극적인 경기부양

2008년 들어 경기침체 조짐이 본격화되자 미국 연방준비은행과 정부는 재정 및 통화정책을 통한 경기부양에 나섰다. 그러나, 리먼 사태 이후 경기침체의 규모가 예상을 뛰어넘는 수준으로 확인되면서, 미국 중앙은행은 금융시장을 안정시키기 위해 2009년 3월 1조

7,500억 달러 규모의 대규모 양적 완화(이후 1차 양적완화로 불리게 됨)를 시행하였으며, 정부도 크게 재정지출을 늘리면서 경기부양에 나서게 된다.

그러나, 2010년 이후에는 재정정책과 통화정책의 방향이 달라지게 된다. 즉, 중앙은행은 2차 및 3차 양적완화를 통해 확장적 재정정책을 지속하는 반면, 정부는 재정지출 증가속도를 늦추면서 재정정책의 방향을 덜 완화적인 방향으로 전환한다. 이러한 정책방향은 크게 두 가지 배경에 기인하고 있다. 우선, 재정적자 규모가 지속 가능하지 않은 규모로 커지고, 야당인 공화당에서 부채한도 증액 반대를 통해 재정정책 사용을 제약하면서 재정정책의 사용이 원활하지 않았다. 둘째, 정책금리를 위기발행 초기인 2008년 이미 0% 수준으로 인하하였음에도 불구하고, 경제 및 노동시장 회복인 원활하지 못했다.

〈그림21〉 미국 연방준비은행 자산규모 (단위: bn.USD)

출처: Federal Reserves, IMF

<그림22> 재정지출 및 재정수입 추이

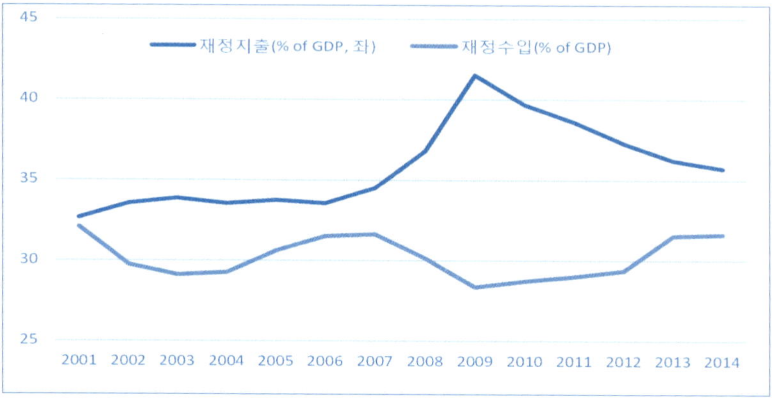

출처: Federal Reserves, IMF

이러한, 즉 재정정책을 통한 경기 부양이 불가능하고, 통상적인 통화정책 수단이 작동하지 않는 상황에서 미국 연방준비은행은 시장에서 국채와 모기지 채권을 직접 매입하는 방식의 양적 완화를 통해 경기부양에 나설 수밖에 없었다.

(2) 대공황 이후 가장 심하고, 회복 속도가 느린 경기침체

이러한 정책 대응에도 불구하고 2008년 3분기 리먼 사태 직후 시작된 경기침체는 대공황 시기 이후 발생한 11번째 경기 침체이지만, 그 특징이나 정도의 측면에서 이전 경기침체와는 다른 특징을 가지고 있다. 이러한 특징들을 이해하는 것은 현재 미국의 경제상황과 미래를 전망하는 데 필수적이다. 그러므로, 여기서는 먼저 2008~2009년 경기침체와 그 회복과정이 가지는 특징들을 각종 경제변수를 통해 살펴보았다.

이번 경기침체가 가지는 주목할 만한 특징은 대공황 이후 GDP 하

락 규모가 가장 컸으며, 회복 속도도 이전 경기침체에 비해 느리다는 점이다. 2차대전 이후 있었던 10번의 경기침체기 동안 GDP 감소 규모는 직전 대비 1.7%에 불과했으며, 이번 경기침체 이전에 가장 심했던 1974~1975년 경기침체 기간 동안의 GDP 감소폭은 3.1% 수준이었다. 그러나, 2008~2009년 침체의 경우 GDP 감소 규모가 직전 대비 약 4.2% 수준으로, 대공황의 절정기의 GDP 감소폭 30%보다는 작지만 그 이후의 경기침체 중에서는 가장 큰 수준이었다.

또한, 가장 최근인 2015년 3분의 GDP 갭(잠재 GDP와 실제 GDP의 차이)도 −3.1%로 여전히 큰 마이너스 갭이 이어지고 있다. 1981~1982년 경기침체의 경우 GDP 갭이 −7.7%까지 하락하여, 이번 경기침체의 −7.3%보다 마이너스 폭이 컸다. 그러나, 1981~1982년 경기침체는 이번 경기침체에 비해 상대적으로 빠른 회복을 보여, 경기 저점 이후 7분기 만에 GDP 갭이 −1.0% 이내로 회복되었다. 이와 달리, 이번 경기침체의 경우 2009년 2분기 및 3분기 경기 저점 이후 24분기가 지난 지금까지도 −3.0% 정도의 마이너스 GDP 갭이 나타나고 있다. 이는 이번 경기침체의 회복이 과거 침체보다 느리게 진행되고 있다는 것을 의미한다.

〈표2〉 2차대전 이후 미국의 경기침체

시기	지속 기간	개시 직전 분기 대비 실질 GDP 최대 하락폭	마이너스 GDP 갭 최대치
1949.1Q~1949.4Q	4분기	1.70%	-4.30%
1953.3Q~1954.2Q	4분기	2.50%	-1.30%
1957.4Q~1958.2Q	3분기	3.60%	-4.20%
1960.3Q~1961.1Q	3분기	1.00%	-3.50%
1970.1Q~1970.4Q	4분기	0.20%	-2.10%
1974.1Q~1975.1Q	4분기	3.10%	-4.70%
1980.1Q~1980.4Q	4분기	1.90%	-3.80%
1981.3Q~1982.4Q	6분기	1.70%	-7.70%
1990.3Q~1991.1Q	3분기	1.30%	-2.70%
2001.2Q~2001.4Q	3분기	-0.20%	-1.60%
2008.1Q~2009.2Q	6분기	4.20%	-7.30%

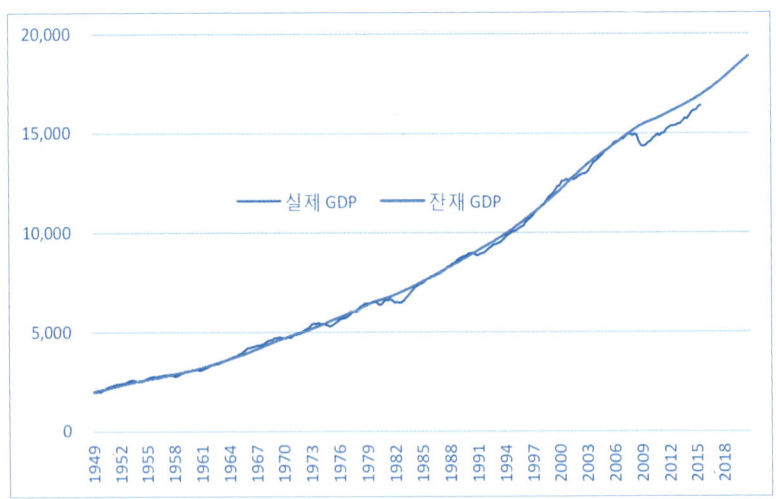

〈그림23〉 실제 GDP 및 잠재 GDP (단위: mn.USD, 2009년 기준)

출처: US Bureau of Economic Analysis

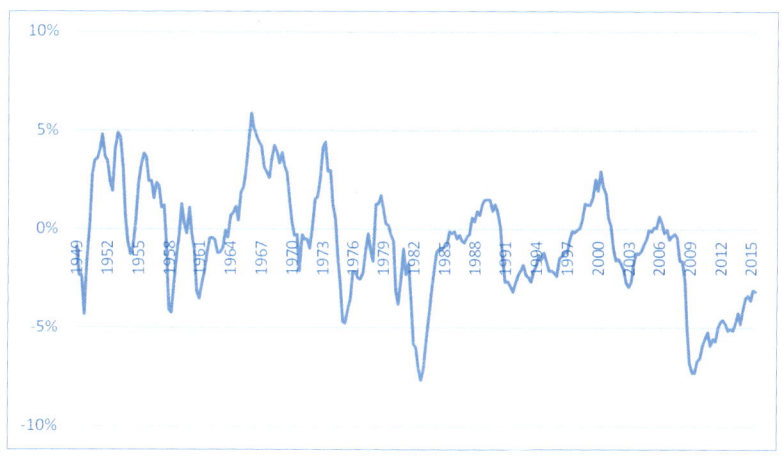

〈그림24〉 분기별 GDP Gap

출처: US Bureau of Economic Analysis

(3) 경기침체 속에서도 기업이익은 증가. 노동시장 개선은 느리고, 불완전

이번 경기침체의 회복 과정의 또 다른 특징은 기업이익은 회복은 매우 빨랐던 반면, 노동시장의 개선은 느리고 불완전했다는 점이다. 먼저 기업이익 측면을 보면, GDP 대비 기업이익의 비중은 침체가 시작된 2008년 3분기에서 2009년 3분기까지 잠깐 동안 낮아졌다가 다시 위기 직전 수준인 10% 내외로 회복되었다. 이에 따라 기업의 이익 전망을 종합적으로 나타내는 주가지수의 회복도 매우 빨랐는데, 2006년 1분기 기준 명목 GDP와 S&P 500 지수를 각각 100으로 놓을 때, 2009년 1분기 일시적으로 62.9 수준까지 떨어졌던 주가지수 수준이 2015년 3분기 평균 157.9까지 빠르게 회복되었다. 이는 앞에서 살펴본 바와 같이 경제 전체의 성장률이 매우 느리게 회복된 상황과는 대비되는 모습이다.

기업의 이익 증가와 주가지수의 빠른 회복은 여러 가지 배경이 있겠지만, 경기침체 극복을 위한 저금리 정책의 효과를 기업들이 이익 증가에 적극적으로 활용한 점이 가장 중요한 요인으로 보인다. 중앙은행은 저금리 정책을 통해 투자확대를 통한 단기적인 금융시장 안정과 더불어 중기적으로 투자확대 및 고용시장 개선을 도모했다. 하지만, 중앙은행이 원한 효과보다 약 달러로 인해 미국 기업들의 해외사업 이익 증가(달러표시 이익 기준)와 조달비용 하락 효과가 먼저 나타났다. 또한, 기업들이 저금리 상황을 이용하여 차입을 통해 자기주식을 매입하면서 주가를 부양했다는 점과 과잉 유동성이 위험자산에 대한 선호를 높였다는 점이 앞에서 설명한 이익증가와 결합되면서 주가의 급속한 회복을 견인하였다.

〈그림25〉 명목 GDP 대비 기업이익 규모 (단위: %)

출처: US Bureau of Economic Analysis

* 기업이익 규모는 4분기 평균

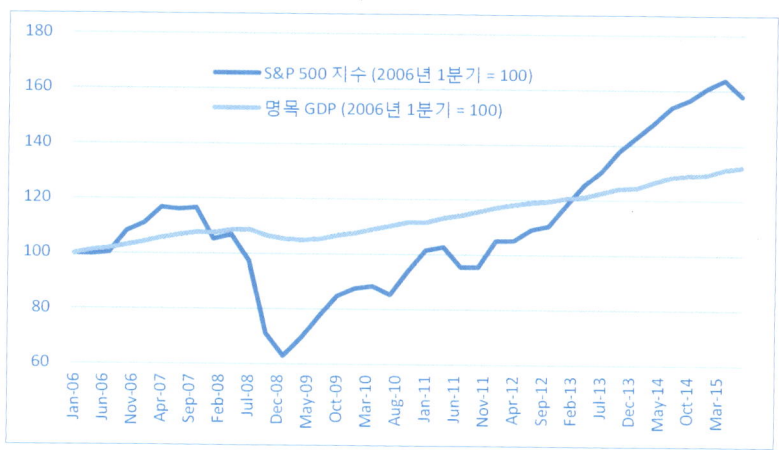

〈그림26〉 GDP와 S&P 500 지수

출처: US Bureau of Economic Analysis

* S&P500 지수는 분기 평균

이러한 기업이익 및 주가의 빠른 회복과 달리, 노동시장의 개선 정도는 표면적인 지표에 비해 불완전한 것으로 평가된다. 노동시장의 상황을 나타내는 가장 중요한 지표인 실업률은 2015년 9월 기준 5.1%로 하락하면서 2008년 금융위기 이전의 수준으로 회복되었다. 그러나, 이러한 실업률 하락을 노동시장참여율 하락과 함께 해석해보면 그 의미가 상당히 반감된다. 2008~2009년 경기침체 이전까지 미국의 노동시장참가율은 여성의 노동시장 진입과 함께 1970년대 들어 경기변동과 큰 상관 없이 추세적으로 증가해 왔다. 그러나, 2008~2009년 경기침체의 회복과정에서는 노동시장참가율이 66% 수준에서 62.5%까지 3.5%p나 하락하였다.

단기간 내에 노동시장참여율이 급락한 이후 회복되지 못하고 있다는 것은 경기침체기 동안 노동시장에서 이탈했던 노동자들이 아직 노동시장으로 다시 복귀하지 못하고 있다는 것을 의미한다. 이러한 노동자들은 구직활동을 하지 않고 있기 때문에 실업률에는 잡히지 않지만, 이들 중 상당수가 실업상태와 유사한 준 실업상태에 있다고 판단해야 하기 때문에, 현재 미국의 노동시장 상황은 공식적인 실업률이 나타내는 것보다 나쁘다는 것을 의미한다.

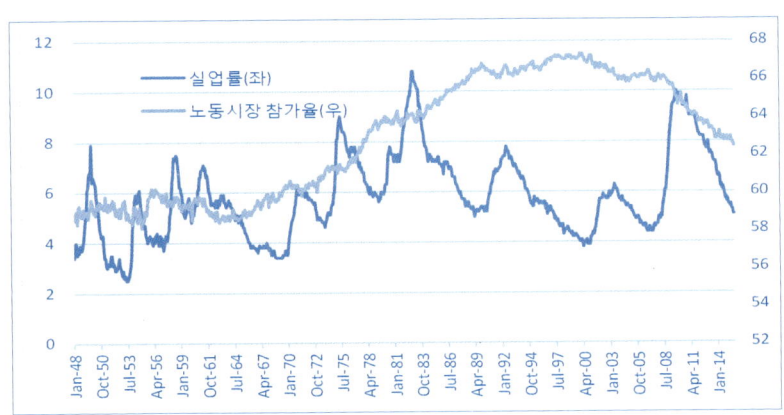

〈그림27〉 실업률 및 노동시장 참가율 (단위: %)

출처: US Bureau of Economic Analysis

〈그림28〉 전년 동기대비 임금상승률

출처: US Bureau of Economic Analysis

이러한 노동시장 상황을 반영하여 명목 임금상승률은 연간 2.0% 내외에서 좀처럼 상승하지 않고 있다. 본격적인 경기회복기에는 노동시장에서의 실업률 하락과 함께 명목임금이 상승하면서 인플레이션 압력이 높아진다. 그러나, 현재 상황을 보면, 실업률 감소에도 불구하고 명목임금 증가율이 낮게 유지되면서 인플레이션 압력이 좀처럼 높아지지 않고 있는 것으로 보인다. 이러한 낮은 명목임금 상승률은 유가하락과 더불어 미국의 인플레이션이 낮게 유지되는 중요한 배경이다.

이러한 점을 종합적으로 볼 때, 미국 Fed의 완화적 통화정책이 기업부문의 이익 회복에는 큰 공헌을 하였으나, 노동시장 회복에는 매우 점진적으로 영향을 미치면서 미국 노동시장의 회복은 아직 완전하지 않을 것으로 판단된다.

(4) 제조업 부활의 징후는 아직 부족

2008~2009년 경기침체 회복과정에서 보이는 또 한가지 특징은 제조업부문의 부진이 지속되는 가운데, 과학기술 서비스업, Health Care 및 Social Assistance 등이 경제에서 차지하는 비중이 증가하고 있다는 점이다. 이러한 추세는 사실 새로운 것은 아니며, 2008~2009년 경기침체 이전에도 지속되었던 추세가 이번 경기침체 및 회복과정에서도 그대로 나타났다는 것을 의미이다.

우선 제조업부문을 보면, 경제 전체의 총 부가가치 창출에서 제조업부문이 차지하는 비중이 2008~2009년 경기침체 이전 2005~2007년 평균 12.9%에서 2015년 1분기 12.0% 수준으로 0.9%p 정도 하락하였다. 사실 미국경제에서 제조업이 차지하는 비중은 꾸준히 감소하는 추세였으며, 점진적인 경기 회복 과정에서도 이러한 추세가 지속되었다고 볼 수 있다. 미국의 셰일가스 생산 증가에 따른 미국 내 에너지 가격 하락이 미국 제조업의 부활을 견인할 것이라는 시각이 대두되고 있다. 하지만, 이러한 징후가 GDP 관련 데이터에서는 확인되지 않고 있다.

〈그림29〉 총 부가가치 중 제조업 비중 (단위: %)

출처: US Bureau of Economic Analysis

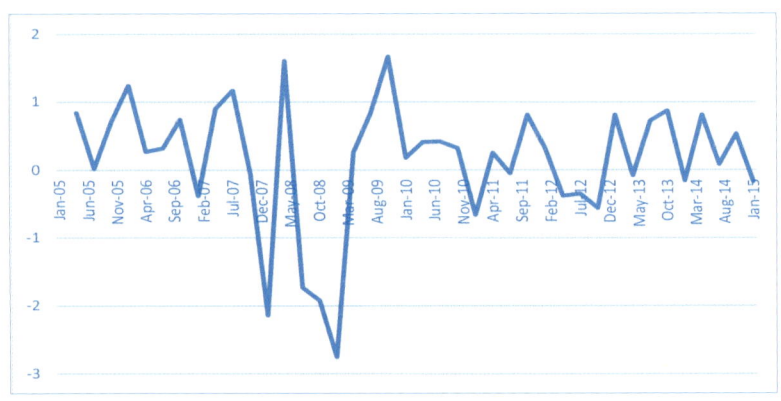

〈그림30〉 제조업의 GDP 성장률 공헌도

출처: US Bureau of Economic Analysis

반면, Health Care 및 Social Assistance 부문이나 전문·과학·기술 서비스업 부문 그리고 부동산 임대 및 리스업이 경제 내에서 차지하는 비중은 경기침체 이전보다 이후에 더욱 증가하면서 이들 산업들이 주로 경기회복을 견인하고 있다는 점을 보여주고 있다. 한편, 석유·가스 채굴을 비롯한 광업이 전체 경제에서 차지하는 비중은 경기침체 이전에 비해 소폭 증가했다가 2015년 들어 유가 하락의 영향으로 다시 감소하는 모습을 보였다. 그러나, 여전히 미국경제 전체에서 광업부문이 차지하는 비중은 크지 않다.

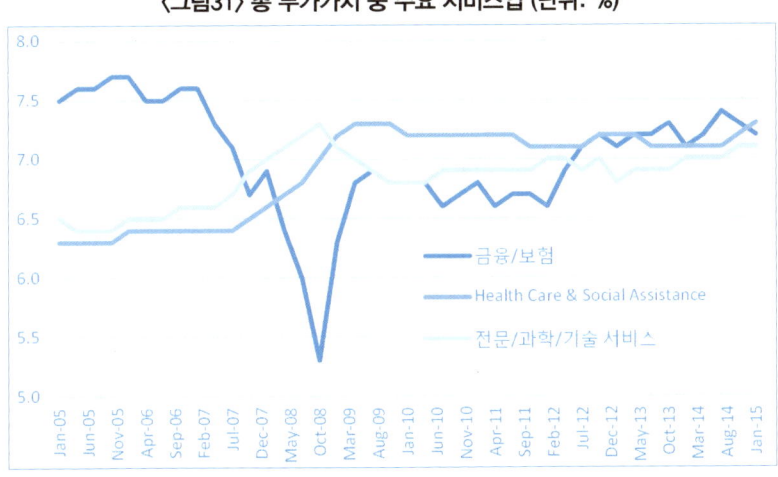

〈그림31〉 총 부가가치 중 주요 서비스업 (단위: %)

출처: US Bureau of Economic Analysis

〈그림32〉 총 부가가치 중 부동산 임대 및 리스업 비중 (단위: %)

출처: US Bureau of Economic Analysis

〈그림33〉 총 부가가치 중 광업 비중 (단위: %)

출처: US Bureau of Economic Analysis

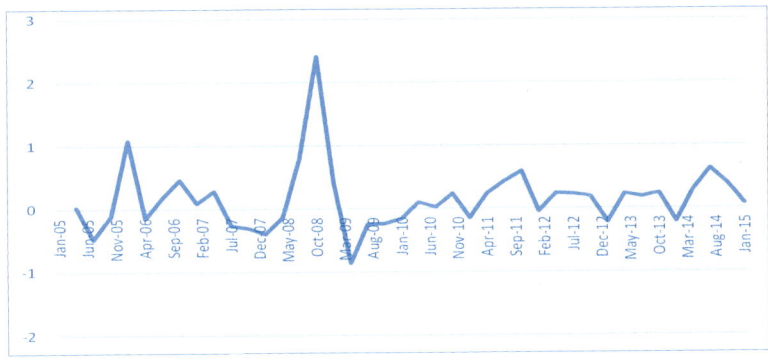

출처: US Bureau of Economic Analysis

(5) 경기침체의 직접적인 원인이었던 주택부문 급락과 가계부문의 부채규모 이슈는 해소된 상황

2008~2009년 경기침체의 직접적인 원인이 되었던 부동산 부문의 문제는 일단 안정화되었으나, 주택건설 투자부문은 아직 완전히 회복되지 못한 것으로 판단된다. 20개 도시 기준 쉴러지수(S&P/Case-Shiller 20 City Home Price Index)를 보면 아직 경기침체 이전 수준을 회복하지는 못했지만, 주택가격이 급락세를 멈추고 어느 정도 회복되었다는 점을 확인할 수 있다. 또한, 주택경기 과열기간 동안 비정상적으로 높았던 GDP 중에서 주택건설 부문이 차지하는 비중이 경기침체 기간 동안 급락한 이후 점진적으로 회복되는 모습을 보이고 있다.

한편, 경기침체 직전인 2007년 GDP 대비 206.3%까지 상승했던 GDP 대비 민간부채 규모는 2014년 GDP 대비 194.8%로 하락하면서 안정화된 모습이다. 기업부문의 경우, 2009년 GDP 대비 98.9% 수준이던 부채 규모가 2014년 GDP 대비 114.1%로 오히려 증가하였다. 이는 기업들이 저금리 상황을 이용하여, 차입을 통한 자기주식 매수에 나선 측면이 크게 작용했기 때문으로 풀이된다. 반면, GDP 대비 가계부채는 2009년 97.7%에서 2014년 80.6%로 하락하면서 17.0%p나 하락하였다. 이러한 부채 감소와 저금리의 효과로 가계부문의 가처분 소득 대비 원리금 상환 규모는 위기 직전인 2007년 3분기 13.2%를 정점으로 지속적으로 하락하여 2015년 2분기 기준 10.0% 수준을 기록하면서, 경기침체 이전 시기보다 오히려 낮은 수준을 보이고 있다.

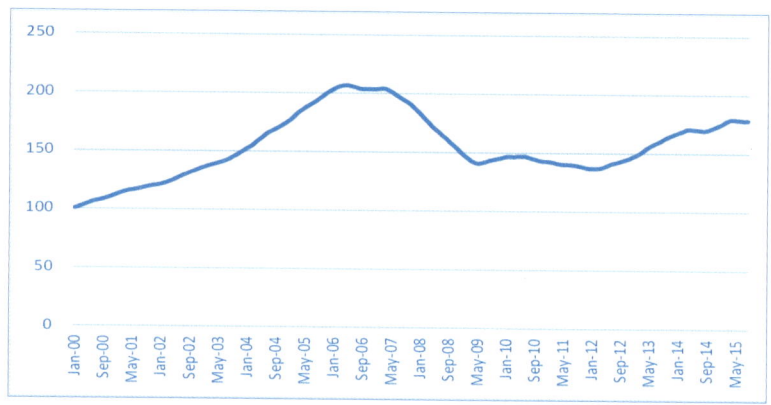

〈그림35〉 20개 도시 기준 쉴러지수

출처: US Bureau of Economic Analysis, World Bank

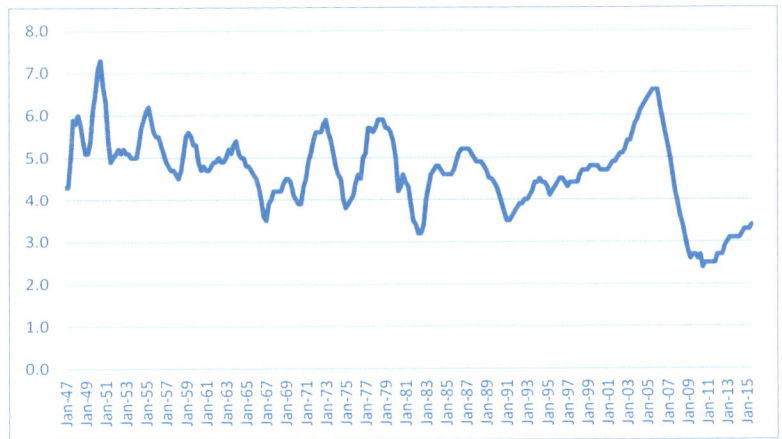

<그림36> GDP 중 주택건설 부문 비중 (단위: %)

출처: US Bureau of Economic Analysis, World Bank

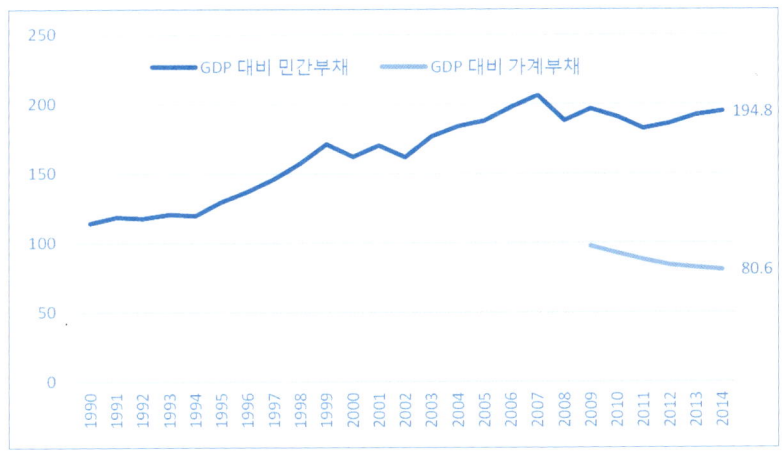

<그림37> 민간부채 및 가계부채 (단위: % of GDP)

출처: US Bureau of Economic Analysis, World Bank

〈그림38〉 가계부문 Debt Service (단위: % of 가처분소득)

출처: US Bureau of Economic Analysis, World Bank

4. 느린 회복에 대한 해석들

앞에서는 다양한 경제지표들을 통해 2008~2009년 경기침체 및 회복과정의 특징들을 정리해 보았다. 종합적으로 보면, 경기침체를 가져온 다양한 원인들은 어느 정도 해소되었으며 기업부문의 이익 규모는 크게 증가하였지만, 노동시장의 회복은 아직 불완전한 것으로 평가된다. 또한, 미국 제조업의 부활에 대한 기대감이 있기는 하지만, 아직까지 GDP 통계상에서 이를 확인할 수는 없다. 그리고, 무엇보다도 과거의 경기침체에 비해 회복속도가 확연히 느리다는 점을 확인할 수 있다.

세계경제에서 미국이 차지하는 위상을 고려할 때, 이러한 미국경제의 느린 회복속도는 미국뿐 아니라 모든 나라에 큰 걱정거리가 아닐 수 없다. 또한, 느린 회복속도의 원인 및 향후 회복 전망은 논쟁의 쟁점이 될 수밖에 없다.

현재 제기되고 있는 논의의 상당부분은 선진국의 잠재성장률 하락이 느린 경기회복의 기저에 있을 가능성이 높다는 점을 제기하고 있다. 여기서 잠재성장률 하락의 원인은 다양한데, 우선 부인할 수 없는 사실은 선진국의 인구 증가율, 그리고 노동가능인구 증가율이 현저하게 낮아졌다는 점이다.

미국의 노동가능인구 증가율은 평균적으로 연간 1%를 상회하는 수준을 보였으나, 2007년부터 0.5% 수준으로 하락하였다. 이는 경기침체로 인한 미국으로의 이민 감소와 더불어 베이비붐세대(1943~1960년 출생)의 연령 증가에 기인하고 있는 것으로 보인다. 이 중에서 이민자 수는 경기 상황에 따라 다소 달라질 수 있으나, 베이비붐 세대의 은퇴자 수 규모 증가는 향후 노동가능 인구 증가율의 감소와 노동시장 참여율의 감소로 이어지면서, 현재뿐 아니라 향후에도 미국의 잠재성장률에 부정적으로 영향을 미칠 것이다.

잠재성장률 하락과 관련된 또 다른 이슈는 Total Factor Productivity(이하 TFP) 증가율 하락을 들 수 있다. 경제성장은 노동 투입의 증가, 자본투입의 증가, 그리고 이들로 설명될 수 없는 TFP로 해석될 수 있는데, 기술의 발전, 효율적인 생산조직화, 산업구성의 효율적 변화 등이 TFP에 영향을 미친다(Romer 2013). 그런데, 2000년대 초반 IT 기술의 적용이 마무리단계에 접어든 이후 미국의 TFP 증가율이 현저하게 감소하였으며, 이러한 추세가 좀처럼 변화지 않고 있는 것으로 보인다(Fernald, John 2014).

이러한 현상의 다양한 원인으로 해석될 수 있는데, 산업부문에서 놀라운 혁신이 크게 줄어들었을 가능성, 주택버블로 인해 기업들이 혁신 의지가 줄어들었을 가능성, 경제의 역동성이 감소했을 가능성 등이 지목되고 있다. 아직까지 어떤 원인들이 TFP 증가율 하락의 원인인지에 대해서는 논의가 필요하지만, 낮아진 TFP 증가율이 단기간 내에 반전될 전망이 낮다는 측면에서 이로 인한 잠재성장률 하락도 당분간 지속될 가능성이 높다고 해석할 수 있다.

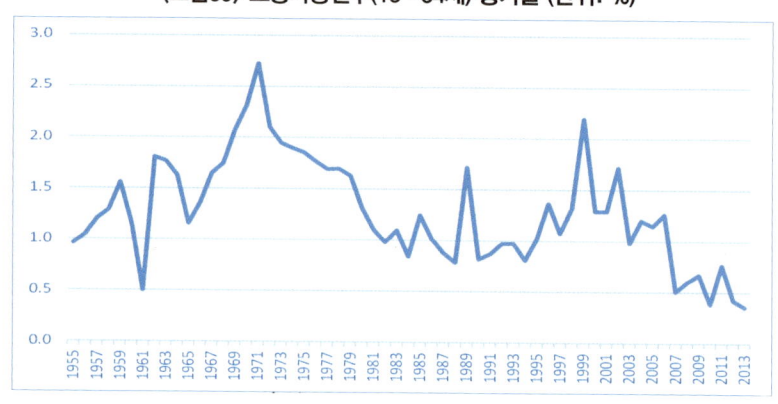

〈그림39〉 노동가능인구(15~64세) 증가율 (단위: %)

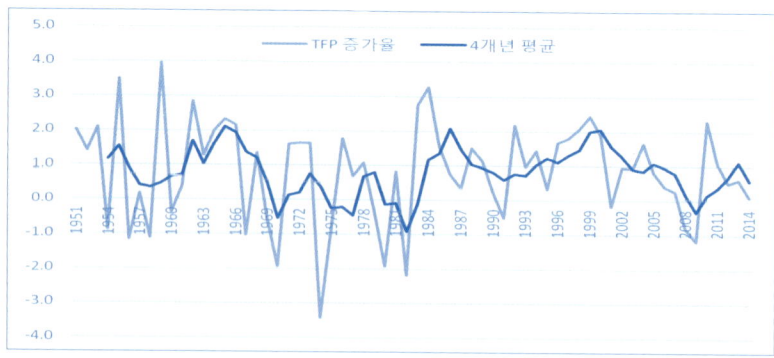

〈그림40〉 TFP 증가율 (단위: %)

출처: US Bureau of Economic Analysis, World Bank

* 2012~2014년 TFP 자료는 The Conference Board 추정치 사용

한편, 미국의 느린 경제회복의 원인이 노동시장의 불완전한 회복에 기인한다는 점에 착안하여, 기술 발전에 따른 노동시장의 변화가 노동시장 및 경제 전체의 느린 회복의 원인이라는 시각도 존재한다. 미국 Full-time 노동자의 임금증가율 추이를 학력별로 보면, 대학 졸업자 이상의 임금소득 증가 속도가 고졸자나 전문대 졸업자에 비해 계속해서 높게 유지되고 있다는 점을 알 수 있다. 이는 IT 기술의 발전에 따라 점차 단순 사무직 노동자들이 참여하는 시장의 일자리 창출이 부진하고, 고학력자 위주의 노동시장만이 비교적 빠르게 회복되는 모습을 보이는데 기인하고 있다는 해석이 가능하다. 이러한 노동시장의 불평등 확대는 앞에서 언급한 GDP 대비 기업이익 비중의 증가와 더불어 2008~2009년 경기 침체 및 회복과정에서 미국의 불평등이 더욱 심화되고 있다는 진단을 낳고 있다. 또한, 경기 회복과 관련해서는 저임금 및 단순 사무직 노동시장의 회복 지연이 계속해서 경기회복 속도를 늦출 수 있다는 우려의 배경이 되고 있다.

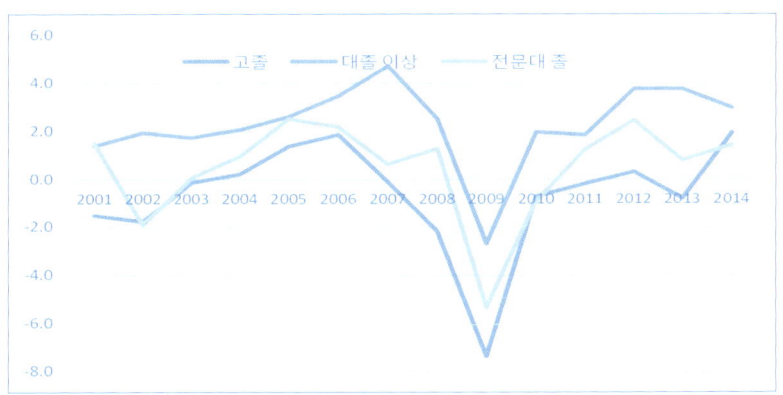

〈그림41〉 학력별 임금 상승률 (단위: %)

자료: US Bureau of Economic Analysis, World Bank, OECD

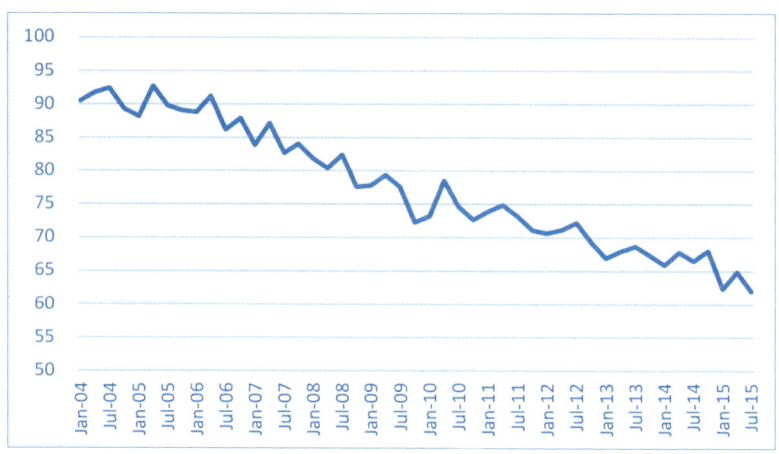

<그림42> 대졸 이상 임금 대비 고졸자 임금 (단위: %)

자료: US Bureau of Economic Analysis, World Bank, OECD

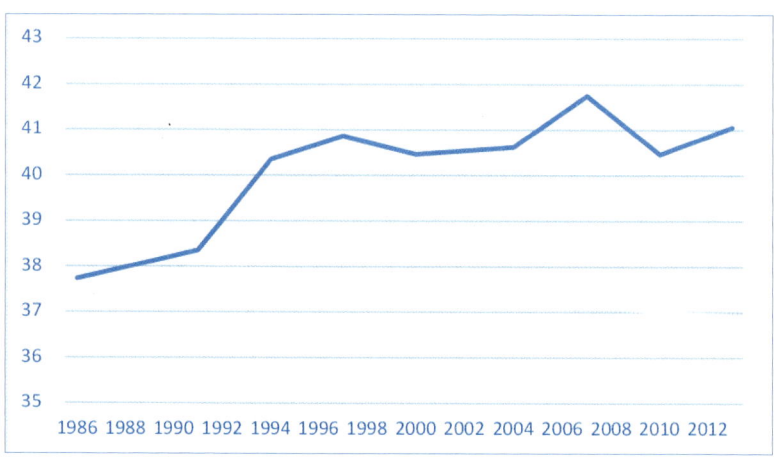

<그림43> 미국 GINI Index 변화

출처: US Bureau of Economic Analysis, World Bank, OECD

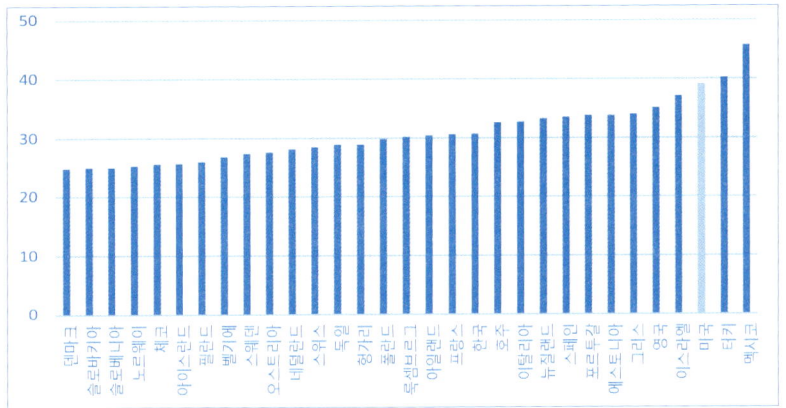

〈그림44〉 OECD 국가 GINI Index (2012년 기준)

출처: US Bureau of Economic Analysis, World Bank, OECD

이 장에서는 미국경제의 현황을 정리하고, 이후 2008년 리먼 사태의 원인과 이후 경제상황, 그리고 정책적 대응을 정리해보았다. 그리고 마지막으로 2008년 리먼 사태 이후 미국 경기회복의 특징을 살펴보고, 회복 전망과 관련된 논의를 정리해 보았다. 결론적으로 보면, 경기침체를 가져온 다양한 원인들은 어느 정도 해소되었지만, 노동시장 상황 등을 고려할 때 그 여파는 여전히 남아 있는 것으로 보인다. 또한, 경기침체 이전부터 이미 진행되어온 베이붐세대의 은퇴 시기 도래 문제, TFP 증가율의 감소 경향 등으로 잠재 성장률이 낮아지고 있는 현상도 지속되고 있다. 마지막으로 2008~2009년 경기침체가 미국에 남긴 또 다른 문제로 불평등의 심화를 간과할 수 없다. 이러한 불평등의 심화는 인종문제와 결합되면서 다양한 정치적·사회적 불안을 이미 야기하고 있으며, 학계에서는 Piketty(2014)의 논의가 주목 받게 되는 배경이다.

한편, 우리나라 경제 입장에서 보면, 미국의 저성장 장기화 전망은 일단 부정적인 수밖에 없다. 미국에 대한 직접 수출뿐 아니라, 미국향 수출에 의존하는 다른 신흥국에 미치는 영향에 따라 2차적인 영향도 무시할 수 없기 때문이다. 또한, 중국의 수입 감소에 따른 여파를 미국향 수출 회복이 상쇄할 수 없다는 점도 아쉬울 수밖에 없다.

이러한 상황을 고려할 때, 우리나라 기업들의 수출지역 다변화 노력이 더욱 절실히 요구된다. 미국, 유럽, 중국으로 이루어진 주요 수출지역의 중단기 전망이 밝지 않기 때문에, 이외의 신흥국에 대한 꾸준한 관심이 어느 때보다 필요하다.

제 14 장

중국경제의 미래: 고도 성장의 후유증에 빠진 중국경제, 다시 도약할 수 있을까?

세계경제가 2008년 금융위기의 여파에서 조금씩 회복되는 모습을 보이고 있지만, 아직까지 다양한 위험 요인들이 남아 있는 것이 또한 사실이다. 특히, 중국경제의 경착륙 가능성은 그 중에서 가장 충격이 클 수 있는 위험 요인이다. IMF가 2015년 4월 "Low Potential Growth: A New Reality"에서 중국 잠재성장률의 저하 가능성을 세계경제의 가장 중요한 위험요인 중 하나로 꼽은 이유이다.

경제학계에서 아직까지 합의된 정의는 없지만, 통상적으로 "경착륙"은 경제성장률이 단기적으로 2% 이상 급락하는 상황을 의미한다. 즉, 중국경제의 경착륙에 대한 우려는 2014년 전체로 7.4%, 2015년 1분기와 2분기에 7.0% 정도를 기록한 중국의 경제성장률이 단기적으로 5.0% 이하로 급락할 가능성이 있다는 것이다. 이 장에서는 우선 그 동안 중국경제가 이루어온 경제적 성과를 살펴보고 최근 경착륙 우려의 배경과 향후 전망을 검토하고자 한다.

1. 중국경제의 성장과 그 성과

등소평이 중국 공산당을 완전히 장악한 이후인 1978년부터 시작된 중국의 개혁, 개방 정책은 이미 1980년대 중반부터 향후 세계경제의 중요한 변수가 될 것으로 주목 받았으며, 1990년대 중반 이후에는 실제로 중국경제가 세계경제의 성장을 견인했다고 해도 과언이 아니다.

지금은 중국 개혁, 개방의 성과가 집중적으로 조명 받고 있지만, 1990년대 중반 이전까지 중국경제의 성장이 순조롭기만 했던 것은 아니다. 1988~1989년과 1993~1995년 사이에는 물가상승률이 15~25%까지 치솟으면서 경제불안이 발생하기도 했으며, 특히 1993~1996년 사이에는 향진기업(개혁개방운동에 따라 1978년부터 육성되기 시작한 소규모 농촌기업)들의 대규모 연쇄 도산, 재정수입 급감, 높은 물가상승률 등이 겹쳐지면서 개혁, 개방 정책이 위기에 봉착하기도 하였다.

그러나, 중국 정부는 1993년 은행부문 개혁, 1994년 조세제도 개혁 및 관리변동환율제 도입, 2001년 WTO 가입 등을 통해 개혁, 개방 정책의 추진을 늦추지 않았으며, 결국 1990년대 중반 이후에 급속한 경제적 성장과 국민들의 생활수준 향상을 이끌어 낼 수 있었다.

〈표1〉 중국 개혁/개방 관련 주요 연혁

연도	주요 사건	연도	주요 사건
1976	모택동 사망	1995	향진기업 위기
1978	등소평 실권 장악	1997	등소평 사망 / 홍콩 반환
1979	미중 수교 / 외국인 합작투자 허용	1999	마카오 반환
1980	IMF, 세계은행 가입 / 4개 경제특구 선정	2001	WTO 가입
1982	6차 5개년 계획	2002	후진타오 체제 시작
1986	민법통칙 제정 (시장경제 운용원칙 확정)	2005	1차 미중 전략경제대화 개최
1989	6.4 천안문 사건 / 강택민 체제 시작	2008	쓰촨성 지진 / 베이징 올림픽
1992	등소평 남방 순시 / 한중수교	2009	오바마 대통령 중국 방문
1993	은행부문 개혁	2012	시진핑 체제 시작
1994	조세제도 개혁 / 관리변동환율제도 도입	2014	한중 FTA 공식 타결

이러한 중국경제의 성장과 관련하여 몇 가지 숫자를 통해 그 속도와 규모를 확인할 수 있다. 우선, 성장속도 측면에서 중국의 성장은 이전까지 가장 빠른 경제성장을 이룩했던 나라들인 우리나라와 대만의 성장속도를 능가하고 있다.

우리나라와 대만은 1960년대와 1970년대에 걸쳐 약 20여 년간 연평균 10%에 가까운 높은 성장률을 기록한 이후 1980년대에는 평균 성장률이 8.5%로 하락하였고, 1990년 대에는 평균 성장률인 각각 7.0%와 6.6%로 하락하였다. 반면, 중국의 경우 1980년부터 2000년까지 30년간 10% 대의 성장률을 유지하였으며, 최근에 들어서야 성장률이 하락하는 모습을 보이고 있다. 2012년 성장률이 7.7%로 하락한 이후 2015년 3분기 들어 처음으로 성장률이 7%를 하회하였지만, 절대적인 수치는 여전히 높은 수준이다. 즉, 중국의 초고속 성장기는 우리나라나 대만에 비해 10년 정도 더 지속되었다고 할 수 있다.

중국의 경제성장 과정에서 눈 여겨 볼 점은 경제 전체에서 서비스업의 비중이 지속적으로 증가하고 있다는 점이다. 중국은 세계의 굴뚝이라고 불리며 사실상 전세계 제조업을 견인하여 왔다고 해도 과언이 아니나, 민간소비 진작을 통한 성장률 유지 전략을 추구하면서 GDP 내 3차산업 비중이 2012년 3분기를 기점으로 2차산업 비중을 추월하기 시작하였다. 2014년 기준으로 3차산업 비중은 48.2%로 확대된 반면 2차산업 비중은 42.6%로 감소하기에 이른다. 이러한 추세는 앞으로도 계속 이어져 2015년에는 3차산업의 비중이 50%를 상회할 것으로 전망된다.

〈그림1〉 GDP 규모 및 성장률 추이 (단위: 십억 위안, %)

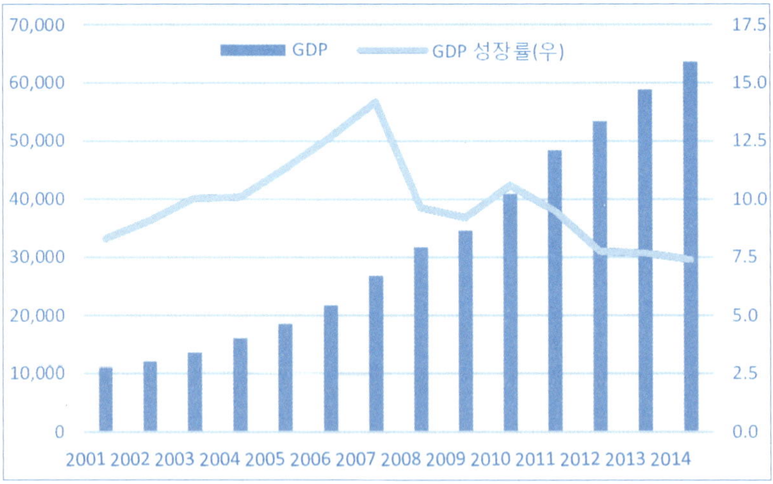

출처: CEIC

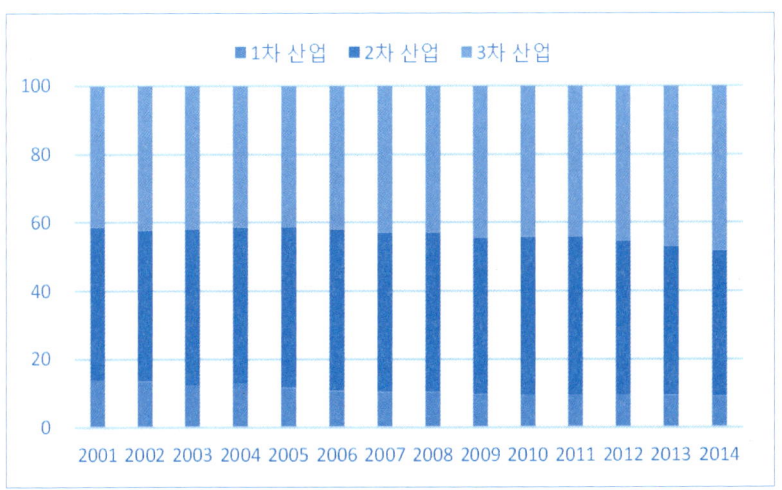

〈그림2〉 중국 산업별 GDP 구성 추이 (단위: %)

출처: CEIC

이와 더불어 주목해야 하는 부분은 중국경제가 세계경제에서 차지하는 지위의 변화이다. 1980년 중국 GDP는 약 3,091억 달러로 전세계 GDP에서 차지하는 비중은 2.8%에 지나지 않았다. 그러나 1990년대 중반 이후 규모가 급격히 확대되면서 2014년 기준으로는 10.4조 달러에 이르고 있다. 이는 전세계 GDP 대비 13.4%에 달하며, 단일 국가로는 미국에 이어 세계 2위를 차지하였다.

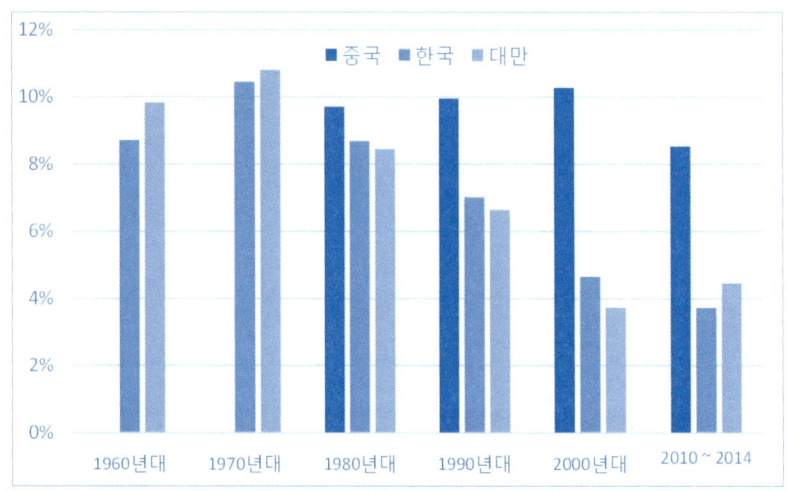

〈그림3〉 한국, 대만, 중국의 10년 평균 경제성장률

출처: 한국은행, IMF

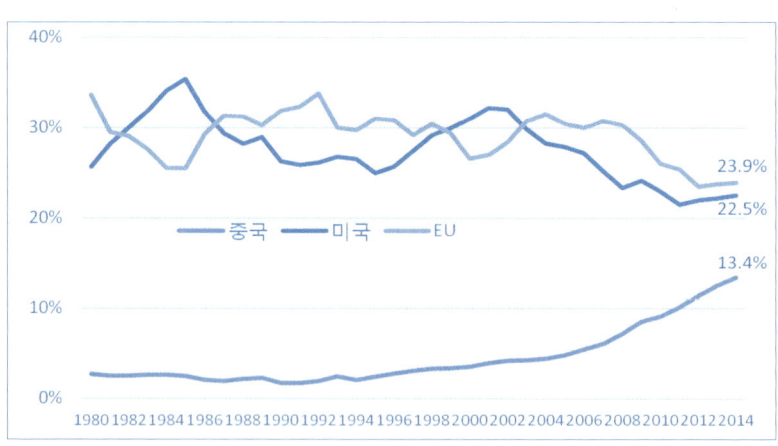

〈그림4〉 세계 GDP에서 차지하는 비중

출처: 한국은행, IMF

또한, 투자활동 부문에서 중국은 이미 세계 1위의 지위를 유지 중이다. IMF 자료에 따르면, 2014년 기준으로 전 세계 투자활동에서 중국이 차지하는 비중은 25.2%로 중국보다 경제규모가 큰 미국의 17.8%, EU의 18.5%에 비해 큰 비중을 차지하고 있다. 투자활동이 미래의 생산력 증가를 의미한다는 점을 고려할 때, 전 세계 투자활동에서 중국의 비중이 미국을 압도한다는 것은 향후 세계경제에서 중국경제의 비중이 더욱 증가할 가능성이 매우 높다는 것을 의미한다. 또한, 투자에 소요되는 각종 자원들에 대한 수요를 사실상 중국이 주도하면서, 철광석 등 국제 1차상품 시장에서 중국의 영향력이 미국이나 유럽에 비해 커지고 있다는 것을 의미한다.

기술면에서도 빠른 속도의 개선이 이루어지고 있음을 알 수 있다. 미국과의 기술격차를 살펴보면 2014년 기준 5.8년으로 2012년 6.6년에 비해 0.8년 감소하였으며, 기술수준 역시 67.0%에서 69.7%로 3% 가까이 향상되었다. 같은 기간 우리나라의 기술격차 역시 1.9년에서 1.4년으로 축소되었다. 특히, 우리나라가 상대적으로 경쟁력을 지니고 있는 전자·정보·통신 부문이나 장기적인 산업경쟁력 개선에 큰 역할을 하는 항공·우주 부문에서 기술향상이 나타나는 점은 눈 여겨 보아야 할 부분이다.

<표2> 미국 대비 주요국 기술수준 및 기술격차 평균 (2014년 기준)

10대 분야	한국 기술수준(%)	한국 기술격차(년)	미국 기술수준(%)	미국 기술격차(년)	EU 기술수준(%)	EU 기술격차(년)	일본 기술수준(%)	일본 기술격차(년)	중국 기술수준(%)	중국 기술격차(년)
국가전략기술 전체	78.4	4.4	100	0	95.5	1.1	93.1	1.6	69.7	5.8
전자/정보/통신	83.2	2.7	100	0	91.3	1.5	91.3	1.5	70.3	4.5
의료	77.9	4.0	100	0	92.8	1.5	89.7	2.1	68.3	5.5
바이오	77.9	4.5	100	0	95.8	1.2	93.4	1.7	70.4	6.2
기계/제조/공정	83.4	3.3	100	0	98.9	0.5	97.1	0.8	72.3	5.0
에너지/자원/극한기술	77.9	4.6	100	0	97.8	0.5	92.8	1.7	71.3	5.5
항공/우주	68.8	9.3	100	0	93.8	2.5	84.2	4.8	81.9	5.0
환경/지구/해양	77.9	5.0	100	0	99.3	0.4	96.2	1.3	63.3	8.3
나노/소재	75.8	4.1	100	0	93.6	1.4	94.3	1.3	69.2	5.2
건설/교통	79.6	4.3	100	0	98.5	0.6	97.0	0.7	69.7	6.1
재난/재해/안전	73.0	6.0	100	0	92.4	2.2	94.3	1.8	65.8	7.6

출처. 미래창조과학부

이러한 중국의 경제발전에 따라 중국 국민들의 경제적 생활수준이 놀라울 정도로 향상되었다는 점을 확인할 수 있다. IMF 자료에 따르면, 1980년 313달러에 불과하여 미국의 2.5%에 불과하던 1인당 GDP는 2014년 기준 7,589 달러로 미국의 13.9% 수준까지 증가하였다. 아직까지 낮은 수준이기는 하나, 중진국 수준의 생활수준에 도달했다고 평가할 수 있다. 또한, 경제성장에 따라 빈곤층의 수나 비율도 크게 감소하였다. 1960년 6.5억 명이었던 인구가 2014년 말 기준 약 13.9억 명(추정치)으로 크게 늘어났지만 생활수준 향상으로 빈곤에 시달리는 인구는 현격히 줄어들었다. World Bank 자료에 따르면, 하루 1.25달러 미만을 소비하는 절대빈곤층 규모가 1990년에는 전체 인구의 60.7%인 6억 8,900만 명에 이르렀으나, 2011년에는 전체 인구의 6.3%인 8,400만 명으로 감소한 것이다.

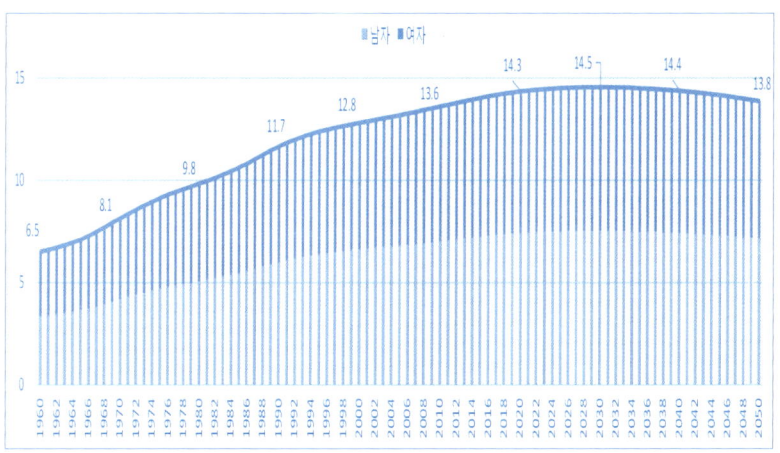

〈그림5〉 인구 추이 (단위: 억 명)

출처: UN World Population Prospects 2012 Revision

* 2012년 이후 추정치

이러한 빈곤 감소뿐 아니라 중산층의 빠른 증가세도 주목해야 한다. 경제 성장의 성과가 집중된 일부 지역의 1인당 GDP는 15,000

달러에 도달하면서, 조만간 지역 1인당 GDP가 2만 달러를 초과하는 지역이 나타날 것으로 예상된다.

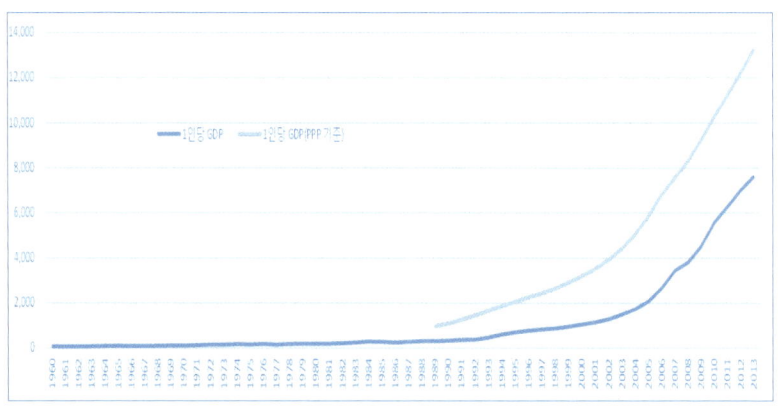

〈그림6〉 1인당 GDP

출처: IMF

〈표3〉 1인당 GDP 상위 6대 지역 (2013년 기준)

순위	지역명	1인당 GDP	순위	지역명	1인당 GDP
1	텐진	15,761	4	장수성	12,032
2	베이징	14,889	5	저장성	11,033
3	상하이	14,442	6	내몽고	10,882

2. 중국의 경제성장 모델과 대두되는 문제점들

중국경제의 성장이 그 속도나 규모 측면에서 놀라운 것은 사실이지만, 경제학 관점에서 보면 중국의 성장 모델은 전형적인 동아시아 성장 모델을 따르고 있다. 즉, 생산측면에서 보면, 생산성이 낮은 1차산업 종사자들이 상대적으로 생산성이 높은 제조업 및 서비스업으로 옮겨오고, 높은 저축률과 투자율을 통해 인당 자본장비율을 높이면서 경제성장을 이룩했다고 평가할 수 있다. 또한, 경제성장 과정에서 부족한 수요는 제조업 중심의 수출을 통해 충당하였다. 이러한 방식은 우리나라 대만의 고도 성장기와 유사하다.

Xiaodong Zhu(2012)에 따르면, 전체 노동자 중에서 농업부문 종사자 비중은 1978년 69%에서 2007년 26%로 감소하였으며, GDP에서 농업이 차지하는 비중도 같은 기간 동안 28%에서 10%로 감소하였다. Xiaodong Zhu(2012)는 성장방정식 분석을 통해 1978~2007년 사이 1인당 GDP 증가의 77.9%가 경제 전체의 생산성(TFP, Total Factor Productivity) 증가에 기인하고 있으며, 이러한 TFP 증가가 농업 부문에서 비농업 부문으로의 노동투입 이동에 기인하고 있다고 해석하였다.

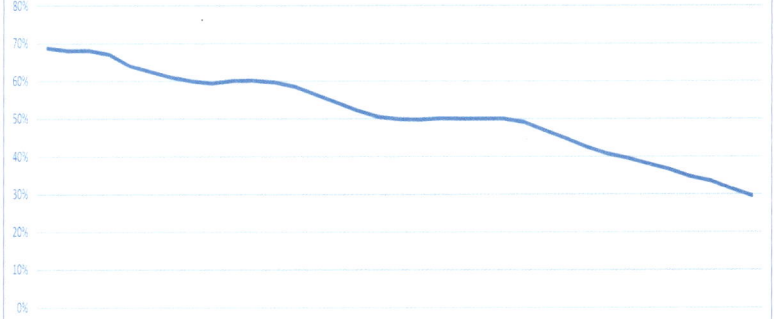

〈그림7〉 중국 고용인구 중 1차산업 종사자

출처: National Bureau of Statistics of China

한편, 중국의 높은 저축률과 투자율도 경제성장에서 무시할 수 없는 요인이었다. 즉, 농업부문을 비롯한 1차산업에서 제조업 및 서비스업으로 노동자가 이동하게 될 때 새로운 근로자들에게 충분한 수준의 투자가 이루어져야 하기 때문이다. 중국의 경우 중국의 저축률은 1980~1999년 평균 37.0%, 2000~2014년 평균 47.4%를 기록하여 같은 기간 각각 35.3%와 33.6%의 저축률을 기록한 우리나라에 비해서도 높은 수준의 저축률을 장기간 유지하고 있다. 이에 상응하여, 중국의 평균 투자율 역시 1980~1999년 36.5%를 기록하였으며, 2000~2014년에는 이보다도 높은 43.2%의 투자율을 기록하였다. 일반적으로 GDP 대비 20~30% 수준인 신흥국의 투자율을 고려할 때에도 중국은 매우 높은 수준의 투자율을 유지하고 있다.

Wang & Yao(2003)은 이러한 중국의 높은 투자율에 주목하면서, 역시 성장방정식을 이용하여 중국경제성장의 배경을 분석하였다. 이 연구결과에 따르면, 1978~1999년 사이 전체 경제성장의 47.7%가 투자활동에 따른 투입 자본양의 증가에 기인하고 있으며, 25.4%는 TFP 증가에 기인하고 있다. 반면, 같은 기간 동안 노동투입의 증가 및 Human Capital 증가에 기인하는 부분은 각각 15.9% 및 11.0%에 불과하여, 1978년 개방, 개혁 시작 이후 높은 성장률이 주로 자본투입의 증가와 농업부문에서 비농업부문으로의 노동자 이동에 따른 것이라는 점을 보여주고 있다.

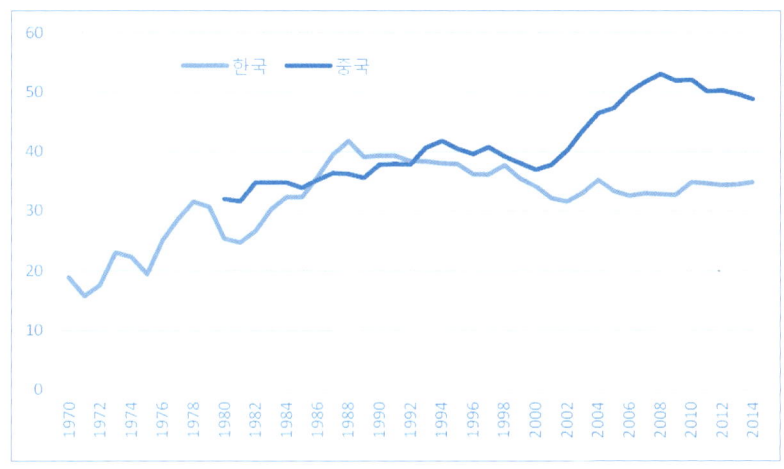

〈그림8〉 중국 및 한국 저축률 추이 (단위: % of GDP)

출처: 한국은행, IMF

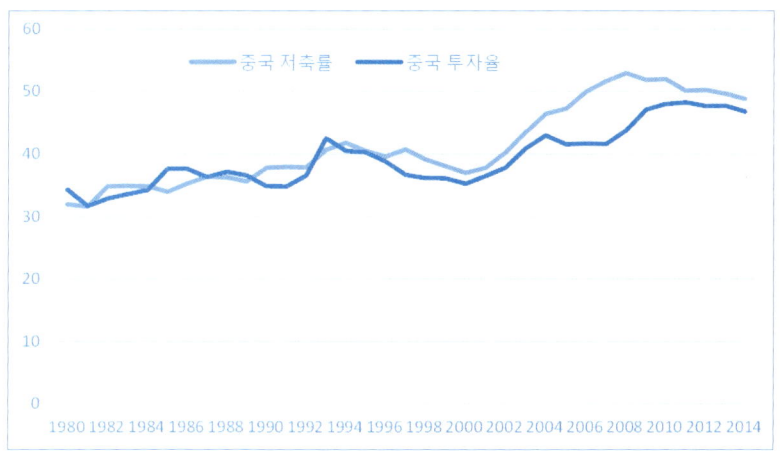

〈그림9〉 중국 저축률 및 투자율 추이 (단위: % of GDP)

출처: 한국은행, IMF

⟨표4⟩ 성장요소별 GDP 성장공헌도 분석(1953~1999)

	1953 ~ 1999	1953 ~ 1977	1978 ~ 1999
자본투입 증가	50.9	55.0	47.7
노동투입 증가	19.0	25.1	15.9
Human Capital 증가	29.8	46.3	11.0
TFP	0.2	-26.4	25.4

출처: Wang Yan and Yao Yudong (2003)

이와 같은 높은 저축, 투자율과 산업구조 변화에 근거한 중국의 성장모델은 앞서 언급한 중국경제의 초고도 성장기 동안 비교적 원활하게 작동해왔으나, 2008년 이후 조금씩 한계점이 점차 나타나고 있는 것이 사실이다.

우선 그 동안 투자활동을 주도하면서 중국경제성장을 이끌고 있는 기업부문의 과도한 부채 증가가 큰 우려요인 중 하나이다. 중국에서는 중국인민은행이 발표하는 사회융자총량이 경제 전체의 부채 총계를 파악하는 데 사용되는데, 이 수치는 은행의 위안화 대출을 비롯해 외화대출, 신탁회사 대출과 회사채, 비금융회사 주식, 보험권융자 등을 포함하고 있다. 이러한 사회융자총량은 2002년 말 GDP의 116.2% 수준에 불과하였으나, 2009년을 기점으로 빠르게 증가하여 2015년 6월 말 기준으로는 GDP의 207.3%에 이른 것으로 추정된다. 이러한 중국의 사회융사총량 규모는 과잉부채 문제가 대두되고 있는 우리나라와 유사한 규모일 뿐 아니라 미국이나 유럽 국가들과 비교할 때에서 작지 않은 규모이고, 증가속도 측면에서도 주요국 중에서 가장 빠른 수준이다.

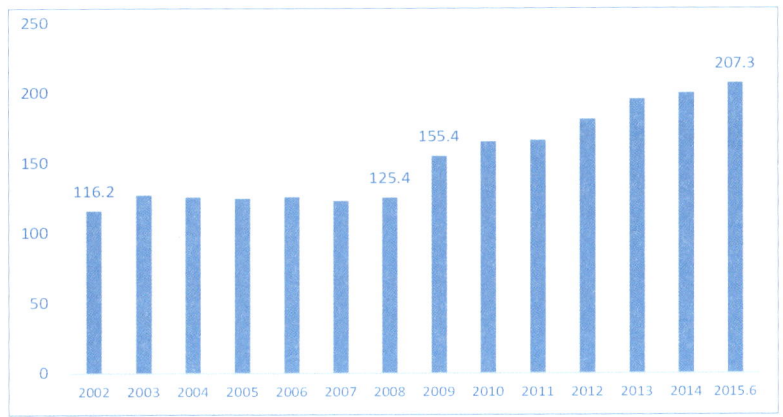

<그림10> 중국 사회융자총량 규모 (단위: % of GDP)

출처: 인민은행, Mckinsey Global Institue

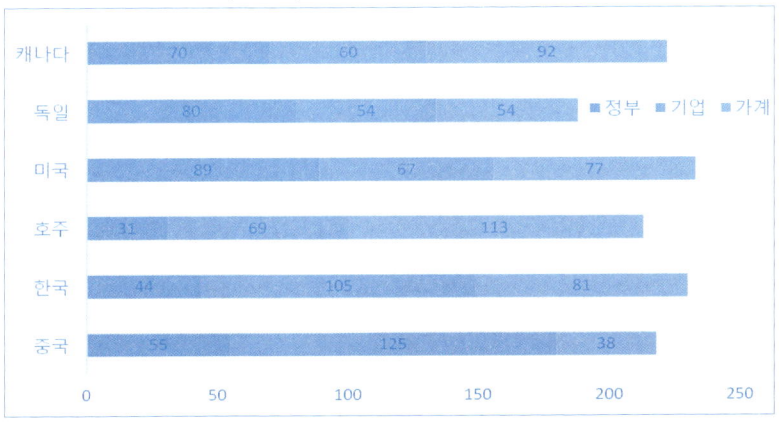

<그림11> 각국 비금융부문 부채 추계

출처: 인민은행, Mckinsey Global Institue

중국의 부채 규모가 2009년부터 빠르게 증가한 것은 2008년 금융위기 이후 실시된 중국의 경기부양정책과 관계가 있다. 중국 중앙정부는 급속한 경기하락을 막기 위해 중앙 공기업과 지방정부 및 지방정부 산하 공기업을 동원하여 철강, 화학, 태양광 부문 등에 투자를 크게 확대하였고, 이와 더불어 일련의 대규모 사회간접자본 투자 프로젝트 시작하였다. 또한, 각급 성 정부가 단기적인 성과를 내기 위해 부채에 의존한 사회간접자본 투자에 나서면서 지방 공기업 부문의 부채가 급증하였다. 이는 〈그림10〉에서 2009년을 기점으로 GDP 대비 사회융자 총량이 급등했다는 점과 〈그림9〉에서 같은 시기 경제 전체인 투자율이 급등했다는 점을 통해서 확인 가능하다.

이러한 기업부문의 과잉부채 문제는 두 가지 측면에서 위기의 시발점이 될 수 있다는 우려를 낳고 있다. 우선, 2009년 이후 급증한 투자 증가로 인해 일부 산업부문에서 과잉설비 문제가 심화되고 있다. 특히, 철강, 시멘트, 태양광, 조선, 비철금속 등의 산업분야에서는 과잉설비 규모가 심각한 수준이기 때문에 구조조정이 불가피한 것으로 평가되고 있다. 예를 들어, 중국 기업정보 제공기관인 Wind Information의 자료에 따르면, 2013년 기준 중국 철강산업의 생산능력은 수요 대비 56%나 많은 것으로 추정되며, 알루미늄 제련 능력은 국내 수요대비 19% 많은 수준이다. 이에 따라, 이들 산업에서 이미 한계기업들이 나타나고 있으며, 이들에 대한 처리 문제가 향후 중국 정부의 과제가 될 것으로 보인다.

기업부문 과잉부채 문제의 또 다른 측면은 갑작스러운 투자활동 위축이 경제에 큰 충격을 줄 수 있다는 것이다. 즉, 2014년의 경우 전체 GDP에서 투자활동이 차지하는 비중이 46% 내외인 것으로 추정되는데, 정부가 갑작스럽게 부채증가 속도를 제한할 경우 부채증가에 기대어 성장을 주도하던 투자활동이 갑작스럽게 감소하면서 경착륙으로 이어질 수 있다.

한편, 기업부문의 과잉부채 문제와 더불어 대두되고 있는 또 다른 문제는 부동산 버블 붕괴 가능성이다. 중국 부동산 버블 문제는 앞에서 언급한 경기부양책과 연관되어 있다. 경기 부양을 위한 정부의 인위적인 유동성 공급 증가로 인해 시중에 풍부해진 유동자금이 마땅한 투자처를 찾지 못하다가 2012년 하반기부터 갑작스럽게 주택 시장으로 몰리면서 부동산 가격이 급등하는 현상이 발생한 것이다. 2012년 하반기 부동산 가격이 급등하기 전에도 이미 중국의 주택가격은 다른 대도시에 비해 크게 고평가되어 있다는 평가가 있었는데, 이에 더해 2013년 주택가격이 15% 이상 갑자기 상승하면서 부동산 버블에 대한 우려가 더욱 심화된 것이다. 이러한 주택가격 급등에 맞물려 부동산 개발사들이 앞다투어 대규모 주택단지 개발에 나선 것도 버블 붕괴 시 충격을 가중시킬 수 있는 요인으로 지목되고 있다.

〈그림12〉 70개 도시 부동산 가격 전년대비 증가율 (단위: %)

출처: National Bureau of Statistics of China, IMF Global Financial Stability Report(April 2012)

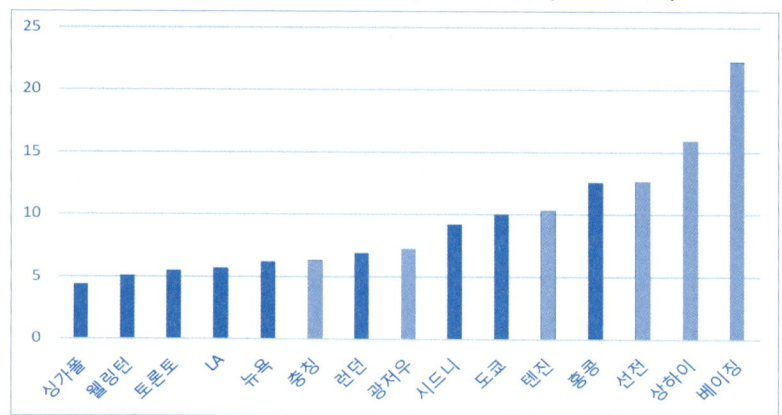

<그림13> 지역 가계소득 대비 부동산 가격 배수 (2011년 기준)

출처: National Bureau of Statistics of China, IMF Global Financial Stability Report(April 2012)

현재 중국의 주택가격은 일단 안정화된 모습이다. 2014년 3분기 이후 주택가격 상승은 일단 멈추었으며, 전년 대비로 볼 때 2~3% 정도 하락한 상황이다. 하지만, 주택가격이 안정세를 보이고 있다고 해서 우려가 완전히 사라진 것은 아니다. 버블 형성기에 숨겨져 왔던 문제점들이 주태 가격 하락기에 비로소 본격화되는 것이 부동산 버블문제의 전형적인 특징이기 때문이다.

부동산 버블이 붕괴될 경우 우려되는 가장 급박한 위험은 성장률 급락이다. 이미 중국의 부동산 관련 투자액의 증가율은 2015년 6월 기준으로 전년 동기 대비 2.3% 수준으로 떨어진 상황이다. 2014년 평균 증가율이 10.4%라는 점과 중국에서 부동산과 관련된 GDP의 비중이 20% 정도로 추정된다는 점을 고려하면 부동산 투자 감소가 2015년 하반기 경제성장률이 7.0%까지 떨어진 주요 원인으로 분석된다. 민간소비 증가가 투자 감소 규모를 상쇄하는 데 한계가 있다는 점을 생각하면, 이러한 추세가 지속될 경우 성장률의 추가적인 하락은 불가피해 보인다.

<그림14> 부동산 부문 투자액 (3개월 평균 증가율(YoY) 기준)

출처: National Bureau of Statistics of China

부동산 버블붕괴 위험과 관련된 또 다른 우려 요인은 지방정부 재정이다. 중국 지방정부는 중국 지방정부는 공식적인 재정지출의 80% 이상을 담당하고 있을 뿐 아니라, 빠른 도시화에 따른 사회간접자본 투자부담의 대부분을 담당하고 있다. 하지만, 공식적인 지방정부 재정수입은 이러한 지출 부담을 충당하기에 턱없이 부족하기 때문에 중앙정부로부터의 이전수입과 토지판매 수입에 의존해 왔으며, 이마저도 모자라 지방정부 산하 공기업의 일종인 LGFV(Local Government Financing Vehicle)을 이용한 부외부채를 이용해 왔기 때문이다. 실제로 2011~2014년 사이 전체 지방정부의 수입 중에서 토지사용권 판매기금의 비중은 25% 내외에 이르고 있다. 이러한 상황에서 부동산 시장 경색으로 인해 토지사용권 판매와 관련된 재정수입이 급감할 경우 지방정부 재정상황이 크게 악화될 가능성이 높다.

이와 더불어, 그 동안 부동산 개발사업에 나섰던 지방정부 산하 공기업들의 재무상태가 급속히 악화되고 있다는 점도 우려 요인이다. 2009년 이후 경기부양책의 일환으로 투자가 확대되는 과정에서 지방정부 산하 공기업들은 금융기관으로부터 차입한 자금으로 지방정부가 보유하고 있던 토지를 매입하여 부동산 개발사업을 벌여온 것으로 알려져 있다. 이에 따라, 2010년부터 중국 지방정부의 토지사용권 판매 관련 재정수입이 급증했다. 그러나, 2014년 하반기부터 주택가격이 하락하면서 이들이 벌였던 개발사업의 수익성에 대한 우려가 나타나고 있으며, 지방정부 산하 공기업들의 채무 상환 능력에 대한 의구심도 증가하고 있는 상황이다.

〈표5〉 중국 지방정부 토지사용권 판매대금 수입(단위: 십억 위안)

구 분	2008	2009	2010	2011	2012	2013	2014
정부성기금 수입(A)	1,311	1,583	3,361	3,823	3,420	4,803	5,000
토지사용권판매기금(B)	1,038	1,397	3,311	3,317	2,852	4,127	4,261
정부성기금 지출(C)	N.A.	1,429	3,167	3,779	3,389	4,774	4,842
토지사용권판매지출(D)	N.A.	1,233	2,830	3,317	2,842	4,088	4,120
A/B	79.1	88.2	98.5	86.8	83.4	85.9	85.2
A/전체 지방정부 수입	20.2	20.6	31.5	29.3	24.3	29.1	28.2
C/D	N.A.	86.3	89.4	87.8	83.8	85.6	85.1

출처: 통계연람, 재무부, CEIC

* 전체 지방정부 수입 = 중앙정부 보조금 + 지방정부 공공재정 수입 + 지방정부 정부성기금 수입

앞에서 언급한 기업부문의 과잉부채 문제와 부동산 버블 문제와 더불어 현재 중국경제가 극복해야 될 위험요인으로 지목되는 것이 노령화 문제이다. 중국은 1979년 공식적으로 "한 자녀 정책"을 실

시한 이후 지속해서 인구 증가를 억제하는 정책을 펴 왔으나, 이제는 점차 노령화 문제를 고민해야 되는 단계로 접어들고 있다. 노동가능 인구 대비 65세 이상 인구의 비율을 나타내는 노인인구 부양비율은 1975년 8.1%에서 2010년 11.4%까지 매우 완만한 증가세를 보였다. 이는 "한 자녀 정책" 시행 이전 및 직후에 출생한 인구가 새롭게 자녀를 출산하면서 인구 증가율이 연 평균 0.5~0.6% 정도를 유지했기 때문이다.

그러나, UN의 인구전망에 따르면 중국 인구 증가율을 유지했던 이러한 효과가 향후 빠르게 사라지면서 중국의 인구 증가율은 2015년 연간 0.56% 수준에서 2030년 0% 수준으로 하락할 것으로 예상된다. 더불어 인구 증가율이 높았던 1979년 이전 출생자들이 점차 노령인구에 편입되면서 중국의 노인인구 부양비율은 2010년을 기점으로 빠르게 상승하고 있으며, 향후에도 이러한 추세가 지속될 것으로 예상된다.

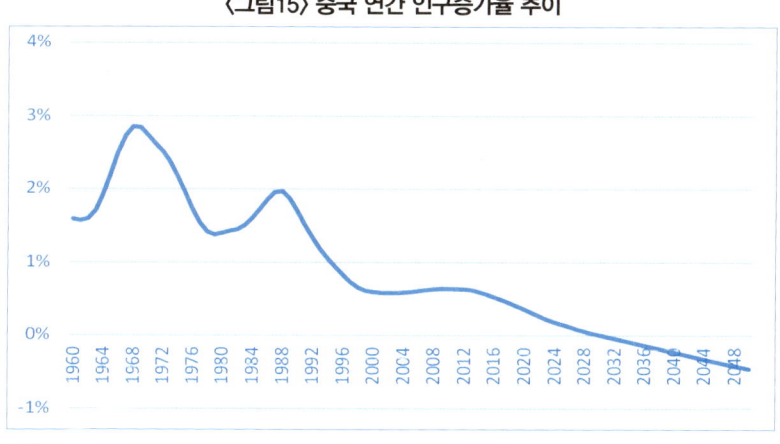

〈그림15〉 중국 연간 인구증가율 추이

출처: UN World Population Prospects 2012 Revision

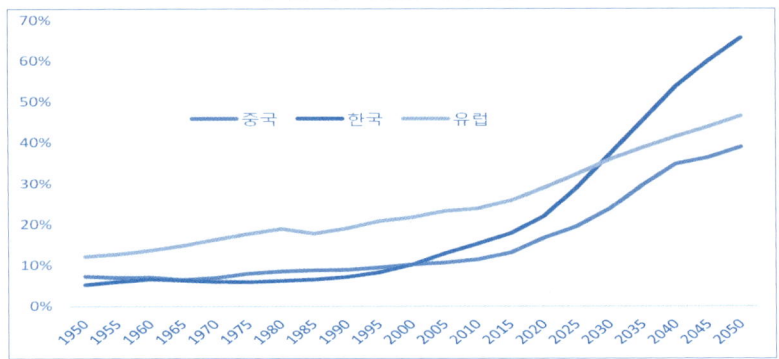

〈그림16〉 노인인구 부양비율

자료: UN World Population Prospects 2012 Revision

* 노인인구 부양비율은 15~64세 인구 대비 65세 이상 인구 비율

중국의 노령화 문제가 다른 나라에 비해 파장이 클 것으로 예상되는 이유는 중국의 경제 특성 상 노령화 문제에 취약하기 때문이다. 1990년대 중반 시장경제가 활성화되기 이전까지 중국 근로자들은 계획경제 하에서 국가가 사실상 경영을 관리하는 공기업이나 향진기업 등에서 일했으며, 당연히 이들의 노후는 국가가 보장하는 것이었다. 그러나, 이들의 노후를 담당해야 하는 정부는 최근에서 이 문제를 인식하기 시작한 상황이며, 2000년에야 비로소 설립된 사회보장기금 제도도 빠른 노령화에 대응하기에는 부족한 것으로 평가된다. 이는 장기적으로 의료, 연금 관련 지출 규모가 재정부문에 부담으로 작용할 수 있다는 것을 의미한다.

3. 최근 경제 동향 및 리스크

2015년 들어 시진핑 정부는 신창타이를 천명하며 중·고속성장으로의 진입을 인정하면서 성장정책을 바오빠(保八, 8%대 성장률을 지킨다는 의미)에서 바오치(保七, 7% 성장률을 지킨다는 의미)로 변경하였다. 이미 소득수준이 많이 상승하였기 때문에 더 이상 무리하게 고속성장을 지속할 수가 없으며 수출과 투자 중심에서 내수소비 중심으로 성장동력이 전환되는 과정에서 일정부분 마찰이 발생할 수밖에 없다는 점을 반영한 결정이었다.

이에 따라 최소 7%의 경제성장률 유지는 중국경제의 안정적인 성장을 상징하는 바로미터가 되었다. 2015년 1, 2분기에는 정부의 이러한 목표에 맞게 7.0%의 성장세를 시현하였다. 그러나 3분기 들어 경제성장률이 6.9%로 하락하면서 2009년 1분기 이후 처음으로 6%대의 성장률을 기록하면서, 2015년 연간으로도 성장률이 목표치인 7.0%를 달성하지 못할 것이라는 우려가 나오기 시작하였다.

〈그림17〉 3차산업 부분별 성장률 추이 (전년 동기 대비, 단위: %)

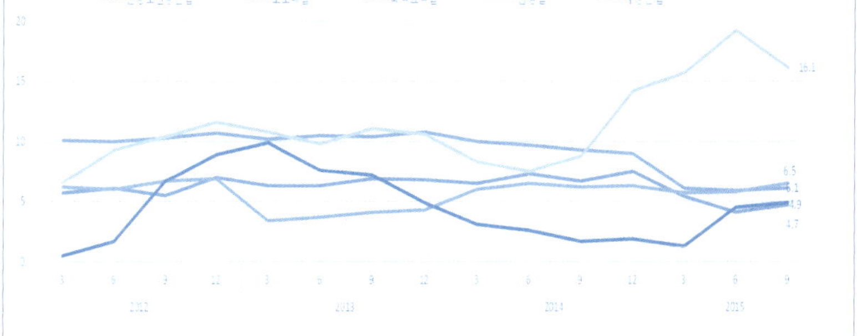

출처: CEIC

전술한 바와 같이 3차산업이 현재 중국의 경제성장을 견인하고 있지만 사실 그 내막을 살펴보면 대부분 금융산업이 주도하고 있다. 3차산업 내 산업별 성장률을 보면, 흔히 소득증가에 따라 성장을 견인했을 것으로 여겨지는 도소매업의 성장률과 운송보관통신업 성장률은 2015년 들어 2014년 대비 오히려 하락하였다. 반면, 주식시장 거래량 급증과 대출규모 증가세 지속 등으로 중국의 금융업은 빠르게 성장하는 중이다. 이는 민간소비 진작을 통한 성장률 유지가 아직 가시화되지 않은 상황임을 시사하며, 중국 금융시장 상황을 고려할 때 금융업이 주도하는 서비스업 성장이 지속될 수 있을지는 사실 회의적인 입장이다.

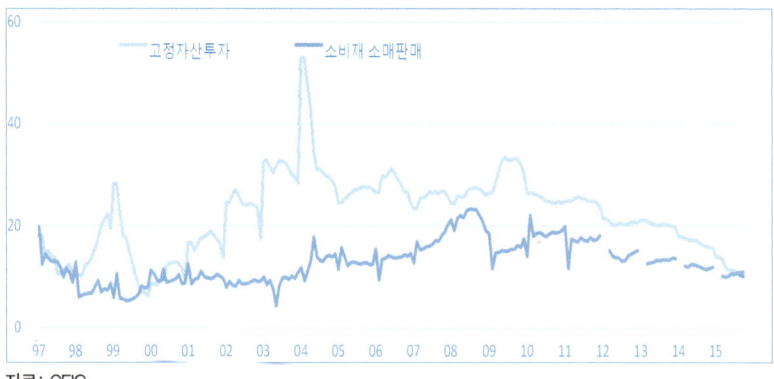

〈그림18〉 고정자산투자 및 소매판매 추이 (단위: %)

자료: CEIC

* 2012년부터는 소비재 소매판매 1~2월 자료 미비

이러한 상황에서 현재 중국경제가 당면하고 있는 리스크는 경기부양 효과가 과거보다 크지 않다는 점이다. 1997년 금융위기와 2008년 글로벌 금융위기 때에는 정부의 부양정책이 큰 효과를 나타냈

다. 1997년 소비진작책 및 2008년 인프라 투자를 비롯한 4조 위안의 대규모 투자안 실시 등으로 인해 고정자산투자가 확대되었다. 그러나 정부가 성장모델 변화 및 구조개혁에 중점을 두면서 경기부양 효과가 과거보다 제한적인 모습이다. 소매판매와 고정자산투자 증가율이 크게 개선되지 않고 있는 점이 이를 뒷받침한다.

〈그림19〉 산업생산 증가율 추이 (단위: %)

출처: CEIC, 중국 국가통계국

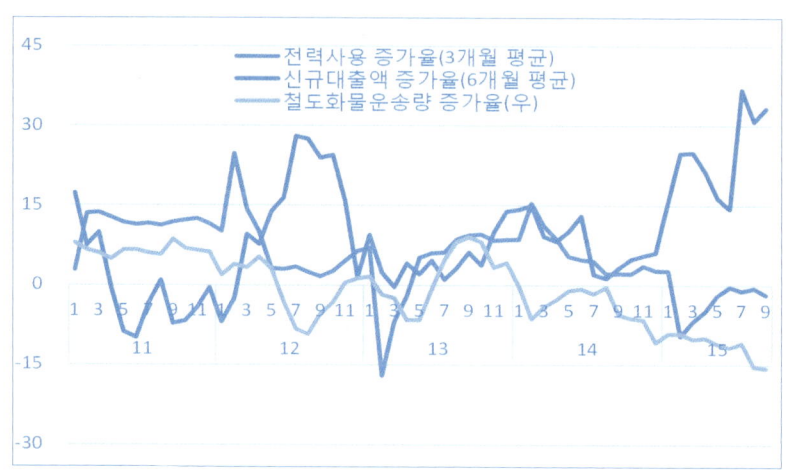

〈그림20〉 커창지수 추이 (단위: %)

출처: CEIC, 중국 국가통계국

실질적인 실물 지표가 부진한 점도 이러한 상황을 잘 나타낸다 하겠다. 산업생산지수를 살펴보면 2015년 9월 증가율이 5.7%로 2014년 초 대비 3%p 가까이 하락하기에 이르렀다. 커창지수(Keqiang Index)[108]도 비슷한 모습인데, 우선 제조업활동과 연관성이 높은 철도화물운송량 증가율은 2015년 9월까지 평균 10.9% 감소하였으며 산업부문 전력사용량만도 지속적으로 음(-)의 값을 기록하였다. 철도화물운송량 증가율은 과거에도 일시적으로 낮아진 적은 있으나 현재와 같이 장기간 음(-)의 성장세를 기록한 적이 없기 때문에 매우 이례적인 것으로 판단된다. 전력 사용량도 2014년 상반기까지

---

108) 리커창 총리가 2007년 랴오닝성 당서기로 재임 시절 경제성장률에 대한 신뢰도가 낮아 실물경기를 제대로 파악할 수 없다며 실물경기 판단을 위해 대용치로 사용한 세 가지 지표. 공업용 전력사용량, 철도화물운송량, 신규대출잔액이 이에 포함됨

5% 이상의 증가율을 기록해 왔기 때문에, 2014년 하반기 이후 낮은 증가율이 지속되는 것은 현재의 중국 산업부문 상황이 과거와 크게 다르다는 점을 보여준다.

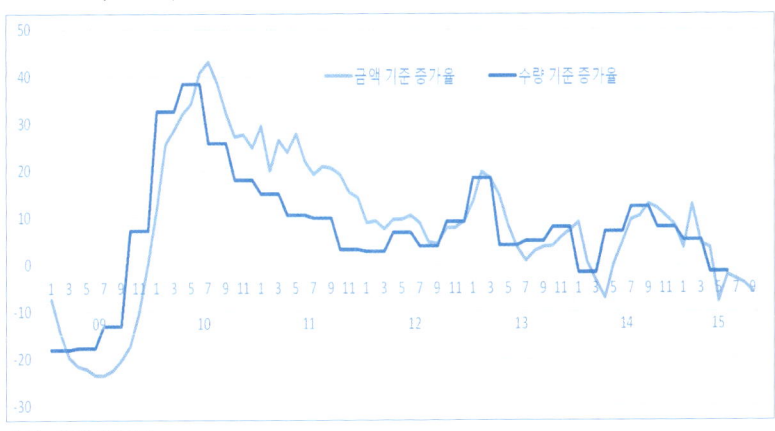

〈그림21〉 전년 동기 대비 수출증가율 추이 (3개월 평균, 단위: %)

출처: CEIC, UCTAD

글로벌 경기 둔화세 지속으로 인해 교역 구조 역시 악화된 모습이다. 경제성장 모델 변화로 수출 주도의 성장에서 탈피 중인 점을 감안하더라도 대외경기 부진으로 인해 수출 증가세가 둔화되고 무역수지가 감소한 점이 뚜렷이 나타난다. 특히나 2015년 들어 금액 기준 및 수량 기준 모두 수출증가율이 부진하다. 이는 수출지향형 제조업의 부진이 심화되고 있을 가능성을 내포한다.

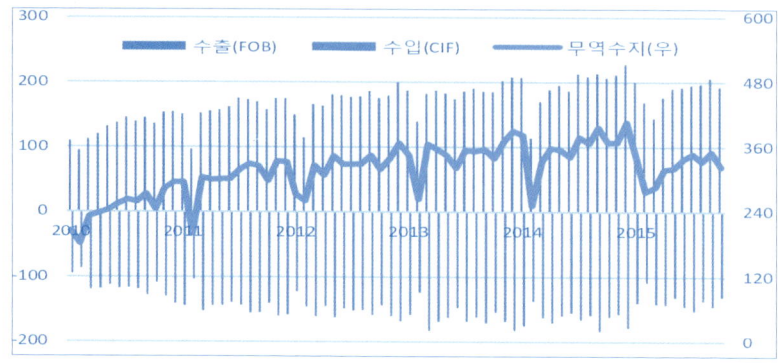

〈그림22〉 수출 및 수입 추이 (단위: 십억 달러)

출처: CEIC

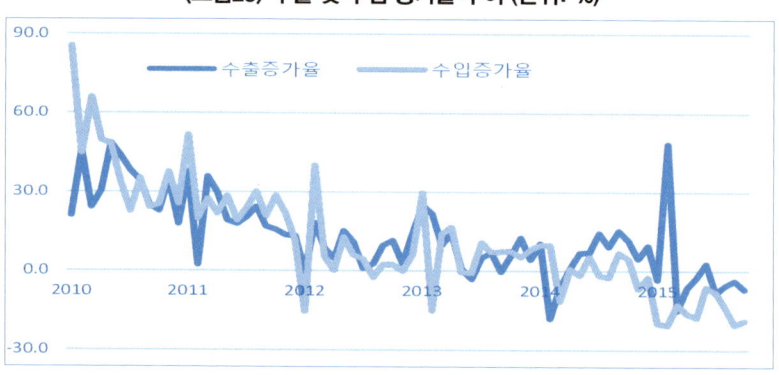

〈그림23〉 수출 및 수입 증가율 추이 (단위: %)

출처: CEIC

다만, 2015년 중순 이후 주택가격 하락세는 일단 멈춘 것으로 판단된다. 베이징과 상하이 등 1선 도시의 경우 상승세를 회복하였으며, 〈그림11〉에서도 알 수 있듯이 가계부채 규모가 2013년 기준 GDP 대비 38% 수준으로 크지 않다. 낮은 도시화율과 가계소득 증가율 등을 고려할 때, 주택가격 급락 재발 가능성은 낮은 것으로 보인다.

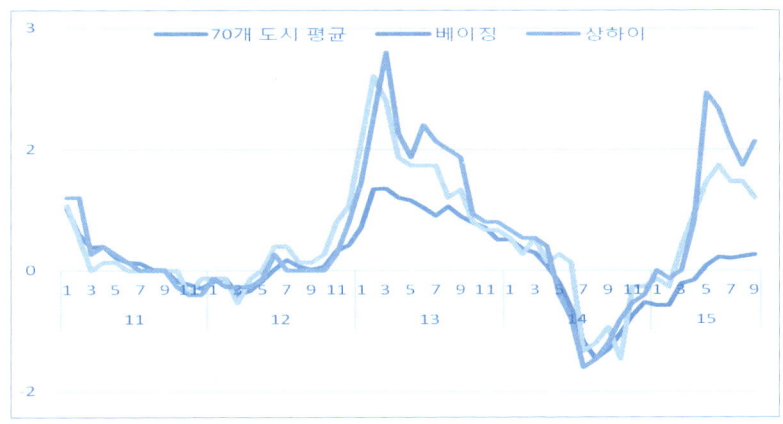

〈그림24〉 전월 대비 주택가격 상승률 (단위: %)

출처: CEIC

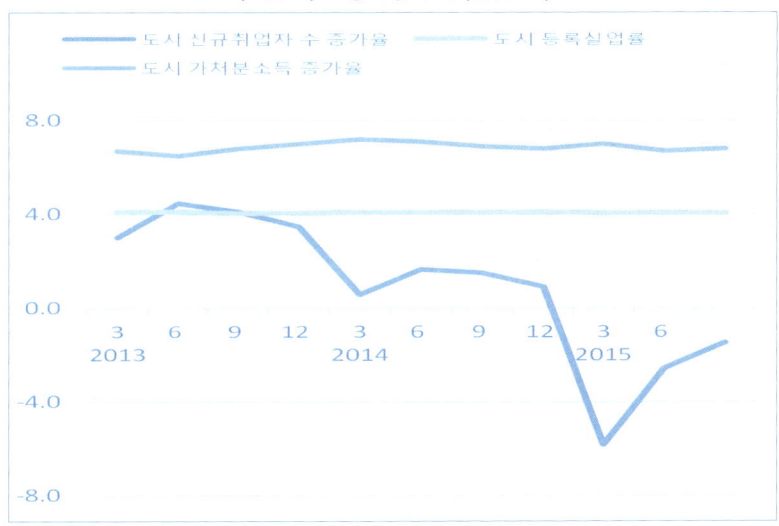

〈그림25〉 노동시장 추이 (단위: %)

출처: CEIC

또한, 노동시장 역시 우호적인 상황이다. 절대적인 실업률만 살펴보면 2009년부터 4% 초반을 기록하면서 2000년대 이전(3% 초반)에 비해 상승하였으며, 신규취업자 수 증가율 역시 크게 나아지고 있지 않은 점을 부인할 수 없다. 그러나 2015년 연간 1,000만 명 신규취업자수 달성이라는 목표를 이미 3분기에 달성한 점을 살펴볼 때 점진적이나마 고용 환경이 개선되고 있는 것으로 판단된다. 하였다. 이는 앞서 설명한 대로 고용창출 효과가 큰 서비스업 위주의 성장으로 인해 일자리가 증가한 데 따른 것으로 판단된다. 또한, 민간소비 증가세 역시 당분간 견조할 것으로 예상되면서 가처분 소득 증가세도 지속될 것으로 예상된다.

〈그림26〉 PMI 추이

출처: CEIC

이와 더불어 제조업 부문 위축도 다소 진정된 모습이다. 2015년 10월 들어 국가통계국 제조업 PMI는 49.8를 기록하였다. 여전히 50

을 하회하기는 하지만 3개월 연속 나타나던 하락세는 진정되었다. 또한, 10월 CAIXIN 제조업 PMI 역시 48.3을 기록하면서 3개월 만에 반등하였으며 서비스업 PMI 역시 52.0으로 양호한 수준을 나타냈다. 이러한 모습은 정부주도 사회간접자본 투자가 점차 회복되고 있음을 시사하는 것으로 판단된다.

금융 부문을 살펴보면 비록 높은 변동성을 보이긴 하였지만 최근 들어서는 다소 안정을 되찾은 모습이다. 전체 금융자산 중 은행 비중이 2014년 말 기준 86%로 압도적인 상황에서 상업은행 기준 NPL 비율이 2014년 말 1.2%에서 2015년 9월 말 1.59%로 소폭 상승하였지만, 대형은행이 모두 정부소유이기 때문에 시스템 리스크 발생 가능성은 매우 낮은 것으로 판단된다.

〈그림27〉 상하이 종합지수 추이

출처: CEIC

<그림28> 주요 금리 추이 (단위: %)

출처: CEIC

주식시장의 경우 정부가 여러 차례에 걸쳐 강압적인 방식으로 안정화를 실현하면서, 10월 들어 주식시장 급락이 발생하기 이전인 2월 수준을 회복하였다. 이와 더불어 공격적인 통화 완화 정책에 힘입어 시장금리 하락세 역시 지속되고 있다.

<표6> 최근 통화정책 추이

시기	주요 사건
2014년 11월	예금 및 대출 기준금리 각 0.25%p, 0.4%p 인하
2015년 2월	지급준비율 0.5%p 인하
2015년 3월	예금 및 대출 기준금리 0.25%p 인하
2015년 4월	지급준비율 1.0%p 인하
2015년 5월	예금 및 대출 기준금리 0.25%p 인하
2015년 6월	예금 및 대출 기준금리 0.25%p 인하 / 지급준비율 0.5%p 인하
2015년 8월	예금 및 대출 기준금리 0.25%p 인하 / 지급준비율 0.5%p 인하
2015년 9월	지급준비율 0.5%p 인하
2015년 10월	예금 및 대출 기준금리 0.25%p 인하 / 지급준비율 0.5%p 인하 (현재 대형 상업은행 지급준비율 17.5%)

중국경제의 뇌관이었던 그림자금융은 제대로 파악하기 쉽지 않고, 규모 역시 GDP 대비 30~80%에 이를 정도로 추정되는 점이 문제로 지적되지만, 이를 억제하기 위한 정부의 정책이 이어지고 있고 2015년 중반 이후 회사채 발행이 전년 대비 5~6배 늘어난 점을 감안할 때 점차 양성화가 진행 중인 것으로 판단된다.

4. 중국 정부의 대응책과 전망

앞에서는 1978년 개혁, 개방정책 시작 이후 중국경제가 이루어낸 성과와 최근 나타나고 있는 문제점들을 정리하였다. 요약하자면, 과도한 부채 증가에 기반한 투자 중심의 성장 모델이 기업부문의 과잉부채 문제로 이어지고 있으며, 특히 지방공기업의 과잉부채는 지방정부 재정에까지 심각한 영향을 줄 수 있다는 것이다. 또한, 주택가격 하락이 계속될 경우 관련 투자의 감소가 경착륙 위험을 높이고, 지방정부 재정수입에도 부정적인 영향을 미칠 것으로 전망된다. 마지막으로, 노령화에 대한 대비가 부족한 가운데, 빠르게 노령화가 진행되면서 장기적으로 의료, 연금 관련 재정지출이 재정부문에 부담이 것으로 보인다.

중국정부는 이러한 위험요인에도 불구하고, 지속적인 개혁, 개방정책을 통해 2016~2020년 평균 7.0% 정도의 성장이 가능하다는 인식을 가지고 있다. 즉, 2015년 3월 있었던 중국 양회(전국인민대표대회와 전국인민정치협상회의의 연합 회의)에서 발표된 정부의 경제 정책방향을 보면, 기존 경제성장 모델에서 벗어나 경제성장에서 내수 소비의 비중을 높이고, 기업부문의 효율성 개선 통한 성장을 도모하는 방식으로의 전환을 추진하고 있다. 또한, 이러한 경제 성장 모델 전환 과정에서 발생하는 다양한 문제점들의 경제 전체의 시스템 리스크로 전이될 가능성은 모든 정책수단을 동원하여 막겠다는 입장 또한 명확하게 하고 있다.

〈그림29〉 분기별 중국경제성장률

출처: CEIC, IMF

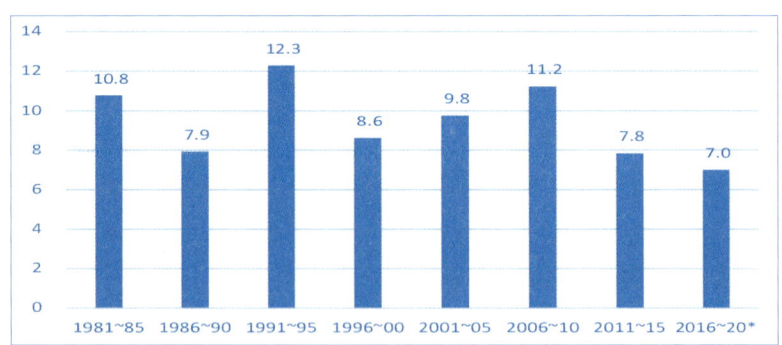

〈그림30〉 5년 평균 성장률

출처: CEIC, IMF
* 2016~2020년 평균 성장률 전망은 당사가 제13차 5개년 계획(2016~2020년) 수립 시 중국 정부가 목표로 할 것이라고 전망하는 수치

구체적으로 보면, 지방정부 산하 공기업들의 과잉부채 문제를 해결하기 위해 그 동안 제한적으로만 허용되었던 지방정부의 채권발행을 허용하고, 지방 공기업들의 단기, 고금리 채권을 장기, 저리의 지방정부 채권으로 교환하도록 하였다. 이러한 정책을 통해 지방 공기업들의 유동성 위기가 금융시장에 미치는 영향을 사전에 차단하고자 하고 있다.

이와 동시에, 주식시장 활성화와 공기업들의 IPO를 통해 공기업의 부채 부담을 낮추고, 공기업의 효율성을 개선한다는 입장이다. 이러한 측면에서 주식시장 활성화는 기업 부문의 과잉부채 문제를 완화하고, 효율성 개선을 통한 성장 지속이라는 과제를 동시에 해결할 수 있는 방법으로 중국 정책당국은 인식하고 있다. "후강퉁"이나 "선강퉁" 등 주식시장 개방에 중국 정부가 과감하게 나선 배경에는 이러한 인식이 자리잡고 있다.

마지막으로, 중국 정부는 민간소비를 활성화한다는 입장을 견지하면서도 대규모 사회간접자본에 대한 투자 또한 지속한다는 입장이다. 즉, GDP에서 차지하는 투자의 비중이 과도하다는 점은 인정하지만, 이는 투자 축소가 아니라 소비 확대를 통해 해소되어야 하며, 현재 중국의 성장단계에서 고정자산에 대한 투자 지속이 필요하다는 인식이다.

이러한 중국 당국의 인식은 1차산업에서 2, 3차산업으로의 근로자 이동이나, 농촌에서 도시로의 인구 이동이 당분간 지속될 수밖에 없다는 데 근거하고 있다. 앞의 〈그림7〉에서 보는 바와 같이, 중국 노동시장에서 1차산업 종사자의 비중은 아직까지 25%를 상회하고 있다. 또한, 2013년 기준 도시화율도 50%를 조금 넘는 수준에 불과하다.

〈그림31〉 중국 및 한국 도시화율 추이 (단위: %)

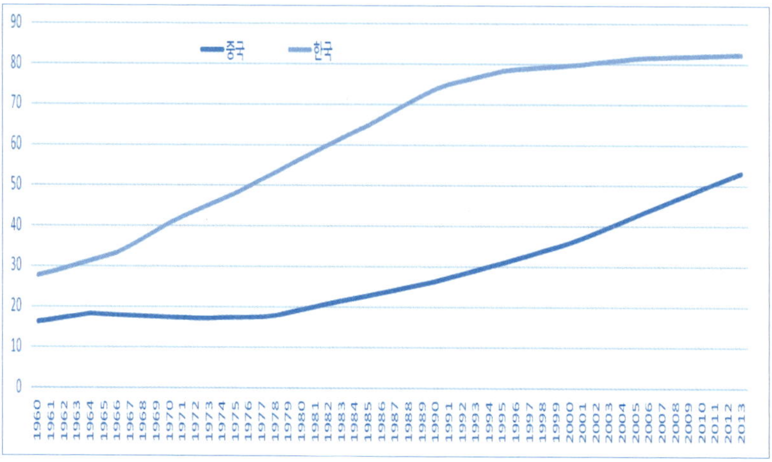

출처: National Bureau of Statistics of China

　이러한 중국 정부의 정책 방향이 앞에서 언급한 다양한 위험요인 속에서도 실현 가능할 것인지에 대해서는 낙관론과 비관론이 존재한다. 이 중에서 낙관론자들의 가장 중요한 근거는 중국경제의 특수성이다. 중국에서는 정부가 대형 공기업과 금융부문을 사실상 장악하고 있어, 경제정책의 집행이 신속하고 효율적으로 이루어진다는 것이다. 또한, 1978년 개혁, 개방이 시작된 이후 다양한 경제문제가 있었으나, 정책당국이 비교적 성공적으로 문제점들을 해결해 왔다는 점도 낙관론자들이 주목하고 있는 점이다.
　이와 더불어, 중국의 대외안정성이 매우 높은 수준이라는 점도 중요한 낙관론의 배경이다. 중국의 2014년 경상수지 흑자는 GDP의 2.1%를 기록하면서 흑자 기조를 유지하고 있으며, 세계최고 수준의 외환보유고를 보유하고 있다. 이는 중국 국내의 경제문제가 우리나라 외환위기와 유사한 형태의 위기로 전개될 가능성은 매우 낮다는 것을 의미한다. 그렇다면, 설사 부동산 시장 급락과 같은 몇 가지 위험요인이 현실화되더라도 중앙은행의 완화적 통화정책과 중앙정부의 강력한 경제 개입을 통해 위험요인이 시스템 리스크로 전이되는 것을 차단하면서 경제상황을 관리할 수 있을 것이다.

마지막으로 중국경제의 명목 성장률이 여전히 높다는 점도 낙관론의 배경이다. 일본에서와 같이 명목 성장률이 극도로 낮을 경우, 과잉부채 문제의 해결에 많은 시간이 필요하다. 즉, 민간부문 부채 규모가 GDP의 150%인 경우, 실질 성장률이 0%, 물가상승률이 0.5%를 가정하면서 민간부채의 절대규모가 전혀 변화하지 않는다고 하더라도 GDP 대비 부채규모를 10%p 낮추는 데 14년이 소요된다. 반면, 경제성장률이 7%이고 물가상승률이 3%라고 가정하면, GDP 대비 부채규모를 10%p 낮추는 데 1년도 걸리지 않는다. 즉, 현재 중국의 높은 기업부문 부채는 분명히 문제이지만, 높은 명목 GDP 성장률을 고려하면 정부의 의지에 따라 해결이 가능하다는 의미이다.

다만, 이러한 낙관론의 논리에도 불구하고, 여전히 중국경제가 경착륙에 빠질 가능성이 높다는 비관론의 목소리도 잦아들지 않고 있다. 루비니 교수를 비롯한 경제 전문가들은 GDP 대비 과도하게 높은 중국의 투자 비중이 지속 가능하지 않으며, 이를 조정하는 과정에서 성장률의 일시적인 급락을 피하는 것은 결코 쉽지 않다는 점을 지적한다. 즉, 고정자산 투자가 감소하기 시작하면, 수출이나 민간 소비가 이를 충당해야 하는데, 현재 선진국의 저성장이 지속되면서 수출 확대에는 한계가 있으며, 투자가 감소하는 시기에 민간 소비가 크게 늘기는 어렵다는 이야기이다. 또한, 이들은 중국의 과잉부채 문제가 정책당국의 관리 능력을 이미 벗어났다는 점을 강조하고 있다.

이러한 논의를 종합해 보면, 결국 중국경제의 구조적인 문제점들이 있다는 점을 공통적으로 인정하면서도, 그 정도가 정책당국의 관리능력 내에 있는지에 대한 시각 차이가 존재하는 것을 알 수 있다. 또한, 과연 정부 당국이 효과적으로 민간 소비를 부양할 수 있는 지에 대한 시각 차이도 낙관론과 비관론을 가르는 부분이다.

중국의 2015년 2분기 성장률이 시장 기대치를 상회하고, 정부의 목표수준에 부합하는 7.0%로 집계되면서 중국경제의 경착륙 우려가 일부 완화되는 모습을 보이고 있는 것이 사실이다. 그러나, 앞에서 언급한 다양한 구조적인 문제점들이 단기간 내에 해소되기 어렵다는 점을 고려할 때 중국경제의 경착륙 우려는 당분간 지속될 것으로 보인다. 중국경제가 우리나라 경제에서 차지하는 중요성을 고려할 때, 지속적인 관찰이 필요한 이유이다.

제 15 장

유럽경제의 문제점과 미래: EU 경제통합은 붕괴할 것인가?

그리스 사태가 봉합되는 국면으로 접어들면서 2009년 하반기 시작된 유로존 경제위기가 마무리단계로 접어들었다. 그리스의 경제와 재정상황이 회복될 수 있을 지는 여전히 불확실하지만, 다른 유로존 국가들의 재정상황과 은행시스템에 대한 신뢰도가 크게 개선되었다는 점을 고려할 때 그리스 사태의 재발이 유럽경제에 미치는 영향은 제한적일 전망이다.

그렇다고 해서, 유로존이 태생적으로 가지고 있는 문제점들이 완전히 해소되었다고 생각하는 전문가들은 많지 않다. 유로존이 단일통화지역으로 살아남기 위해서는 일부 국가들의 과잉부채 문제해결과 과감한 재정통합 작업 등 다양한 개혁들이 필요하지만, 어느 것 하나 쉽지 않은 정치적 과제이기 때문이다(Barry Eichengreen, 2014).

이 장에서는 유로존 출범 이후의 유럽경제상황이 어떻게 2009년 유로존 경제위기와 연관되어 있는지를 살펴보고, 이를 극복하기 위한 노력의 성과 및 향후 과제에 대해 살펴보고자 한다.

1. 최적통화지역이론과 Black Wednesday 그리고 유로존의 탄생

유로존이라는 통화동맹의 탄생과정을 이해하기 위해서는 유럽의 경제통합 과정과 이를 이론적으로 정당화하기 위한 다양한 경제학적 논의들을 이해할 필요가 있다.

먼저 유럽의 경제통합 과정을 살펴보면, 초기에는 경제적 목적보다는 정치적 의도가 강했다는 것을 알 수 있다. 1차 및 2차대전을 겪은 유럽에서는 이러한 비극이 재발하는 것을 영구적으로 막아야 한다는 목소리가 높아졌으며, 이를 위해 유럽 내 정치적, 경제적 공동체를 구현해야 한다는 주장이 제기되었다.

이러한 주장은 2차대전 이후 독일에 대한 처리방안이 1차대전 이후와 달리 독일의 경제개건에 초점이 맞추어지는데 일조하였으며, 이후 1952년 "유럽석탄철강공동체" 공식 출범을 시작으로 그 결실을 맺게 된다. 1951년 파리조약에 기반하여 설립된 "유럽석탄철강공동체"는 석탄과 철강을 둘러싼 분쟁을 방지하고 경제성장 및 평화증진을 그 목적으로 하였다. 1951년 파리조약에서 시작된 유럽통합과정은 이후 아래 〈표1〉에서 보는 바와 같이 다양한 형태의 경제적, 사법적, 정치적 통합으로 실현되었다.

하지만, 시간이 지나면서 유럽통합 논의는 정치적 목적과 더불어 단일시장 형성이라는 경제적 목표가 강조되었다는 점도 부인할 수 없다. 이는 미국이라는 거대 경제와 경쟁하기 위해서 유럽도 물적, 인적 이동이 자유로운 단일시장을 형성해야 한다는 현실적인 필요성이 강해졌기 때문이다. 또한, 미국의 통화인 달러화에 상응하는 유럽의 단일통화가 필요하다는 논리도 자연스럽게 전개되었다. 그리고, 마침내 유럽 통합과정은 1993년 European Union 설립과 유럽 단일시장의 탄생, 그리고 1999년 유로존의 출범으로 그 정점에 다다랐다.

〈표1〉 유럽 통합 관련 주요 연혁

연도	조약 및 사건	내용 및 결과
1951	파리조약	1952년 유럽석탄철강공동체(ECSC) 출범
1957	로마조약	1958년 유럽경제공동체(EEC) 및 유럽원자력에너지공동체(EURATOM) 출범
1967	Merger 협약	1967년 ECSC, EEC, EURATOM 사무국 통합
1975	European Council 결과	사법, 내무 협의회(TREVI) 설립
1979	ERM 작동 개시	EEC내 준고정환율제도
1985	Schengen 조약	Schengen Rule (상호비자면제 및 공동비자 정책) 개시
1987	Single European Act	로마조약의 개정 및 확대. 1992년 말까지 European Community내 단일시장을 출범시킬 것을 결정
1992	Maastricht 조약	1993년 EU 출범. EC국가들의 단일시장 출범
	Black Wednesday	영국 파운드화 ERM 이탈
1997	Amsterdam 조약	Maastricht 조약 일부 개정. Stability & Growth Pact 서명
1999	Eurozone 출범	최초 11개국, 현재 19개국

유럽 통합과정이 진행되면서, 통합이 가져올 경제적 결과에 대한 연구들이 진행되었다. 경제학계에서는 관세장벽 철폐나 노동시장 개방, 자유로운 자본이동 허용 등에 대해서는 대체로 우호적인 시각을 가지고 있었다. 하지만, 유럽 통합과정의 정점이라고 할 수 있는 유로화 도입에 대해서는 찬성과 반대 입장이 팽팽하게 맞섰다. 우선 개별 국가 범위를 넘어선 통화동맹, 혹은 단일통화 도입의 효용성을 평가할 수 있는 이론적 기반은 Mundell의 최적통화지역이

론에서 제시되었다. Mundell(1961)은 외부에서 오는 경제적 충격을 완화하는 것이 통화정책의 목적이라는 전제 하에서 경제구조가 유사하고, 노동력의 이동이 자유로운 영역 내에서는 단일통화 사용에 따른 이익이 비용을 초과하기 때문에 단일통화를 사용하는 것이 바람직하다는 논리를 제시하였다.

Mundell(1961)의 논의를 조금 더 살펴보면, 특정 지역 내에서 단일통화를 사용할 경우 얻는 혜택은 명확하다. 단일통화는 각종 거래비용을 줄일 수 있을 뿐 아니라, 환율변동에 따른 불확실성을 낮추기 때문에 지역간 자본이동도 활성화할 수 있다. 이는 보다 효율적인 자본배분과 상품이동을 통해 경제적 효용을 높일 수 있다는 것을 의미한다.

반면, 단일통화를 사용할 경우 예상되는 단점으로는 통화정책을 통한 경기조정효과가 제약된다는 점을 들 수 있다. 즉, 농업이 주요산업인 지역과 제조업이 주요산업이 지역이 단일통화를 사용할 경우, 농산물 가격 급락이라는 외부 충격에 의해 농업지역의 실업률이 상승하는 상황에서 통화정책을 이용하여 대응하기 어렵게 된다. 제조업을 주요 산업으로 하는 지역에서는 인플레이션 압력이 상승하기 때문이다.

결국, 특정 지역에서 단일통화를 사용할 지에 대한 결정은 이러한 이익과 비용을 비교하여 선택하게 되는 데, 산업구조가 비슷한 지역 내에서는 외부 충격이 경제에 미치는 영향이 유사하기 때문에 단일통화를 사용함에 따른 효용이 비용을 초과하기 때문에 최적통화지역을 형성하게 된다. 이러한 Mundell의 최적통화지역 이론은 동일한 통화를 사용하는 지역이 국가단위로 설정될 필요가 없다는 것을 의미하기 때문에, 이후 유로화 도입 논의 과정에 중요한 이론적 기반을 제공하였다.

Mundell이 제시한 이론은 이후 최적통화지역의 구성조건을 밝히는 방향으로 전개되었으며, 노동이동의 자율성, 상품가격 및 임금의 신축성, 통합재정의 존재, 경제구조의 유사성 등의 조건이 충족되는 지역 내에서는 단일통화를 사용하는 것이 바람직하다는 결론에 도달하였다(Ronald McKinnon(1963), Kenen(1969)).

하지만, 과연 유럽이 최적통화지역인가에 대해서는 부정적인 의견이 강하게 대두되었다. Eichengreen(1991)은 미국, 캐나다와 유럽을 비교하면서 유럽의 국가간 산업구조 상의 동질성과 노동력의 이동성이 미국과 캐나다에 비해 낮기 때문에 유럽이 최적통화지역이라고 주장할 수 있는 근거가 약하다고 평가하였다. 또한, Kurgman(1993)도 앞에서 언급한 요인들과 더불어 유럽의 재정적 통합(Fiscal Federalism)의 정도가 낮다는 점을 지적하면서 유로화 도입을 위해 개선해야 할 점들이 많다고 지적하였다. 이와 더불어 Martin Feldstein(1997)은 유로화 도입의 경제적 효용이 크지 않기 때문에 유로화 도입은 경제적인 목적보다는 정치적 목적 때문이라고 평가하였다.

하지만, 유로화 도입에 대해 회의적 시각만 있었던 것은 아니다. Jeffrey Frankel & Andrew Rose(1998)은 유로화 도입 이후의 경제적 변화가 사후적으로 최적통화지역 요건을 충족시키는 방향으로 전개될 것이기 때문에 사전적으로 요건을 충족시킬 필요는 없다는 주장하였다. 즉, 유럽의 자본이나 노동력 등 생산요소의 이동성이 유로화 도입 이후 높아질 것이며, 역내 무역도 증가할 것이기 때문에 결국 개별 국가들의 경기변동을 유사하게 만들 것이라는 주장이다. "최적통화지역의 내생성"(Endogeneity of the Optimum Currency Area)이라고 지칭되는 이러한 주장은 미국도 결국 같은 통화를 계속 사용함으로써 현재와 같은 모습이 되었기 때문에 현재의 미국과 현재의 유럽을 비교하는 것은 무의미하다는 유럽지역 경제학자들의 주장(Lars Jonung and Eoin Drea, 2009)과 일맥 상통한다.

앞에서 언급한 경제학계에서의 찬반론에도 불구하고, 유로존은 결국 1999년 1월 1일부로 출범하였다. 사실 앞에서 언급한 바와 같이 유럽의 통화동맹은 그 자체의 경제적 이익을 위한 것이라기 보다는 유럽 통합이라는 큰 흐름의 한 요소로서 추진된 것이기 때문에 유럽의 정치권과 정책당국자 입장에서 유로화 도입이 가져올 부정적인 효과는 극복해야 할 문제이지 도입 차제를 지연시킬 요인을 아니었다.

또한, 통화정책 결정 과정에서 독일 분데스방크의 주도권을 견제하고자 하는 프랑스, 이탈리아, 스페인의 의도도 유로화 출범의 간과할 수 없는 현실적인 배경이다. 1971년 미국의 금태환 포기 이후 서유럽 국가들은 지나친 환율 변동을 막기 위해 1976년부터 자국 통화와 가상의 화폐인 European Currency Unit(ECU) 사이의 환율을 일정 범위 내로 유지하는 Exchange Rate Mechanism(ERM)을 도입하였으며, European Monetary System (EMS) 하에서 각국 중앙은행들은 통화정책의 공조 체제를 유지하고 있었다. 이러한 가운데 독일의 경제와 금융시장이 전체 서유럽경제와 금융시장을 주도하면서 분데스방크의 통화정책을 다른 국가 중앙은행들이 어쩔 수 없이 따라가야 하는 상황이 전개되었다.

특히, 1992년 영국의 ERM 체제 이탈을 불러온 Black Wednesday 사건을 통해 당시 서유럽 국가들의 통화정책에서 분데스방크의 영향력을 확인할 수 있다. 1990년 초의 영국을 비롯한 다른 서유럽 국가들의 경제는 경기침체서 벗어나지 못한 상황이었으나, 독일 경제는 높은 경제성장률을 기록하고 있었다. 이러한 상황에서 독일 분데스방크가 인플레이션 상승을 우려하여 선제적인 정책금리 인상에 나서자 영국을 비롯한 다른 나라 중앙은행들은 환율 방어를 위해 통화정책 기조를 긴축적으로 전환해야 했으며, 이는 아직 경기회복이 미약한 상황인 다른 나라 입장에서는 매우 어려운 선택이었다.

이러한 상황에서 소로스가 이끄는 타이거펀드를 비롯한 헤지펀드들은 영국 경제상황을 고려할 때 영국 중앙은행이 정책금리를 올리는 대신 ERM 체제 이탈을 선택할 것이라는 전망하면서 파운드화 가치하락에 배팅하였으며, 이에 따라 파운드화 환율이 급락하기 시작하였다. 이에 영국 중앙은행은 외환보유고를 통해 잠시 동안 파운드화 가치를 방어하였지만, 결국 환율 방어를 포기하고 1992년 9월 영국은 ERM에서 이탈하게 된다.

이 사건은 결국 유럽경제통합을 위해서는 유럽 통화정책에서 분데스방크의 영향력을 제한해야 하며, 그 해결책은 단일통화와 단일중앙은행의 설립이라는 점을 보여주고 있다. 이미 유럽의 금융시장이 통합된 상황에서 분데스방크가 독일 경제상황만을 고려한 통화정책을 고집할 경우 사실상 다른 나라 중앙은행의 통화정책 사용을 제한될 수밖에 없기 때문이다. 이와 더불어 1990년 독일 통일로 서유럽경제에서 독일의 영향력이 더욱 강해질 수밖에 없는 상황에 직면하여, 프랑스를 비롯한 다른 서유럽 국가들은 통화동맹과 유럽 중앙은행 창설을 통해 통화정책에서 독일의 영향력을 제한해야만 했으며, 이러한 현실적인 필요성이 결국 유럽 통화동맹 결성과 유로화 도입의 중요한 배경이 된다.

<표2> 유로존 국가 현황

명칭	국가명	가입 시기	GDP (bn.Euro)	1인당 GDP(Euro)	성장률 (%)	재정수지 (% of GDP)	정부부채 (% of GDP)
유로11	독일	1999년	2,904	35,862	1.6	0.7	74.7
	프랑스	1999년	2,132	32,264	0.2	-4.0	95.0
	이탈리아	1999년	1,616	26,588	-0.4	-3.0	132.1
	스페인	1999년	1,058	22,775	1.4	-5.8	97.7
	네덜란드	1999년	623	36,927	1	-2.3	68.8
	벨기에	1999년	402	35,796	1.1	-3.2	106.5
	오스트리아	1999년	329	38,532	0.4	-2.4	84.5
	핀란드	1999년	205	37,568	-0.4	-3.2	59.3
	아일랜드	1999년	185	40,170	4.8	-4.1	109.7
	포르투갈	1999년	173	16,637	0.9	-4.5	130.2
	룩셈브르크	1999년	49	88,848	5.6	0.6	23.6
유로12	그리스	2001년	179	16,493	0.8	-3.5	177.1
유로19	슬로베니아	2007년	37	18,063	2.6	-4.9	80.9
	사이프러스	2008년	18	20,535	-2.3	-8.8	107.5
	말타	2008년	8	18,513	3.5	-2.1	68.0
	슬로바키아	2009년	75	13,881	2.4	-2.9	53.6
	에스토니아	2011년	20	14,853	2.1	0.6	10.6
	라트비아	2014년	24	12,067	2.4	-1.4	40.0
	리투아니아	2015년	36	12,382	2.9	-0.7	40.9

출처: Eurostat

* 유로11은 출범초기 가입 11개국, 유로12는 유로11+그리스, 유로19는 유로12+2007년부터 가입한 7개국

2. 출범 이후 2007년까지의 유로존의 경제적 성과와 잠재된 문제점들

1999년 유로화 도입 이후 2007년까지 유로존의 경제적 성과는 전반적으로 만족스러운 수준이었으며, 이에 따라 출범 초기에 대두되었던 통화동맹의 부정적 효과에 대한 우려는 수그러들었다. 우선 유로화의 대미 환율을 보면, 출범 초기 1.13USD/EUR 수준이던 환율은 부진한 유럽경제상황을 반영하여 2001년 5월 0.85USD/EUR까지 떨어지면서 유로화 약세가 지속되었다. 그러나, 2002년 이후 유럽경제가 회복되면서 다시 유로화 강세가 이어져 2001년부터 2008년까지의 긴 기간 동아 유로화는 달러화 대비 강세통화의 입지를 구축하게 된다. 이러한 유로화의 강세는 유로존 및 유럽경제의 호황을 반영하면서 유로화 도입이라는 경제적 실험이 성공적이었다는 주장의 근거가 되었다.

한편, 2001년까지 가입한 12개 국가들의 성장률을 도입 이전과 이후로 나누어 비교해 보면, 두 기간 동안의 성장률이 유사한 수준이었다는 것을 알 수 있다. 이들 국가들의 1999~2007년 평균 성장률은 3.1%로 유로화 출범 이전 10년간 평균 성장률은 3.0%와 유사한 수준을 보였다. 이는 동일 기간 미국의 성장률이 3.1%에서 2.9%로 하락한 것과 비교할 때 나쁘지 않은 성과이다.

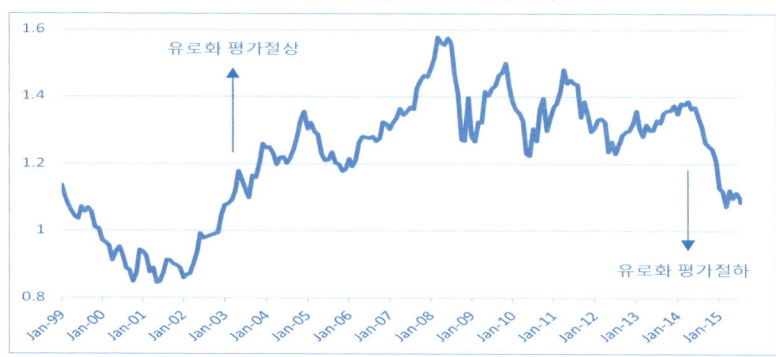

〈그림1〉 환율 추이 (단위: USD/EUR)

출처: 한국은행

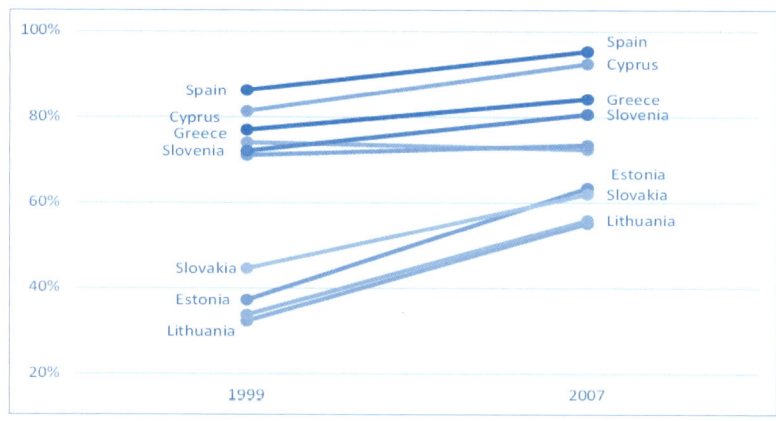

〈그림2〉 유로존 평균 대비 1인당 소비지출액 (PPP기준)

출처: 한국은행

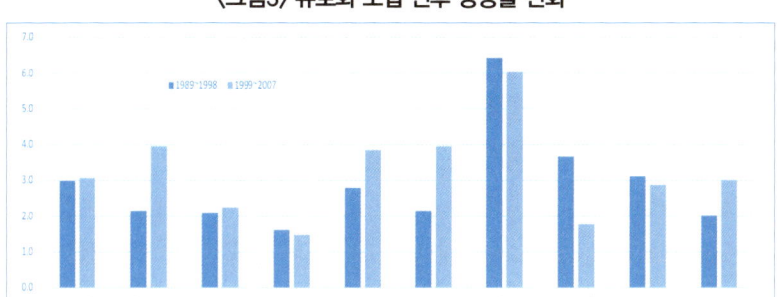

<그림3> 유로화 도입 전후 성장률 변화

출처: IMF

* Euro12는 2001년까지 유로존에 가입한 12개국의 해당 기간 평균 성장률의 단순평균

경제성장률보다 더욱 주목 받는 유로화 도입의 성과는 유로존 내 국민들의 생활수준 격차가 줄어들었다는 점이다. 이러한 생활수준 격차 감소는 유럽통합의 관점에서 유로화 도입의 정당성을 보여주는 가장 중요한 증거였다.

현재 유로존에 가입한 19개 국가(유로 19)의 1인당 소비지출액을 PPP(Purchasing Power Parity) 기준으로 유로존 평균과 비교해 보면, 1999년 당시 유로존 평균보다 낮은 1인당 소비수준을 보였던 국가들의 생활수준이 점차 유로존 평균에 수렴했다는 점을 확인할 수 있다. 예를 들어, 유로존 주요 4개국 중에서 생활수준이 가장 낮았던 스페인의 1인당 소비지출액은 1999년 당시 유로19 국가 평균의 86% 수준이었으나, 2007년에는 평균의 95% 수준으로 증가하였다. 또한, 그리스의 1인당 소비지출액은 1999년 당시 유로19 국가 평균의 77% 수준이었으나 2007년에는 84%로 증가하였다. 또한, 이러한 현상은 1999년 당시 평균 대비 낮은 생활수준을 보였던 다른 국가들에서도 나타났으며, 1999년 당시 유로19 국가 평균 대비 낮은 1인당 소비액을 보였던 10개 국가의 1인당 평균 소비액은 1999년 유로 19 국가 평균 대비 61% 수준에서 2007년 74%로 증가하였다.

이러한 소위 유로존 "주변부 국가"들의 생활수준 향상은 유럽경제통합과 통화동맹 결성의 원래 목적인 역내 국가간 무역확대와 자본이동을 통해 이루어졌다. 또한, 통화정책 집중화로 인해 주변부 국가들 인플레이션이 안정화되면서 거시경제 환경이 개선되었다는 점도 이들 국가들의 경제성장에 긍정적으로 작용하였다.

우선, 무역부문을 보면, 유로19 국가 중에서 출범 당시 생활수준이 낮았던 10개국의 대EU향 상품수출 규모는 2000년에서 2007년 사이 연 평균 9.5% 증가하였으며, 이는 이들 국가들의 평균적인 경제성장률과 비교할 때 매우 높은 수준이다.

한편, 금융시장 통합의 진전을 살펴보면, 소위 중심부 국가들에서 주변국 국가로의 투자가 꾸준히 진행되면서 유로존 국가 내 지역간 이자율 격차가 크게 감소하였다. 유로존 국가 내 12개월 만기 대출금리의 표준편차를 보면, 유로존 출범 이전인 1995년에는 연평균 245.1bp, 유로존 출범 직전인 1998년에도 29.2bp의 차이를 보였으나, 이후 1bp 이내로 차이가 감소하였다. 이는 주변국 국가의 기업 입장에서 조달금리가 큰 폭으로 감소했다는 것을 의미한다.

또한, 유로존 국가의 국채 수익률 차이도 현격하게 감소하였는데, 유로존 출범 시부터 그리스 재정위기 가 촉발되기 직전까지 10년 만기 기준으로 최대 수익률과 최소 수익률의 차이는 0.5% 이내를 기록하였다. 주변부 국가들이 유로존 출범 이전에 비해 크게 낮은 조달금리로 재정적자를 원활하게 조달할 수 있었다는 것을 의미한다. 이러한 금융시장 통합과 주변부 국가들의 이자율 하락은 투자 증가와 내구재 소비 증가를 통해 경제성장률을 끌어올리는 데 기여하였다.

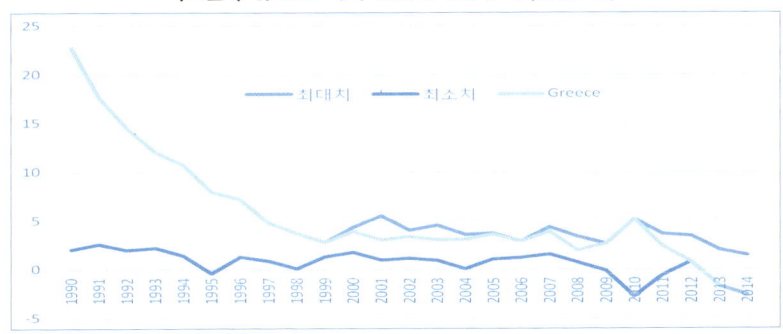

〈그림4〉 유로12 국가 인플레이션 추이 (단위: %)

출처: Eurostat, ECB

* 유로12 국가는 2001년까지 유로존에 가입한 12개 국가

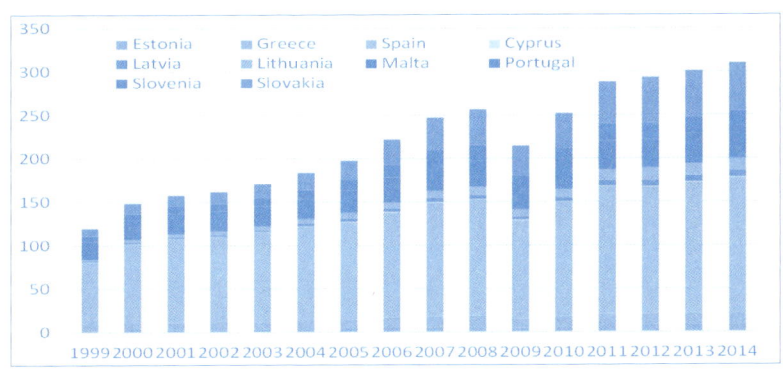

〈그림5〉 유로존 저소득국 대EU향 수출 (단위: bn. Euro)

출처: Eurostat, ECB

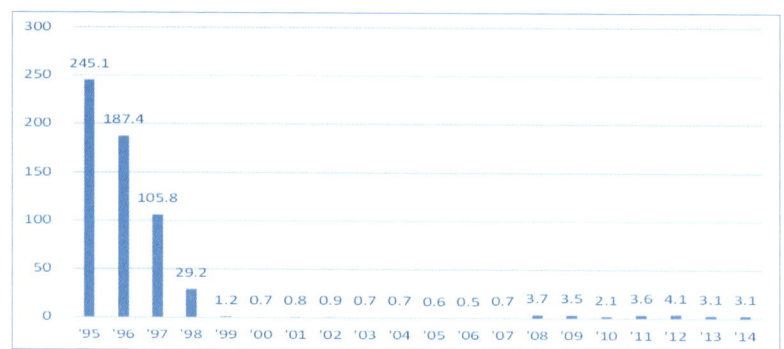

〈그림6〉 유로존 국가간 무담보 대출 표준편차 (bp)

출처: Eurostat, ECB
* 무담보대출 금리는 12개월 만기 대출 기준

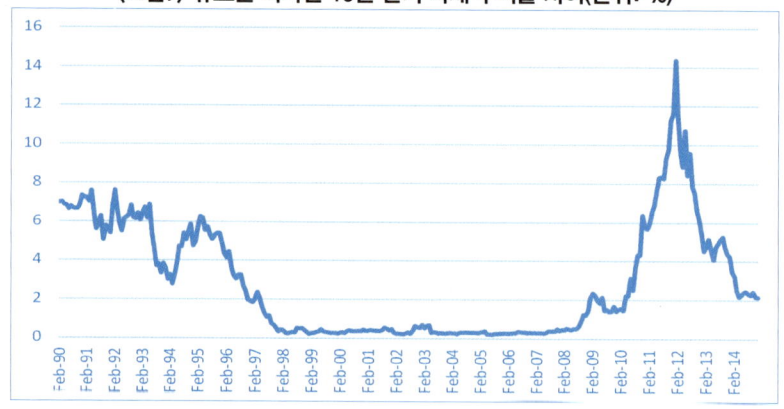

〈그림7〉 유로존 국가간 10년 만기 국채 수익률 차이(단위: %)

출처: Eurostat, ECB
* 10년 만기 국채 금리차이는 최대치와 최소치의 차이

앞에서 언급한 바와 같이, 2009년 그리스 재정문제가 대두되기 이전까지 유로화 도입이라는 실험은 전반적으로 성공적이었다고 평가되었다. 그러나, 이후에 드러난 바와 같이 이 시기 동안 유럽 및

유로존 경제에는 다양한 문제점들이 누적되고 있었다.

가장 먼저 주목해야 할 점은 독일 및 북유럽 국가들의 경상수지 흑자와 주변부 및 남유럽 국가들의 경상수지 적자 구조가 고착화되었다는 점이다. 유로존 국가들의 경상수지를 보면, 독일 및 북유럽 국가들이 경상수지는 유로화 도입 이후 개선되는 반면, 여타 국가들의 경상수지는 2007년까지 꾸준히 악화되는 모습을 보였다는 점을 알 수 있다. 이는 주변부 국가들이 경제성장을 위한 투자를 늘리면서, 제조업 기반이 강한 독일과 북유럽 국가들이 수출 증가라는 혜택을 받았기 때문이다.

이러한 경상수지 불균형의 고착화가 또 다른 문제는 이를 교정할 만한 메커니즘이 작동하지 않았다는 점이다. 어떤 나라의 경상수지 적자가 과도한 수준으로 지속될 경우, 해당국의 통화가치가 하락하면서 수입품의 가격이 상승하고, 수출품의 가격이 하락하는 메커니즘이 작동하게 된다. 이러한 메커니즘은 결국 수출품의 가격경쟁력을 높여 경상수지가 개선되게 된다. 그러나, 유로존 내에서는 단일한 통화를 사용하기 때문에 이러한 환율 조정을 통한 경상수지 조정 메커니즘이 작동하지 않는다.

이와 더불어, 유로존 도입 이후 2007년까지의 기간 동안에는 앞에서 살펴본 바와 같이 중심부 국가에서 주변부 국가들로 자금이 계속 흘러 들어갔기 때문에, 주변부 국가들은 이에 기반한 투자활동 및 소비활동을 계속하면서 경제가 호황을 누렸다. 이러한 두 가지 현상은 결국 중심부 국가 금융권에 주변국 국가를 채무자로 하는 금융자산이 지속적으로 쌓인다는 것을 의미한다. 아래 표에서 보는 바와 같이, 유로존 출범 이후 그리스, 스페인, 이탈리아, 포르투갈의 GDP 대비 순대외채무가 지속적으로 증가한 반면, 독일의 GDP 대비 순대외채무는 감소해 왔다.

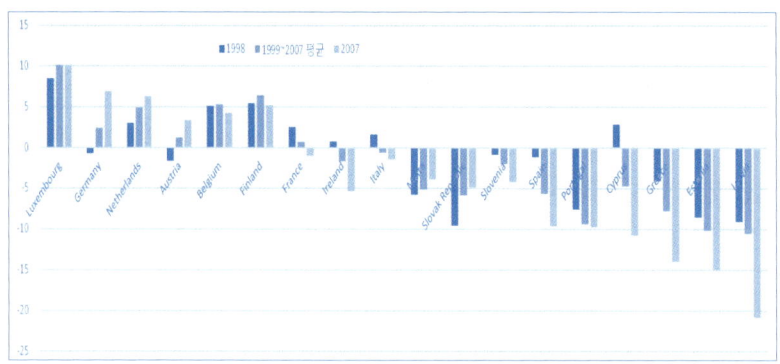

〈그림8〉 유로화 도입 전후 경상수지 비교

출처: IMF

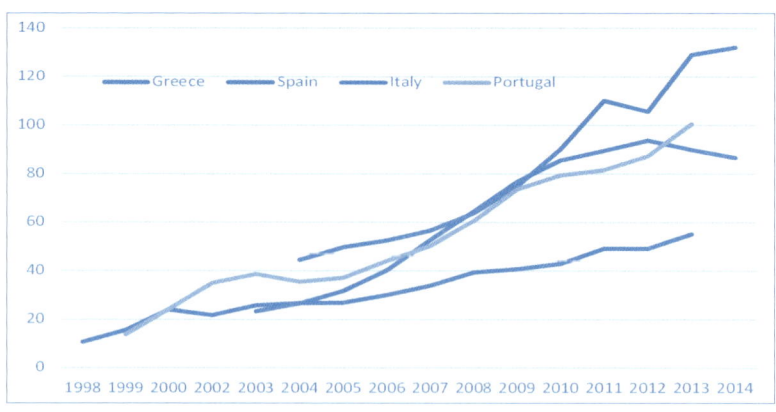

〈그림9〉 유로존 4개국 순대외채무 (단위: % of GDP)

출처: Eurostat

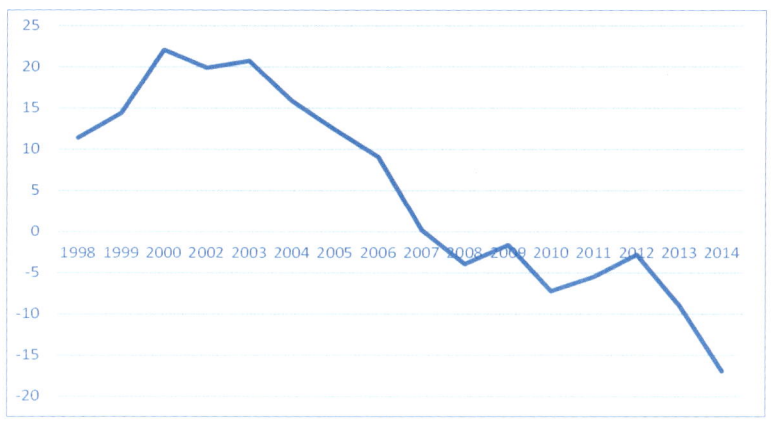

출처: Eurostat

유로존 출범 이후 진행된 또 다른 문제점은 주변부 국가들을 중심으로 부동산 버블 현상이 진행되었다는 것이다. 앞에서 언급한 바와 같이, 이들 주변부 국가들은 주변부 국가들에서 유입된 풍부한 자금과 인플레이션 안정화에 따른 낮아진 조달금리로 인해 유로화 도입 이전과 비교할 때 전에 없이 풍부한 유동성 상황을 경험하게 된다. 이와 더불어, 경제 호황에 따른 낙관적 경제전망이 작용하면서 부동산 투자가 증가하고, 부동산 가격이 크게 상승하는 부동산 버블 현상이 발생하게 된다. 2005년 1분기에서 2007년 4분기까지 유로존 주택가격은 평균적으로 15.0% 상승하는 데 그쳤으나, 스페인의 경우 23.8%, 아일랜드 28.7%, 그리스 18.9% 상승하였다. 반면, 이러한 부동산 버블 현상이 발생하지 않았던 독일의 경우 같은 기간 동안 주택가격은 오히려 3.9% 하락하였다.

이러한 부동산 버블은 해당 국가들의 민간부채 증가와 연관되어 있다. 유로존 전체의 가계부문 부채규모는 유로화 출범 직후인 2000년 GDP 대비 49.9%에 불과하였으나, 2008년에는 GDP 대비 63.0%로 증가하였다. 또한, 기업부문 부채는 같은 기간 동안 GDP 대비 63.4%에서 78.3%로 증가하였다. 특히, 부동산 버블이 심했던 스페인의 경우 가계부문 부채가 2000년 GDP 대비 46.2%에서 2008년 GDP 대비 84.0%로 폭증하였다.

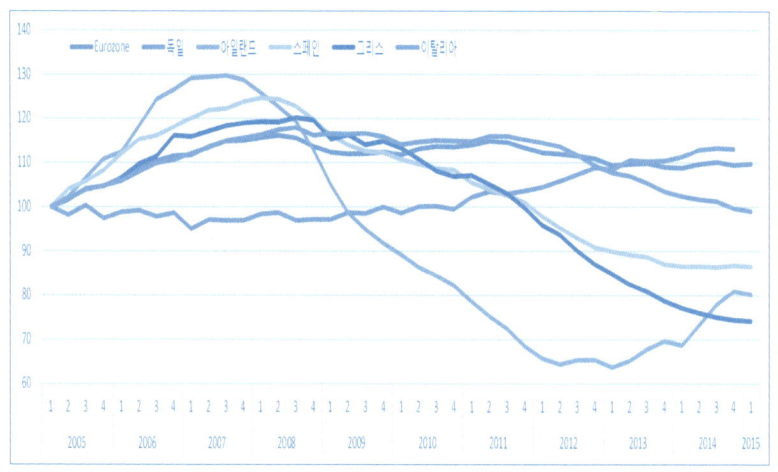

〈그림11〉 유로존 부동산 가격추이 (기준: 2005년 1분기 = 100)

출처: Eurostat, BIS

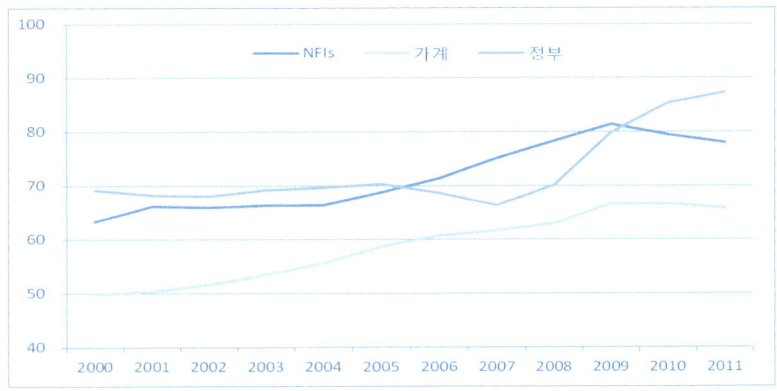

〈그림12〉 유로존 전체 부채규모 추이 (단위: % of GDP)

출처: Eurostat
* NFI는 Non-financial Institutions로 비금융 민간기업을 의미

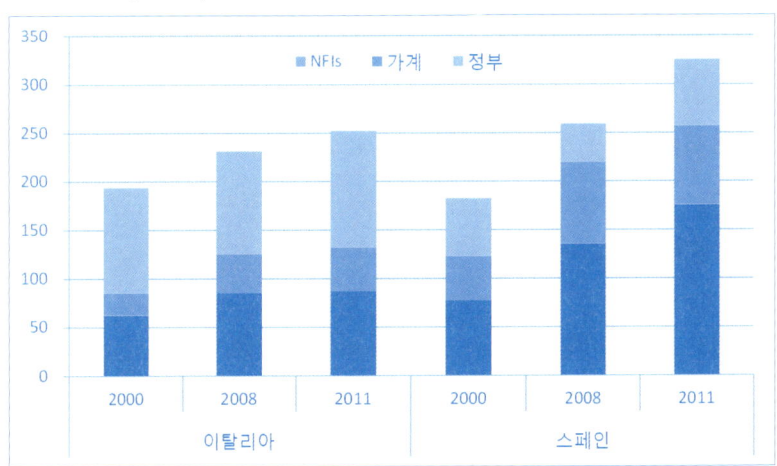

〈그림13〉 이탈리아 및 스페인 부채 규모 (단위: % of GDP)

출처: Eurostat

3. 유로존 위기국가들의 위기의 원인들

앞에서 언급한 바와 같이 2007년 유로존 경제는 다양한 문제들을 누적시키면서도 양호한 성장세를 보였다. 그러나, 2008년 리먼 사태의 여파로 경기가 위축된 가운데, 2009년 말 그리스 정부가 정부부채 통계를 조작했다는 소문이 유럽 금융시장에 퍼지면서 2010년부터 그리스 및 유로존은 본격적인 경제위기 단계에 진입하게 된다.

여기서 한 가지 짚고 넘어갈 문제는 어떤 국가들이 경제위기에 빠졌는가 이다. 유로존 경제위기가 진행되는 동안 흔히 GDP 대비 정부부채나 재정적자 수준이 위험도를 평가하는 지표로 많이 사용되었으나, 사실 금융시장의 대외의존성을 나타내는 순대외금융자산(Net International Investment Position)의 중요성도 간과할 수 없다.

여기서 순대외금융자산이란 내국인이 보유한 대외 금융자산에서 외국인이 보유한 국내 금융자산을 뺀 수치이다. 순대외금융자산이 (+)라는 것은 내국인이 보유한 해외 금융자산이 외국인이 보유한 국내 금융자산보다 많다는 것을 의미하며, 이러한 국가는 순자본수출국이라고 할 수 있다. 반면, 순대외금융자산이 (−)라는 것은 외국인이 보유한 국내 금융자산이 내국인이 보유한 해외 금융자산보다 많다는 것을 의미하며, 이러한 국가는 순자본수입국으로서 금융시장의 대외 의존도가 높다는 것을 의미한다. 이러한 순자본수입국들은 경제위기 발생 시 국내에 들어와 있는 외국인들이 투자자금을 회수하면서 충격이 증폭될 수 있기 때문에 금융시장 구조가 취약하다고 할 수 있다.

〈그림14〉와 〈그림15〉에서 볼 수 있듯이, 2008년 기준 GDP 대비 정부부채 규모만으로는 유로존 경제위기 기간 동안 발생한 GDP 감소 규모를 설명하기에 부족하다. 하지만, 여기에 GDP 대비 순대외금융자산 규모를 추가할 경우 위기가 발생한 국가들을 보다 잘 설명할 수 있다. 즉, 유로존 위기 당시 위험국으로 지목되었던 PIIGS 국가들(포르투갈, 이탈리아, 아일랜드, 그리스, 스페인) 중 이탈리아를 제외하고는 모두 구제금융을 받았는데, 이들 국가들은 모두 GDP 대비 순대외금융자산 규모가 −70%를 초과하는 국가들이었다.

이러한 결과와 더불어 이들 구제금융을 받은 국가들의 GDP 대비 순대외금융자산이 유로존 출범 직후인 2000년이 GDP 대비 −31.4%에서 2008년 −79.2%로 악화되었다는 점을 고려할 때, 앞서 언급한 유로존의 경상수지 불균형, 주변부 국가들의 부동산 버블 등이 재정문제에 못지 않게 중요한 위기의 원인이었다고 할 수 있다.

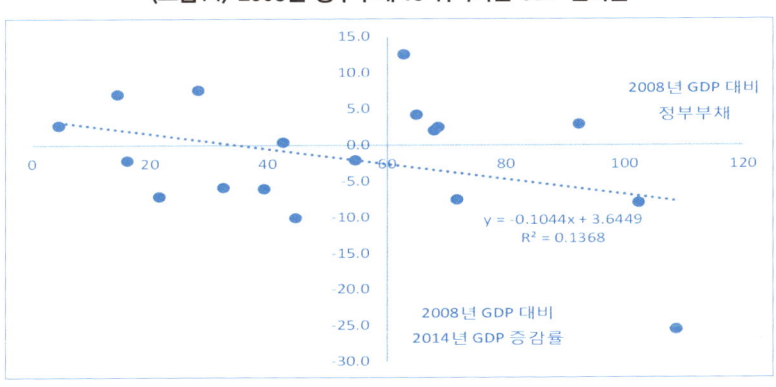

〈그림14〉 2008년 정부부채 vs 위기기간 GDP 변화율

출처: IMF, Eurostat

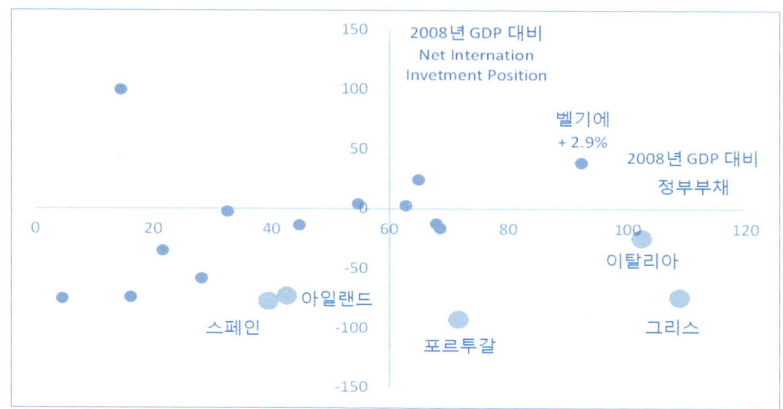

<그림15> 위기발생 전 정부부채 및 Net IIP (단위: % of GDP)

출처: IMF, Eurostat

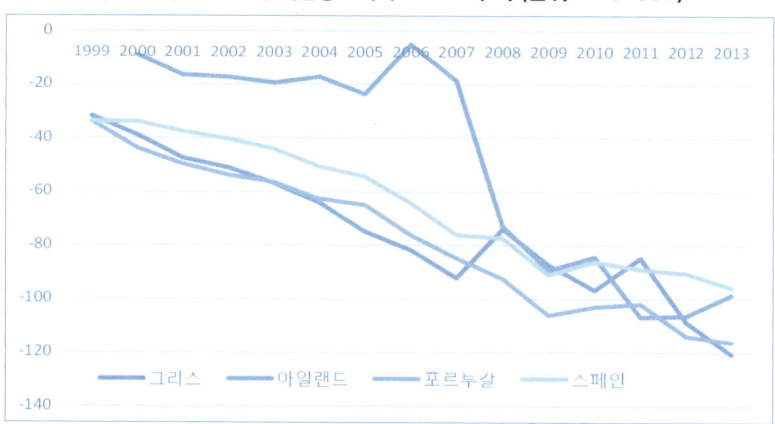

<그림16> 유로존 구제금융 4개국 Net IIP 추이 (단위: % of GDP)

출처: Eurostat, BIS

⟨그림17⟩ 2004~08년 가계 및 기업부문 연평균 대출증가율 (단위: %)

출처: Eurostat, BIS

이러한 이유에서 유로존 경제위기 국면에서 처음으로 위기 가능성이 대두되었던 그리스를 제외하고는 대부분의 위기국가에서 경제위기는 은행 위기에서 시작하여 재정위기로 전개되었다. 예를 들어, 유로존에서 두 번째로 구제금융을 받은 아일랜드의 경우 2008년 GDP 대비 정부부채 비율이 45.6% 수준에 불과할 정도로 재정부문에서의 문제는 크지 않았으나, 은행부문에 대한 구제금융 지원과 주요 은행의 국유화가 계속되면서 정부부채가 급등하였고, 결국 금융시장에서 아일랜드 정부채권의 수익률이 급등하면서 IMF와 유로존 국가들의 구제금융을 받게 되었다.

아일랜드 은행들은 유로화 출범 이후 2007년까지의 호황기 동안 외국 은행으로부터 은행간 차입 형태로 유입된 자금을 바탕으로 국내 및 해외 기업에 대한 대출을 늘려 왔다. 이에 따라 2003~2008

년까지 아일랜드의 가계 및 기업부문 합계 대출증가율이 연평균 19.4%에 이를 정도로 빠른 대출증가가 발생하였다. 이러한 가운데, 2008년 이후 국내 부동산 가격이 위축되고 유럽경제가 침체되면서 자산건전성이 악화되었으며, 중심부 국가의 은행들이 아일랜드 은행들로부터 자금을 회수하면서 유동성 위기에 직면하게 된 것이다. 또한, 이후 이어진 아일랜드의 경기 침체가 자산건전성을 더욱 악화시키면서 은행부문 구제금융에 소요된 비용도 당초 예상보다 훨씬 커서 2008년 GDP 대비 45.6%에 불과하던 아일랜드의 정부부채는 2013년 GDP 대비 123.8%까지 증가하게 된다.

〈표3〉 유로존 구제금융

	위기 성격	구제금융 신청 시기	현재구제금융 상황	금액
그리스	과잉 정부부채 + 은행구제금융	2010년 5월	진행 중	2,400억 유로
아일랜드	은행 구제금융	2010년 11월	2014년 12월 종료	850억 유로
포르투갈	은행구제금융 + 과잉 정부부채	2011년 6월	2014년 5월 종료	740억 유로
스페인	은행 구제금융	2012년 6월	진행 중	1,000억 유로
키프로스	은행 구제금융	2013년 3월	진행 중	100억 유로

자료: EU, IMF

이는 스페인의 경우도 마찬가지인데, 스페인의 은행부문, 특히 지방정부와 연계된 지방은행들은 독일, 프랑스, 이탈리아 등 중심부 국가의 은행으로부터의 자금을 차입하여, 국내 부동산 부문뿐 아닐 각종 사회간접자본 개발사업에 투자하였다. 이에 따라, 2003~2008년까지 아일랜드의 가계 및 기업부문 합계 대출증가율이 연평균 15.5%에 이를 정도로 빠른 대출증가가 발생하였다. 또한, 풍부한 자금을 바탕으로 은행들이 대출경쟁에 나서면서 대출심사 기준은 완화되었으며, 정치적 목적에서 추진되는 수익성 낮은 개발 프로젝트에 대한 대출도 증가하였다.

이러한 상황에서, 2008년 리먼 사태 이후 스페인 부동산 시장이 위축되고 자산건전성이 악화되자, 아일랜드의 경우와 마찬가지로 중심부 국가의 은행들이 스페인 은행들로부터 자금을 회수하면서 은행 부문의 유동성 위기가 발생하게 된다. 또한, 은행들에 구제금융이 많은 비용이 소모되면서, 스페인의 정부부채 규모는 2008년 말 GDP 대비 39.4%에서 2014년 말 97.7%로 증가하게 된다.

앞에서 언급한 아일랜드와 스페인의 위기는 전형적으로 은행부문의 위기가 정부의 구제금융 부담으로 이어지면서 정부의 부채 차환 및 유동성 위험으로 이어진 사례이다. 반면, 그리스 위기는 은행부문의 부실화와 정부의 방만한 재정운영이 결합된 형태이다.

그리스의 경우에도 2003~2008년까지 가계 및 기업부문 합계 대출 증가율이 연평균 17.8%에 이를 정도로 빠른 대출증가가 발생하였다. 아일랜드 및 스페인의 경우와 마찬가지로 그리스도 중심부 국가 은행들로부터의 자금유입이 있었으며, 이러한 자금이 개인들의 주택구매, 내구재 소비, 기업들의 투자활동에 사용되면서 이 기간 동안 경기 호황이 진행되었다.

이와 더불어, 그리스의 경우 앞의 두 나라와 달리 재정 측면의 문제가 이미 존재하였으며, 이로 인해 그리스 경제위기의 폭이 더욱 클 수 밖에 없었다. 그리스가 유로존에 가입한 해인 2001년 말 그리스의 정부부채 규모는 GDP의 99.9%로 매우 높은 수준이었다. 그러나, 앞의 〈그림7〉에서 보는 바와 같이 유로존 가입 이후 그리스 국채의 스프레드는 낮은 수준을 유지하였으며, 풍부한 시장 유동성으로 인해 자금조달에 어려움이 없었던 그리스 정부는 재정지출을 줄이는 대신 줄어든 금융비용을 오히려 복지 확대 및 정부고용 증가에 사용하였다. 이에 따라, 그리스의 재정건전화는 유로존 가입 당시 약속한 수준에 크게 못 미쳐 2008년 GDP 대비 정부부채 규모가 가입 당시보다 크게 증가한 108.8%에 이르렀다. 이는 유로존 가입 직후인 2002년에서 2008년 사이 정부지출 증가율이 연 평균 9.1%로 정부수입 증가율인 7.3%, 명목 GDP 증가율인 6.9%를 크게 앞질렀기 때문이다.

이러한 상황에서 2008년 리먼 사태 이후 유럽 전체의 금융시장이 경색되고 경기가 침체되자, 은행부문의 자산 부실화와 유동성 위기, 그리고 정부채권의 차환위험이 동시에 발생했으며, 그리스는 그나마 재정여력이 있었던 다른 위기국가에 비해 큰 규모의 재정지출 삭감이 요구되었다. 이는 그리스가 결국 두 차례의 구제금융에도 불구하고 재정 정상화 및 경기 회복에 실패한 이유이다.

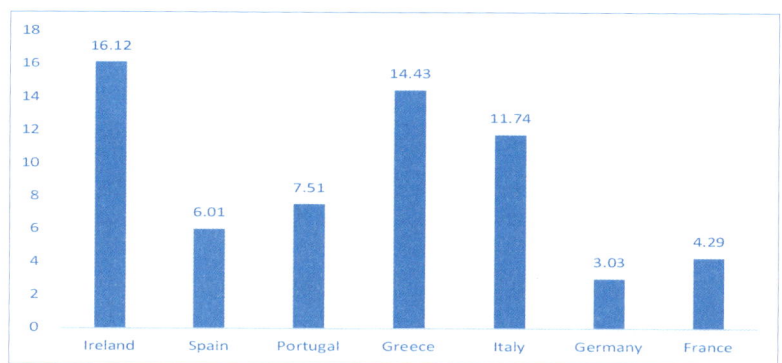

〈그림18〉 2011년 말 NPL 비율 (단위: %)

출처: BIS, IMF

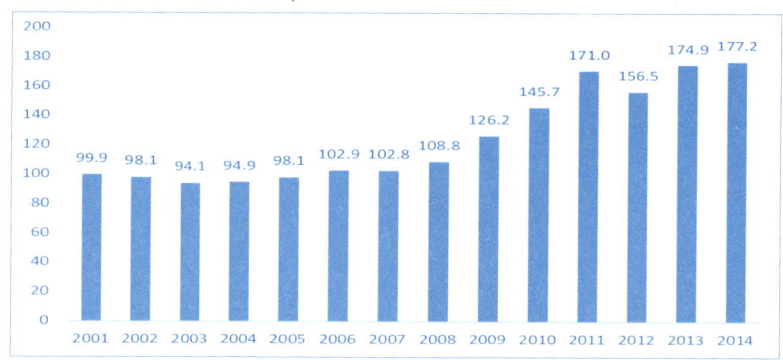

〈그림19〉 유로존 가입 이후 그리스 정부부채 (단위: % of GDP)

출처: BIS, IMF

4. 위기에 대한 대응책과 유로존의 미래

2009년에 시작된 유로존 경제위기는 2008년 시작된 세계적인 금융위기의 영향을 증폭시키면서 유럽경제에 심각한 영향을 미쳤다. 2008 ~2013년 유럽 각국 GDP 변화를 보면 2013년 유럽 전체 GDP 규모는 2008년 대비 1.1% 감소하였으며, 유로존 기준으로는 2.2% 감소하였다. 같은 기간 동안 위기의 진원지였던 미국의 GDP가 5.8% 증가했다는 점을 고려하면 유로존 경제위기의 영향이 얼마나 컸었는지를 알 수 있다. 국가별로는 그리스의 GDP가 26.1% 감소하여 가장 큰 영향을 받았으며, 스페인, 이탈리아, 아일랜드, 사이프러스, 포르투갈 등 구제금융 국가들 모두 GDP 규모가 감소하였다. 또한, 구제금융을 받지는 않았으나 위기국가로 지목되었던 이탈리아와 슬로베니아의 GDP 규모도 큰 폭으로 감소하였다.

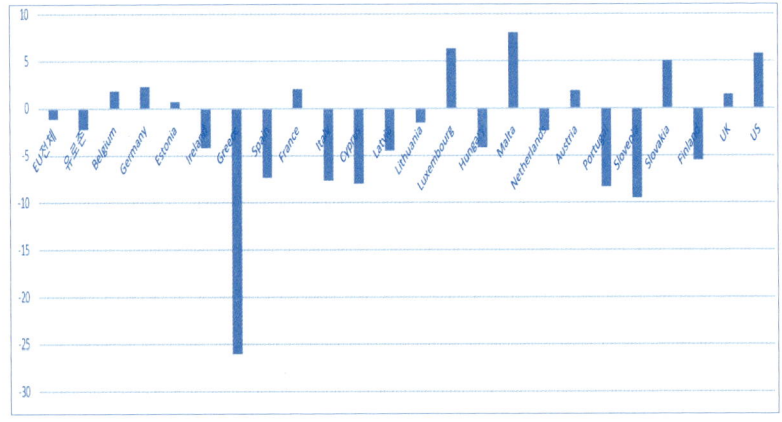

〈그림20〉 2008년 대비 2013년 GDP 변동

출처: Eurostat

이러한 경제위기 상황에 대응하기 위해 EU 및 유로존 각국은 다양한 경제정책을 사용하였다. 하지만, 유로존 국가 및 EU의 위기대응

정책은 단기적인 경기부양 보다는 유로존을 유지하는 방향으로 진행되었다는 점에서 다른 국가들과 차이가 있다.

우선 재정정책 측면을 보면, 2008년 이후 EU 소속 국가들의 기본적인 재정정책 방향은 경기부양을 위한 인위적인 지출증가보다는 실업수당 지급을 통한 재정지출의 자동안전장치(Automatic Stabilizer)를 통한 재정지출을 허용하는 형태의 재정정책을 사용하였다. 또한, 이마저도 2010년부터는 경제위기가 진행되는 동안임에도 불구하고 과도한 재정적자 확대를 방지하기 위해 실업수당 조건 강화, 연금 수령연령 연장 등의 재정지출 축소 정책을 사용할 수밖에 없었다. 즉, 재정지출의 자동안전장치만으로도 이미 재정적자 수준이 위험한 수준에 도달했기 때문에 그 효과를 감소시키는 조치들이 필요했던 것이다.

또한, 유로존이 유지되기 위해서는 장기적인 재정구조를 안정화시켜야 한다는 인식이 확대되면서 Growth and Stability Pact에 기반한 준칙에 의한 재정운용을 강조하는 방향으로 재정정책을 전환되었다는 점도 주목해야 한다. 1997년 재정된 Growth and Stability Pact에서는 EU 소속 국가들의 정부부채가 GDP의 60%를 상회해서는 안되며, 재정적자도 GDP의 3%를 초과할 수 없도록 규정하고 있다. 만일, 이러한 규정을 어길 경우, 해당국가 정부는 이 규정을 지킬 수 있는 방안이 포함된 예산안을 EU에 제출하여 예산을 허가 받아야 한다. 즉, 원래 Growth and Stability Pact 상에서는 규정을 어긴 국가들의 재정부문 재량권이 크게 제약 받게 되어 있었다.

그러나, 2009년 이전에는 정치적인 이유에서 해당국 정부가 제출한 예산안이 EU 집행위원회에서 큰 수정 없이 통과되었으며, 이러한 관행으로 인해 사실상 Growth and Stability Pact 상의 재정 재량권 제약조항은 유명무실화되었었다. 그러나, 2009년 이후 한 국가들의 재정문제가 다른 국가로 파급될 수 있다는 점이 확인되면서, EU의 개별 국가에 대한 예산검토 권한 대폭 강화되고 실제로 개별 국가가 제출한 예산안에 대해 수정 및 보완을 요구하는 사례들이 증가하고 있다.

이러한 조치들에 힘입어, 유로존 국가들의 GDP 대비 재정적자 규모는 2009년에서 2014년 사이 크게 감소하였으며, 일부 경제위기가 심각했던 국가들을 제외하고는 2015년 중 GDP 대비 3% 이내로 재정적자 규모가 축소될 전망이다. 또한, 그렇지 않은 국가들도 2016~2018년 사이 기간 중에 목표 연도를 정하여 GDP 대비 재정적자 규모를 3% 이내로 축소하는 방식으로 재정적자 축소에 나서고 있다.

결론적으로 2008년 이후 EU 국가들의 재정정책은 재정지출의 자동안전장치가 작동하면서, 재정적자가 증가하는 등 전반적으로 완화적 기조였던 것으로 평가된다. 그러나, 유로존의 안정성을 지키기 위해 늘어난 재정적자를 줄이는 방향의 노력이 지속되었다.

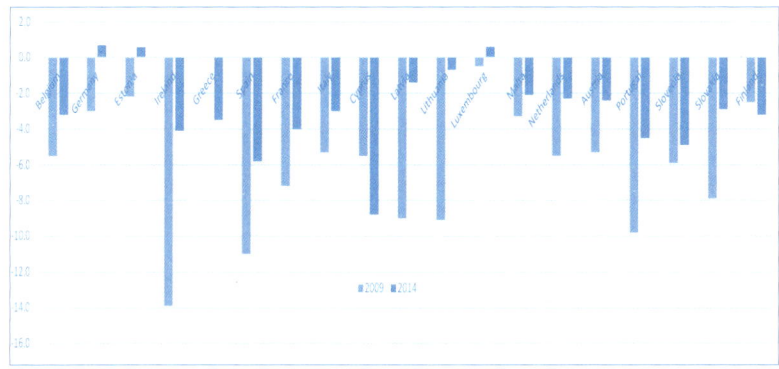

〈그림21〉 2008년 대비 2013년 GDP 변동 (단위: %)

출처: Eurostat

한편, 주목 해야 할 또 다른 정책방향은 은행부문 감독 강화 및 감독규제 통합작업이 진행되었다는 것이다. 앞에서 언급한 바와 같이 유로존 경제위기 동안 대부분의 위기 국가들에서 은행 구제금융 부담이 재정위기로 전개되는 모습을 보였다. 이는 결국, 개별 국가의 은행부문 위기가 해당 국가의 재정위기를 거쳐 다른 유로존 국가의 재정위기로 전개될 수 있다는 점을 확인해 준다. 그러므로, EU에서는 이러한 위기전달 경로를 차단하기 위해 EU 차원에서 은행부문 감독을 강화하고, 감독기구를 단일화하면서 궁극적으로 은행부문 구제금융 부담을 개별국가에서 EU 차원으로 이전하는 개혁을 진행 중이다. 또한, 이러한 작업은 궁극적으로 은행부문에 대한 감독과 구제금융을 모두 개별 국가에서 분리하여 EU 차원으로 단일화하는 European Banking Union을 창설하는 것을 목표로 하고 있다.

사실 은행부문 감독, 규제의 통합은 통화동맹을 통해 통화정책을 통합한 이후 당연한 수순이었지만, 그 동안 지연되어 왔던 것이 사실이다. 그러므로, 현재 EU에서 진행 중인 개혁 작업은 지연되었던 금융부문 통합작업을 뒤늦게나마 진행하고 있다고 평가할 수 있다. 이를 위해, 2014년 11월 EU차원의 단일 은행감독기구인 Single Supervisory Mechanism(SSM)이 이미 창설되었으며, EU 차원의 단일 부실은행 구제금융 절차인 Single Resolution Mechanism(SRM)을 만드는 작업을 진행 중이다. 특히, 현재 논의 중인 SRM에서는 은행 총 부채의 8% 이상을 주주, 후순위채권자, 선순위 채권자 그리고 대형 예금자 순서로 손실을 부담한 후에나 재정투입을 통한 구제금융이 가능하도록 하고 있다. 이와 더불어, 통합의 마지막 단계인 단일 Deposit Guarantee Scheme이 완료되어 European Banking Union이 완성되면, 은행부문 위기가 재정부문으로 전이되는 경로의 상당부분이 차단될 것으로 기대된다. 한편, 이러한 제도적 정비와 더불어 유럽 은행들의 감독을 강화하고, 은행들의 자기자본 수준을 끌어올리는 작업이 꾸준히 진행되고 있다.

이러한 은행부문에 대한 규제정비 및 강화는 유로화에 대한 시장의 불안감을 불식시키고, 궁극적으로 위기재발을 막기 위한 조치이다. 하지만, 단기적으로는 은행들이 각종 규제에 대응하기 위해 대출을 축소시켰기 때문에 경기부양에는 매우 부정적인 영향을 미쳤다. 즉, 2008년 리먼 사태 이후 유럽 중앙은행의 통화정책은 전반적으로 완화적인 기조를 유지하였음에도 불구하고, 은행부문에 대한 감독이 강화되면서 대출규모는 기업부문 대출을 중심으로 위기기간 동안 감소세를 지속하였다. 그리고, 이러한 대출감소는 미국 및 다른 나라와 비교할 때 유로존 경제의 회복이 느렸던 중요한 배경 중

하나이다.

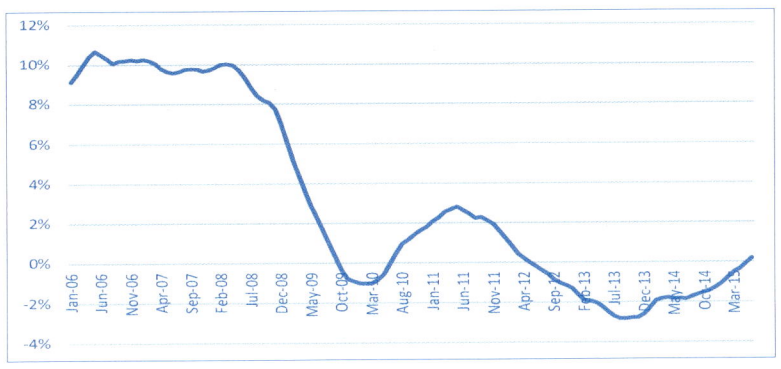

〈그림22〉 유로존 가계 + 기업 대출 전년대비 증가율

출처: BIS, IMF

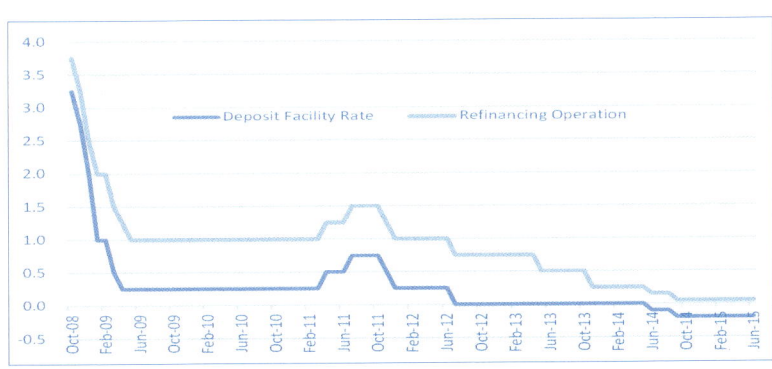

〈그림23〉 ECB 정책금리 추이 (단위: %)

출처: BIS, IMF

앞에서 살펴본 바와 같이, 위기 기간 동안 EU 정책당국은 재정 및 은행감독 부문에서 단기적인 경기회복 보다는 유로화에 대한 시장

의 신뢰를 회복하는 데 집중하였다. 하지만, 이러한 경제정책은 불가피하게 경기 회복을 지연하는 효과를 가졌기 때문에, 경제정책의 다른 한 축에서는 구제금융을 위한 공동기금 설립과 완화적 통화정책이 진행되었다.

먼저 유럽 중앙은행의 통화정책을 보면, 2008년 하반기 리먼 사태 직후 금리를 인하하기 시작한 유럽 중앙은행은 경기가 잠깐 회복세를 보였던 2011년 상반기를 제외하고는 계속해서 금리를 인하하거나 낮은 수준으로 유지하면서 완화적 통화정책 기조를 유지하였다. 특히, 2012년 하반기 이후에는 주요 정책금리 중 하나인 Deposit Facility Rate를 0%로 유지하고, 2014년 하반기는 (-)를 유지하였다.

또한, 경기 둔화로 인해 정책금리 인하의 효과가 실물경기로 전달되지 않는 상황을 고려하여 2011년 12월 및 2012년 2월, 그리고 2014년 6월에는 은행에 직접대출을 하는 방식의 유동성 공급수단인 LTRO(Long-term Refinancing Operation)를 통해 시중에 유동성을 공급하였다. 또한, 2015년 1월부터는 미국 중앙은행이 시행했던 양적완화와 유사한 방식으로 시장에서 직접 금융자산을 매입하는 방식으로 시장에 유동성을 공급하고 있다.

이러한 중앙은행이 완화적 통화정책 기조는 2008년 리먼 사태 직후 완화되었던 재정정책이 점차 긴축적으로 전환되고 은행에 대한 감독이 강화되는 과정에서 경기침체 및 대출 감소가 지속되자, 이러한 부정적인 효과를 완화하기 위해 실행된 측면이 강하다. 이러한 이유에서 유럽 중앙은행의 통화정책은 미국 중앙은행과 달리 선제적으로 이루어졌다기보다는 다른 경제정책의 부정적인 효과를 희석시키기 위한 것이었으며, 이로 인해 시기적으로 다소 늦었다는 평가를 받았다.

〈표4〉 2014년 6월 이후 유럽 중앙은행 통화정책

구분	주요내용
금리 인하	▪ 2014년 6월 기준금리 0.15%로 인하 ▪ 2014년 9월 기준금리 0.05%로 인하. 중앙은행 예치금에 대한 마이너스 금리 적용(일자 확인) ▪ 2015년 1월 T-LTRO 적용 금리 0.05%로 인하
유동성 공급	▪ 2014년 6월 목적 대출인 T-LTRO 시행 ▪ 2014년 9월 ABS 및 covered bond 매입

전면적 자산매입	▪ 2015년 1월 국채 매입을 포함한 전면적 자산매입 프로그램 발표
	▪ 매입 기간 : 2015년 3월부터 2016년 9월까지 19개월
	▪ 매입 규모 : 매월 600억 유로, 총 1.1조 유로
	▪ 매입 대상 : 투자적격 등급 BBB- 이상인 유로존 국채
	    IMF 등의 구제금융 프로그램 진행중인 투자부적격 국가의 국채
	    EU 기관채와 기존 ABS 및 covered bond
	    그리스 국채와 일반 회사채는 매입 대상에서 제외
	▪ 매입 비중 : 매월 국채 450억 유로, EU 기관채 50억 유로, ABS & covered bond 100억 유로 예상
	▪ 매입 방식 : ECB 출자 비율 만큼 각국 중앙은행이 자국 국채를 유통시장에서 매입
	▪ 손실 부담 : 전체 매입량의 20%
	    ECB가 총 매입량의 8% 보유, 중앙은행 매입액의 12%는 손실 공유
	▪ 제한 사항 : 개별 채권 별 매입 한도는 총 매입량의 25%
	    개별 차주 별 매입 한도는 총 매입량의 33%

출처 : ECB

위기 기간 동안 EU의 경제정책으로 또 한가지 주목할 내용은 유로존 국가들이 공동 출연하는 구제금융기금의 창설이다. 위기 초기에는 IMF와 EU 예산, 그리고 개별 국가들이 갹출한 자금이 개별 국가의 구제금융에 사용되었으나, 이후 유럽재정안정기금(European Financial Stability Facility)가 창설되어 구제금융에 대한 공동 대응이 가능해졌다. 또한, 이를 더욱 발전시켜 2012년 10월에는 European Stability Mechanism(ESM)이 창설되었다. ESM은 유로존 내 영구적인 구제금융 기금으로서, 개별국가의 재정위기에 대처는 역할과 더불어 은행위기 시에는 Deposit Guarantee Scheme(EU 통합 예금보험공사)와 함께 은행에 대한 구제금융도 담당하게 된다. ESM의 규모는 총 7000억 유로이며, 800억 유로는 납입자본금으로 나머지는 필요 시에 각국별로 할당된 비율에 따라 납부하는 방식으로 구제금융 자금을 조달하게 되며, 실제로 ESM은 스페인 은행 구제금융과 사이프로스 은행 구제금융에 사용되었다. 이러한 ESM의 설립은 앞에서 언급한 재정부문에서의 EU 통제권 강화, European Banking Union을 지향하는 은행부문 규제 통합 작업과 함께 유로존의 재정, 금융부문 통합을 더욱 강화하는 효과를 가진 것으로 평가된다.

앞에서 서술한 내용에서 알 수 있듯이, 2008년 리먼 사태 이후 EU 및 유로존 차원의 경제정책은 전반적으로 단기적인 경기부양 보다는 제도적, 경제적 통합을 강화하고, 유로화에 대한 신뢰를 회복하는 데 집중되어 있었다. 합의를 중시하는 유럽 특유의 정치문화로 인해 많은 중요한 의사결정들이 적기에 이루어지지 못했다는 평가가 있기는 하지만, 유로화 출범 이후 첫 번째로 맞이한 대형 경제위기에서 전체적으로 유로화의 안정성을 성공적으로 지켜낸 것으로 평가된다. 또한, 위기 이전과 비교할 때 경제통합의 방향으로 한 발 자국 전진했다고 평가할 수도 있다.

하지만, 이러한 노력에도 불구하고 과연 유로존의 미래가 밝은지에 대해서는 여전히 의문이 제기되고 있다. 또한, 정치적 측면에서는 위기가 진행되는 동안 유럽통합에 대한 유럽인들의 지지가 약화된 것도 사실이다.

Barry Eichengreen(2014)은 유로존 경제위기가 마무리단계 접어든 상황에서 최적통화지역이론의 관점에서 다시 유로존의 문제를 조망하면서, ECB의 늦은 통화정책 전환과 최종 대부자로서의 역할에 소홀했던 점을 지적하면서 ECB 의사결정 구조 및 정책 기준을 재검토해야 한다고 주장하였다. 또한, 재정을 통한 국가간 소득재분배 기능이 부족하다는 점도 지적하면서, 재정통합을 보다 강화하고 재분배 메커니즘을 보완해야 한다고 조언하였다. 이러한 지적과 더불어, 독일을 비롯한 북유럽 국가들과 주변부 국가들 간의 경상수지 불균형 구조가 고착화되어 해소되지 않고 있다는 점도 잠재적인 위험요인이 완전히 사라지지 않았다는 것을 보여준다.

물론, 유럽의 정치권도 Eichengreen(2014)이 제기한 문제에 대해 잘 알고 있으며, 현재 해결책을 모색하고 있는 상황이다. 재정을 통합 지역간 소득 재분배 메커니즘을 강화하는 방안에 대해서는 EU 통합재정을 강화하고, 별도의 기금을 통해 저개발 지역에 투자를 진행하는 방안이 논의되고 있다. 또한, ECB도 위기 기간 후반에는 준칙에 의한 통화정책 보다는 경제 및 금융시장 상황에 보다 능동적으로 대처하면서, ECB 양적완화에 대한 합의를 성공적으로 이끌어낸 모습을 보였다.

현 시점에서 볼 때, 유로존이 과연 다음 경제위기를 넘기고 생존할 수 있을지는 단언하기 어렵다. 이는 이 글의 서두에서 말한 데로, 유로존이 경제적 이익을 위해서가 아니라 유럽통합이라는 거대한 과정의 산물로서 태어났기 때문이다. 그러므로, 유로존의 미래는 존속을 위해 결국 필요한 제도적 통합 과정에서 유럽인들이 서로를 위해 얼마나 희생할 수 있는지를 결정하는 정치적 합의에 의해 결정될 수밖에 없을 것이다.

제 16 장

일본경제의 미래: 잃어버린 20년 과연 회생할 것인가?

2012년 12월 취임한 아베 총리의 경제정책인 아베노믹스의 성공 여부에 대해 호의적인 시각과 부정적인 시각이 여전히 교차하고 있다. 2차대전 이후 고도성장기를 거치면서 성장한 일본경제는 1985년 9월 플라자 합의에 따른 엔화 강세를 극복하며 1980년대 후반에는 세계 최고수준의 경쟁력을 갖추게 되었다. 그러나, 1992년부터 급작스럽게 시작된 경기 침체로 인해 일본은 이후 소위 "잃어버린 10년", 또는 "잃어버린 20년"이라 불리는 장기 저 성장기에 빠져 아직까지 눈에 띄는 회복세를 나타내고 있지 않다. 이 시기 동안 일본경제는 몇 차례의 급격한 경기 위축과 이후의 회복기를 겪었지만, 회복기 동안의 회복세가 워낙 미미했기 때문에 통틀어서 "장기 저 성장기"라고 지칭해도 큰 무리가 없을 것으로 보인다. 아베노믹스에 대한 평가는 아마도 단기적인 성과보다는 이 "장기 저 성장기"를 특징 짓는 일본경제의 "무기력증"을 치유할 수 있을 것인가에 달려 있을 것이다.

이 장에서는 장기 저 성장기를 중심으로 일본경제의 상황과 변화를 살펴보고, 우리 경제에 가지는 함의에 대해 생각해보도록 하겠다.

1. 전후 고도 성장기와 버블경제의 진행

(1) 전후 고도성장기에서 1985년 플라자 합의까지의 일본경제

2차대전 패전국인 일본은 전쟁기간 동안의 생산시설 파괴와 노동력 상실 등의 손실을 딛고 1980년대 후반 세계에서 가장 효율적이고 창의적인 고소득국가가 되었다. 이 기간 동의 경제적 성과는 실로 대단한 것이어서 성장률 측면에서는 미국, 영국, 프랑스 등 주요 전승국가의 성장률을 훨씬 뛰어넘을 뿐 아니라, 일본과 함께 2차대전 패전 이후의 경제성장을 이룬 독일에 비해서도 2.7%가량 높은 수치를 나타내고 있다. 또한, 높은 경제성장률과 엔화 가치의 상승에 따라 일본의 1인당 GDP는 플라자 합의가 있었던 1987년을 기점으로 미국을 넘어섰으며 이는 이 시기 일본 국민들에게 자신감을 심어주기에 충분했다.

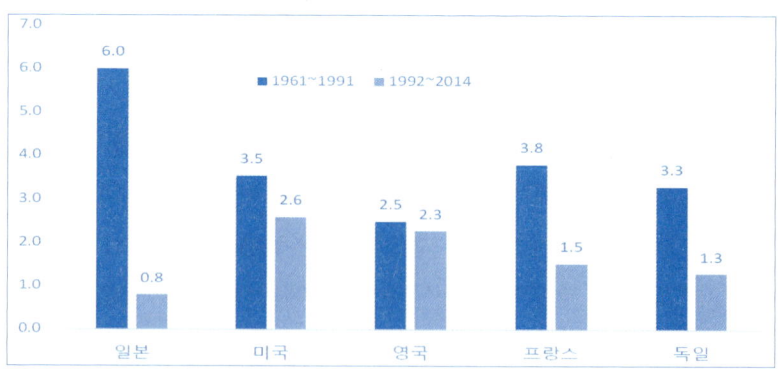

〈그림1〉 주요국 평균 경제성장률

출처: World Bank

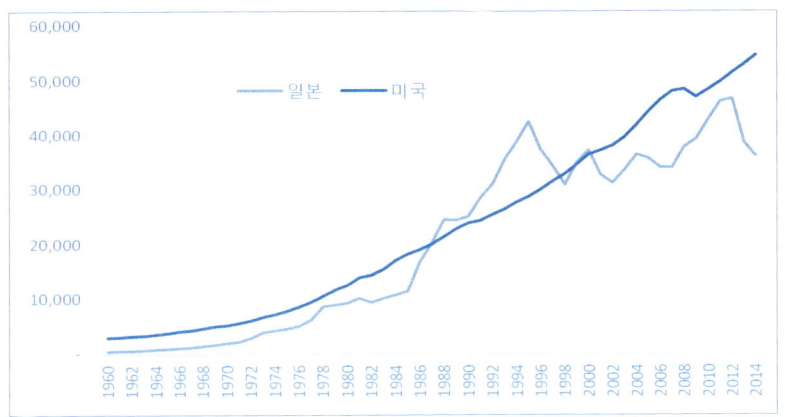

〈그림2〉 미국과 일본의 1인당 GDP

출처: World Bank

이 시기 일본경제성장의 배경은 몇 가지로 요약할 수 없을 정도로 다양하지만, 그 중에서도 크게 높은 저축률과 투자율, 1차산업 비중 감소 및 도시화에 따른 경제구조의 발전, 기술력 측면에서 세계 선두권으로의 도약 등을 주요하게 들 수 있을 것이다. 우선 고정자산투자와 저축률을 보면, 일본은 종전 이후부터 1991년 사이 다른 선진국에 비해 월등하게 높은 고정자산투자율과 국내 저축률을 유지해 왔다. 이 시기 일본의 높은 고정자산투자율은 그 자체로 내수 수요를 촉진하고 미래의 생산능력을 증가시켰을 뿐 아니라, 이 시기 농촌에서 이탈하여 도시로 이주한 신규 노동자들에게 충분한 일자리를 제공하는 데 공헌하였다. 이에 따라 1973~1983년 기간 동안의 성장 중에서 47.2%가, 그리고 1983~1991년 기간 동안에도 전체 성장의 32.7%가 고정자산투자에 따른 1인당 자본장비율(Capital Equipment Ratio, 노동자 1인당의 자본설비액)의 증가로 설명된다. 이는 유사한 시기 미국의 경제성장 중에서 자본장비율 증가로 설명되는 부분이 28.7%에 불과한 것과는 대조되는 모습이다.

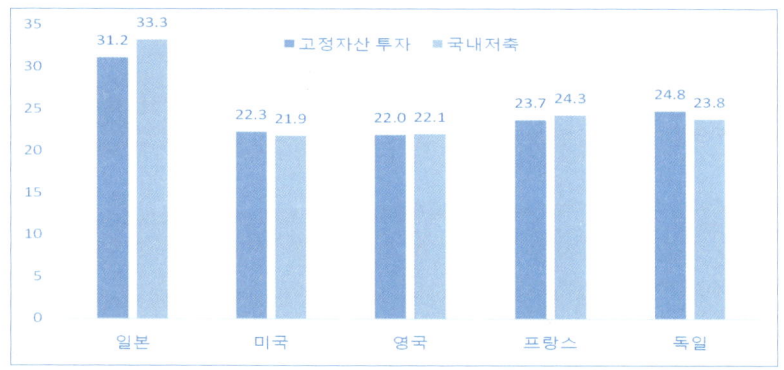

〈그림3〉 주요국 투자율 및 저축률 비교 (1970~91년 평균)

출처: World Bank

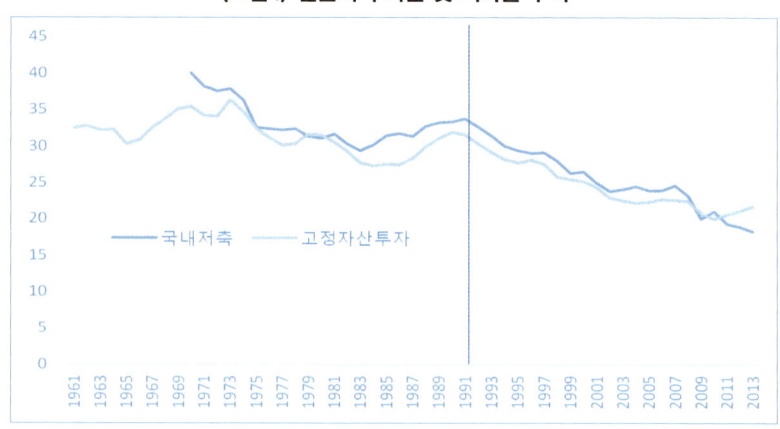

〈그림4〉 일본의 투자율 및 저축률 추이

출처: World Bank

〈표1〉 일본경제 성장요인 분석(Growth Accounting)

시기	성장률	노동투입시간	노동숙련도	자본장비율	TFP
1973~83	3.56	1.53	0.65	1.68	−0.30
1983~91	3.94	1.79	0.46	1.29	0.40
1991~98	1.25	−0.08	0.21	1.10	0.03

출처: Fukao, Inui, Kawai, and Miyagawa(1986).
* TFP = Total Factor Productivity

또한, 이러한 높은 수준의 고정자산투자가 국내저축을 통해 조달되면서 흔히 고성장기에 발생하기 쉬운 경상수지 문제에 비교적 성공적으로 대처할 수 있었다는 점도 일본경제가 상당히 긴 기간 동안 안정적으로 성장할 수 있었던 배경이다. 이 시기 동안 일본이 다른 선진국에 비해 높은 저축률을 유지할 수 있었던 배경에 대해서는 여러 가지 해석이 존재하며, 아마도 뒤에서 언급한 요인들이 복합적으로 작용하면서 높은 저축률이 매우 긴 기간 동안 유지될 수 있었다고 판단된다. 우선 생애주기가설이나 평생소득가설에 따라 이 시기의 높은 성장률이 경제주체의 생애에서는 비경상적으로 높은 시기였기 때문에 저축률이 높았다는 해석이 존재하며(Horioka 1984, Shibuya 1987), 당시 사회보장제도가 미비했기 때문에 경제주체들이 노후 보장을 위해 저축률을 높였다는 설명도 가능할 것이다. 또한, 지금의 중국과 마찬가지로 주택마련을 위한 저축의 필요성(Horioka 1984a), 저축을 장려하는 조세제도나 문화적 요인(Horioka 1984b) 등도 높은 저축률의 배경이라고 해석할 수 있다.
한편, 종전 이후 1991년까지의 기간 동안 일본경제가 보여준 또 다른 특징은 매우 빠른 산업구조의 재편이 진행되었다는 점이다. 2차 대전이 종료된 지 얼마 지나지 않은 시점인 1950년 일본의 전체 고용인구에서 1차산업이 차지하는 비중은 여전히 48.6%에 이르러 아직까지 농어촌 지역에 많은 노동력이 남아있었다. 그러나, 이후 산업화가 진전되면서 이 비중이 빠르게 감소하여 1990년에는 7.1%로 감소하였다. 또한, 1955년에서 1990년 사이 일본의 GDP에서 1차산업이 차지하는 비중은 19.3%에서 2.4%로 감소하였다. 이와 같이 생산성이 낮은 1차산업의 고용비중 및 GDP 내 비중 감소는 생산요소가 보다 효율성이 높은 2차 및 3차산업으로 이동했다는 것을 의미한다.

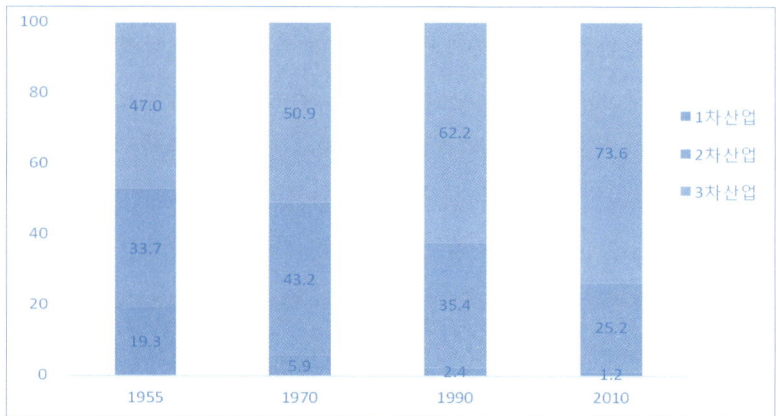

〈그림5〉 산업별 GDP 구성

출처: 일본 통계청

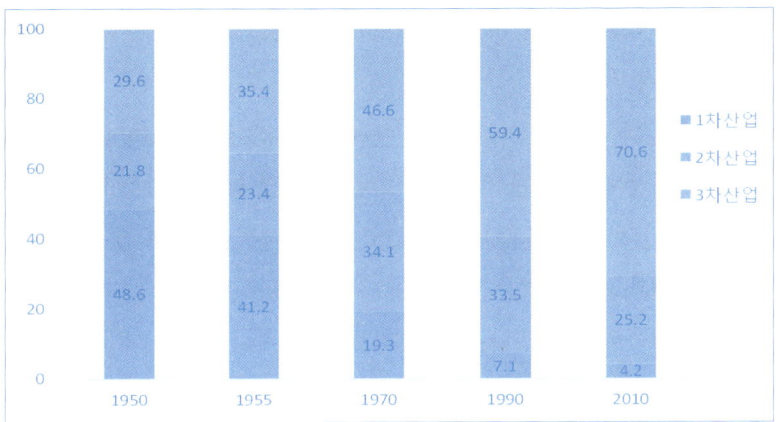

〈그림6〉 고용인구의 산업별 구성

출처: 일본 통계청

마지막으로 이 시기 일본경제를 주목하게 하는 가장 중요한 특징은 철강, 자동차, 조선, 기계, 석유화학 등 전쟁 직후 제조업 발전을 이끈 산업부문에서 일본기업들이 미국 및 유럽 선진국의 기술을 급속히 따라잡으며 80년대에는 이들 국가와의 기술격차가 거의 사라졌다는 점이다. 또한, 1970년대 중반 이후 제조업 발전을 주도한 전자제품 및 자동차 분야에서는 일본 기업들이 오히려 서구의 기업들을 기술적으로 압도하는 현상이 발생했다(Bart Van Ark, and Dirk Pilat, 1993).

철강, 자동차, 조선, 기계, 석유화학 등의 중공업은 1800년대의 마지막 25년과 1990년대 초반의 소위 2차 산업혁명 과정을 통해 크게 발전한 산업이지만, 일본은 사실 이러한 흐름에서는 다소 뒤쳐져 있었던 것이 사실이다. 그러나, 전쟁 이후 산업화 과정에서 일본기업들이 서유럽 및 미국의 기술을 추격하면서 기술격차가 빠르게 축소되었다. 특히, 자동차, 공작기계, 조선 등을 포함하는 기계 산업에서는 1980년대 후반 일본이 미국과 독일의 기술을 거의 따라 잡았다고 평가된다.

특히, 자동차 산업과 가전 산업에서 일본의 부상은 놀라운 수준이었다. 자동차 산업만 해도 1950년대 후반에서야 비로소 독자적인 모델의 승용차 생산을 시작하였지만, 이후 빠르게 성장하면서 1977년 이미 세계생산량 점유율이 20.8%에 이르렀으며 1987년에는 그 점유율이 26.6%로 상승하였다. 한편, 1970년대부터 새롭게 부상하기 시작한 전기전자/가전 제조업에서는 일본기업들의 약진이 두드러졌는데 1979년 개발된 소니의 워크맨으로 대표되는 이 시기 일본 기업들의 이노베이션은 소니, 파나소닉, 샤프, 도시바, 히타치 등의 일본기업들이 향후 전자가전 부문을 선도하는 데 밑거름이 되었다.

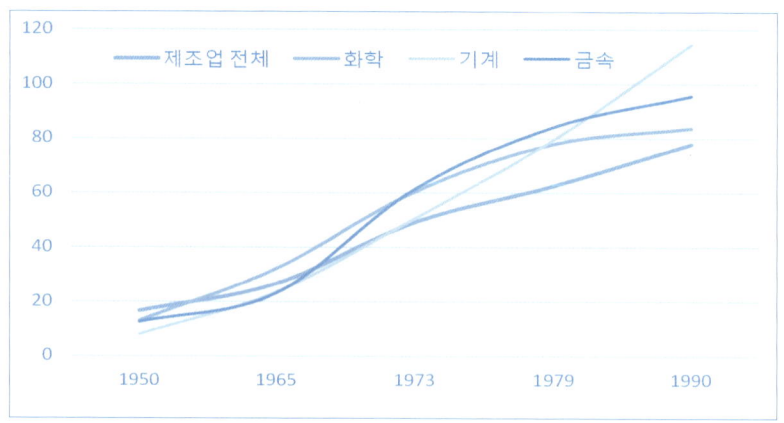

〈그림7〉 미국 대비 제조업부문 시간당 생산성

출처: Bart Van Ark, and Dirk Pilat, 1993

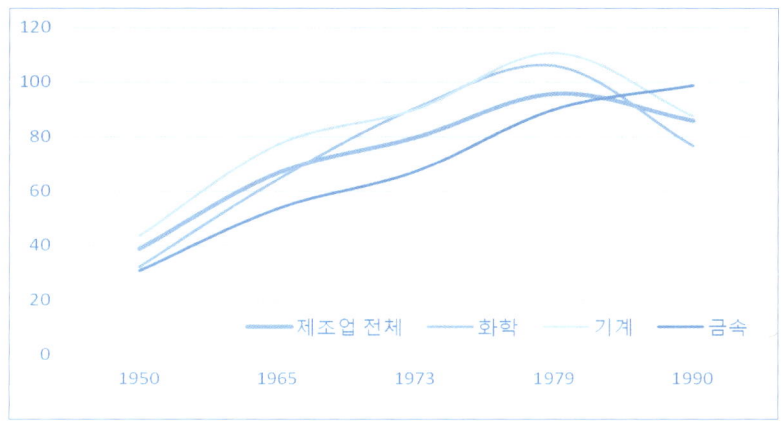

〈그림8〉 독일 대비 제조업부문 시간당 생산성

출처: Bart Van Ark, and Dirk Pilat, 1993

〈표2〉 세계 자동차 생산량

지역	1977		1982		1987		1992	
	백만대	비중	백만대	비중	백만대	비중	백만대	비중
North America	14.7	35.9	8.7	24.1	12.9	28.1	12.7	26.6
Europe	15.9	38.9	14.8	41.0	17.5	38.1	17.5	36.7
Japan	8.5	20.8	10.7	29.6	12.2	26.6	12.5	26.2
Korea	0	0.0	0.2	0.6	1	2.2	1.7	3.6
Other Asia	0.3	0.7	0.3	0.8	0.8	1.7	0.4	0.8
Rest of the world	1.5	3.7	1.4	3.9	1.5	3.3	2.9	6.1
Total	40.9	100.0	36.1	100.0	45.9	100.0	47.7	100.0

출처: 미국 자동차제조업자협회

(2) 1985년 플라자 합의와 버블경제의 진행

1985년까지 빠른 경제성장을 보여준 일본경제는 1985년 9월 플라자 합의 이후 큰 전환기를 맞이하게 된다. 1980년대 초 미국은 대규모 재정적자와 무역수지 적자가 동시에 발생하는 소위 쌍둥이 적자로 고전하고 있는 가운데에서도 고금리로 자본유입이 지속되면서 달러 강세기조를 유지하는 상황이었다. 특히, 미국의 대일 무역적자가 1985년 429억 달러까지 확대됨에 따라 독일 마르크화와 일본 엔화 대비 달러 약세를 유도하여 무역수지를 개선하고자 하는 욕구가 강해졌다. 이에 프랑스·독일·일본·미국·영국의 이른바 G5 재무장관은 무역불균형이 세계경제에 중요한 위험요인이라는 인식 하에 1985년 9월 22일 뉴욕 플라자호텔에서 열린 회의에서 일본 엔화와 독일 마르크화의 평가절상을 유도하기로 합의하게 된다. 플라자 합의 직후 일본 엔화의 대미환율은 급격히 하락(엔화 가치 상승)하기 시작하여 1985년 8월 평균 달러당 239엔 수준에서 1987년 12월 달러 당 121.25엔으로 28개월 만에 97% 상승한다.

이러한 엔화가치의 상승은 당초 일본 수출품의 가격경쟁력을 약화시켜 일본경제에 부정적인 영향을 미칠 것으로 예상되었다. 그러나, 예상과 달리 1989년 12월까지 엔고 현상이 일본경제에 미치는 부정적인 현상은 크지 않았으며, 엔화가치 상승이라는 악조건을 이기고 일본경제가 꾸준히 성장하면서 생겨난 기업과 국민들의 자신감이 1987년에서 1990년까지의 버블 경제를 만들어내는 계기가 되었다.

우선 플라자 합의 이후 크게 악화될 것으로 예상되었던 일본 기업들의 수익성은 1986~1989년 사이 플라자 합의 이전 수준을 유지하였으며, 경제성장률도 1986년 2분기에서 1987년 3분기까지 6분기 동안 일시적으로 5% 이하로 낮아진 이후 1987년 4분기부터는 다시 5% 이상의 높은 성장률로 회복되었다(박종규 2007).

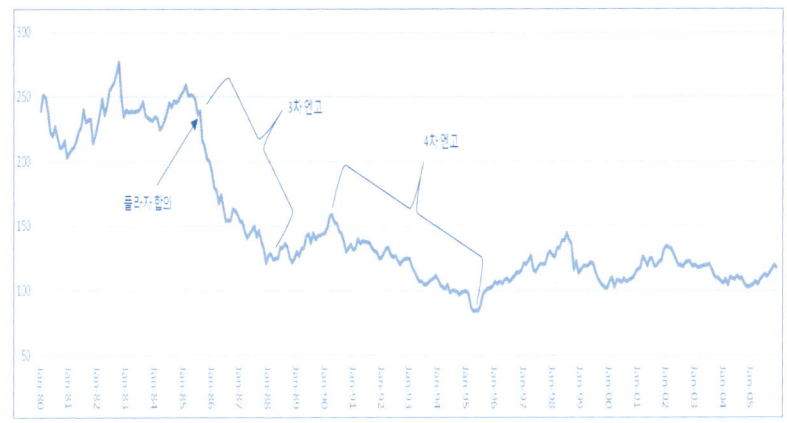

〈그림9〉 엔화의 대미환율 (1980년~2005년)

출처: Bloomberg

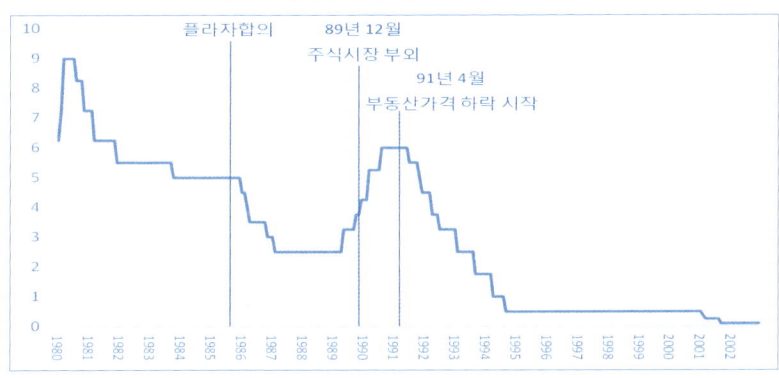

〈그림10〉 일본 중앙은행 재할인율 추이

출처: 일본 통계청

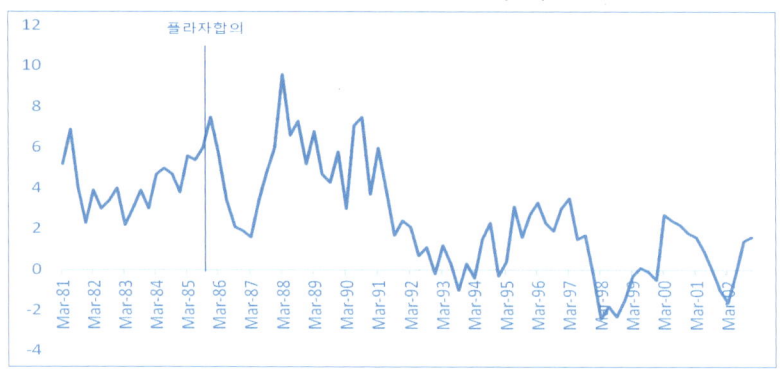

〈그림11〉 분기별 경제성장률 (YoY)

출처: 일본 통계청

일본경제가 플라자 합의의 충격에서 빠르게 벗어날 수 있었던 가장 중요한 배경은 중앙은행이 정책금리를 공격적으로 인하하면서 경기부양에 나섰기 때문이다. 일본 중앙은행은 플라자 합의 직후인 1986년 1월 당시 정책금리인 재할인율 금리를 5.0%에서 4.5%로 50bp 인하한 이후 87년 2월까지 총 5회에 걸쳐 250bp 인하하였다. 이 시기 정책금리 인하는 나중에 버블생성의 한 원인이었다는 비난을 받기도 하지만 당시 플라자 합의에 따른 경기둔화가 불가피했고 엔화 강세 속도의 조절이 필요한 상황에서 당시 일본 중앙은행 입장에서는 어찌 보면 불가피한 선택이었을 수도 있다. 어찌되었든 정책금리 인하는 당시 기업들의 조달금리를 낮추면서 기업부문의 수익성이 유지될 수 있도록 도왔으며, 기업들의 투자수요를 늘리면서 경기가 플라자 합의의 충격에서 빠르게 벗어날 수 있게 하는 중요한 역할을 하였다.

이와 같은 빠른 경기회복은 일본 기업과 국민들에게 자신감을 불어 넣음으로써 이후 일본 경기는 1990년까지 고성장세를 지속하였다. 특히, 이 시기 경제성장은 개인 및 기업들의 자신감을 반영하여 주택건설 투자와 민간부문의 설비투자 증가가 성장을 견인하는 모습이었다. 주택건설투자는 중앙은행의 공격적인 정책금리 인하에 반응하여 86년 3분기부터 증가율이 급격히 높아지기 시작하였고, 그 결과 1988년 1분기에는 전년 대비 31.1% 증가하였다. 한편, 민간 설비투자 증가율은 1987년부터 점차 높아지기 시작하여 1989년 1분기에는 전년 동기 대비 28.2%까지 상승하였다.

한편, 플라자 합의에 따른 엔고의 충격은 시간이 지나면서 빠르게 사라졌는데, 이는 일본 기업들이 비교적 성공적으로 엔고 환경에 적응한 결과로 풀이된다. 엔고의 영향으로 86년 1분기에서 87년 2분까지 6개월간 지속되었던 수출의 마이너스 증가율은 87년 3분기 플러스로 반전되었으며, 1988년 3분기에서 92년 2분기까지 5년 동안 5%가 넘는 증가율이 유지되었다.

한편, 평가절상에 따른 엔화의 강세는 달러로 표시된 일본 자산의 가치를 크게 상승시켰다. 이 당시 일본 기업들은 국내 투자뿐 아니라 해외투자에서 적극적으로 나서기 시작하면서 기업 및 금융기관들의 미국 부동산 및 기업에 대한 투자가 증가하였다. 특히, 미국의 대표적인 영화사인 Columbia Picture를 1987년 Sony가 인수하고 주요 도시의 랜드마크 빌딩들도 속속 일본 기업에 매각된 사건은 미국인들의 자존심에 큰 상처를 주었으며 반대로 일본인들의 자긍심을 높기는 계기가 되었다.

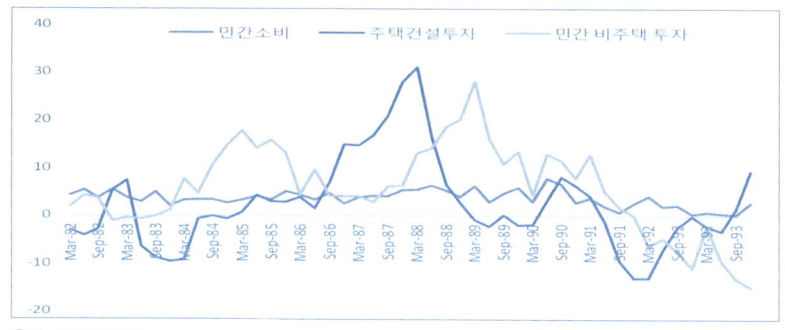

<그림12> 지출 기준 분기별 성장률 (투자 및 민간소비)

출처: 일본 통계청

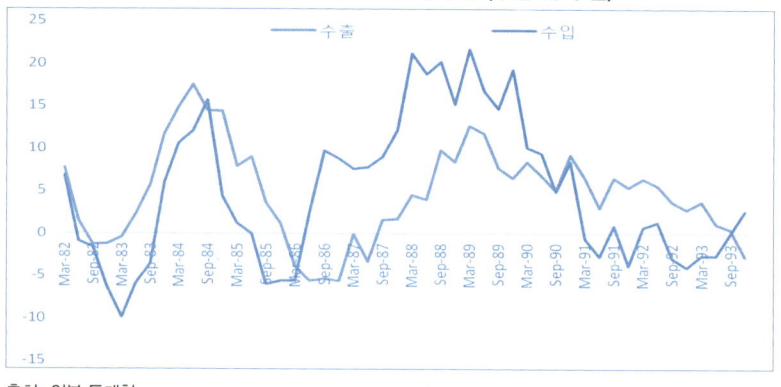

<그림13> 지출 기준 분기별 성장률 (수출 및 수입)

출처: 일본 통계청

경제주체들의 낙관적인 태도와 높은 경제성장률은 중앙은행의 공격적인 금리인하와 맞물리면서, 1980년대 후반 내내 부동산 시장과 주식시장을 호황으로 만들었다. 일본의 부동산 가격지수를 보면, 플라자 합의가 있었던 1985년 3분기에서 고점인 1991년 1분기까지 52.8% 상승하였으며, 특히 86년 하반기부터 상승세가 가팔라지기 시작하여 89년 하반기부터는 전년 동기 대비 10%가 넘는 상승률을 보였다. 한편, 주가지수도 플라자 합의가 있었던 1985년 9월에서 고점인 1989년 12월까지 206.4% 상승하였으며, 1988년과 1989년에는 1년 동안 각각 39.9%와 29.0%의 높은 상승률을 보였다.

부동산 가격 및 주가의 급격한 상승은 당시에도 버블 논쟁을 촉발하였다. 우리는 1989년 12월 주식시장 폭락과 이후 장기 주가하락 추세, 그리고 1991년 초 이후 진행된 부동산 가격 하락을 알고 있기 때문에 당시 부동산 가격과 주가가 과도하게 높았다고 이야기 할 수 있을 것이다. 그러나, 당시에는 일본 기업들의 성장세가 지속되고 있었고, 일본의 경제모델이 세계적인 각광을 받고 있던 상태였기 때문에 자산가격 상승이 정당하다는 평가도 만만치 않았다. 또한, 오늘날에는 소위 "잃어버린 10년"의 시작점으로 여겨지는 1990년 2~3월의 주가 폭락이나 1991년의 주택가격 하락도 빠른 상승에 따른 일시적인 조정으로 여겨졌으며, 장기 하락세의 시작이라는 인식은 크지 않았다(박종규(2007).

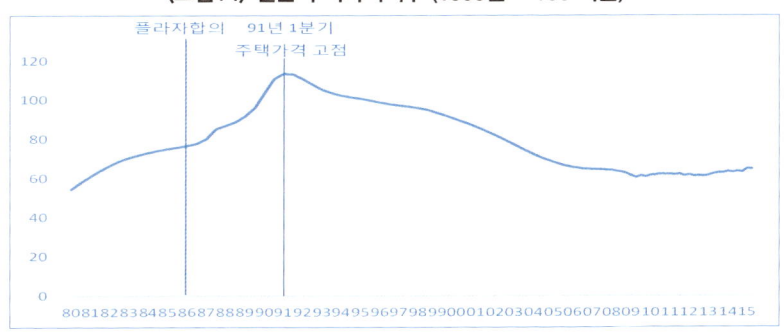

〈그림14〉 일본 주택가격지수 (1995년 = 100 기준)

출처: 일본 통계청, Bloomberg

〈그림15〉 Nikkei 225 지수

출처: 일본 통계청, Bloomberg

2. 아베노믹스 이전의 일본경제: "잃어버린 10년"과 "잃어버린 22년"

(1) "잃어버린 10년"의 시작과 전개

"잃어버린 10년"의 시작점에 대해서는 여러 가지 시각이 있으나 대체적으로 1991년으로 보는 것이 합리적이다. 주식시장은 1989년 1분기에 폭락하였으나, 실물부문의 주택가격 하락 시작이나 주택투자 부진, 성장률 하락 등이 본격화되는 것은 1991년이기 때문이다.

1991년에서 2001년 사이 일본경제의 경기변동을 보면, 1991년부터 시작된 경기둔화가 1993년 저점을 찍은 후 완만한 경기회복이 진행되다가, 1998년 금융부문 위기를 기점으로 다시 급락하여 이후 2002년까지 매우 완만한 회복이 다시 지속된다. 이후 회복기는 2008년 세계 금융위기 직전까지 2% 내외의 성장률을 기록하면서 지속되었다.

〈그림16〉 연도별 경제성장률 (단위: %)

출처: 일본 통계청

1991년부터 시작된 경기하락은 초기에는 정상적인 경기변동의 모습을 띠었다. 〈그림12〉에서 보는 바와 같이 1989년부터 주택건설 투자는 부진한 모습을 보였는데, 이는 그 동안 과열되었던 주택건설 시장이 조정과정을 거치는 것으로 해석될 수 있다. 또한, 1991년 성장률 둔화의 직접적인 원인인 민간 비주택 고정자산투자의 증가율 둔화도 1990년부터 감지되기 시작한 경기둔화 징후에 대한 기업들의 정상적인 반응으로 보였다. 그러나, 금방 회복될 것으로 예상되었던 민간 비주택 고정자산투자가 1994년 중반까지 마이너스 증가율로 부진한 모습을 보이면서 1991년 2분기에서 1993년 3분기까지 11분기 동안 진행된 경기 위축기간은 전후 위축 중 2번째로 긴 기간 동안 진행되었다.

또한, 경기 회복이 시작된 1993년 4분기 이후의 모습은 1991년 이전과는 다른 모습과는 보였다. 1993년 4분기에서 1997년 1분기까지 진행된 회복기는 14분기 동안 진행되어 전후 2번째로 긴 경기 확장 기간을 기록했지만, 전년 대비 분기성장률의 평균이 1.8%에 불과할 정도로 실제 성장은 부진했다. 이는 일본 중앙은행이 1991년 7월부터 1994년 9월까지 총 8회에 걸쳐 정책금리(재할인율)를 6.0%에서 0.5%로 550bp나 인하할 정도로 공격적인 통화정책 완화를 시행했다는 점을 고려할 때 매우 실망스러운 성장률이었다.

이는 여러 가지 원인으로 해석할 수 있는데 그 중에서도 이 시기 진행된 4차 엔고의 영향이 큰 것으로 평가된다. 대략 90년에서 95년 중순까지 완만하게 진행된 4차 엔고는 그 속도나 폭에서는 플라자합의 직후의 3차 엔고에 비해서는 크지 않았지만, 3차 엔고의 영향과 중첩되면서 일본 기업들의 경쟁력에 영향을 미쳤다. 엔고에 따른 비용상승에 대응하기 위해 일본 기업들은 생산기지를 동남아 등 해외로 이전하는 현상이 뚜렷해졌으며, 이는 일본 내 양질의 일자리를 줄이는 현상으로 이어지고 있었다. 엔고와 일본 기업들의 생산기지 이전 등이 맞물리면서 이 시기 일본의 비주택 고정자산투자 증가율은 −0.3%로 매우 부진하였다. 또한, 주택가격의 지속적인 하락세도 민간부문 소비심리에 영향을 미쳤는데, 이에 따라 이 시기 민간소비 증가율도 2.3%로 이전 경기회복기에 비해 크게 낮아졌다.

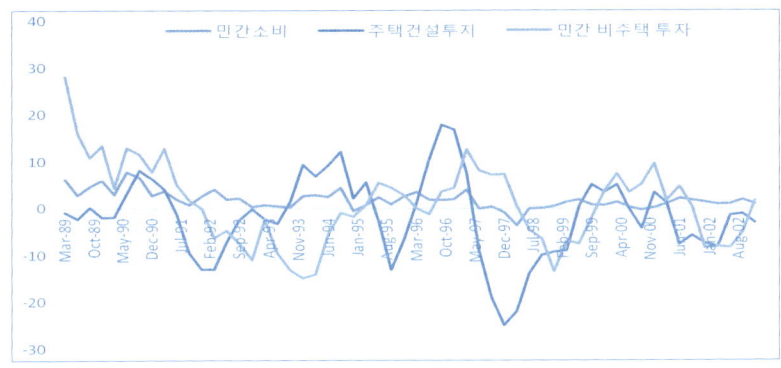

<그림17> 분기 성장률 (잃어버린 10년, 투자 및 민간소비)

출처: 일본 통계청

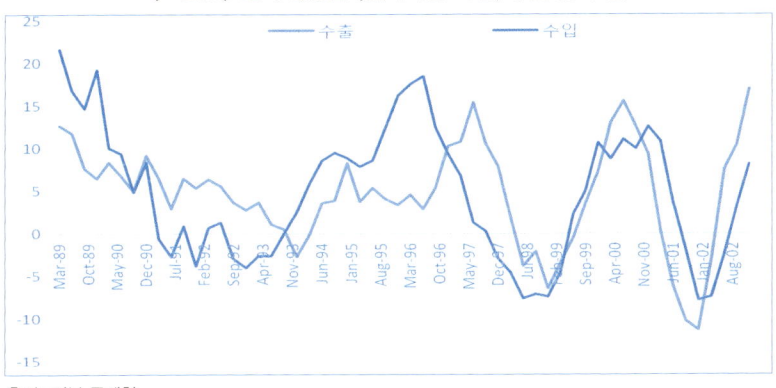

<그림18> 분기 성장률 (잃어버린 10년, 수출 및 수입)

출처: 일본 통계청

"잃어버린 10년" 기간 동안의 2번째 경기침체는 1997년 2분기부터 시작되었는데, 이 경기침체는 일본금융산업의 위기와 연관되어 있다. 1991년 1분기 고점부터 1997년 1분기까지 14.3% 정도 하락한 주택가격은 지속되는 경기침체와 더불어 금융기관들의 자산 부실화로 이어졌다. 그러나, 당시 정부는 금융기관의 부실문제가 경기 둔화에 따른 일시적인 현상이며, 부실문제 처리보다는 경기회복에 주력하고 향후 금융기관 부실자산은 경기가 회복될 때 점진적으로 처리하는 것이 바람직하다는 인식을 가지고 있었다(박종규 2007). 이에 따라 당시 큰 문제가 되었던 주택전문금융회사의 부실자산 문제는 정확한 부실자산에 대한 파악이나 해결책이 제기되지 않은 채 정부와 여타 금융기관의 일시적인 유동성 지원 하에 주택전문금융회사가 계속해서 연명하는 방식으로 사실상 은폐되었다. 일본 정부는 주택전문회사의 자산 중 40%가 부실채권이었음을 인정하였지만, 신속한 처리를 하지 않은 채 10년간에 걸친 해결기간을 부여함으로써 결과적으로 문제의 처리를 지연시킨 것이다(박종규 2007). 또한, 금융기관의 공식적인 부실자산 규모에 대한 불신도 점차 팽배해져 금융기관에 대한 신뢰도도 점차 낮아지고 있었다.

이러한 상황에서 1997년 4월 소비세 인상으로 인한 소비위축이 점차 심화되어 미약하나마 회복세를 보이던 경기가 다시 침체기에 접어들자 금융권의 위기감이 높아졌다. 1997년 4월 일산생명이 파산하고 11월 4대 증권사 중 하나였던 야마이치 증권과 산요증권, 북해도척식은행, 도쿠시마 시티은행이 파산하면서 일본경제는 본격적인 금융위기 상황에 돌입한다. 또한, 이후에도 일본 장기신용은행을 포함한 다수의 은행 및 생명보험사, 증권사가 부실자산 문제로 합병되거나, 파산하면서 1997년 11월 이후 사실상 일본 금융산업은 대대적인 구조조정과 자산축소 국면에 들어갔다. 이러한 금융중개기능의 마비는 투자활동의 경제성장률에 직접적인 영향을 미치면서 일본의 은행대출은 1997년 말을 기점으로 감소하기 시작하여 2005년까지 계속해서 감소하였으며, 특히 98년 말에서 2000년까지는 전년 대비 4% 이상 감소하기에 이르렀다.

1997~1998년 금융부문 위기의 여파는 1999년부터 점차 완화되어 2000년 말까지 짧고 미약한 회복세가 이어졌다. 이후 2001년의 일시적인 경기침체가 2002년 초에 마무리되면서 소위 "잃어버린 10년"의 기간은 마무리된다.

〈그림19〉 일본 은행대출 (단위: 조엔)

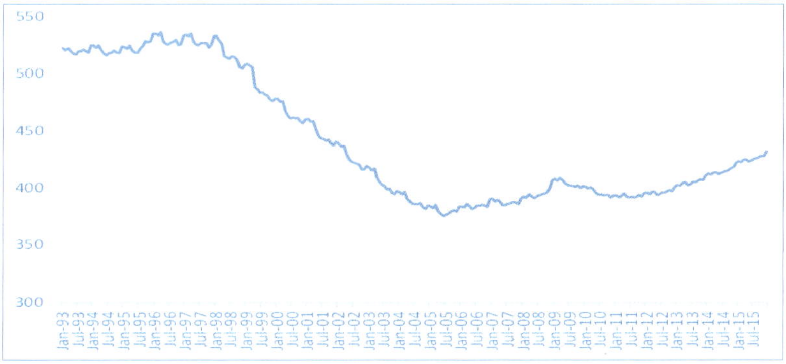

출처: 일본 통계청

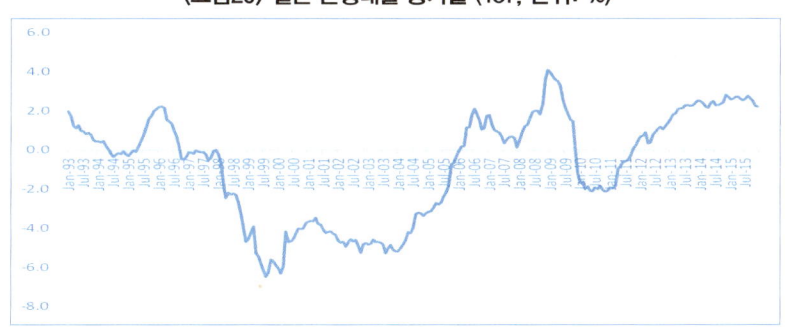

〈그림20〉 일본 은행대출 증가율 (YoY, 단위: %)

출처: 일본 통계청

(2) "잃어버린 10년" 이후의 부진한 경기회복

"잃어버린 10년"의 마지막 경기하강 국면이 2001년 말에 종료되고 2002년 초부터 일본경제가 장기 확장국면에 들어서면서 공식적으로는 "잃어버린 10년"은 종료되었다. 전년 동기 대비 분기별 성장률을 보면, 2002년 1분기 및 2분기 −1.6% 및 −0.2%를 기록한 이후 2008년 2분기까지 성장률은 꾸준히 플러스를 기록하였으며, 2004년 4분기와 2005년 1분기 그리고 2006년 3분기를 제외하고는 항상 1% 이상의 성장률을 유지하였다. 이는 "잃어버린 10년" 동안 성장률이 주기적으로 마이너스를 기록했다는 점을 고려할 때 뚜렷한 차이점이다.

그러나, 이 시기 성장률 자체는 세계경제의 상황을 고려할 때 매우 실망스러운 수준이었다. 2002~2007년 사이 일본경제의 성장률은 연평균 1.6%로 "잃어버린 10년" 시기의 1.1%에 비해 개선되었지만, 다른 선진국에 비해서는 여전히 낮은 수준이었다. 이 시기는 중국의 급격한 부상에 따른 중국경제의 성장과 자원가격 상승, 그리고 이에 따른 신흥국 경제의 높은 성장세를 특징으로 하고 있다. 선진국 입장에서 이러한 경제상황은 부정적 요인(자원가격 상승과 중국 제조업과의 경쟁 심화)과 긍정적 요인(중국 및 신흥국 제조업의 부품 및 자본재 수입수요 증가)이 동시에 작용하였으며 이에 따라 대체적으로 선진국의 경제성장률은 이전과 유사한 수준을 보였다.

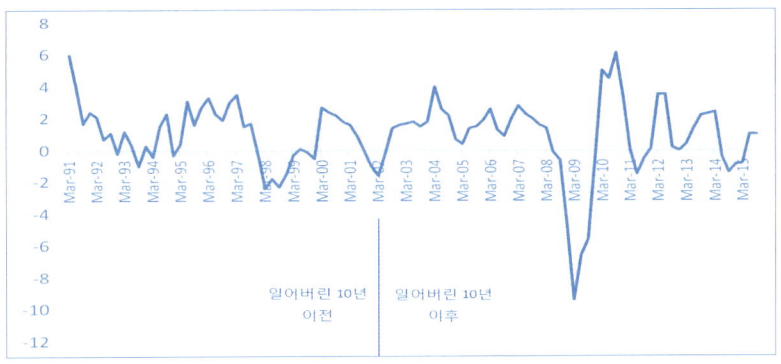

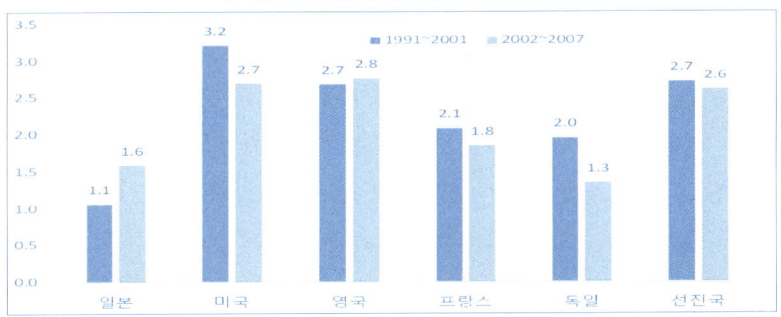

반면, 일본경제는 이 시기 동안에도 다른 선진국에 비해 낮은 경제성장이 지속되었다. 이는 앞에서 언급한 요인에 의해 수출과 비주택 고정자산 투자가 "잃어버린 10년"에 비해 크게 회복되었으나, 민간소비의 평균적인 성장률은 오히려 낮아졌고, 주택건설투자의 부진이 지속되었기 때문이다. 즉, 기업부문보다는 가계부문의 침체

된 경제활동이 "잃어버린 10년" 이후 경기 회복기의 회복 속도나 폭이 작았던 이유이다.

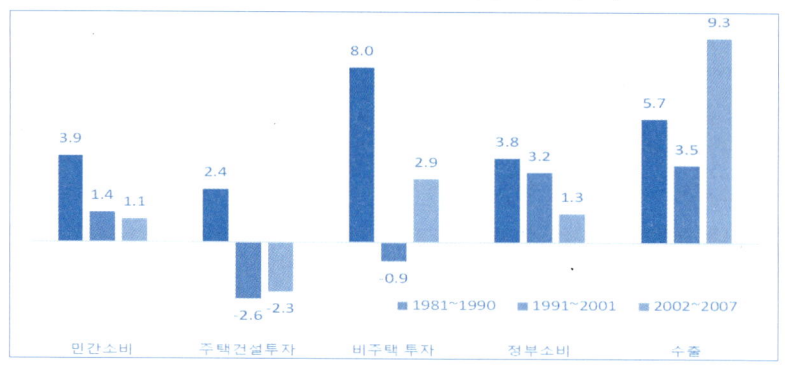

〈그림23〉 지출 기준 시기별 평균 성장률 (단위: %)

출처: 일본 통계청

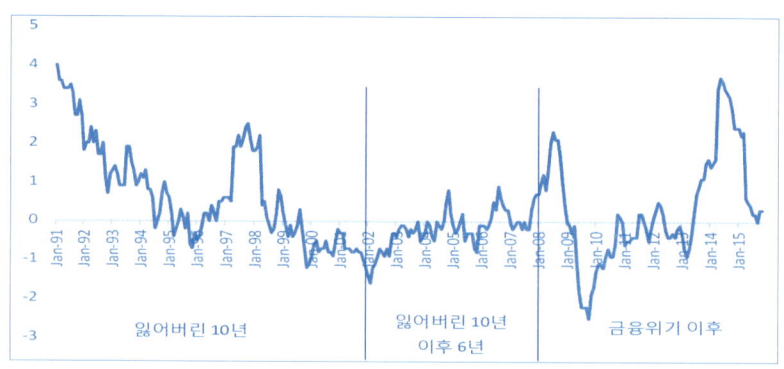

〈그림24〉 물가상승률

출처: 일본 통계청

이 시기에 민간부문 소비와 주택건설 투자 등이 부진했던 원인에 대해서는 여러 가지 해석이 있을 수 있다. 일단 현상적인 측면에서는 만성적인 디플레이션과 주택가격 하락추세의 가속화, 그리고 임금정체 등이 중요한 원인으로 지목된다. 2002년에서 2007년까지 일본은 완만한 디플레이션 상태가 지속되었으며, 아주 일시적으로 물가상승률이 1%에 이르렀던 기간을 제외하고는 대체로 0~-1% 사이의 물가상승률을 보였다. 사실 이러한 디플레이션 상황은 2000년부터 만성화되었는데 경제가 비교적 안정화된 2002년 이후에도 나아지지 않았다. 한편, 이 시기 동안에는 디플레이션과 함께 임금도 거의 오르지 않는 상황이 지속되었으며, 주택가격 하락추세는 "잃어버린 10년"의 시기 보다 오히려 가팔랐다고 할 수 있다.

이러한 요인들은 물론 가계부문의 부정적인 경제상황 인식과 부진한 경제활동이 원인이라고 할 수 있다. 그러나, 디플레이션과 임금상승률 부진이 만성화되면서 가계부문이 소비를 이연하고, 이것이 다시 경기부진을 야기하는 악순환이 발생한 것 역시 "잃어버린 10년" 이후에도 가계부문의 소비부진이 장기화되는 원인이었다.

〈그림25〉 임금상승률 (3개월 평균, YoY)

출처: 일본 통계청

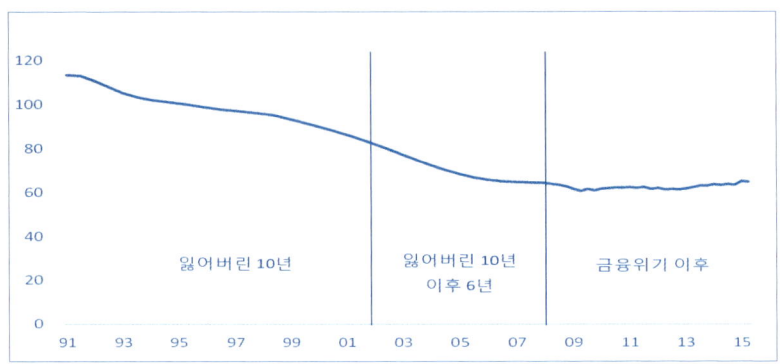

〈그림26〉 주택가격 추이

출처: 일본 통계청

한편, 이 시기 동안 정부의 소비 및 투자활동도 부진했는데 이는 "잃어버린 10년" 동안 확장적이었던 재정정책의 결과 우수했던 일본의 재정상황이 악화되었으며, 재정상황이 더욱 악화되는 것을 막기 위해 다소 긴축적인 재정정책이 추진되었기 때문이다. 2002년 1분기 이미 일본의 중앙정부 부채가 GDP 대비 121.8%에 도달한 상태였고, 이자비용 부담도 과거 대비 크게 증가하였기 때문에 정부가 소비와 투자를 통해 경기를 부양할 여력이 크게 약화된 상태였다.

(3) 장기 저성장의 원인에 대한 논쟁

이와 같은 일본의 장기 저성장은 2차대전 이후 경제에서 굉장히 특징적인 현상이었으며, 그 원인에 대해 많은 논쟁이 있었다. 일단 일본 정부가 버블붕괴에 따른 금융부문의 부실자산 문제를 처리하는 것을 주저했으며, 이러한 문제가 부진한 성장률에 큰 영향을 미쳤다는 데에는 대부분이 동의하고 있다. 하지만, 과연 이러한 문제가 1991년부터 적어도 2001년까지 혹은 어쩌면 현재까지도 이어지고 있는 일본의 저성장 문제의 원인이라는 데에는 논쟁의 여지가 있다. 세계 많은 나라에서 금융부문의 부실화는 있었지만 그것으로 인해 일본처럼 긴 기간 동안 성장정체가 발생한 예는 없었기 때문이다. 유사한 시기에 발생하여 흔히 비교 대상되는 1990년대 중반의 북유럽 금융위기의 경우, 경제에 미치는 영향은 컸지만 시간이 지나면서 결국 이들 경제는 다시 성장세를 회복할 수 있었다.

이러한 측면에서, 논쟁의 핵심은 개별 경기사이클의 원인에 대한 것이 아니라 왜 그렇게 오래 동안 저성장이 지속되었는지에 맞춰진다. 경제학계에서의 논의는 대체로 수요측면에서 원인을 찾는 주장과 공급측면에서 원인을 찾는 주장으로 나눌 수 있다. 우선 수요측면에서 원인을 찾는 주장은 이 시기 재정정책이라 통화정책이 충분히 확장이지 않았다는 주장이다. 즉, 중앙은행이 디플레이션 상황에 대응하기 위해 신중하지 않아 보이더라도 좀더 공격적인 통화완화를 추진했어야 한다는 주장(Bernanke 2000)이나, 중앙은행이 일본 국채를 대량으로 매입하는 방식으로 강한 통화완화를 시행하면 상당한 인플레이션을 일으켜서 엔화의 약세를 유도할 수 있었다는 주장(Rogoff 2002)이 이러한 주장이다.

당시에는 이미 정책금리가 0%에 근접할 정도로 낮았기 때문에 중앙은행의 통화정책은 이미 충분히 완화적이고, 유동성 함정으로 인해 통화정책의 효과가 거의 없다는 인식이 있었다. 그러나, 중앙은행이 채권을 직접 매입하는 양적 완화가 이미 경제위기시의 통화정책 집행수단으로 확립된 현재의 상황에서 본다면, 당시 일본 중앙은행이 양적 완화와 같은 정책을 과감하게 집행했었다면 디플레이션의 장기화를 막을 수 있었을 것이라는 주장도 일리가 있다고 판단된다. 즉, 가계부문을 비롯한 경제주체의 인식을 바꿀 정도의 충격을 줄 수 있는 정책방향의 변화가 당시에 필요했다는 것이다.

이처럼 수요측면에서 원인을 찾는 주장이 있기는 하지만 과연 수요부족이 이토록 오랜 기간 동안 저성장의 원인이 될 수 있을까에 대한 의문이 존재하는 것이 사실이다. 경제학에서는 장기적인 성장성은 주로 공급측면의 요인에 의해 결정된다고 보기 때문이다. 이러한 측면에서 다수의 논의는 공급측면에서 그 원인을 찾고 있다. 우선 Hayashi & Prescott(2002)은 일본의 총요소생산성(TFP: Total Factor Productivity) 증가율이 1983~1991년까지 평균 2.4%였으나, 1991~2000년 사이에는 0.2%로 감소하였다고 주장했다. 이는 매년 평균적으로 2.2%p의 성장률 감소 효과가 총요소생산성 측면에서 발생하였다는 것을 의미한다. 또한, Hayashi & Prescott(2002)은 1988년 개정된 근로기준법에 따른 노동시간 감소의 효과에도 주목하였다. 근로기준법 개정으로 근로시간이 주 44시간에서 40시간으로 감소하였는데, 이에 따른 노동시간 감소가 총요소생산성 감소로 인한 성장률 감소분의 나머지를 설명한다는 주장이다.

한편, 경쟁력이 높은 제조업에 비해 생산성 및 경쟁력이 모두 부족한 일본 비제조업부문의 부진(즉, 일본경제의 이중구조)이 장기 저성장의 원인이라는 주장도 존재한다. 1993년 이후 경기회복세가 확연하지 못한 것은 주로 비제조업 부문의 고정자산투자가 빠르게 감소하거나 좀처럼 회복되지 못한 것에 기인하는 측면이 강한데,

이로 인해 회복세를 보이던 경기가 모멘텀을 가지지 못했다는 것이다. 이는 일본 비제조업의 생산성이 높지 않았기 때문인데 일본의 비제조업부문이 각종 규제와 제도적 장치로 인해 보호받으면서 생산성 향상을 위한 노력이 별로 필요하지 않았으며, 이로 인해 일본 도소매업의 생산성은 1990년대 초 미국의 44%에 불과했다(박종규 2007). 이와 더불어, Nakakuki et al.(2004)도 기업 지배구조의 경직성, 비제조업 부문의 비효율성, 부실채권 문제, 저축-투자 불균형 등으로 인한 요소시장의 왜곡이 자원배분의 효율성을 떨어뜨려 장기 저성장을 초래하였다고 주장하였다.

일본의 장기 저성장이 하나의 원인에 의해 설명되기는 어려울 것이며, 앞에서 언급한 요인들이 보다 복합적으로 작용했던 것으로 보인다. 즉, 통화정책 측면에서의 미진한 대응과 더불어 지체된 부실자산 처리와 내수 부문에서의 과도한 규제, 비효율적인 서비스업 부문의 지속적인 침체, 기업 지배구조의 경직성 등이 저성장 기간 동안 계속해서 가계 및 기업들의 경제활동에 영향을 미쳤을 것이다. 이러한 경제학계에서의 논의는 뒤에서 살펴볼 "아베노믹스"의 경제 인식에 중요한 영향을 미치게 된다.

3. 아베노믹스와 최근 경제동향 및 향후 과제

(1) 아베노믹스의 등장과 전개

2008년 세계금융위기의 충격은 일본도 예외는 아니어서 2008년 및 2009년 경제성장률은 각각 -1.0% 및 -5.5%를 기록하였다.

2010년 성장률이 4.7%로 반등하였으나 2011년 및 2012년 성장률이 다시 −0.5% 및 1.7%로 부진하게 나오면서 장기 저성장 국면이 지속되는 것이 아닌가 하는 우려가 대두되고, 정부가 무언가를 해야 한다는 인식이 확산되었다.

이러한 가운데, 2012년 있었던 총선에서 압도적인 승리를 거둔 아베 총리는 "2~3%의 인플레이션 목표, 무제한 금융완화, 마이너스 금리 정책'을 통해 일본경제를 장기침체에서 탈피시키겠다는 경제정책을 피력하였으며, 이러한 경제정책은 이후 "재정확장, 통화완화, 구조조정"이라는 "세 가지 화살"로 보다 정교화되어 아베노믹스로 칭해진다.

이러한 아베노믹스의 정책 기조는 그 동안 경제학계에서 지적해온 경제구조 및 경제정책에 대한 문제의식을 받아들인 것으로 평가된다. 즉, 보다 과감한 통화정책 및 재정정책을 통해 경제주체들의 기대 인플레이션을 높이고, 행정규제 개혁과 구조조정을 통해 내수, 비제조업 부문의 정체를 타파하겠다는 것이다.

현재까지 진행된 내용을 보면 일단 통화정책과 재정정책 측면에서는 확장적 기조가 확연해지고 있다. 2008년 외환위기 이후 GDP 대비 재정적자 규모가 지속적으로 8%를 상회하는 상황이 지속되자 일본정부의 재정정책은 과도한 재정적자 증가와 정부부채 증가를 막아야 하는 상황에 있었다. 그러나, 2012년 말 출범한 아베 정부는 정부부채 증가를 억제하는 것 보다 경기부양이 우선이라는 인식 하에 재정확대를 추구하였으며, 이에 따라 2013년부터 정부소비 및 공공투자의 실질 증가율이 실질 GDP 증가율을 앞서고 있다. 또한, 정부소비 및 공공투자가 GDP에서 차지한 비중도 2012년 23.2%에서 2013년 및 2014년에는 23.5% 및 23.7%로 증가하였다.

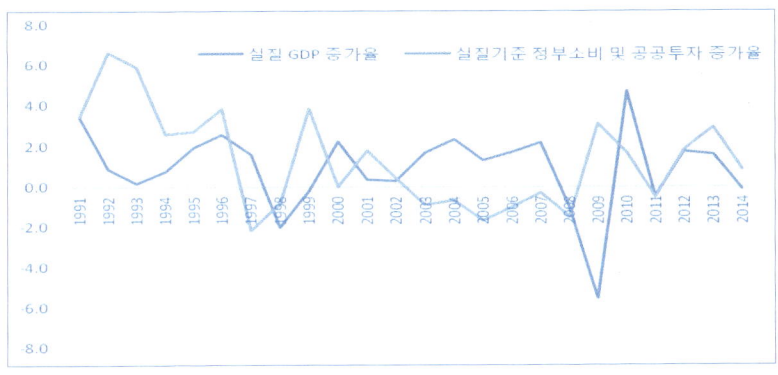

〈그림27〉 정부소비 및 공공투자 증가율

출처: 일본 대장성

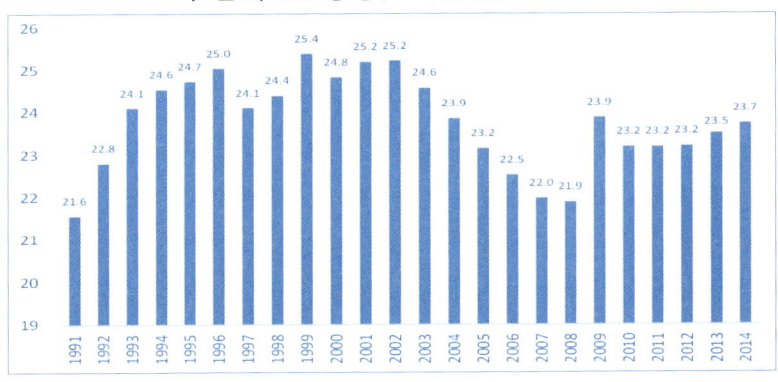

〈그림28〉 GDP 중 정부소비 및 공공투자 비중

출처: 일본 대장성

재정적자가 심한 상황에서 재정지출 확대는 2014년 4월 소비세 인상(5→8%)으로 일부 충당되었으나, 사실상 대부분은 국채발행 증가를 통해 조달되었으며, 이는 중앙은행의 공격적인 국채매입을 통해 이루어졌다. 즉, 재정확대로 인해 발생할 수 있는 부정적 충격인 시중금리 인상을 중앙은행의 공격적인 국채매입으로 차단하면서 공격적인 통화정책 완화를 추구한 것이다. 이에 따라, 아베노믹스 이전에 10% 수준에 머물던 국채시장에서 중앙은행의 보유 비중은 2015년 말 기준 33.2%까지 증가하였으며, 현재의 계획대로 진행될 경우 2019년 말에는 그 비중이 60% 이상으로 증가할 전망이다.

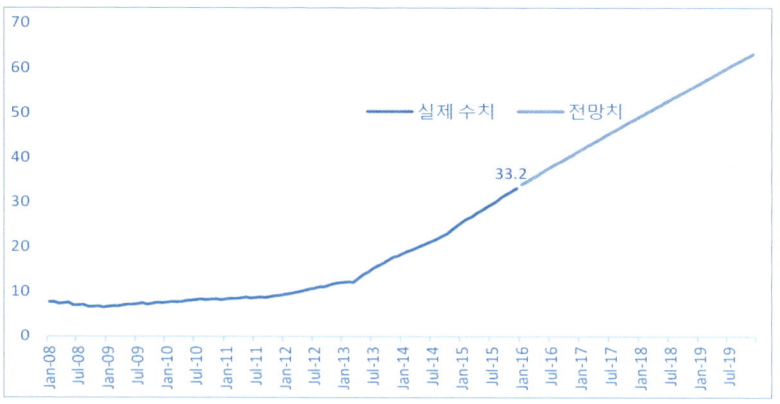

〈그림29〉 중앙은행 보유 국채 비중

출처: 일본 대장성

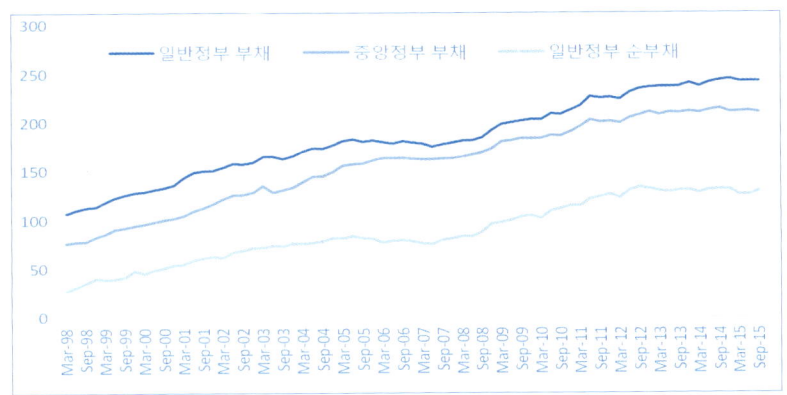

<그림30> GDP 대비 정부부채 비중

출처: 일본 대장성
* 일반정부 = 중앙정부 + 지방정부

(2) 아베노믹스의 성과와 향후 과제

한편, 아베노믹스의 성과에 대해서는 아직까지 뚜렷한 합의점을 찾기 어려운 것이 사실이다. 우선 아베노믹스 출범 이후 물가하락 심리는 많이 개선되었다는 점을 사실로 보이지만, 목표했던 2~3% 수준의 인플레이션은 아직 달성하지 못하고 있다. 물가상승률 수준은 2014년 5월 3.7%까지 상승하기는 하였으나, 이는 2014년 4월의 소비세 인상효과에 기인한 것이며, 최근에는 유가 하락의 영향이기는 하지만 0.3% 수준으로 다시 하락하였다. 또한, 음식료와 에너지 가격을 제외한 Core Inflation도 소비세 인상효과를 제외하면 아직 1% 미만의 증가율을 보이고 있다.

또한, 분기성장률도 2015년 3분기 기준 1.0%에 불과하여 과거와 비교할 때 크게 나아지지 못한 것이 사실이다. 다만, 엔화 가치 측면에서는 아베 정부 출범 이후 다른 국가에 비해 하락한 것으로 나타나 그 동안 일본경제의 부담이었던 엔화 고평가 이슈는 다소 완화된 것으로 보인다. 이러한 점들을 종합해 때, 아베 정부 출범 이후 3년이 경과한 시점에서도 아직까지 일본경제가 장기 저성장 국면에서 빠져 나왔는지에 대해서는 불확실한 것으로 보인다.

〈그림31〉 물가상승률

출처: 일본 통계청

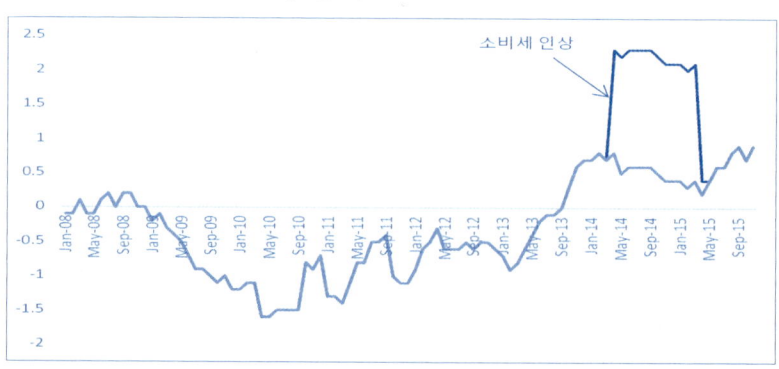

〈그림32〉 Core Inflation

출처: 일본 통계청

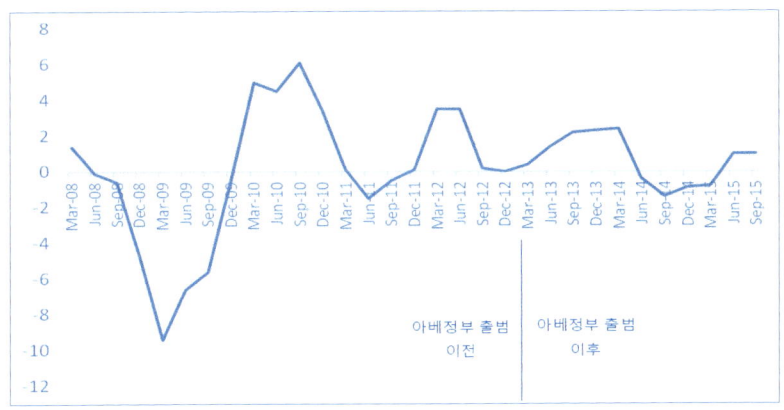

〈그림33〉 아베 정부 출범 전후 분기 성장률

출처: 일본 통계청, BIS

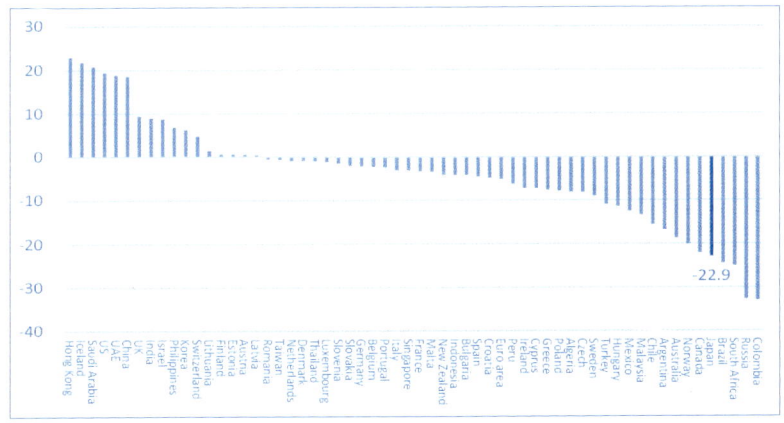

〈그림34〉 아베 정부 출범 이후 실질실효환율 변화

출처: 일본통계청, BIS
* 실질실효환율은 명목환율 변화와 교역대상국 구성, 상대국과의 물가상승률 차이를 반영한 환율로 플러스는 해당 통화 가치 상승을, 마이너스는 하락을 의미함

재정건전성을 무시한 재정확장과 공격적인 통화정책 완화에도 불

구하고 일본경제가 아직 완전한 성장세로 접어들지 못하고 있는 배경은 아베노믹스의 세 번째 화살인 구조개혁이 아직 가시적인 성과를 내고 있지 못하기 때문으로 보인다. 원래의 계획은 일단 첫 번째와 두 번째 화살인 재정확대와 공격적인 통화정책 완화로 디플레이션 심리를 청산한 후 구조개혁을 통한 투자확대로 임금상승과 소비확대를 노린다는 것이었다. 그러나, 인플레이션 수준이 기대에 못 미치는 상황에서 구조개혁 성과마저 미진하면서 아직까지 아베노믹스가 경제주체들의 심리를 바꾸는 데 실패했다는 평가이다.

또한, 과연 일본 금융시장이 증가하는 정부부채를 감당할 수 있는지도 중요한 관건이다. 원래의 계획대로라면 인플레이션이 목표 범위인 2~3% 수준으로 상승하더라도 중앙은행이 국채를 계속해서 매입하여 국채금리는 낮게 유지함으로써 실질금리(명목금리 - 인플레이션)를 마이너스 상태로 할 수 있을 것이다. 이는 인플레이션 상승폭만큼 임금상승이 수반되기만 한다면 연금자산 등을 통해 금융자산을 많이 보유하고 있는 노년층에서 청년층으로 실질소득을 이전하는 효과가 있다. 즉, 고령층이 많은 금융자산을 보유하고 있는 반면 청년층은 낮은 임금상승률과 불안정한 일자리로 인해 소비가 부진한 현재의 경제상황을 마이너스 실질금리로 해소한다는 계획이다. 일본 국채시장에서 외국인의 비중이 매우 작고, 지속적인 경상수지 흑자와 풍부한 대외 금융자산으로 인해 일본 금융시장의 안정성이 높다는 점은 분명 앞에서 이러한 마이너스 실질금리 유지 계획에 유리한 점이기는 하다.

그러나, 이러한 계획이 원활하게 진행되지 않고 인플레이션 상승에 따라 시중 국채금리가 상승할 경우 이자비용 증가에 따른 재정수지 악화로 인해 재정상태가 순식간에 파탄 상태에 이를 가능성도 완전히 배제할 수 없다. 즉, 향후 인플레이션이 상승하는 상황에서 국채금리를 낮게 유지할 수 있는지가 일본정부의 재정상황과 경제상황에 매우 중요한 변수로 작용할 수 있다는 것을 의미한다.

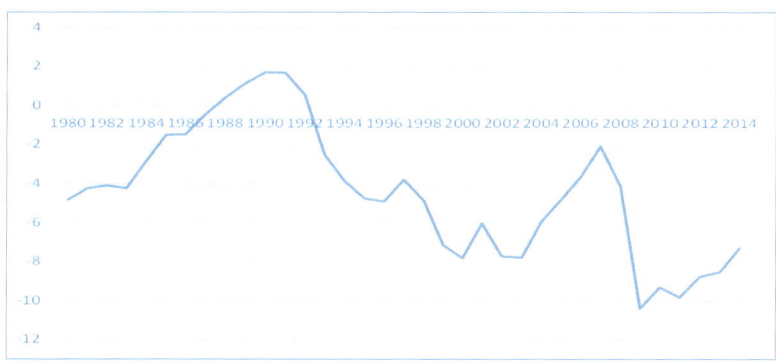

〈그림35〉 GDP 대비 재정수지

출처: 일본 통계청, BIS

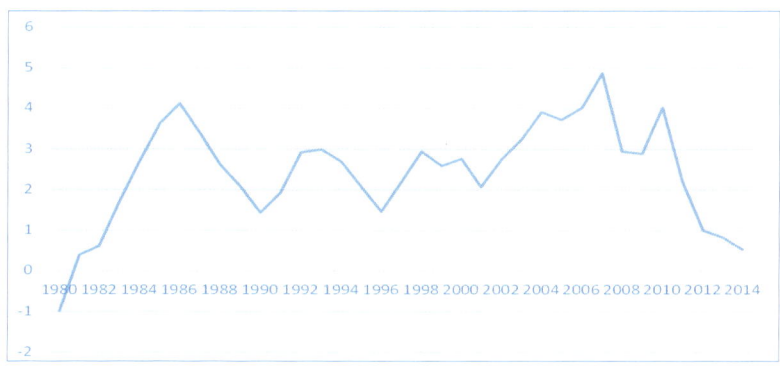

〈그림36〉 GDP 대비 경상수지

출처: 일본 통계청, BIS

4. 우리 경제에 가지는 함의

1991년 "잃어버린 10년"이 시작된 이후 일본이 세계경제에서 차지하는 지위가 많이 하락하기는 하였으나, 일본은 여전히 세계 3대 경제대국이며 우리나라의 주요 교역국이다. 이러한 측면에서 향후 아베노믹스의 성공 여부는 우리나라 경제에 큰 영향을 미칠 것이다.

또한, 타산지석의 차원에서도 최근 저성장 국면에 들어선 우리나라에 그 동안 일본경제의 모습이 함의하는 바는 크다. 우리나라 성장률이 아직 일본에 비해서 높다는 점과 여러 가지 경제여건의 차이를 고려할 때 우리나라가 일본과 유한 경로를 밟을 가능성은 아직 크지 않다는 평가가 많다. 그러나, "잃어버린 10년" 초반에 지체되었던 금융부문 부실문제가 결국 경기회복에 찬물을 끼얹으면서 경기침체가 장기화된 사례나, 비제조업 부문에 대한 과도한 규제가 결국 장기 저성장의 중요한 원인이었다는 논의에는 귀를 기울여야 한다. 만일 우리가 이러 저러한 부작용들을 핑계로 해야 할 과제들을 미룬다면 우리도 일본과 유사한 경로를 걷을 수밖에 없다는 것을 의미하기 때문이다.

이러한 측면에서 현재 진행되고 있는 노동시장 개혁 문제나 규제개혁 문제에 있어서 우리의 접근법이 문제를 근본적으로 해결하기 보다는 부작용을 줄이는 방식에 국한되어 있지는 않은지 항상 생각해야 한다. 경기 침체기에 과감한 개혁에 나서지 않고 대신 시간이 지나 경기가 좋아질 때 부작용 없이 개혁을 추진하겠다는 생각이 일본의 저성장을 장기화시키는 원인이라는 점을 명심해야 할 것이다.

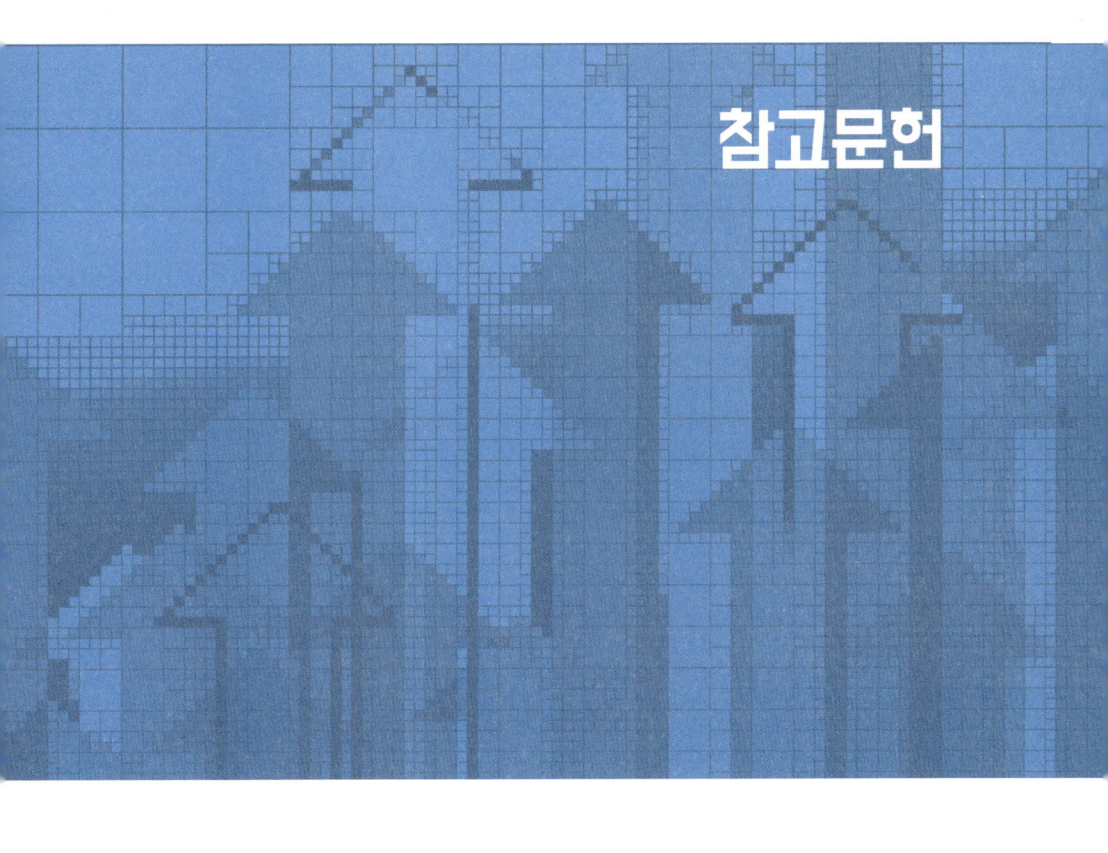

참고문헌

강경식 (2010). **국가가 해야 할 일, 하지 말아야 할 일**. 김영사.

경제기획원 (1994). **자율개방시대의 경제정책**. 미래사

고덕기 & 정영식 (2013). **최근 외환시장의 3대 특징 및 시사점**. 삼성경제연구소. SERI 경제포커스 제 406호.

공정거래위원회 (2015). **2015년판 공정거래백서**. 공정거래위원회.

국회 경쟁력 강화 및 경제제도 개혁에 관한 특별위원회 (1994). '94 경쟁력 강화 특별위원회 활동보고.

국회예산정책처 (2014). **2014-2060 장기 재정전망**. 국회예산정책처.

권영실 (2005). **입법과정의 현황과 개선방안**. 국회법제실. 한국공법학회 주최 토론회 자료집.

금융감독원 (2015). 국내 핀테크 산업 현황 및 정부 지원정책 방향.

기획재정부 (2015). 2015 기금현황. 기획재정부.

기획재정부 (2015). 2016년 예산 주요내용(보도자료). 기획재정부.

김낙년. (2013). 한국의 소득분배. Working Paper 2013-06.

김득갑 (2013). **자금흐름 추이로 본 유로존 위기 해법**. 삼성경제연구소. SERI 경제포커스 제 407호.

김명식 (2003). 미연방대통령의 입법권고권: 미연방헌법상 권고조항의 해석을 중심으로. **미국헌법연구, 14**, 263~292

김석기. (2015). 금융 포커스: 최근 저성장의 추세성 여부 판단과 잠재성장률 추정. **주간금융브리프, 24**(19), 14~15.

김선재, & 이영화. (2011). 뉴 노멀 시대의 도래와 한국경제의 성장잠재력. **산업경제연구, 24**(6), 3887~3903.

김성진 (2015). 2016년 산업위험평가 - 생명보험. NICE신용평가

김윤정. (2006). 입법과정에 대한 헌법적 고찰. **서강법학, 8**, 223~239.

김정렴 (2001). 곰바우경제: 신병현 전 부총리 추모회고록

김철수 (2001). **헌법학개론**. 박영사.

김현종 (2014). **규제개혁 체감도 저하요인 비교 및 개선과제**. 한국경제연구원. KERI Brief 14~19

김현종 (2015). 글로벌 경쟁력과 규제개혁평가. 국가경영전략연구소 세미나 발표자료

나이스신용평가 (2016). 에스케이하이닉스㈜ 신용평가보고서

명진호, 문병기 & 조성대 (2013). **한·미 FTA 1주년 평가: FTA 수출효과와 경쟁국과의 비교를 중심으로**. 한국무역협회. IIT Trade Focus 12권 14호

박인수 (1999). 프랑스의 입법과정. **영남대학교 사회과학연구소, 사회과학연구. 제18집 2권**

박종규(2007), **일본의 장기침체와 회생과정: 한국경제에 대한 시사점**, 한국금융연구원 금융조사보고서 2007-04

보험연구원 (2014). 세계 100대 은행과 국내 은행의 수익성 비교와 시사점

산업통상자원부 (2015). 한·중국/베트남/뉴질랜드FTA 12.20일부로 동시 발효됩니다. 산업통상자원부 보도자료

산업통상자원부 (2015). 한-중 FTA 의미와 기대효과. 산업통상자원부 보도참고자료

신순철 & 김동준 (2007). **창조경영(한국기업 생존의 열쇠)**. 이코북

안진환 (역) (2012). **3차 산업혁명**. 민음사

양금승 (2015). **기업경쟁력 강화를 위한 중복규제 개선과제**. 전국경제인연합회

유근옥 (2008). 금산분리의 찬반논리와 최근 변화 동향. 전국경제인연합회

육성으로 듣는 경제기적 편찬위원회 (2013). **코리안 미러클 1**. 나남

육성으로 듣는 경제기적 편찬위원회 (2014). **코리안 미러클 2: 도전과 비상**. 나남

육성으로 듣는 경제기적 편찬위원회 (2015). **코리안 미러클 3: 숨은 기적들**. 나남

이만우 & 이미경 (2004). **예산편성권 및 심의·확정권 관련 정부와 국회의 역할분담에 관한 외국의 사례비교**. 고려대학교 경제연구소

이만희 (1993). **EPB는 기적을 낳았는가?**. 해돋이

이병기 (2015). **서비스산업 진입규제와 일자리창출을 위한 정책과제**. 한국경제연구원. 정책연구 15-01

이병윤 (2006). 금산분리 관련제도의 현황과 논점. 2006년도 한국금융학회 금융정책 심포지엄 발표자료

이용빈 (역) (2011). **시진핑**. 한국경제신문

이용희 (2008). **한·중 FTA 체결에 대비한 기업전략 및 공공정책: 자동차산업에 대한 사례연구**. 박사학위논문, 건국대학교

이우성(2013). **대기업집단 순환출자 규제의 문제점과 정책과제**. 한국경제연구원. KERI Brief 13-21

이진수 & 이희재 (역) (2002). **중국의 시대**. 민음사

이헌영(2008), **서브프라임 모기지 사태의 전개과정과 시사점**, KDB산은경제연구소

이헌재 (2012). **위기를 쏘다**. 중앙북스

이형구 (2008). **번영의 조건**. 박영사

임영재 & 전성인 (2009). **기업집단의 순환출자: 시장규율과 감독규율의 역할**. 한국개발연구원. 정책연구시리즈 2009-01

임익상 (2012). **독점규제 및 공정거래에 관한 법률 일부 개정 법률안 검토보고서**. 국회정무위원회

임재덕(역) (2013). **일본 전자/반도체 대붕괴의 교훈**. 성안당

임종훈 (2005). 입법과정의 민주적 정당성 제고를 위한 모색: 법률안의 위원회 회복제도를 중심으로. **헌법학연구 제11권** 제4호

자본시장연구원 (2013). 그리스 국채위기의 세대간 분배 정의와 경제성장에 대한 해법

자본시장연구원 (2016 a). 주식시장 전망과 주요 이슈 발표자료

자본시장연구원 (2016 b). 벤처캐피탈 및 PEF 전망과 주요 이슈 발표자료

정명희 (2015). **금융경제동향.** 금융경제연구소 Issue & Report, 2015-1호

정부 관계부처 합동 (2015). 2015 핵심개혁과제 성과 점검회의 보도 참고 자료. 대한민국 정부

정영식, 구본관, 신창목, 김정우, 정대선 & 고덕기 (2013). **원고ㆍ엔저의 파장과 대책. 삼성경제연구소.** CEO Infromation 제887호

정호열 (2012). **경제법.** 박영사

정환우 (2013). **한ㆍ중 무역구조의 특징과 FTA 협상 시사점.** 한국무역협회. IIT Trade Focus

조복현(2009), 미국 금융위기의 원인: 유동성 추구와 금융취약성 강화. **경제학연구 제57집 1호**

최병선, 이혁우 (2014). **한국 규제개혁 시스템의 혁신방안.** 한국경제연구원 규제연구 제23권 특집호

최재천 & 장대익 (역). (2005). **통섭(지식의 대통합).** 사이언스북스

최진욱 (2014). **행정부 규제개혁 추진의 과제.** 한국경제연구원 규제연구 제23권 특집호

한국금융연구원 (2006). **금산분리 관련 제도의 현황과 논점.** 한국금융연구원 금융연구 20권 별책

한국금융연구원 (2010 a). 국내금융산업의 발전방향

한국금융연구원 (2010 b). 우리나라 금융의 비전과 발전방향

한국금융연구원 (2014). 경제금융 동향과 전망: 2014~2015

현대경제연구원 (2015). **2016년 10대 경제트렌드.** 현대경제연구원. 경제주평 15-52(통권 673호)

Accenture (2015). The Future of Fintech and Banking: Digitally disrupted or reimagined?

Bank of Japan (2004). Adjustments in Economy, *IMES Discussion Paper No.2004-E-7*

Bayoumi, T., & Eichengreen, B. (1995). Restraining yourself: the implications of fiscal rules for economic stabilization. *Staff Papers-International Monetary Fund, 32-48*

Bernanke, B. S. (2000). Japanese monetary policy: a case of self-induced paralysis?. *Japan's financial crisis and its parallels to US experience, 149-166*

Blagrave, P & Furceri, D. (2014). *Lower Potential Growth: A New Reality*. IMF Survey Magazine, April 2015

Blagrave, P & Furceri, D. (2015). *Where are we headed? Perspectives on potential output*, IMF World Economic Outlook April 2015

Bordo, M. D., & Meissner, C. M. (2012). Does inequality lead to a financial crisis?. *Journal of International Money and Finance, 31*(8), 2147-2161

Cardarelli, M. R., & Lusinyan, L. (2015). *US Total Factor Productivity Slowdown: Evidence from the US States (No. 15-116)*. International Monetary Fund

Chow, G. C., & Li, K. W. (2002). China's Economic Growth: 1952 - 2010. *Economic Development and Cultural Change*, 51(1), 247-256

Eichengreen, B. (1991). Is Europe an optimum currency area? *(No. w3579). National Bureau of Economic Research*

Eichengreen, B. (2014). *The eurozone crisis: the theory of optimum currency areas bites back*. University of California, Berkeley

Elwell, C. K. (2013). Economic recovery: Sustaining US economic growth in a post crisis economy. *Current Politics and Economics of the United States, Canada and*

Mexico, 15(3), 369

Feldstein, M. (1998). *The political economy of the European economic and monetary union: political sources of an economic liability (No. w6150)*. National Bureau of Economic Research

Fernald, J. (2014). *Productivity and Potential Output before, during, and after the Great Recession (No. w20248)*. National Bureau of Economic Research

Frankel, J. A., & Rose, A. K. (1998). The endogenity of the optimum currency area criteria. The Economic Journal, 108(449), 1009-1025.

Fukao, K., Inui, T., Kawai, H., & Miyagawa, T. (2004, June). Sectoral productivity and economic growth in Japan, 1970-98: an empirical analysis based on the JIP database. In *Growth and Productivity in East Asia, NBER-East Asia Seminar on Economics, Volume 13* (pp. 177~228). University of Chicago Press

Gartner (2016). Gartner Predicts: IoT will drive

Hayashi, F. (1986). Why is Japan's saving rate so apparently high?. In *NBER Macroeconomics Annual 1986, Volume 1* (pp. 147~234). MIT Press

Hayashi, F., & Prescott, E. C. (2002). The 1990s in Japan: A lost decade. *Review of Economic Dynamics, 5*(1), 206~235

Hirioka, C. Y. (1985). *A survey on the literature on household saving in Japan: why is the household saving rate so high in Japan?*. Mimeo: Kyoto University

Hirioka, C. Y. (1985). *Household saving in Japan: The importance of target saving for education and housing*. Harvard University

Horioka, C. Y. (1984). The applicability of the life-cycle hypothesis of saving to Japan. *Kyoto University Economic Review, 54.2* (117), 31~56

IC Insights (2016). The McClean Report 2016

Institute of International Bankers (2007). Global Survey 2007: Regulatory and Market Developments

Jonung, L., & Drea, E. (2009). *The Euro—it Can't Happen, It's a Bad Idea, it Won't Last: US Economists on the EMU, 1989-2002*. European Commission, Directorate-General for Economic and Financial Affairs

Kenen, P. (1969). The Optimum Currency Area: An Eclectic View. In Mundell, R., & Swoboda, A. (eds), *Monetary Problems of the International Economy*. Chicago: University of Chicago Press

Kumhof, M., Rancière, R., & Winant, P. (2015). Inequality, leverage, and crises. *The American Economic Review, 105*(3), 1217~1245

Lu, Y., & Sun, T. (2013). Local government financing platforms in China: A fortune or misfortune?. *IMF Working Paper*

Market Watch News (2013). Marc Faber: China could spark a bigger crisis than in 2008. http://blogs.marketwatch.com/thetell/2013/11/08/marc-faber-china-could-spark-a-bigger-crisis-than-in-2008

McKinnon, R. I. (1963). Optimum currency areas. *The American Economic Review, 53*(4), 717~725

Mundell, R. A. (1961). A theory of optimum currency areas. The American Economic Review, 51(4), 657-665.

Nabar, M. M., & Yan, M. K. (2013). *Sector-Level Productivity, Structural Change, and Rebalancing in China (No. 13-240)*. International Monetary Fund

Nakakuki, M., Otani, A., & Shiratsuka, S. (2004). *Distortions in factor markets and structural adjustments in the economy*. Institute for Monetary and Economic Studies, Bank of Japan

Paul, K. (1993). Lessons of Massachusetts for EMU. In Torres, F., & Giavazzi, F. (eds.), *Adjustment and growth in the European Monetary Union*. Cambridge University Press

Piketty, T. (2014). *Capital in the Twenty-First Century*. Harvard Univ. Press

Rajan, R. (2010). Fault Lines: How Hidden Fractures Still Threaten the World Economy. HarperCollins

RatingsDirect (2015). Japan Ratings Lowered to A+

RatingsDirect (2015). Korea Foreign Currency Govereign Rating Raised to AA-

Rogoff, K. (2002). *Revitalizing Japan: risks and opportunities*. Nihon Keizai Shimbun

Romer, P. (1990). Endogenous Technological Change. *The Journal of Political Economy*, 98(5), 71~102

Roubini, N (2014). *China Scenarios: Risk of a Hard Landing Is Rising*. Roubini Global Economics

Shibuya, H. (1987). Japans Household Savings Rate: An Application of the Life-Cycle Hypothesis

The Banker (2015). Top 1000 World Bank Rankings.

UN Population Division (2013). World Population Prospects 2012 Revision

Van Ark, B., Pilat, D., Jorgenson, D., & Lichtenberg, F. R. (1993). Productivity levels in Germany, Japan, and the United States: differences and causes. Brookings Papers on Economic *Activity. Microeconomics, 1993*(2), 1-69

Yan, W., & Yudong, Y. (2003). Sources of China's economic growth 1952 - 1999: incorporating human capital accumulation. *China Economic Review, 14*(1), 32~52

Zhu, X. (2012). Understanding China's Growth: Past, Present, and Future. *Journal of Economic Perspectives, 26*(4), 103~124